IAN MORTIMER
ALS LICHT DAS DUNKEL DURCHDRANG

IAN MORTIMER

Als Licht das Dunkel durchdrang

Das unterschätzte Mittelalter – eine Epoche des Wandels

Aus dem Englischen von Karin Schuler

Mit 18 farbigen Abbildungen

PIPER

Mehr über unsere Autorinnen, Autoren und Bücher:
www.piper.de

Von Ian Mortimer liegen im Piper Verlag vor:
Im Rausch des Vergnügens
Shakespeares Welt
Zeiten der Erkenntnis
Im Mittelalter

MIX
Papier | Fördert gute Waldnutzung
FSC® C014496

PRODUZIERT MIT VERANTWORTUNG

ISBN 978-3-492-07302-8
Die Originalausgabe erschien 2023 unter dem Titel *Medieaval Horizons* bei The Bodley Head, London
2. Auflage 2025

www.piper.de
Für einen direkten Kontakt und Fragen zum Produkt wenden Sie sich bitte an: *info@piper.de*
Satz: Eberl & Koesel Studio, Kempten
Gesetzt aus der Adobe Caslon Pro
Litho: Lorenz & Zeller, Inning am Ammersee
Druck und Bindung: GGP Media GmbH, Pößneck
Printed in Germany

Dieses Buch ist Jörg Hensgen gewidmet, der in den letzten zwanzig Jahren zehn meiner Bücher zur Geschichte herausgegeben hat. Ich stehe tief in seiner Schuld. Ebenso wie Sie. Viele Menschen denken zwar, dass die Arbeit eines Lektors einfach ist, aber das ist sie in meinem Fall ganz sicher nicht. Um eine alte Metapher aufzugreifen: Es ist die Aufgabe des Lektors, dafür zu sorgen, dass ein literarisches Kamel leicht und reibungslos durch ein Nadelöhr geht. Ein Erfolg ist es, wenn dieses Wunder für Leserinnen und Leser völlig unbemerkt bleibt. Also, Jörg, für alle zehn von dir geduldig vollbrachten Wunder meinen aufrichtigen und herzlichen Dank.

Inhalt

Einführung

Wer sich auf die Suche nach einem literarischen Bild des Mittelalters begibt, kommt kaum an Geoffrey Chaucers *Canterbury Tales* (»Canterbury-Erzählungen«) aus der Zeit kurz vor 1400 vorbei. Der Dichter beschreibt eine bunte Truppe, die sich im Gasthof Tabard Inn in Southwark versammelt hat, um von dort nach Canterbury zu pilgern. Unterwegs erzählt jede und jeder Mitreisende eine unterhaltsame Geschichte. Ein Ritter ist unter ihnen, der auf Kreuzzügen in Nordafrika, Spanien und Osteuropa gekämpft hat. Begleitet wird er von seinem Sohn, einem Knappen, der sich im Tjost, dem Turnierkampf, auskennt, und einem Diener, der einen Langbogen trägt. Mit ihm reisen auch eine Priorin, eine Nonne, ein Mönch, ein Ordensbruder, fünf weitere Priester, ein Kaufmann, ein Gelehrter der Universität Oxford, ein Rechtsanwalt, ein Schiffskapitän, ein Doktor der Medizin, eine Geschäftsfrau aus Bath, die fünf Ehemänner überlebt hat, ein Landvogt, ein Müller, ein Ablasshändler, ein Kirchenbüttel, dessen Aufgabe es ist, die Leute zum Erscheinen vor Gericht aufzufordern, ein Verwalter, drei freie Bauern, ein Koch, ein Gastwirt, fünf andere Händler und Chaucer selbst. Wir begleiten sie auf ihrem Weg zum Grabmal des heiligen Thomas Becket, während sie plaudern, zanken und sich gegenseitig zum Lachen bringen – ein Inbegriff des mittelalterlichen Englands.

Wir vergessen jedoch gern, wie flüchtig Chaucers Welt war. Oft sprechen wir vom »Mittelalter«, als sei die gesamte Epoche relativ statisch gewesen und habe verschiedene feste Merkmale gehabt.

Zweihundert Jahre später hatte sich das Leben jedoch schon tiefgreifend verändert. Viele Figuren Chaucers wirkten bereits damals antiquiert. Der mittelalterliche Ritter war ebenso ein Anachronismus wie das Ritterturnier. Die Langbogen waren Gewehren gewichen. In England ging niemand mehr auf Pilgerfahrt. Priorinnen oder Nonnen gab es dort nicht mehr, auch keine Mönche, Ordensbrüder oder Ablasshändler. Die Priester waren nicht mehr römisch-katholisch. Den Elisabethanern bot Chaucer somit einen seltenen Einblick in eine längst vergessene Welt, ähnlich wie Jane Austen uns heute.

Und auch für das normannische England ist Chaucers mittelalterlicher Reiterzug nicht repräsentativ. Dies wird deutlich, wenn wir die *Canterbury Tales* mit den Einträgen im *Domesday Book* vergleichen, dem berühmten Inventar aller Besitztümer des Landes aus dem Jahr 1086. Im 11. Jahrhundert gab es weit weniger Mönche und Nonnen als zu Chaucers Zeiten, aber auch weniger Kaufleute und Schiffskapitäne. Bettelmönche gab es überhaupt noch nicht, ebenso wenig wie Ablasshändler, Kirchenbüttel oder Ärzte. Es gab keine Gelehrten in Oxford, denn die Universität Oxford wie auch die Advokatenstifte waren noch nicht gegründet. Es gab auch keine Kreuzzüge oder Turniere. Es gab keine Langbogen. Nur wenige Menschen gingen auf Pilgerreise, und die wenigen, die es taten, hatten ernste Anliegen und zogen nach Jerusalem oder Rom, nicht nach Canterbury. Die Menschen arbeiteten überwiegend in der Landwirtschaft – etwa als Pflüger, Hirten, Milchmädchen oder Imker –, und die meisten von ihnen durften den Ort, an dem sie aufgewachsen waren, nicht verlassen. Sie hätten Chaucer nicht auf seiner Pilgerreise begleiten dürfen.

Wir sollten uns daher fragen, was wir eigentlich meinen, wenn wir den Begriff »mittelalterlich« verwenden. Worauf genau beziehen wir uns, wenn dieses Wort so unterschiedliche Gesellschaften umfasst? Wie die eben erwähnten Vergleiche zeigen, gab es nicht nur ein Mittelalter, sondern viele. Sie alle über einen Kamm zu scheren ist so, als würden wir das Europa des 17. und das des 21. Jahrhunderts als gleichermaßen »modern« bezeichnen – auch wenn wir die Hinrichtung von Hexen im 17. Jahrhundert wohl kaum eine »moderne« Praxis nennen würden. Eine solche Verknüpfung längerer Zeiträume wäre ganz offensichtlich irreführend.

Warum ist das wichtig, werden Sie fragen. Erstens ist es historisch von Bedeutung. Die Verwendung des Wortes »mittelalterlich« zur Beschreibung eines halben Jahrtausends verschleiert, wie sehr sich der Alltag im Laufe dieser Zeit veränderte. Vor allem aber wird damit suggeriert, dass alles, was wir in die Schublade mit der Bezeichnung »Mittelalter« stecken, von der modernen Welt getrennt ist. Infolgedessen verkennen wir, dass die Art und Weise, wie wir heute leben, weitgehend das Ergebnis gesellschaftlicher Entwicklungen ist, die sich zwischen dem 11. und dem 16. Jahrhundert vollzogen. Viele unserer heutigen Konzepte, Werte und Prioritäten haben ihren Ursprung im Mittelalter, ebenso viele unserer kulturellen und sozialen Praktiken, von der Erforschung anderer Kontinente und Völker über die Verwendung von Nachnamen bis hin zu unserem Vertrauen in Geld und das geschriebene Wort. Kurz gesagt: Wenn wir uns der Veränderungen im Laufe des Mittelalters nicht bewusst sind, verstehen wir die verschiedenen Revolutionen nicht, die den Charakter der modernen Welt prägten, und das bedeutet, dass wir uns selbst nicht verstehen.

Diese Aussage mag Sie überraschen, denn wir betrachten das Mittelalter im Allgemeinen nicht als eine Zeit der Umwälzungen. Wir glauben oft, die bedeutendsten Veränderungen, die unser Leben noch heute beeinflussen, hätten sich in der Moderne vollzogen. Dabei verweisen wir auf Erfindungen des 19. Jahrhunderts wie Eisenbahn, Fotografie und Telefon, auf Errungenschaften des 20. Jahrhunderts wie Fernsehen, Luft- und Raumfahrt, Computer und das Internet. Diese Innovationen haben die Art und Weise, wie wir Dinge tun, tatsächlich völlig verändert, doch unsere Hauptprioritäten als menschliche Wesen sind in den letzten vierhundert Jahren (mit einigen bemerkenswerten Ausnahmen) erstaunlich stabil geblieben. Davor waren sie alles andere als stabil.

Wenn man die technischen Fortschritte, die uns seit der Industriellen Revolution in Staunen versetzen und in Verwirrung stürzen, außer Acht lässt, stellt man fest, dass es in den früheren Jahrhunderten eine Reihe gesellschaftlicher und wirtschaftlicher Zwänge gab, die das Denken und Verhalten unserer Vorfahren tiefgreifend prägten. Viele Veränderungen, die sich von da an vollzogen, sind heute so tief in unserer kollektiven Psyche verankert, dass wir sie gar nicht mehr wahrnehmen. Warum sehen Sie sich als Individuum? Warum haben Sie das Bedürfnis zu reisen? Warum erwarten Sie vom Staat, dass er Sie beschützt? Warum brauchen Sie Geld? Warum glauben wir, dass Frieden der Normalzustand ist und nicht Krieg?

Dieses Buch will zeigen, dass das Mittelalter die Geburtsstunde der modernen Welt war, indem es die Aufmerksamkeit auf diese grundlegenden Fragen lenkt. Es will auch zeigen, dass vor allem unsere Technikbesessenheit uns daran hindert, die Bedeutung dieser früheren Veränderungen zu erkennen. Wir sind so sehr auf den modernen Erfindungsreichtum der Menschheit fixiert, dass viele die Entwicklung des Smartphones oder des Flugzeugs für weitaus bedeutender halten als unsere Fähigkeit, uns zu ernähren. Für jemanden, der einen vollen Magen hat, sind die Methoden der Nahrungsproduktion nicht annähernd so beeindruckend wie eine Reise ans andere Ende der Welt und ein Telefonat mit einem Freund in der Heimat. Für einen unterernährten Bauern jedoch, der aufgrund einer schlechten Ernte zu verhungern droht, sind solche technischen Innovationen sinnloser Luxus. Und in dieser Hinsicht verdanken wir unseren mittelalterlichen Vorfahren viel. Wegen der brutalen Entbehrungen, mit denen sie zu kämpfen hatten, erdachten sie Systeme, die das Leid schrittweise verringerten und von denen wir bis heute profitieren.

Auch unser Interesse an der antiken Welt hindert uns daran, die Wirkmacht des Mittelalters zu verstehen. In der Regel wissen wir viel mehr über die Römer als etwa über die Menschen des 13. Jahrhunderts. Unsere Begeisterung für den römischen Alltag, die geschäftigen Märkte, die Verwaltungssysteme, die Poesie und das

Liebesleben macht es uns leicht zu glauben, dass sie »genau wie wir« waren. So scheint es, als gäbe es eine zweitausendjährige Kontinuität zwischen der Welt des Kaisers Augustus und unserer Welt heute. Die vielen Diskontinuitäten, die die Römer von den Menschen im mittelalterlichen Europa trennen, übersehen wir dabei. Wenn wir über die Menschen des 13. Jahrhunderts lesen, stellen wir uns vor, dass ihr Alltag mehr oder weniger dem der Römer vor ihnen glich. Wenn wir aber genau hinsehen und versuchen, ihre Denkweise zu rekonstruieren, sehen wir, dass die Menschen des Mittelalters keineswegs so waren wie die Römer oder wie wir.

Nehmen wir zum Beispiel den Spiegel, den ich in Kapitel 7 behandeln werde. Die Römer hatten kleine Glasspiegel: Römische Damen benutzten sie zum Beispiel, um sich zu schminken, genau wie wir es tun. Doch mit dem Untergang der römischen Kultur verschwanden auch die Spiegel. Wir unterscheiden uns also von unseren frühmittelalterlichen Vorfahren dadurch, dass wir wissen, wie wir aussehen, sie aber nicht. Eine Spiegelung in einer Pfütze liefert ein nur unzureichendes Bild. Man braucht entweder einen Spiegel aus Glas mit Metallhintergrund oder ein hochglanzpoliertes flaches Stück Silber oder Bronze. Metallspiegel kamen in Europa im frühen 12. Jahrhundert wieder auf, blieben aber teuer und wurden nur von Personen mit hohem Status genutzt. Die Wiedereinführung des Glasspiegels in Italien um 1300 ermöglichte es immer mehr Menschen, sich selbst so zu betrachten, wie es uns heute möglich ist. Davor konnte eine Frau, sofern sie nicht wirklich reich war, gar nicht wissen, wie sie in den Augen anderer Menschen aussah. Wenn sie das Glück hatte, alt zu werden, konnte sie nie richtig einschätzen, welche Spuren das Alter auf ihrem Gesicht hinterließ. Da sie nicht wusste, wie sie aussah, spielte Schminke in ihrem Leben keine Rolle. Und noch wichtiger: Die rasche Verbreitung von Spiegeln führte dazu, dass die Menschen ein neues Selbstverständnis entwickelten. Sie sahen sich gezwungen, sich mit anderen zu vergleichen, ihr Aussehen und ihr Verhalten zu ändern, sich attraktiver zu machen und so weiter.

Gleichzeitig begann die Gesellschaft allmählich, metaphorisch gesprochen, den Blick auf sich selbst zu richten – den Menschen um seiner selbst willen zu betrachten und nicht nur als ein von Gott geschaffenes Wesen. Wir wurden uns der *conditio humana* bewusst.

Kleinere Veränderungen wie die Einführung des Spiegels – die wohl letztlich zu unserer Selfie-Generation führte – lassen die Komplexität und Tiefe des mittelalterlichen Wandels erahnen. Ich könnte noch viele weitere Beispiele für scheinbar unbedeutende mittelalterliche Errungenschaften anführen, die einen tiefgreifenden Einfluss auf die moderne Welt hatten. Ich kann sie in diesem Buch nicht alle beschreiben – es sind einfach zu viele. Ebenso wenig kann ich all den ähnlichen gleichzeitigen Entwicklungen auf der ganzen Welt gerecht werden, die dazu führten, dass sich die Regionen unterschiedlich entwickelten. Was ich jedoch tun *kann*, ist, einen Weg zum Verständnis all dieser Veränderungen aufzuzeigen. Im ersten Kapitel skizziere ich, wie wir die Metapher des Horizonts als Instrument nutzen können, um das Ausmaß und die Bedeutung des gesellschaftlichen Wandels zu erfassen. Was ich mit der »Metapher des Horizonts« meine, lässt sich am einfachsten anhand der Entdecker erklären. Im 11. Jahrhundert hatte niemand in Europa eine Vorstellung davon, was östlich von Jerusalem oder südlich der Sahara lag. Nur sehr wenige Europäer waren jemals über den Atlantik gesegelt. Um 1600 jedoch hatte eine Reihe maritimer Expeditionen den Globus umrundet. Mit anderen Worten: Anhand der Entdeckungsreisen können wir sehen, wie sich der Horizont der Christenheit allmählich weitete.

Diese Ausdehnung der Grenzen unseres Wissens dient als Modell für viele andere Aspekte des Lebens. Unsere Horizonterweiterung war keine rein geografische Angelegenheit. Es ging etwa auch darum, wie weit man sich zurückerinnern konnte, weil immer mehr Informationen aufgezeichnet wurden. Der Horizont erweiterte sich auch in Bezug auf den Anteil der Bevölkerung, der Eigentum besaß, in Bezug auf die Freiheiten, die Frauen genossen, und so weiter. Der Zweck des ersten Kapitels besteht also darin, die Idee des Horizonts als eine Möglichkeit zur Wahrnehmung des gesellschaftlichen Wandels vorzustellen. In den folgenden Kapiteln gehe ich auf einige besonders wichtige historische Themen ein und zeige genauer, wie die Metapher des sich verschiebenden Horizonts es uns ermöglicht, die Entwicklungen zu verstehen. Wie viel schneller konnten die Menschen im Jahr 1600 reisen als im Jahr 1000? Welchen Anteil ihres Lebens verbrachten sie damit, sich gegen Gewalt zu verteidigen? Wie viele ihrer Zeitgenossen betrachteten sie als ihnen ebenbürtig? Wie viele konnten lesen – und warum war das wichtig? Ich hoffe, dass Sie, wenn Sie das Konzept der Horizont-Metapher einmal verstanden haben, die mittelalterlichen Menschen in einem anderen Licht sehen werden – und das Licht, um das es geht, ist das Licht ihres Denkens.

Diese Zeitspanne – von 1000 bis 1600 – wirft bei Ihnen eventuell Fragen zu meiner Definition von »mittelalterlich« auf. Mit einer einzigen zeitlichen Festlegung kann man es unmöglich allen recht machen. Zwar bestehen einige englische Politikhistoriker darauf, dass das Mittelalter am Nachmittag des 22. August 1485, als Richard III. in der Schlacht von Bosworth getötet wurde, ein abruptes Ende fand, doch sind solche starren Abgrenzungen eher irreführend als hilfreich. Alle Zeitalter gehen allmählich ineinander über, sie enden nicht mit dem Tod eines einzigen Mannes. Daher bedeutet das Wort »Mittelalter« in verschiedenen Zusammenhängen für verschiedene Menschen unterschiedliche Dinge. Die meisten europäischen Historikerinnen und Historiker sind sich einig, dass das Mittelalter mit dem Fall Roms um 500 seinen Anfang nahm und um 1500 endete – normalerweise irgendwann zwischen dem Aufkommen des Buchdrucks in den 1450er-Jahren und der Reformation, die 1517 begann. Englische Autoren unterteilen den Zeitraum jedoch in der Regel in zwei Phasen: das frühe Mittelalter, das mit dem Zusammenbruch der römischen Herrschaft in England um 410 begann und mit der normannischen Eroberung im Jahr 1066 endete, und das spätere Mittelalter, das von 1066 bis zur endgültigen Auflösung der Klöster im Jahr 1540 dauerte. Einige bevorzugen den Tod Henrys VII. im Jahr 1509 als Endpunkt, andere den Tod der letzten katholischen Königin, Maria, im Jahr 1558. Es braucht wohl kaum gesagt zu werden, dass es bei diesen unterschiedlichen Endpunkten kein Richtig oder Falsch gibt. Es ist weitaus besser, sich für das eigene Thema geeignete Daten zu wählen, als sich starr an Regeln zu halten, die andere Menschen aus unterschiedlichen Gründen aufgestellt haben.

In diesem Buch habe ich versucht, eine Reihe von gesellschaftlichen Veränderungen zwischen dem 11. und dem 16. Jahrhundert aufzuzeigen. Der Hauptgrund für den Beginn um das Jahr 1000 ist, dass einige wirklich bedeutende Entwicklungen des Mittelalters im 11. Jahrhundert wurzeln; sie sind Folgen der Mittelalterlichen Warmzeit, die ich in Kapitel 3 bespreche. Was das Enddatum betrifft, so hat die Wahl des Jahres 1600 vor allem zwei Gründe. Einmal brachte das folgende Jahrhundert die Entwicklung der Statistik, der Mathematik, des medizinischen Denkens und der wissenschaftlichen Methode mit sich, was unsere Wahrnehmung der Welt und unseres Platzes in ihr veränderte. Gleichzeitig wurden auch viele neue wissenschaftliche Instrumente entwickelt. Das Mikroskop wie auch das Teleskop wurden um 1600 erfunden, und diese beiden Erfindungen läuteten eine neue Welle von Wissenshorizonten ein, die ganz und gar nicht mittelalterlich waren.

Der andere Grund für die Wahl des Jahres 1600 liegt bei Shakespeare, dessen Stücke die Wende vom 16. zum 17. Jahrhundert überspannen. Wir sagen oft, dass Shakespeare »für uns spricht«, obwohl er nichts von den Autos, Flugzeugen, Computern oder Handys wusste, Dinge, von denen wir glauben, dass sie eine wichtige Rolle in unserem Leben spielen. Er zeigt uns, dass die Art und Weise, wie wir miteinander umgehen und die Gefühle des jeweils anderen verstehen, vergleichbar ist mit der Art und Weise, wie die Menschen im Jahr 1600 einander verstanden haben. Trotz aller technischen Veränderungen und gesellschaftlichen Revolutionen hat sich unser Innenleben seither kaum verändert. Doch Shakespeare spricht wohl kaum für die Menschen, die im *Domesday Book* erwähnt werden; er war noch weiter von ihnen entfernt als Chaucer. Im 11. Jahrhundert war jeder zehnte Engländer Sklave, und mindestens sieben weitere waren unfrei – das heißt, sie wurden mit dem Land, auf dem sie lebten und arbeiteten, gekauft und verkauft. Shakespeare hat dies wahrscheinlich nicht einmal gewusst. Er wird wohl davon ausgegangen sein, dass die Mehrheit der Engländer schon immer kommen und gehen konnte, wie sie wollte. Seine Stücke sind daher ein nützlicher kultureller Maßstab, um zu beurteilen, wie die Engländer nach sechs Jahrhunderten gesellschaftlicher und kultureller Umwälzungen zu seiner Zeit lebten.

Da ich ein englischer Historiker bin, entstammen die meisten Beispiele, die ich anführe, natürlich englischen Quellen. Das bedeutet aber nicht, dass die Engländer meiner Ansicht nach bei allen in diesem Buch behandelten kulturellen Entwicklungen führend oder andere Länder weniger wichtig gewesen wären. Im Mittelalter standen die Engländer an der Peripherie der Christenheit und waren oft eher Mitläufer als Neuerer. Vielmehr habe ich mich auf die Aspekte der Vergangenheit gestützt, mit denen ich am besten vertraut bin, um zu veranschaulichen, wie die Metapher des Horizonts zur Beurteilung des gesellschaftlichen Wandels genutzt werden kann. Ein deutscher oder italienischer Historiker könnte ebenso gut die sich wandelnden kulturellen Horizonte des mittelalterlichen Europas erforschen und dabei den Schwerpunkt auf die Erfahrungen dieser Länder legen. Jemand mit profunden Kenntnissen der asiatischen, afrikanischen oder amerikanischen Geschichte könnte den gleichen Ansatz verfolgen. Es wäre gut, wenn sie es täten. Selbst wenn eine solche Studie zu dem Ergebnis käme, dass die bedeutendsten kulturellen Umwälzungen in diesen Regionen in früheren oder späteren Jahrhunderten stattfanden, wäre auch dies eine wertvolle Anwendung der Idee der Horizont-Metapher und ein wichtiger Beitrag zum Verständnis der Weltgeschichte.

Abschließend kann ich nicht deutlich genug betonen, dass dieses Buch nicht den Zweck hat, alle Facetten zu beleuchten, in denen sich das Leben im Laufe des Mittelalters veränderte, sondern dass es Ihnen als ein Werkzeug dienen soll, das Sie selbst auf vergangene Gesellschaften anwenden können, um das Ausmaß des gesellschaftlichen Wandels zu beurteilen. In dieser Hinsicht versucht es, für die Sozialgeschichte das zu tun, was Robert Hookes *Micrographia* für die mikroskopische Welt tat, als dieses Buch 1665 veröffentlicht wurde. Hookes bahnbrechende Darstellung einiger weniger Themen in vergrößerten Bildern – das berühmteste war ein fast 46 Zentimeter großes Bild einer Fliege – vermittelte seinen Lesern ein neues Verständnis mikroskopisch kleiner Organismen. Es zeigte aber auch, dass es noch viel mehr über andere, bisher übersehene Lebewesen zu lernen gab, die er *nicht* abgebildet hatte. Auch dieses Buch zeigt Ihnen, dass viele tiefgreifende historische Veränderungen nicht sofort offensichtlich sind. Wie die Dinge, die uns nahe sind, uns oft daran hindern, das zu erkennen, was in der Ferne liegt – wenn man den sprichwörtlichen Wald vor lauter Bäumen nicht sieht –, so sind unsere heutigen Wahrnehmungen und unsere Besessenheit von der Technik die Haupthindernisse, die uns davon abhalten, die Dynamik unserer mittelalterlichen Vergangenheit zu sehen. Natürlich hat die Metapher des Horizonts ihre Grenzen. Wie das Mikroskop ist auch sie nicht das richtige Werkzeug für jede Aufgabe. Ich möchte Ihnen dieses Konzept jedoch in der Hoffnung unterbreiten, dass es Ihnen hilft, die Welt, in der wir leben, besser zu verstehen – und auch, wann und wie sie so geworden ist.

1 Horizonte

Der Horizont als Metapher?[1]

Wenn wir darüber nachdenken, wie sich die Dinge im Laufe der Jahrhunderte verändert haben, fallen uns natürlich zunächst die technischen Fortschritte ein. Das ist nicht verwunderlich. Um uns herum finden sich überall Gegenstände, die dafür sorgen, dass sich unser Leben stark von dem unserer Vorfahren unterscheidet, Gegenstände wie Fernseher und Küchengeräte, Autos und GPS-Tracker. Die wichtigsten Entwicklungen in der Menschheitsgeschichte sind für uns also normalerweise Erfindungen: In diesem Zuge spricht man oft über das Fliegen, Handys, Raumfahrt, Computer und Atomwaffen. Gelegentlich fällt uns etwas aus einer früheren Epoche ein, etwa die Druckerpresse, der Kompass, Schusswaffen, Impfungen oder die Uhr. Doch unabhängig vom bevorzugten Zeitalter verbinden wir gesellschaftlichen Wandel im Allgemeinen mit technischen Innovationen. Als Gesellschaft beten wir die Technik geradezu an. Der verbreitetste Glaube heutzutage ist nicht so sehr der bewusste Glaube an ein göttliches Wesen, sondern vielmehr ein unterbewusster an die Technik – »In Technology we Trust«.

Dieses Denken verleitet uns dazu, auch den gesellschaftlichen Wandel anhand einer Zeitleiste technischer Innovationen zu verorten. In der Militärgeschichte ermutigt uns das, die sich verändernden Methoden der Kriegführung in Zusammenhang mit den nach und nach eingeführten Kanonen, Handfeuerwaffen, Mörsern, Torpedos, Flugzeugen, chemischen Waffen, Panzern, Bomben, Radarsystemen und Lenkraketen zu deuten. In der Industriegeschichte ist es das Gleiche: Wir konzentrieren uns auf die verschiedenen Stufen mechanischer Entwicklungen, von der ersten Spinnmaschine im 18. Jahrhundert über dampfgetriebene Fabriken im 19. bis zu automatisierten Fertigungsstraßen im 20. Jahrhundert. Und weil technischer Wandel ein Charakteristikum der relativ modernen Zeit ist, sehen wir umso weniger Veränderungen, je weiter wir zurückblicken. Wenn wir uns also das Mittelalter anschauen, gehen wir davon aus, dass es in dieser Zeit wenig oder überhaupt keinen gesellschaftlichen Wandel gab, sondern immer nur Schwertkämpfe, landwirtschaftliche Arbeit und Gebete. Die Gesellschaft scheint über Jahrhunderte hinweg weitgehend dieselbe geblieben zu sein.

Dieses Bild könnte falscher nicht sein.

Besonders seltsam an dieser Selbsttäuschung ist, dass auch professionelle Historiker sie stützen. Mediävisten treten nicht öffentlich dafür ein, dass das 14. Jahrhundert für die Entwicklung der modernen Welt ebenso wichtig war wie das 19. oder 20. Jahrhundert, weil sie wissen, dass ihre Meinung in Anbetracht des weitverbreiteten Glaubens an die Macht der Technik schnell als weltfremd abgetan würde. Selbst wenn sie die technischen Leistungen des Mittelalters in den Vordergrund stellten, würde dies die Komplexität jüngerer Errungenschaften nur noch hervorheben. Keine mittelalterliche Innovation ist mit der Raffinesse eines Handys oder einer lasergesteuerten Rakete zu vergleichen. Und so bleibt das Ansehen des Mittelalters in der öffentlichen Wahrnehmung sozusagen in einer schlammigen Fahrspur stecken. Selbst den größten Gelehrten ist es nicht gelungen, dies zu ändern.[2]

Natürlich stehen die Fachleute vor einem Dilemma, wenn sie die breite Öffentlichkeit von der Bedeutung des Mittelalters überzeugen wollen. Hört man jemandem zu, der für die entscheidende Rolle des Mittelalters eintritt, kann man leicht zu dem Schluss kommen, dass derjenige voreingenommen ist und das Thema künstlich aufbläst, um seine Karriere voranzutreiben. Doch auch viele Generalisten und Intellektuelle sind Anhänger der Vorstellung, das Mittelalter sei eine Zeit geringer gesellschaftlicher Veränderungen gewesen. Und wer wagt es schon, anderer Meinung zu sein, wenn ein weltbekannter Autor die letzten tausend Jahre betrachtet und die erste Hälfte als relativ unwichtig einstuft?

Nehmen wir Yuval Noah Hararis internationalen Bestseller *Eine kurze Geschichte der Menschheit*, der 2013 auf Deutsch erschien. Kapitel 14 beginnt mit diesen Worten:

> Wäre ein spanischer Bauer um das Jahr 1000 eingeschlafen und knapp 500 Jahre vom Lärm der Matrosen geweckt worden, die mit Christoph Kolumbus die drei Segelschiffe *Santa María*, *Niña* und *Pinta* bestiegen, dann hätte sich die Welt in der Zwischenzeit kaum verändert. Er hätte zwar einige Veränderungen bemerkt, einige Gepflogenheiten waren anders und das eine oder andere Werkzeug hatte sich verändert, aber im Grunde genommen hätte er sich heimisch gefühlt. Wenn dagegen einer der Matrosen von Christoph Kolumbus eingeschlafen wäre und heute vom Klingeln eines iPhones geweckt würde, dann würde er buchstäblich die Welt nicht mehr verstehen. »Bin ich im Himmel?«, könnte er sich fragen. »Oder ist das die Hölle?«[3]

Harari ist Geschichtsprofessor an der Hebrew University in Jerusalem und ein Experte für mittelalterliche Kriegführung. Es wirkt daher seltsam, dass er ausgerechnet einen Bauern aus Palos de la Frontera im Südwesten Spaniens, dem Ort, von dem aus Kolumbus in See stach, als Beispiel wählte. Im Jahr 1000 befand sich diese Region unter der Kontrolle des Kalifats von Córdoba; sie blieb bis 1262 unter muslimischer Herrschaft. Hararis muslimischer Bauer hätte in keiner feindlicheren, fremderen Umgebung aufwachen können als in den letzten Tagen der *Reconquista* des Jahres 1492. Er wäre Zeuge der christlichen Eroberung seiner Heimat und der Vertreibung, Hinrichtung oder erzwungenen Bekehrung seines Volkes geworden. Er hätte sich ganz sicher nicht »heimisch gefühlt«. Wäre er im 21. Jahrhundert aufgewacht, hätte ihn vielleicht das Klingeln eines Handys irritiert, doch zumindest hätte die spanische Regierung nicht versucht, ihn wegen seiner Religion zu töten. Auch Harari greift offenbar allein auf den technischen Wandel als gängigen Vergleichsmaßstab zurück. Wer auf internationaler Bühne spricht, nutzt gern die Werkzeuge, die sein Publikum bereits zur Hand hat. Doch indem er diesen Vergleich zieht, folgt Harari den Vorannahmen seiner Leserschaft, statt deren Verständnis zu leiten. Er übergeht wichtige gesellschaftliche Veränderungen im Mittelalter, als wären sie irrelevant.

In einem Zeitschriftenartikel aus dem Jahr 2018 von Professor Ian Morris, dem Verfasser des Bestsellers *Wer regiert die Welt,* stieß ich auf ein zweites, ebenso verblüffendes Beispiel:

> Am Beispiel England: Wenn wir einen Bauern oder eine Bäuerin aus dem Jahr 1750 v. Chr. in unserer Zeitmaschine mitnehmen und sie im Jahr 1750 n. Chr., kurz vor der Industriellen Revolution, wieder absetzen würden, hätten sie sich schnell angepasst. Natürlich hatten sich einige Dinge geändert: Die Menschen waren von runden zu rechteckigen Häusern übergegangen, von einzelnen Gehöften (meist) zu Dörfern, von Bronze zu Eisen, von einem Sonnengott zu Jesus. Die Reichen trugen jetzt gepuderte Perücken und Korsetts. Einige wenige konnten lesen und schreiben, einige hatten eine Brille, und 1784 erhob sich ein Schotte in einem Ballon in die Lüfte. Doch so viel hatte sich nicht geändert. Die Grundmuster von Leben und Tod, Steuern und Pacht, Säen und Pflügen, Ehrerbietung gegenüber Lords und Ladys – die Besucher aus dem Jahr 1750 v. Chr. würden sie alle wiedererkennen. Aber setzen Sie diesen Bauern, diese Bäuerin zurück in die Zeitmaschine und katapultieren Sie sie in das Zeitalter der Autos und Computer, des Fernsehens, der Alphabetisierung, der Wolkenkratzer, der Geschlechtsumwandlung, der sexuellen Freiheit, der Demokratie und der Atomwaffen … sie würden einen Nervenzusammenbruch erleiden.[4]

Dazu ist zu sagen, dass »die Grundmuster von Leben und Tod«, die Morris nur in Verbindung mit 1750 v. Chr. und 1750 n. Chr. erwähnt, auch heute noch dieselben sind. Wir müssen noch immer Steuern und Pachten oder Mieten bezahlen. Wir sind noch immer vom Säen und Pflügen des Landes abhängig (auch wenn die meisten von uns es nicht mehr selbst tun). Es herrscht eine ähnlich unterwürfige Haltung gegenüber den Superreichen und Berühmten wie gegenüber den Lords und Ladys des 18. Jahrhunderts. Und was die Unterschiede im Alltagsleben zwischen 1750 v. Chr. und 1750 n. Chr. angeht – nun, wir haben keine Schriftquellen, die uns schildern, wie das Leben in England zu Beginn dieser Zeitspanne von 3500 Jahren aussah. Wir müssen uns alles aus der Archäologie erschließen. Was wir haben, ist Julius Caesars Beschreibung der Briten etwa zur Halbzeit, im 1. Jahrhundert v. Chr. Er berichtet, dass unsere Vorfahren sich in Tierfelle kleideten, langes Haar trugen, ihre Körper mit Waid blau färbten, um in der Schlacht Furcht einflößender zu wirken, Oberlippenbärte hatten und »sich ihre Frauen in Gruppen von zehn oder zwölf Männern teilten«. Ganz ehrlich kann ich mir nicht vorstellen, dass ein Brite aus der Zeit Caesars – von der Bronzezeit ganz zu schweigen – sich leichter an den Hof von König Georg II. angepasst hätte, als Jeans anzuziehen und ein Bier in einer Kneipe des 21. Jahrhunderts zu trinken. Tatsächlich gibt es heute gewisse Musikfestivals, bei denen die langhaarigen, polyamoren alten Briten gar nicht weiter auffallen würden.

Wenn wir immer nur die technischen Innovationen als Maßstab des Wandels verwenden, betrachten wir die Welt gleichsam durch eine rote Linse und erklären, dass alles rot ist: Blau oder Grün kann man so nicht wahrnehmen. In unserem Fall ist die Linse durch die Technik gefärbt und zeigt uns anschaulich, wie diese unser Leben seit dem 18. Jahrhundert beeinflusst. Gleichzeitig verbirgt sie andere wichtige Veränderungen, etwa Urbanisierung, epidemische Krankheiten und Frauen- und Arbeiterrechte. Und damit macht sie fast alles, was in früheren Jahrhunderten geschah, völlig unsichtbar. Es war nicht die Technik, die zur

Französischen Revolution führte, dem wohl wichtigsten Ereignis der Moderne. Sie führte nicht zur Renaissance oder zum Schwarzen Tod oder zum Untergang des Römischen Reiches. Kurz gesagt: Wenn man gesellschaftlichen Wandel vor 1750 verstehen will, sind technische Innovationen das falsche Werkzeug.

Erlauben Sie mir, ein weiteres Beispiel eines hoch angesehenen Autors und öffentlichen Kommentators anzuführen, der die Bedeutung des mittelalterlichen Wandels unterschätzt. Professor A.C. Graylings *The Age of Genius: The Seventeenth Century and the Birth of the Modern Mind*, 2016 erschienen, beginnt mit den folgenden Zeilen:

> Wenn Sie in einer warmen, klaren Nacht nach draußen gehen und nach oben schauen, was sehen Sie dann? Stellen Sie sich vor, Sie hätten diese Frage vor 400 Jahren beantworten müssen. Was sahen die Menschen damals, wenn sie zu den Sternen aufschauten? Es ist verblüffend, dass sie zwar dasselbe erblickten wie wir heute, aber doch ein anderes Universum sahen, mit ganz anderem Bedeutungsgehalt auch für ihr persönliches Leben. Dieses Beispiel steht für die überaus wichtige Tatsache, dass zu Beginn des 17. Jahrhunderts das Denken – die Mentalität, die Weltsicht – unserer gebildetsten und klügsten Vorfahren im Wesentlichen noch mit dem ihrer antiken und mittelalterlichen Vorgänger übereinstimmte; gegen Ende des Jahrhunderts jedoch war dieses Denken modern geworden. Deshalb ist das 17. Jahrhundert eine ganz besondere Epoche in der Geschichte der Menschheit.

Kein seriöser Historiker würde bestreiten, dass »das Denken« der Europäer im Jahr 1700 gerade viele jener tiefgreifenden Veränderungen durchlaufen hatte, die es grundsätzlich modern werden ließen. Tatsächlich war der wichtige Wandel hin zu einem weitverbreiteten Vertrauen in die wissenschaftliche Methode, medizinische Verfahren und Statistik im 17. Jahrhundert schon in vollem Gange. Hier liegt meiner Ansicht nach eine wichtige Schwelle, die das Mittelalter von der Moderne trennt – das Vertrauen in die Wissenschaft ersetzte das Gottvertrauen. Doch Professor Grayling würdigt die Entwicklungen vor 1600 nicht ausreichend. Es stimmt sicherlich nicht, dass die Weltsicht der Elisabethaner »im Wesentlichen noch mit der ihrer antiken und mittelalterlichen Vorgänger übereinstimmte«. Vergessen wir nicht, dass die Römer Christen hinrichteten. Sie ließen Gladiatoren zur öffentlichen Unterhaltung bis zum Tod gegeneinander kämpfen. Sie befragten die Eingeweide von Tieren, um die Zukunft vorherzusagen. Sie besaßen Sklaven. Sie waren sexuell freizügig: In ihrer öffentlich zugänglichen Kunst zeigten sie das erigierte männliche Glied und Sex mit Tieren; auf ihren Öllampen und Weinbechern waren flotte Dreier und Vierer dargestellt. Nichts davon wäre am Hof der Jungfräulichen Königin gut angekommen.

Und man kann noch weiter gehen. Die Weltsicht Elizabeths I. stimmte nicht einmal »im Wesentlichen« mit der ihrer eigenen Großeltern überein, die nicht nur Katholiken waren, sondern auch glaubten, dass die Sonne sich um die Erde drehe. Elizabeth war in deutlichem Gegensatz dazu Protestantin und könnte durchaus den hoch angesehenen Astronomen und Parlamentarier Thomas Digges kennengelernt haben, der unter ihrer Herrschaft die heliozentrische Theorie des Kopernikus bekannt machte und erweiterte. Die Weltsichten Elizabeths und ihrer Großeltern unterschieden sich auch in Bezug auf das Zusammenspiel von Gott, den Heiligen und den Menschen auf Erden, und sie hatten enorm unterschiedliche Konzepte in Bezug auf das Leben nach dem Tod. Katholiken des 15. Jahrhunderts glaubten, ein schmerzender Arm könne geheilt werden, indem man ein Modell dieses Arms anfertigte, es auf einen Altar legte und einen Priester dafür bezahlte, dass er für die Genesung betete. Protestanten betrachteten diese Praxis als einen Versuch, Magie zu wirken. Tatsächlich hatte die Weltsicht von Königin Elizabeth I. in Bezug auf die Religion mehr mit der von Elizabeth II. gemein als mit der der römischen Kaiser, die ein ganzes Pantheon anbeteten, von der leidenschaftlichen Venus bis zum lüsternen Jupiter. Diese Weltsichten wirken nur dann »im Wesentlichen übereinstimmend«, wenn man so sehr auf naturwissenschaftliche Entdeckungen fixiert ist, dass man alles durch die naturwissenschaftlich getönte Brille sieht.

Diese drei Beispiele illustrieren meine Kernthese. Selbst unsere angesehensten öffentlichen Intellektuellen glauben, die Entwicklung unserer Gesellschaft beruhe weitgehend auf technischen Innovationen. Meiner Ansicht nach ist diese Sicht nicht nur irreführend, sondern führt auch zu einer kulturellen Verunglimpfung des Mittelalters als eines unkultivierten »Dunklen Zeitalters«. Das Mittelalter ist in der öffentlichen Vorstellung mit Grausamkeit, Gewalt, Aberglaube und Unwissen verbunden – wie man etwa an der abwertenden Bezeichnung der Taliban als »mittelalterlich« ablesen kann. Doch diese Wahrnehmung ist falsch. Was ist mit der Renaissance des 12. Jahrhunderts? Was mit der italienischen Renaissance? Den großen Kathedralen? Wenn Sie »mittelalterlich« als Synonym für »rückständig« verwenden, offenbaren Sie nur Ihr eigenes Unwissen – denn dieses Zeitalter schenkte uns die Universitäten, das Parlament und einige der schönsten Bauten Europas.

Oder denken Sie an die großen Maler der italienischen Renaissance. Manche Menschen vertreten die Ansicht, die Leistungen Leonardos und Michelangelos seien nie übertroffen worden – der Höhepunkt der Malkunst sei also um 1500 erreicht gewesen. Die Originalfassung der *Felsenmadonna* (heute im Louvre) schuf Leonardo Anfang der 1490er-Jahre, ebenso seine berühmte Zeichnung des *Vitruvianischen Menschen*. Seine *Mona Lisa* malte er 1503. Michelangelo arbeitete zwischen 1508 und 1512 an der Decke der Sixtinischen Kapelle. Nichts, was im Jahr 1000 entstand, ist damit vergleichbar. Es gibt viele Ähnlichkeiten zwischen einem Ölgemälde von Elizabeth I. und einem von Elizabeth II. – doch Sie werden kein Bild aus dem Jahr 1000 finden, das es mit einem kunstvollen Renaissance-Porträt aufnehmen kann.

Gleiches gilt für die Sprache. Betrachten wir den Anfang von Psalm 23[5] in der Übersetzung von Martin Luther 1545:

DER HERR ist mein Hirte/Mir wird nichts mangeln.
Er weidet mich auff einer grünen Awen/Vnd füret mich zum frischen Wasser.
Er erquicket meine Seele/er füret mich auff rechter Strasse/
Vmb seines Namens willen.
VNd ob ich schon wandert im finstern Tal/fürchte ich kein Vnglück/Denn du bist bey mir/Dein Stecken vnd Stab trösten mich.

Abgesehen von der Rechtschreibung ist die Sprache noch heute verständlich. In den letzten fünfhundert Jahren hat sich da wenig geändert.

Das gilt allerdings nicht für dieselbe Stelle auf Althochdeutsch, das für ungeübte Leser völlig unverständlich ist. Im 11. Jahrhundert hat Notker der Deutsche den Psalm für seine Schüler übersetzt und kommentiert. Das klingt in seiner Mischung aus Althochdeutsch und Latein dann so:

Truhten selbo rihtet mih [...], unde nîehtes ne brístet mir.
In déro stéte dar uuéida ist, hábet er mih kesezzet. [...]
Er hábet mih kezógen bi démo uuazere dero labo.[...]
Hábet mîna sêla fóne úbele ze gûote becherêt.
Léita mih after dîen stîgon des rehtes, umbe sînen námen [...].
Gange ih óuh hîer in míttemo scáteuue des tôdes [...]
Noh danne nefúrhte ih mir des léides [...], uuanda du sáment mir bist [...].
Din rûota unde din stáb [...], de hábent mih ketrôstet [...].[6]

Ohne vertiefte Kenntnisse des Althochdeutschen kann ich Notkers Text nicht einmal laut lesen, was vor allem daran liegt, dass sich die Sprache vor 1350 so schnell entwickelte. Danach verlangsamte sich der Wandel, als immer mehr Menschen lesen und schreiben lernten; im 16. Jahrhundert, als die gedruckte Bibel Standards setzte, kam er fast zum Stillstand. Auffallend ist jedoch, dass wir das Deutsch von vor fünfhundert Jahren verstehen können, während die Menschen, die damals lebten, nicht in der Lage gewesen wären, auch nur *dreihundert* Jahre alte Texte zu verstehen. In diesem Fall fungierte die Technik – die Erfindung der Druckerpresse – als eine Bremse des Wandels, nicht als dessen Beschleunigerin.

Wenn wir Shakespeares Stücke sehen oder lesen, verstehen wir 95 Prozent sofort, und die übrigen 5 Prozent können wir uns mit wenig Mühe erschließen.[7] Shakespeare hätte bei der Rezitation eines englischen Gedichtes aus dem 11. Jahrhundert nur einen kleinen Bruchteil verstanden. Und es hätte ihn auch nicht emotional berührt, selbst wenn er die Worte hätte entschlüsseln können. Wie ich in der Einleitung erwähnt habe, sagen wir oft, dass Shakespeare »für uns spricht«, obwohl er nichts von unserem komplizierten modernen Leben wusste. Die technischen Innovationen der letzten vierhundert Jahre haben die Art, wie wir denken und fühlen, nicht wesentlich verändert. In deutlichem Gegensatz dazu drückte kein Autor des 11. Jahrhunderts ein solches Spektrum menschlicher Gefühle aus. Kein angelsächsischer Dichter hätte sich vier Jahrhunderte nach seiner eigenen Zeit an ein Publikum wenden und Anerkennung dafür ernten können, dass er ihm aus der Seele sprach. In der Literatur wie in der Sprache ist die Geschichte der letzten vierhundert Jahre vor allem eine der Kontinuität, verglichen mit den gewaltigen Veränderungen und Sprüngen im Mittelalter. Die Kultur des 16. Jahrhunderts ist von der des Jahres 1000 so weit entfernt wie eine mechanische Uhr von einer Sonnenuhr.

Und trotz alledem sprechen wir immer noch vom Mittelalter als einer langen Phase des Stillstands, beherrscht von Gewalt, Unwissen und Aberglaube, bis die Technik daherkam und die Welt im 17. Jahrhundert zu einem besseren Ort machte. Tatsächlich hat unsere Begeisterung für Naturwissenschaft und Technik noch eine verborgene Dimension: Sie untermauert unseren Glauben an den Fortschritt. Aus dem technischen Fortschritt ziehen wir die Gewissheit, dass die Dinge besser und immer besser werden – dass die Technik uns retten wird, egal, welche Katastrophen uns zustoßen mögen. »In Technology we Trust.« Und so ist der gewalttätige, unwissende, abergläubische Charakter des Mittelalters beinahe zu einem Glaubenssatz geworden.

Dies stellt die Mittelalterhistoriker vor ein gewisses Problem. Wenn wir gesellschaftlichen Wandel an der Technik und ihrem Entwicklungsstand festmachen, missverstehen wir dieses Zeitalter gründlich, weil wir andere Veränderungen, die ebenso wichtig sind wie die technischen, übersehen. Das Alltagsleben der Menschen und ihre »Weltsichten« veränderten sich zwischen dem 11. und dem 16. Jahrhundert enorm. Sie durchliefen so viele Umwälzungen, dass es schwer ist, sie alle zu zählen. Doch genau dies müssen wir verstehen, wenn wir uns ein klares Bild davon machen wollen, wie sich unser modernes Leben im Westen entwickelte.

Das ist leichter gesagt, als getan. Wenn wir nicht unter dem Aspekt der technischen Innovation, sondern vielmehr unter dem der sich erweiternden und (gelegentlich) auch verengenden Horizonte über den kulturellen Wandel nachdenken, wird die Aufgabe viel überschaubarer. Der Duden definiert das Wort »Horizont« konkret als »[sichtbare] Linie in der Ferne, an der sich Himmel und Erde bzw. Meer scheinbar berühren« und metaphorisch als »geistiger Bereich, den jemand überblickt und in dem er ein Urteilsvermögen besitzt«. Mit neuen Bauformen und urbaner Expansion veränderte sich der konkrete Horizont im Mittelalter dramatisch – ebenso aber auch das Wissen, die Erfahrungen und Interessen der Menschen, eben der geistige Bereich, den sie überblickten. In diesem Kapitel werden wir zehn Beispiele dafür betrachten, wie »Horizonte« als Indikatoren gesellschaftlichen oder kulturellen Wandels genutzt werden können. Sie alle sind für unser Weltbild so grundlegend, dass wir sie gar nicht als bedeutende historische Entwicklungen wahrnehmen: Wir können uns die Welt ohne sie schlicht und einfach nicht vorstellen. Doch schon das zeigt, wie wichtig sie sind.

Der konkrete Horizont

Wie veränderte sich die Skyline zwischen 1000 und 1600? Zu Beginn dieser Zeit war das höchste Gebäude der Christenheit die Hagia Sophia in Konstantinopel, die vom Boden bis zur Spitze der höchsten Kuppel 56 Meter misst. Gebaut hatte sie Kaiser Justinian in den 530er-Jahren. Die nächstgrößten Gebäude waren wahrscheinlich die großen Klosterkirchen des 10. Jahrhunderts in Burgund, die vielleicht etwa die Hälfte dieser Höhe erreichten. Die meisten Kirchtürme Nordeuropas waren kaum 25 Meter hoch. Doch sehr bald nach 1000 tauchten die ersten höheren Gebäude auf. Innerhalb eines Jahrhunderts erreichten viele Kirchtürme eine Höhe von mehr als 30 Metern und einige sogar von mehr als 45 Metern – das berühmteste erhaltene Beispiel ist die Abtei Pomposa in Italien. 1106 durchbrachen die Türme des Kaiserdoms in Speyer die 60-Meter-Marke. Der Südturm der Kathedrale von Chartres, fertiggestellt im Jahr 1220, ist 105 Meter hoch. Tatsächlich stellt diese Kathedrale auch mit ihrer Länge von 130 Metern alles in Europa vor 1000 Gebaute einschließlich der Hagia Sophia in den Schatten. Der Turm der Old St. Paul's Cathedral in London erreichte um das Jahr 1300 eine Höhe von etwa 150 Metern. Die Lincoln Cathedral wuchs noch weiter in die Höhe und reichte mit ihren 160 Metern fast schon an die Philadelphia City Hall heran, das heute größte frei stehende Steingebäude weltweit, das mit seinen 167 Metern nicht weit von der maximalen Höhe entfernt ist, bis zu der man überhaupt in Stein bauen kann. Abgesehen von der Hagia Sophia als einer Anomalie, einem Überbleibsel des Oströmischen Reiches, können wir sehen, dass sich die Fähigkeit, in die Höhe zu bauen, in nur dreihundert Jahren verfünffachte. Es ist ein heilsamer Gedanke, dass der höchste Punkt der Londoner Skyline von 1000 bis 1300 auf das Fünffache wuchs, während zwischen 1300 und der Vollendung des Shard im Jahr 2010 nur eine Verdoppelung stattfand.[8]

Überall in Europa stieß man im Mittelalter auf diesen Trend, höher und größer zu bauen. Unzählige Kirchen wurden errichtet, sodass um 1600 im Herzen jeder Gemeinde ein ansehnlicher Steinbau stand. 1348 waren die höchsten Gebäude aller Reiche der Christenheit auf die dreifache Höhe angewachsen. Die Zahl der Klöster und Abteien vervielfachte sich mehrmals – in ganz Europa waren es im Jahr 1500 mehr als 12 000 –, und viele von ihnen waren mit großen Kirchen verbunden. Auch die weltlichen Gebäude wurden stabiler und größer. Wie hätte Hararis Bauer auf die Mauern und Türme einer großen mittelalterlichen Burg reagiert? Im Jahr 1000 gab es noch kaum auf Verteidigung ausgerichtete Wohnbauten, und schon ein 37 Meter hoher Bergfried, wie er im frühen 11. Jahrhundert im französischen Loches entstand, hätte ihm den Atem verschlagen. Das Wachstum städtischer Siedlungen war nicht weniger erstaunlich. Was hätte er 1492 über die Ausbreitung von Städten wie Gent, Florenz, Granada, Paris und Lissabon gedacht, die alle mehr als 100 000 Einwohner hatten? Was über die Kathedrale von Albi, einen gewaltigen Bau ganz aus *Ziegelsteinen?* Wie hätten die riesigen Glasfenster mittelalterlicher Kirchen und Säle auf ihn gewirkt? Aus seiner Zeit hätte er nichts von alledem gekannt. Buntglas war im Jahr 1000 gerade erst erfunden worden. Wenn er in die Kathedrale von Chartres gekommen wäre mit ihrer fantastischen Architektur, dem tiefblauen und strahlend roten Licht, und es hätte zufällig gerade ein iPhone geklingelt, während er dem Chor lauschte – ich glaube nicht, dass es das iPhone gewesen wäre, das seine Aufmerksamkeit erregt hätte.

Der sichtbare Horizont veränderte sich für einen angelsächsischen Bauern ebenso stark wie für Hararis spanischen. Im Jahr 1000 hätte er – abgesehen von ein paar Kirchtürmen, Glockentürmen auf Landgütern und dem einen oder anderen Königspalast – nichts anderes als einstöckige Behausungen aus Holz gesehen. In deutlichem Gegensatz dazu hätte er 1492 die Augen aufgeschlagen und Tausende Kirchen, Burgen und gewaltige Kathedralen erblickt. Und dann das Wachstum der Städte, besonders Londons, dessen Bevölkerung sich von 10 000 auf 50 000 verfünffacht hatte. Auch das Land hatte sich dramatisch verändert. Er hätte alles verfügbare Ackerland unter dem Pflug gesehen, das

Ödland völlig ausgenutzt oder in Allmende verwandelt, und die Einhegung der offenen Felder schon weit vorangeschritten.[9] Wenn wir seinen Schlaf bis ins Jahr 1600 ausdehnen, wäre unser Bauer aufgewacht und hätte London mit einer Bevölkerung von 200 000 Menschen gesehen – zwanzigmal so viele wie im Jahr 1000. Er hätte an Häusern hinaufgeschaut, die fünf oder sechs Stockwerke hoch waren. Er hätte den beißenden Geruch brennender Kohle gerochen. Viele moderne Wolkenkratzer sind zwar mehr als doppelt so hoch wie der höchste mittelalterliche Kirchturm, und viele europäische Städte sind mehr als zwanzigmal so groß wie im Jahr 1600, doch es war das Mittelalter, das uns mit gewaltigen ingenieurtechnischen Großtaten und städtischen Ballungsräumen bekannt machte, mit all ihrem Gedränge, ihrem Lärm und Gestank.

Der persönliche Horizont

Natürlich sind die Menschen immer gereist. Denken Sie nur an die Schiffe der Nordmänner, die den Atlantik nach Vinland in Nordamerika überquerten – das war so um das Jahr 1000 herum. Und sie reisten nicht nur, um zu plündern und Handel zu treiben. Gudrid Thorbjarnardóttir, die Ende des 10. Jahrhunderts auf Island zur Welt gekommen war, segelte nach Vinland, Grönland und Norwegen. Sie begab sich sogar auf eine Pilgerreise nach Rom und kehrte schließlich zurück, um als Nonne auf Island zu leben. Nun kann eine Wikinger-Weltsicht nicht als repräsentativ für die ganze Christenheit des 11. Jahrhunderts gelten. Tatsächlich wurde Gudrid nicht als Christin geboren, und ihr Volk gab die weit ausgreifenden Plünder- und Handelszüge allmählich auf, nachdem es sich zum Christentum bekehrt hatte. Während einige abenteuerlustige Christen – Pilger, Kaufleute und königliche Gesandte – auch im Jahr 1000 schon lange Reisen unternahmen, war das bei der Mehrheit der normalen Menschen nicht der Fall. Die Männer mussten zu Hause bleiben, um das Land zu bestellen. Die Frauen halfen bei der Landarbeit, brauten und verarbeiteten die Milch. Die meisten Herren erlaubten nicht, dass ihre Sklaven und Bauern die Güter verließen, auf denen sie lebten. Zudem war das Reisen gefährlich. Zu Hause waren die Menschen einfach sicherer. Es gab, kurz gesagt, im Jahr 1000 viele gute Gründe, *nicht* zu reisen.

Im Laufe des Mittelalters jedoch wurde das Reisen etwas Normales. Märkte und Jahrmärkte schossen wie Pilze aus dem Boden. Im Jahr 1500 war praktisch jeder irgendwann in seinem Leben mal zu einem Markt gereist, viele taten dies regelmäßig. Auch die Pilgerfahrten nahmen zu. Die Menschen begaben sich in großer Zahl nach Rom, Jerusalem und Santiago de Compostela. Viele der unzähligen Klöster, die im 12. und 13. Jahrhundert gegründet worden waren, machten ihre Sammlungen anbetungswürdiger Reliquien den Gläubigen zugänglich. Allein schon die Pilgerreisen nach Canterbury steigerten die Zahl der Menschen, die seit dem späten 12. Jahrhundert auf den Straßen im Südwesten Englands unterwegs waren, sicher beträchtlich. Und auch die sich verändernde Rechtspflege führte zu einer größeren Mobilität. Die Amtsrichter begannen regelmäßig durchs Land zu reisen, um im Namen des Königs Recht zu sprechen. Auf eher lokaler Ebene waren Konstabler, die Verdächtige festsetzten, dafür verantwortlich, diese zum Prozess in die Hauptstadt der Grafschaft zu bringen. In Devon belief sich eine Reise von einem entlegenen Ort wie Hartland bis in die Hauptstadt Exeter auf wenigstens 84 Kilometer – der Hin- und Rückweg dauerte für den Konstabler und seinen Gefangenen im Winter fünf bis sechs Tage.

Wer vor einem Kirchengericht erscheinen musste, hatte eventuell eine noch längere Anreise. Im 15. Jahrhundert war das System etabliert, dass das Testament eines Grundbesitzers, dessen Land ganz in einem Erzdiakonat lag, vom Gericht ebendiesen Erzdiakonats bestätigt werden musste. Wenn allerdings der fragliche Grundbesitz auf zwei Erzdiakonate aufgeteilt war, musste das Testament vom Konsistorialgericht der Diözese bestätigt werden. Also musste der Vollstrecker des Letzten Willens eines Verstorbenen aus dem Westen Cornwalls mit Ländereien in Devon wie auch in Cornwall eine 160 Kilometer lange Reise nach Exeter auf sich nehmen, um seine Pflicht zu erfüllen. Wenn nun dieser Mann aus Cornwall bei seinem Tod noch bewegliches Hab und Gut in einer anderen Grafschaft besessen hatte, musste sein Testamentsvollstrecker fast 500 Kilometer nach London reisen. Und auch jeder, der die königlichen Gerichte in Westminster aufsuchte, um zivilrechtliche Belange zu klären, musste eine lange Reise auf sich nehmen. Wer eines sittlichen Vergehens angeklagt war, musste vor dem örtlichen Gericht des Archidiakonats erscheinen – und damit musste nicht nur der oder die *Angeklagte* diese Reise unternehmen, sondern auch jeweils weitere sechs oder mehr Eideshelfer, die ihre oder seine Unschuld bezeugten.

Vom 13. Jahrhundert an schufen die Universitäten eine weitere Notwendigkeit, lange Strecken zurückzulegen. Gleiches gilt für das Parlament: Die dazu Berechtigten mussten in die Hauptstadt der Grafschaft reisen, um ihr Wahlrecht auszuüben; gewählte Mitglieder wurden in Westminster zusammengerufen oder an einem anderen Ort, an dem sich das Landesparlament versammelte. Und bedenken Sie die vielen Reisen der Kirchenleute: Mönche reisten zwischen ihren Klöstern und Ländereien hin und her, Bettelmönche zogen von Stadt zu Stadt, Äbte und Prioren nahmen an Versammlungen ihrer Orden teil, Bischöfe und Äbte waren im Parlament vertreten, und Geistliche reisten ins Ausland, um den allgemeinen Konzilen der katholischen Kirche beizuwohnen.

Auch aus Kriegsgründen war man notwendigerweise oft unterwegs. Nun könnte man einwenden, dass Männer immer in den Krieg gezogen sind, doch im Jahr 1000 taten sie das nicht in so großen Zahlen wie in späteren Jahrhunderten. Etwa 7000 Mann begleiteten König Harold 1066 auf seinen heldenhaften Märschen nach Stamford Bridge und dann nach Hastings, um das Königreich zu verteidigen. Mehr als 30 000 Engländer standen auf der Soldliste für die Belagerung von Calais 1346/47; mehr als 15 000 segelten mit Henry V. auf den Frankreichfeldzug, der mit der Schlacht von Azincourt endete. Sehr viele waren während der englisch-französischen Kriege im 14. und 15. Jahrhundert in Frankreich stationiert. Und nicht weniger als 48 000 Mann begleiteten

Henry VIII. im Jahr 1544 nach Boulogne. Und auch in anderen Ländern wuchsen die Heere schnell. Im Jahr 1600 bestand das spanische Heer aus 200 000 Männern, von denen viele in den Niederlanden, Hunderte Kilometer von ihrer Heimat entfernt, stationiert waren.

Die Größenordnung persönlicher Reisen veränderte sich also im Laufe des Mittelalters dramatisch. Im 11. Jahrhundert mussten sich relativ wenige Menschen jemals mehr als 30 Kilometer zu Pferde oder zu Fuß von ihrem Heimatort entfernen – um 1600 sah sich wahrscheinlich die Mehrheit zu verschiedenen Zeiten im Leben dazu gezwungen, und ein beträchtlicher Anteil tat dies auch regelmäßig. Im Laufe des Mittelalters wurde es normal, zu reisen. Wir können nicht genau bestimmen, wie weit gewöhnliche Menschen sich bewegten, doch die Zahl der pro Person aus wirtschaftlichen, offiziellen, juristischen, kirchlichen, Bildungs- und militärischen Gründen zurückgelegten Kilometer pro Jahr in Europa verhundertfachte sich wohl mehrmals. Immer mehr Gasthäuser versorgten die Wohlhabenden unter ihnen. Vor 1000 gibt es das Wort »inn« im Englischen gar nicht, und nur die größten Städte verfügten im 12. Jahrhundert über ein solches Gasthaus. Im Jahr 1577 dagegen gab es mehr als 3000 solcher Einrichtungen in England.[10] Diese verbesserte Infrastruktur verführte die Menschen vielleicht sogar dazu, zur Erholung zu verreisen. Sicher bewegten sich um 1600 die meisten ganz normalen Menschen weit außerhalb des geografischen Horizonts, der sie bei ihrer Geburt umgeben hatte.

Der kollektive Horizont

Die oben beschriebene Ausweitung persönlicher Horizonte hat Folgen für die Gesellschaft als Ganzes. Das geografische Wissen der Menschen nimmt exponentiell zu den Strecken, die sie zurücklegen, zu. Wenn Sie sich bis zu 30 Kilometer von zu Hause entfernen, können Sie potenziell viermal so viele Orte sehen, als wenn Sie immer nur 15 Kilometer zurücklegen. Das ist eine Sache des mathematischen Radius: Der 30-Kilometer-Reisende kann theoretisch 2827 Quadratkilometer abdecken, der 15-Kilometer-Reisende nur 707 Quadratkilometer. Mehr noch: Wenn jeder regelmäßig 30 Kilometer statt nur 15 reist, trifft er viel mehr Menschen von weiter weg mit ähnlich ausgreifendem geografischen Wissen. In der Theorie könnte jemand 30 Kilometer von seiner Heimat entfernt jemanden kennenlernen, der noch einmal 30 Kilometer davon entfernt lebt. Wenn diese zweite Person zuvor 30 Kilometer von *ihrem* Heimatort in die andere Richtung gereist ist, könnte die erste Person Berichte aus erster Hand von einem Ort hören, der 90 Kilometer von seiner Heimat entfernt liegt. Das deckt theoretisch ein Gebiet von fast 25 447 Quadratkilometern ab. Natürlich stellen Flüsse, Berge, Moore oder Küstenlinien Hindernisse dar, die nicht so leicht zu überwinden sind, doch im Prinzip ist es so: Wenn Menschen in weiter entfernte Orte reisen, wächst ihr kollektives Wissen exponentiell. Als sich Hunderttausende im Laufe des Mittelalters immer weiter von ihren Heimatorten entfernten – in manchen Fällen mehrere Hundert Kilometer weit –, wuchs das Wissen über England und andere Länder massiv. Diese Ausweitung des kollektiven Horizonts half, geografisches Selbstvertrauen wachsen zu lassen, da die Menschen mehr Vorwissen dazu hatten, was ihnen womöglich fern der Heimat begegnen konnte. Dieses Selbstvertrauen wiederum erlaubte ihnen, noch weiter zu reisen.

Abgesehen vom Sonderfall der früheren Wikingerexpeditionen begannen die Menschen erst im 12. Jahrhundert, ausgiebig zu reisen. Die Kreuzzüge etwa, die im Jahr 1096 begannen, führten zu einer massiven Erweiterung geografischer Horizonte. Ich kann mir nicht vorstellen, dass besonders viele normale Mitteleuropäer im Jahr 1000 überhaupt wussten, dass Jerusalem in muslimischer Hand war. Vom Fall der Stadt hörten sie sicher in Folge des Ersten Kreuzzugs im Jahr 1099. Im Zweiten Kreuzzug machte sich der Kaiser des Heiligen Römischen Reiches (der gewählte Herrscher der deutschen Staaten) persönlich auf ins Heilige Land, während eine englische Expedition, die sich dem Kreuzzug hatte anschließen wollen, Lissabon einnahm. Im Dritten Kreuzzug nahm der

König von England das Kreuz und versuchte über Land quer durch Europa zurückzukehren. Und im Vierten Kreuzzug marodierten christliche Ritter in Konstantinopel. Die Verbindungen ins Heilige Land blieben auch erhalten, nachdem die Kämpfe abgeflaut waren. Die Kreuzzüge waren nicht nur periodisch wiederkehrende Wellen bewaffneter Pilgerschaft, sondern sicherten auch einen ständigen Fluss von Informationen in den Nahen Osten und zurück. Zur Zeit des Sechsten Kreuzzugs im Jahr 1228 hielt es der Bischof von Exeter für angebracht, fünf Jahre lang fern von seiner Diözese die Ritter aus dem Südwesten Englands zu begleiten. Sie unterstützten einen weiteren Kaiser des Heiligen Römischen Reiches in seinem Bemühen, Pilgern wieder den Zugang nach Jerusalem zu ermöglichen. Manche von ihnen zogen in zweiter Generation ins Heilige Land – ihre Väter hatten Richard I. auf dem Dritten Kreuzzug begleitet. In England beschäftigte man sich immer häufiger mit dem, was mehr als 5000 Kilometer entfernt im Nahen Osten geschah.

Die Welt jenseits von Jerusalem jedoch blieb den Europäern ein Mysterium. Eine zwischen 1025 und 1050 in Südengland entstandene Weltkarte zeigt einen grob quadratischen Umriss, der Europa und Teile Afrikas und Asiens umfasst, mit vielen verstreuten Inseln im Mittelmeer und rund um Schottland. Das Rote Meer und die großen Flüsse Nordafrikas sind rot eingefärbt. Britannien ist im nordwestlichen Viertel zu sehen; Babylon (im heutigen Irak) ist die östlichste Stadt, und Indien bekommt eine kleine Erwähnung ehrenhalber am Ostrand der Welt, so dargestellt, als sei der Subkontinent etwa so groß wie die Britischen Inseln. Diese Karte ist im selben Buch enthalten wie ein Text mit dem Titel *The Marvels of the East* (»Die Wunder des Ostens«). Darin sind unter anderem Beschreibungen von Menschen enthalten, die anderthalb Meter groß und ebenso breit sind und den Kopf in der Brust tragen; es ist von Kannibalen mit dreieinhalb Meter langen Beinen die Rede und von anderen sechs Meter großen Geschöpfen mit fächerartigen Ohren und Löwenmähnen.[11] Ganz offensichtlich beruhte das Wissen über ferne Weltgegenden vor allem auf Fantasie und Gerüchten. Die Weltkarte von Hereford, die gegen Ende des 13. Jahrhunderts entstand, ist weitaus detaillierter als die Angelsächsische Weltkarte, allerdings sind auch dort abgesehen vom Roten Meer und den Flüssen Tigris, Euphrat und Ganges östlich von Jerusalem keine namentlich genannten Orte mehr eingezeichnet. In ihrer Konzeption unterscheidet sie sich von der früheren Karte vor allem dadurch, dass sie rund statt quadratisch ist und Jerusalem, nicht das Mittelmeer, im Zentrum liegt.

Im 13. Jahrhundert schließlich durchbrachen einige furchtlose Reisende die Ostgrenze des Wissens. Im Jahr 1246 besuchte der Franziskaner Giovanni da Pian del Carpine das Mongolenlager nahe Karakorum, 8000 Kilometer östlich von Paris, und kehrte über Kiew nach Europa zurück. Der Dominikaner Ascelin von Cremona lernte im darauffolgenden Jahr Baiju Khan, einen Befehlshaber der Mongolen, kennen. Als der päpstliche Gesandte Wilhelm von Rubruk 1254 nach Karakorum kam, traf er dort den in Ungarn geborenen Sohn eines Engländers und die ebenfalls in Ungarn geborene Tochter eines Franzosen sowie den Neffen eines normannischen Bischofs. Und ganz offenbar waren päpstliche Missionen nicht der einzige Grund, aus dem Menschen nach Asien reisten. 1271 machte sich Marco Polo auf den Weg, um seinen Vater und seinen Onkel auf ihren Handelsreisen in den Osten zu begleiten, die vierundzwanzig Jahre dauern sollten. 1289 begab sich Giovanni de Montecorvino auf eine Reise durch Asien, um den chinesischen Kaiser Kublai Khan zu treffen. Er erreichte Peking fünf Jahre später und wurde 1307 zum Bischof der Stadt ernannt.

Lange vor den Seereisen der Portugiesen und Spanier im 15. Jahrhundert hatte sich der Horizont der Christenheit also schon beträchtlich erweitert. Zu Beginn des 14. Jahrhunderts erstreckte er sich im Westen bis Grönland und im Osten bis China. Die Südgrenze verschob sich erst später, nach der portugiesischen Eroberung Ceutas an der nordafrikanischen Küste im Jahr 1415. Prinz Henrique von Portugal, bekannt als Heinrich der Seefahrer, ließ auf jährlichen Seereisen allmählich Afrikas Ostküste kartieren. Diese Fahrten wurden nach dem Tod Heinrichs fortgesetzt und führten immer weiter in den Süden. Die größten Geografen der antiken Welt, Strabo und Ptolemäus, hatten die Südspitze Afrikas nicht erwähnt, die früheren Weltkarten hatten sie nicht genau dargestellt. Dann aber gelang es Bartolomeu Dias 1488, das Kap der Guten Hoffnung – oder das »Kap der Stürme«, wie er es nannte – zu umrunden, und die Nachricht von seiner Entdeckung verbreitete sich schnell.

Dies ist der wichtige Punkt. Wikinger auf Plünderzug mochten Tausende Kilometer gesegelt sein, doch sie gaben ihr Wissen nicht weiter. Portugiesische und spanische Entdecker andererseits machten ihre Entdeckungen bekannt, und das stärkte die Zuversicht, weiter ins Unbekannte zu segeln. Wenn Hararis spanischer Bauer mit einem der Seeleute gesprochen hätte, die sich darauf vorbereiteten, 1492 mit Kolumbus in See zu stechen, hätte er bald erfahren, dass Europäer schon um die Südspitze Afrikas gesegelt waren. Wenn unser Bauer den frühesten erhalten gebliebenen Erdglobus – hergestellt in Nürnberg im Jahr 1492, kurz vor Kolumbus' Rückkehr von Hispaniola – gesehen hätte, wäre ihm aufgefallen, dass dort Europa, Afrika und ein Großteil Asiens dargestellt waren. Dieser Globus zeigt, dass sich das geografische Wissen 11 000 Kilometer nach Osten erstreckte, bis hin zum heutigen Indonesien, und 13 000 Kilometer nach Süden, bis zum Kap der Guten Hoffnung. Von 1570 an konnte man gedruckte Atlanten mit den erkennbaren Umrissen von Kontinenten und einzelnen Ländern kaufen, vor allem Abraham Ortelius' *Theatrum Orbis Terrarum*. Um 1600 unterschieden sich die Weltkarten der besten Kartografen von ihren modernen Nachfolgern nur in Bezug auf die Umrisse von Südamerika, die ausgedachte Form der »Terra Australis« (wörtlich: »Südland«), das Fehlen einiger weit entfernter Regionen wie der Pazifikinseln und der Antarktis und ganz allgemein in Bezug auf ihre Genauigkeit.

Unsere Entdeckung der Umrisse der großen Landmassen war also vor allem eine mittelalterliche Errungenschaft. Wenigstens drei Expeditionen umrundeten die Welt im 16. Jahrhundert: Ferdinand Magellan in den Jahren 1519 bis 1522, Francis Drake in den Jahren 1577 bis 1580 und Thomas Cavendish in den Jahren 1585 bis 1588. Schon die antiken Autoren waren davon ausgegangen, dass die Erde rund sei – selbst wenn sie sie nicht immer so darstellten –, doch soweit wir wissen, hatte keine griechische oder römische Expedition je eine Weltumrundung vollendet. Gleiches gilt für die Wikinger. Falls sie es doch taten, ging ihr Wissen mit ihnen unter. Der mittelalterliche Beitrag war also entscheidend. Im Jahr 1600 umfasste der kollektive Horizont der Europäer fünf der sechs bewohnten Kontinente der Erde.

Gleichzeitig erfuhren die Menschen mehr über jene, die in weit entfernten Weltteilen lebten. London beherbergte russische Kaufleute. Männer und Frauen aus Afrika dienten in den Häusern eleganter Gentlemen. Andersherum landete ein englischer Seefahrer, Will Adams, auf einem holländischen Handelsschiff im Jahr 1600 in Japan. Zwei amerikanische Ureinwohner vom Volk der Algonkin, Manteo und Wanchese, die 1584 nach England kamen, brachten dem Mathematiker Thomas Harriot Elemente ihrer Sprache bei, sodass er mit ihrem Volk sprechen konnte, als er Nordamerika im darauffolgenden Jahr besuchte. Niemand kann ernsthaft behaupten, dass die »Weltsicht« europäischer Seeleute im Jahr 1600 grundsätzlich dieselbe war wie die ihrer Vorgänger im Jahr 1000 – von der antiken Welt ganz zu schweigen.

All dies ist ziemlich beeindruckend, vor allem, wenn man die Gefahren bedenkt, denen jene wagemutigen Seeleute auf ihren Reisen ausgesetzt waren. Die wahre Bedeutung all dieser Reisen – besonders Kolumbus' Entdeckung von Hispaniola und der Ostküste von Süd- und Mittelamerika – liegt allerdings darin, dass sie den gebildeten Menschen ihrer Zeit die Fehlbarkeit der großen antiken Autoren vor Augen führten. Jahrhundertelang hatte man geglaubt, die Weisheit der Griechen und Römer sei nicht zu übertreffen. Die Entdeckung Hunderter übersetzter Texte in den muslimischen Bibliotheken Spaniens und Siziliens im 12. Jahrhundert hatte das Wissen griechischer und lateinischer Autoren nur noch verdeutlicht. Vor allem Aristoteles war zum Symbol für die Tiefe der antiken Gelehrsamkeit geworden. Und dann stellte sich plötzlich heraus, dass er sich in einigen wichtigen Punkten geirrt hatte. Wenn es also manche Dinge gab, die Aristoteles über die Geografie der Welt nicht wusste, konnte er natürlich auch bei anderen Themen danebenliegen. Daraus erwuchs eine Revolution der Erkenntnis, ein echter Schlüsselmoment der Geistesgeschichte. Aristoteles hatte die Kontinente Nord- und Südamerika überhaupt nicht gekannt! Jetzt kam alles auf den Prüfstand.

Die Neugier der Christenheit blühte auf. Die Menschen versuchten Dinge aus aller Welt zu sammeln, sie streckten die Arme aus, um die Herrlichkeiten der Schöpfung zu berühren. Jeder, der 1599 nach London kam, konnte Sir Walter Copes Haus aufsuchen und ein afrikanisches Amulett bewundern, das aus menschlichen Zähnen gemacht war, außerdem das Horn und den Schwanz eines Rhinozeros, Porzellan aus China, einen vergrößernden Spiegel und ein Kanu der amerikanischen Ureinwohner.[12] Bei Banketten der Wohlhabenden verkostete man die neuen Produkte aus Amerika – Kartoffeln, Tomaten, Truthähne und Tabak. Weil sich ihr kollektiver Horizont geweitet hatte, hinterfragten die Menschen das Denken der Antike und befanden es für mangelhaft. Ein wunderbarer Forschergeist war erwacht.

Der wirtschaftliche Horizont

Kein Bauer des 11. Jahrhunderts, der im 16. Jahrhundert erwachte, hätte die gestiegene Handelsaktivität übersehen können. Im Jahr 1000 konnte man in vielen Teilen Mittel- und Nordeuropas leicht 50 oder mehr Kilometer reisen, ohne durch eine Marktstadt zu kommen. Auch hundert Jahre später gab es nur 169 Märkte in England. Im Jahr 1516 jedoch hatte die Regierung weiteren 2274 Städten Marktrechte zugesprochen.[13] Das stellte sich als Überversorgung heraus: Nur etwa 676 von ihnen florierten im Jahr 1600, was aber immer noch heißt, dass man im Schnitt alle 15 Kilometer durch eine Marktstadt kam.

Doch das ist noch nicht das ganze Bild. Auch Geld spielte eine wichtige Rolle beim mittelalterlichen Wandel. Obwohl im 11. Jahrhundert schon große Mengen von Silberpennys geprägt wurden, beruhte ein großer Teil des Handels noch auf Tauschgeschäften. In manchen Gegenden, etwa im Südwesten Englands, war dies die Standardform des Austauschs.[14] In anderen Regionen gehörte Geld zum Alltag. In ganz England besteht eine starke Korrelation zwischen den Funden von Münzen aus dem 11. Jahrhundert und der Bevölkerungszahl. Eine Ausnahme bilden jene Regionen, die nur sehr wenige Marktstädte hatten. Daraus muss man wohl schließen, dass es ohne Märkte wenig Bedarf für Geld gab. In abgelegenen Gebieten beruhte die Wirtschaft noch auf Subsistenzlandwirtschaft und Tauschhandel. Im frühen 14. Jahrhundert jedoch war die Verschiebung hin zu einer Marktwirtschaft abgeschlossen. Einen Subsistenzbauern aus dem Jahr 1000 hätte es absolut verblüfft, im Jahr 1492 aufzuwachen und festzustellen, dass ohne Geld gar nichts ging.

Und es ist nicht nur so, dass man unserem armen Bauern für alles in jeder Marktstadt, durch die er gekommen wäre, Geld abverlangt hätte. Im 11. Jahrhundert musste er die Dinge, die er brauchte, selbst herstellen, anbauen oder eintauschen. Wahrscheinlich war alles, was er nutzte, innerhalb von 30 Kilometern rund um seinen Wohnort entstanden. Ernteausfälle führten automatisch zu Entbehrungen, möglicherweise zu einer Hungersnot. Als es jedoch überall Märkte und Jahrmärkte gab, konnte man mit genug Geld lebensnotwendige Dinge wie Nahrungsmittel und Kleidung kaufen, dazu Luxuswaren wie Farbstoffe aus dem Mittelmeerraum, Seide aus China, Teppiche aus Nordafrika und Gewürze aus Indonesien. Die sechs großen internationalen Jahrmärkte in Burgund – die Champagnemessen, benannt nach der Provinz, in der sie stattfanden – versorgten die Märkte Mittel- und Nordeuropas mit exotischen Waren. Im Austausch belieferten die Kaufleute von dort die Händler des Mittelmeerraums mit Wolle und Silber. Im Laufe des Jahrhunderts entwickelte sich das Bankwesen, was den Transfer von Geld über große Entfernungen und die Finanzierung von spekulativen Handelsunternehmungen durch das Aufnehmen von Krediten erleichterte. Im Jahr 1600 betrieben Aktiengesellschaften internationale Geschäfte. Die *East India Company* (»Ostindien-Kompanie«) wurde genau in diesem Jahr gegründet. Ein europäischer Bauer des Jahres 1000, der über einen Jahrmarkt spazierte und Seidenstoffe, Gewürze, Teppiche und Farbstoffe im Angebot fand, hätte das Klingeln eines iPhones nur für eines von so vielen zuvor unvorstellbaren Wundern gehalten.

Der Erinnerungshorizont

Im Jahr 1000 gab es in England verschiedene Quellenarten, die das Wissen um die Vergangenheit bewahrten. Urkunden wurden aufgesetzt, um Pachtverhältnisse, Grenzen und Rechte aufzuzeichnen. Einige wenige Testamente von Adligen und führenden Kirchenleuten wurden schriftlich niedergelegt. Könige gaben Erlasse heraus, von denen einige erhalten geblieben sind. Schreiber stellten die *Angelsächsische Chronik* zusammen. Auch Assers Biografie König Alfreds des Großen, die *Vita Alfredi*, stammt etwa aus dieser Zeit, ebenso Aethelweards *Lateinische Chronik* und verschiedene Lebensbeschreibungen von Heiligen und Königen. Es gab auch einige ältere Texte – etwa die Werke von Gildas, Nennius und Beda Venerabilis – und natürlich historische Gedichte zur Unterhaltung. Doch das waren dann auch schon fast alle Quellen zur Vergangenheit. Aethelweards Chronik stützte sich auf nur drei Werke: die *Angelsächsische Chronik*, Bedas *Kirchengeschichte des englischen Volkes* und eine heute verlorene Annalensammlung für die Jahre 893 bis 946. Zudem waren diese Quellen abgesehen von Bedas Werk sehr schwer aufzutreiben. Die *Angelsächsische Chronik* hat sich in nur fünf Exemplaren erhalten, Assers *Vita Alfredi* in zwei. Bei den Urkunden kennen wir etwa 2000, die auf die Zeit vor 1066 datiert sind, doch viele davon sind spätere Fälschungen, mit denen Mönche Landbesitz und Rechte belegen wollten. Wir müssen also feststellen, dass in England im Jahr 1000 relativ wenig Geschriebenes über die Vergangenheit vorlag. Der Erinnerungshorizont beruhte weitgehend auf dem eigenen Gedächtnis, auf den Erinnerungen der Ältesten in der Gemeinde und auf einer Schriftquelle hier und da.

In den nächsten sechs Jahrhunderten stieg die Dokumentenproduktion enorm. Denken Sie nur an das *Domesday Book*: eine Übersicht über den gesamten Grundbesitz in England, fertiggestellt in nur acht Monaten im Jahr 1086. Schreiber zogen über das Land, um jedes Herrenhaus zu begutachten und es mit Aufzeichnungen zu vergleichen, in denen festgehalten war, wie viel es unter dem alten sächsischen Besteuerungssystem zwanzig Jahre zuvor wert gewesen war. Dazu mussten sie mit vier Sprachen hantieren: Latein, verschiedene Formen des Altenglischen, normannisches Französisch und Altkornisch. Dann wurden all diese Notizen in einer Arbeitsfassung für jede Region zusammengestellt, und schließlich wurde die ganze Sammlung systematisch in zwei Bänden abgeschrieben, die heute das *Domesday Book* bilden. Es ist eine verblüffende Leistung. Trotz unserer Computer und besseren Fortbewegungsmittel kann man sich heute nicht vorstellen, dass es möglich wäre, alle größeren Grundbesitze in England innerhalb von nur acht Monaten zu dokumentieren. Doch das *Domesday Book* war nur der erste Schritt zu einem explosionsartigen Anstieg der Dokumentation.

Im Schatzamt des 12. Jahrhunderts kam es zu vielen bürokratischen Innovationen, von der Zusammenstellung weiterer Übersichten von Ländereien in ritterlichem Besitz im *Red Book of the Exchequer* (»Rotes Buch der Staatskasse«) und im *Black Book of the Exchequer* (»Schwarzes Buch der Staatskasse«) bis hin zu den königlichen Rechenschaftsberichten, den »Pipe Rolls«, die seit der Regierung Henrys I. jedes Jahr entstanden. In den Jahren um 1190 wurden die königlichen Kanzleien Englands wie auch Frankreichs neu organisiert und begannen Abschriften aller hinausgehenden Korrespondenz aufzubewahren. So haben wir in England Tausende Rollen mit mittelalterlichen Königsbriefen und große Mengen königlicher Berichte. Jeder Bischof begann ein Register seiner offiziellen Handlungen und seiner Korrespondenz zu führen und ließ seine Ländereien überprüfen. Alle Lords im Lande schlossen sich an. Klöster und landbesitzende Familien begannen Kopialbücher zu führen, in denen sie alle ihre Besitzurkunden dokumentierten. Im späten 13. Jahrhundert vollzog sich eine zweite große Steigerung der Dokumentation, als die Lords begannen, grundherrliche Bücher zu führen: Gerichtsrollen, Pachtverzeichnisse, Rechnungsbücher und Inventarlisten. Um 1300 führte die Regierung Steuerakten, die jeden Steuerzahler im Lande verzeichneten. Private Briefe kamen in Umlauf, weitere private Aufzeichnungen entstanden. Wahrscheinlich führte um 1400 jeder größere Haushalt ein Rechnungsbuch mit den jährlichen Einnahmen und Ausgaben. Kirchenvorsteher stellten gleichermaßen jährliche Abrechnungen für ihre Gemeinden zusammen. Mönche wie auch Privatleute führten Chroniken. Und diese Revolution der Dokumentation fand noch vor der dritten größeren Ausweitung des Erinnerungshorizonts statt – vor der Erfindung der Druckkunst.

Das Aufkommen des Buchdrucks ist so bedeutsam, dass wir ihn eher nicht als mittelalterlich betrachten. Die Menschen verbinden das Mittelalter mit Negativität, Unwissen und Gewalt und schreiben alles, was in dieser Zeit zivilisiert wirkt, einer Mentalität der Renaissance zu, und so ist auch der Buchdruck einfach eine zu mächtige Entwicklung, um als »mittelalterlich« betrachtet zu werden. Und doch hatten bis 1500 etwa 250 Druckerpressen in ganz Europa 27000 Buchausgaben hervorgebracht. Wenn jede dieser Editionen im Durchschnitt eine Auflage von 500 Exemplaren hatte, wären unter 84 Millionen Menschen 13 Millionen Bücher im Umlauf gewesen.[15] Die Druckkunst war fraglos ein mittelalterliches Phänomen.

Der veränderte Horizont der Erinnerung markiert einen tiefen Kontinuitätsbruch zwischen der alten und der neuen Welt. Die Lesefähigkeit in England stieg von einem winzigen Bruchteil innerhalb der männlichen Bevölkerung (wahrscheinlich weniger als 0,25 Prozent) zu Beginn des 11. Jahrhunderts auf mehr als 10 Prozent im Jahr 1500 und 25 Prozent im Jahr 1600. Unter Frauen lag sie um 1500 noch immer bei unter einem Prozent, um 1600 dann aber schon bei 10 Prozent.[16] Das Land sah sich einer entsprechenden Flut neu entstehender Dokumente gegenüber – Kirchbücher, Gerichtsakten, Staatspapiere, Briefe und Tausende Bücher. Die Zahl der Veröffentlichungen in England stieg von etwa 40 pro Jahr im ersten Jahrzehnt des 16. Jahrhunderts auf 400 im letzten – insgesamt waren es etwa 20 000 Auflagen. Wenn jede davon in 500 Exemplaren erschien, waren das etwa 10 Millionen Bücher, die im Laufe des 16. Jahrhunderts in England in Umlauf kamen. Sie befanden sich im Besitz der etwa 400 000 lesefähigen Menschen – ein Durchschnitt von fünfundzwanzig Büchern pro Person. Doch ihre Besitzer verliehen sie auch. Jede *Lektüre* – nicht nur jedes Buch – trug zu einer wachsenden literarischen Kultur und zur allmählichen Erweiterung des Erinnerungshorizonts bei.

Diese multidimensionale Erweiterung unseres kollektiven Gedächtnisses hatte erhebliche Auswirkungen. Das Gesetz wurde zum Beispiel enorm gestärkt. Die Menschen konnten erwarten, dass Urteile zu Besitztümern und Rechten auf schriftlichen Belegen beruhten und nicht auf persönlicher Erinnerung. Naturphilosophen konnten astronomische Beobachtungen leichter anstellen und bekannt machen. Insbesondere die Musik veränderte sich völlig. Die Notation, wie wir sie kennen, wurde von Guido von Arezzo im frühen 11. Jahrhundert entwickelt. Zuvor hatte es keine Möglichkeit gegeben, Melodien festzuhalten. Man konnte nur über einem Liedtext anzeigen, ob die Stimme nach oben oder nach unten gehen sollte. Deshalb mussten sich Sänger die Musik einprägen und sie der nächsten Generation weitergeben, und die Stücke durften nicht allzu kompliziert oder lang sein. (Stellen Sie sich vor, Sie versuchen, eine Symphonie auswendig zu lernen und sie dann einer Reihe von Musikern beizubringen, die sie nie gehört haben.) Die Niederschrift von Melodien sorgte also nicht nur dafür, dass sie für Generationen – ja sogar für Jahrhunderte – erhalten blieben, sondern auch dafür, dass sie immer raffinierter wurden. Heute bezeichnen wir alle vor 1600 entstandene Musik gern als »alte Musik«, doch tatsächlich waren es die Musiker des Mittelalters, die das System schufen, durch das die Musik komplexer werden konnte als je zuvor. Am Ende des 16. Jahrhunderts arbeiteten italienische Komponisten an Opern. Ohne die mittelalterliche Neuerung der polyfonen Notation hätten die großen Komponisten des 18. und 19. Jahrhunderts ihr Niveau nie erreichen können, ganz zu schweigen von der Frage, wie sie uns ihr musikalisches Erbe weitergegeben hätten.

Im Laufe des Mittelalters begannen Privatleute mit großer Begeisterung Fakten aufzuzeichnen, sei es in Form von Geschichtswerken, Reiseberichten, medizinischen wie kulinarischen Rezepten oder astronomischen und mathematischen Abhandlungen. Die Menschen des Mittelalters begannen naturwissenschaftliche Werke zu drucken – und der Druck war entscheidend, denn er erlaubte es, schwierige Texte und Diagramme korrekt und in großer Zahl herzustellen, sodass sie schnell in Umlauf kamen. Neue Theorien und Erkenntnisse konnten direkt und ohne Angst vor Schreibfehlern mit fernen Empfängern geteilt werden. Zwischen 1000 und 1600 durchliefen wir eine Zeit, in der die Gesamtzahl aller Wörter, die in England jedes Jahr, zu welchem Zweck auch immer, geschrieben oder gedruckt wurden, von etwa einer Million auf grob geschätzt hundert Milliarden anstieg.[17] Dieser fundamentale Wandel wird allzu leicht als normal betrachtet – dabei stellt er einen völligen Bruch mit der analphabetischen Welt von Hararis und Morris' Bauern dar. Und keine Errungenschaft jener »Geniezeit«, der Grayling völlig zu Recht Beifall spendet, wäre ohne diese Veränderung möglich gewesen.

Der religiöse Horizont

In unseren Augen war das Mittelalter durch die Religion geprägt. Seien es nun die Kathedralen und Klöster, die Pilgerfahrten oder die Kreuzzüge – das Kreuz symbolisiert das Mittelalter ähnlich wie das Telefon die letzten 150 Jahre. Allerdings veränderte das Kreuz wie das Telefon, das für die verschiedenen Generationen, die es benutzten, Unterschiedliches bedeutete, seine Symbolik mit der Zeit.

Zu Beginn der Epoche, die wir hier betrachten, hatten sich verschiedene Reiche gerade erst zum Christentum bekehrt. Weite Teile der Iberischen Halbinsel standen unter muslimischer Herrschaft, während in Osteuropa noch viele Heiden lebten. Daraus folgt, dass die Christenheit im Jahr 1000 weitaus kleiner war als im Jahr 1500. Zudem war die päpstliche Autorität auch innerhalb ihrer Grenzen schwach ausgeprägt. Viele Diözesen hatten sehr wenige Kirchenbauten oder sogar nur wenige Priester. Die Päpste konnten kaum Macht über die religiöse Führung der Reiche ausüben, von ihren Königen ganz zu schweigen. Noch bei der Synode von Sutri im Jahr 1046 waren die Päpste wenig mehr als Erzpriester, die vom Kaiser des Heiligen Römischen Reiches ernannt wurden. Doch von diesem Punkt an begannen sich die Dinge zu ändern. In den nächsten 470 Jahren wuchs die päpstliche Autorität und griff immer weiter aus.

Entscheidend dafür war das Pontifikat Gregors VII. (1073–1085). Noch bevor er sein Amt antrat, hatte Gregor geholfen, den Prozess der Papstwahl zu reformieren und das Amt der kaiserlichen Kontrolle zu entziehen. Nachdem er selbst Papst geworden war, spitzte sich die Auseinandersetzung mit Kaiser Heinrich IV. zu. Bekannt ist, dass Gregor Heinrich im Winter 1077 befahl, zur Buße die Alpen zu überqueren und ihn in Canossa aufzusuchen. Dadurch etablierte er das Prinzip der kirchlichen Herrschaft über weltliche christliche Könige. Gregor rief zudem weitreichende Reformen ins Leben, die den Klerus unter die zentrale Autorität der Kirche brachten, Reformen, die den Ämterkauf, das Zinsnehmen und die Klerikerehe verboten. Von nun an versuchten die Päpste, Macht über alle Priester auszuüben, egal, in wessen Reich sie lebten. Zur Zeit des Vierten Laterankonzils im Jahr 1215 befand sich das Papsttum auf dem Höhepunkt seiner Macht, nachdem es den Klerus erfolgreich reformiert und nicht nur das Verhalten der Geistlichen, sondern der gesamten Christenheit reglementiert hatte – in dem Bemühen, das Sittenleben aller Männer, Frauen und Kinder in Europa in geordnete Bahnen zu lenken.

Eine geeinte Kirche war eine entschlossene und mächtige Organisation. Und sie wurde phänomenal reich, was sich im Bau von Zehntausenden Klöstern, Abteien und Gemeindekirchen ebenso niederschlug wie in der Gründung von geistlichen Orden. Ihr Reichtum war auch auf die Mittelalterliche Warmzeit zurückzuführen – eine Periode des günstigen Klimawandels, der in Kapitel 3 näher behandelt wird –, doch ein noch wichtigerer Faktor waren die vielen Schenkungen, die sie erhielt. Die Vorstellung des Fegefeuers, in dem die Seele verweilt, bevor sie durch die Kraft des Gebets in den Himmel kommt, war ein neues Konzept des 12. Jahrhunderts. Es führte dazu, dass viele Tausend Priester Messen für das Wohlergehen der Dahingeschiedenen hielten und im Gegenzug gewaltige Geldsummen und Ländereien an die Kirche gingen. Die Idee des vollkommenen Ablasses, durch den im Austausch gegen einen Akt der frommen Hingabe (etwa die Teilnahme an einem Kreuzzug) alle Sünden eines Menschen vergeben werden, hatte es im Jahr 1000 noch nicht gegeben; jetzt bahnten solche Ablässe den Menschen den Weg in den Himmel. Auch Pilgerfahrten, bei denen ganz normale Menschen die Heilkraft der Heiligen und ihrer Reliquien anriefen, waren unglaublich beliebt. Während einst nur wenige Menschen ihr Heim aus religiösen Gründen verlassen hatten, waren jetzt Millionen überall in Europa unterwegs und überschütteten alle Kirchen, die sie besuchten, mit ihren Gaben. Die religiösen Horizonte der Christenheit hatten sich geweitet, die Kirche durchdrang die Gesellschaft weitaus intensiver, flutete wie Regenwasser nach einem Sturm in jeden privaten Riss und jede Ecke des Alltagslebens.

Die katholische Kirche dehnte sich zwar während des ganzen Mittelalters geografisch aus, blieb aber nicht geeint. Seit dem 12. Jahrhundert zeigten sich deutliche Risse. Viele Christen fühlten sich abgestoßen vom wachsenden Reichtum der Bischöfe und Erzdiakone und drängten auf eine Rückkehr zur Armut Christi. Inbrünstig Glaubende sorgten sich vor allem um die Erlösung ihrer Seelen – das ging so weit, dass ihnen ihr eigenes Gewissen wichtiger war als der religiöse Gehorsam. Skepsis machte sich breit und führte zu vielen Glaubensäußerungen, die für die Kirche nicht hinnehmbar waren. Die Päpste reagierten darauf ganz unterschiedlich. Die einen steigerten ihre Möglichkeiten, das Leben der einfachen Leute zu überwachen und direkt zu steuern. Im frühen 13. Jahrhundert erkannten Papst Innozenz III. und sein Nachfolger Honorius III. die ersten beiden Reformorden, die Franziskaner und die Dominikaner, offiziell an. Anders als die Mönche der früheren Orden, die ihr Kloster kaum verließen, sollten die Bettelmönche in die Welt hinausgehen und das Wort Gottes auf den Straßen und auf den Marktplätzen predigen. Sie unterstanden direkt dem Papst, nicht ihrem lokalen Bischof, und waren so unabhängig von eventuellen nationalen Interessen. Zwangsläufig wurden sie zu Vertretern der päpstlichen Macht. Auch weil sie Universitäten besuchen und Bildungsmöglichkeiten nutzen konnten, waren sie als religiöse Diplomaten überaus brauchbar – nicht nur beim Aufspüren und Ausmerzen von Bedrohungen, sondern auch, indem sie den christlichen Königen ihre Gefolgschaftspflichten bei der Durchsetzung päpstlicher Ziele vor Augen führten. Durch diese Orden und durch die Stärkung der Kirchengerichte vor Ort festigte die Kirche ihren Einfluss auf das Verhalten aller Menschen, die innerhalb der Christenheit lebten.

Die andere wesentliche Form direkten päpstlichen Handelns war das harte Vorgehen gegen Häretiker. Im Jahr 1179 verpflichtete das Dritte Laterankonzil Könige und Herren, die Ketzerei in ihren jeweiligen Reichen auszurotten. Das Verbrennen bei lebendigem Leib wurde zur Standardstrafe. Anhänger von Petrus Valdes (bekannt als die Waldenser), die kirchliche Armut forderten und die Kirche ablehnten, wurden 1211 auf dem Scheiterhaufen verbrannt. Der päpstliche Krieg gegen die Katharer – der Albigenserkreuzzug – mit seinen blutigen Gemetzeln begann 1208 und flammte zwanzig Jahre lang immer wieder auf. Im späteren 13. Jahrhundert kam es seltener zu Verfolgungen, im frühen 14. Jahrhundert jedoch sorgten die zunehmenden Lese- und Schreibkenntnisse dafür, dass die Menschen die Autorität der Kirche infrage stellten, besonders in Hinblick auf in der Bibel nicht erwähnte Themen. Marsilius von Padua drückte es im frühen 14. Jahrhundert so aus:

Jesus hatte keinen Anspruch auf weltliche Macht erhoben, warum also sollten die Kirchenführer in seinem Namen Anspruch darauf erheben?

Trotz der entsetzlichen Drohung mit dem Scheiterhaufen als Strafe wuchs die Zahl der Häretiker wieder, als der Schwarze Tod zwischen 1347 und 1351 in Europa wütete. Die Menschen begannen sich zu fragen, warum Gott die Christen mit einer so schrecklichen Krankheit geschlagen hatte. War dies eine zweite Sintflut? Manche glaubten, die Pest sei wirklich eine Strafe für die Sittenlosigkeit der Menschen. In der Folge wurde die Kirche wieder aufgerufen, zu ihrer ursprünglichen Armut zurückzukehren, und natürlich waren diese Ansichten bei der reichen Kirchenhierarchie auch jetzt nicht beliebter als in früheren Zeiten. Also brannten im frühen 15. Jahrhundert regelmäßig aufmüpfige Christen auf dem Scheiterhaufen. Die katholische Kirche war zu einem Opfer ihres eigenen Erfolgs geworden. Mehr als zweihundert Jahre lang hatte sie die Gründung von Schulen und die Lektüre des Gotteswortes gefördert: Die Ergebnisse waren ein stetig steigendes Niveau der Lese- und Schreibfähigkeit und ironischerweise das Aufkommen von immer mehr Meinungsverschiedenheiten darüber, was das Wort Gottes uns eigentlich sagen will.

Auch entlang nationaler Grenzen begann sich die Kirche zu spalten. Philipp IV. von Frankreich unternahm in den 1290er-Jahren entschiedene Schritte, um die Macht von Papst Bonifaz VIII. einzuhegen, nachdem der Papst versucht hatte, Philipp an der Besteuerung des Klerus zu hindern. Unter französischem Druck verlegte Clemens V. den Sitz des Papstes 1309 von Rom nach Avignon. Es folgte eine ganze Reihe französischer Päpste, gleichsam eine erfolgreiche Übernahme des Papsttums durch die Franzosen. Das steigerte die Spannungen zwischen Frankreich und seinen Nachbarländern, besonders England und den Fürstentümern des Heiligen Römischen Reiches, nur noch. Weil sich französische und italienische Herrscher nicht einigen konnten, wurde 1328 kurzzeitig ein Gegenpapst in Rom ausgerufen. 1378 kam es zu einem Schisma: Ein französischer Papst regierte weiterhin in Avignon, ein italienischer in Rom. Rivalisierende europäische Herrscher suchten sich jeweils aus, welchen Papst sie unterstützten. Ein Versuch im Jahr 1409, die Meinungsverschiedenheiten beizulegen, war nicht von Erfolg gekrönt; er endete sogar mit der Wahl eines dritten Papstes, der in Pisa residierte. Erst 1417, mit den endgültigen Beschlüssen des Konzils von Konstanz, wurde die Integrität des Papsttums wiederhergestellt. Doch der Schaden war schon angerichtet. Man hatte gesehen, dass die Päpste sich nicht nur durch Geld und Macht korrumpieren ließen, sondern auch von den mächtigen Königen in ihren jeweiligen Ländern manipuliert wurden. Man musste sich gar nicht allzu große Sorgen um das eigene Seelenheil machen, um zu erkennen, dass die Kirche ursprünglich wohl anders hatte aussehen sollen.

All diese religiösen Spannungen mündeten schließlich in der Reformation des frühen 16. Jahrhunderts. 1517 schlug Martin Luther seine 95 Thesen am Kirchenportal der Schlosskirche von Wittenberg an und gab damit den Startschuss zur Reformation. Innerhalb weniger Jahre war die gesamte Christenheit gespalten zwischen jenen, die den Papst als höchste Autorität auf Erden begriffen, und jenen, deren weltliche Herrscher erfolgreich ihre eigenen Nationalkirchen gründeten. Und auch innerhalb dieser Kirchen gab es vielfältige Spaltungen, am deutlichsten sichtbar bei den verschiedenen Formen des Protestantismus. Solche Entwicklungen steigerten die Kontroversen um den christlichen Glauben. Da die Menschen jetzt selbst die Bibel lasen, vervielfältigten und verstärkten sich die unterschiedlichen Glaubensüberzeugungen. Die gemeinschaftliche Religion wandelte sich hin zu einem gewissensgeleiteten individuellen Glauben. Um 1600 trennte dieser die Menschen in Europa, statt sie zu einen. Während im Jahr 1000 die römisch-katholische Kirche für christliche Könige ein Grund gewesen war, einander *nicht* zu bekriegen, war sie jetzt zu einem Faktor geworden, der die politischen Differenzen der Staaten noch verschärfte.

Der naturwissenschaftliche Horizont

Professor Grayling stützt sich bei seiner Überzeugung, die Weltsicht des Mittelalters sei einfach eine Fortsetzung der antiken Weltsicht gewesen und habe sich erst im 17. Jahrhundert fundamental gewandelt, vor allem auf die Naturwissenschaften. Zur Untermauerung dieser Annahme könnte man anführen, dass noch immer der Glaube verbreitet war, göttliche Kräfte übten einen beherrschenden Einfluss auf den Planeten aus. Auch die Astrologie spielte noch eine offizielle Rolle: Das günstigste Krönungsdatum für Königin Elizabeth wurde aufgrund einer Vorhersage von Dr. John Dee festgelegt. Und »Aberglaube« war in den Hexereigesetzen von 1563 und 1603 noch immer eine rechtliche Größe. Allerdings bedeuten einige wenige Kontinuitäten aus der Vergangenheit noch nicht, dass sich die Weltsicht der Menschen nicht deutlich geändert hätte. Nur weil die Ärzte noch heute den Hippokatischen Eid schwören, sind sie nicht unbedingt Verfechter der Heilmethoden des Hippokrates.

Grundlage auch der Naturwissenschaften ist die Bildung, die im Laufe des Mittelalters eine Revolution erlebte. Im Jahr 1000 waren Schulen praktisch unbekannt, doch verschiedene Wellen von Bildungsreformen veränderten die Lage völlig. Das Dritte Laterankonzil bestimmte im Jahr 1179, jede Bischofskirche solle eine Schule haben. Das Vierte Laterankonzil von 1215 erweiterte die Bestimmung dahingehend, dass auch alle Kirchen mit ausreichenden Mitteln eine Schule unterhalten sollten. Schon im Laufe des 13. Jahrhunderts wurden viele Schulen gegründet, mehr aber noch in den nächsten zwei Jahrhunderten, sodass um 1600 jede Landstadt damit ausgestattet war. Dazu kamen die Universitäten. Oxford wurde im 12. Jahrhundert gegründet, Cambridge im Jahr 1209. Um 1300 gab es siebzehn weitere Universitäten in Europa, um 1500 mehrere Dutzend davon. Dort wurden Grammatik, Logik und Rhetorik (das *Trivium*) wie auch Geometrie, Arithmetik, Musik und Astronomie (das *Quadrivium*) gelehrt. Manchmal gab es zusätzlich auch Unterricht in Naturphilosophie – als Vorläufer des wissenschaftlichen Denkens –, der unter anderem Aristoteles' Vorstellungen zur Physik und Biologie neues Leben einhauchte. Vor allem aber brachten die Universitäten den Studenten bei, selbst zu denken und zu argumentieren, und gaben ihnen so die Werkzeuge, um eigenständige Beiträge zu liefern.

Es stimmt, dass die mittelalterliche Universitätsbildung weitgehend aus einer Reihe von überkommenen Lektüren aus der Antike bestand. Doch es kamen auch hinreichend neue, originelle Elemente zum Vorschein, die wichtig waren, um schließlich die Mauern des Aristotelismus zum Einsturz zu bringen und den Denkern zu erlauben, die Welt und den Himmel neu zu erkunden. Nirgends wird dies deutlicher als in der Kosmologie. Laut Aristoteles befand sich die Erde in der Mitte des Universums und war von einer Reihe rotierender, ineinander verschränkter Sphären umgeben, die die Sterne und Planeten enthielten. Nikolaus von Kues stellte diese Vorstellung in der Mitte des 15. Jahrhunderts infrage, und Nikolaus Kopernikus legte seine heliozentrische Theorie im Jahr 1514 in einer Handschrift seinen Freunden vor. Dies führte schließlich zu seinem bahnbrechenden Buch *De Revolutionibus Orbium Coelestium*, das in seinem Todesjahr 1543 erschien. Nun könnte man argumentieren, dass Aristarch von Samos dieselbe Idee schon im 3. Jahrhundert v. Chr. hatte, doch damit würde man das Thema der mangelnden Kontinuität außer Acht lassen. Genau wie die Mathematik des Euklid oder die Logik des Aristoteles waren auch Aristarch und seine Theorie im Jahr 1000 vergessen: Das Naturwissen der Antike war verloren gegangen.

Im späteren 16. Jahrhundert waren italienische Denker wie Galileo Galilei und Giordano Bruno, aber auch Engländer wie Thomas Digges und William Gilbert überzeugt, dass Kopernikus recht hatte, wenn er sagte, dass sich die Erde um die Sonne drehe. Digges sah, wie auch der dänische Astronom Tycho Brahe und andere, mit eigenen Augen, wie im November 1572 ein »neuer Stern« auftauchte, und erkannte darin einen physischen Beweis dafür, dass Aristoteles' Theorie der unveränderbaren Himmelssphären nicht stimmen konnte. 1576 erweiterte er Kopernikus'

Theorie, indem er vorschlug, das Universum als unendlich zu betrachten. 1584 vertrat Bruno die Ansicht, die Sterne seien weitere Sonnen mit eigenen Planeten. Im Jahr 1600 postulierte William Gilbert in *De Magnete* richtig, dass die Erde ein riesiger Magnet sei, der sich im Vakuum des Raumes drehe. Er sprach auch von einer Kraft zwischen Objekten, die er *electricitas* nannte. Es ist vielleicht passend, dass unsere hier betrachtete Zeit mit der ersten Erwähnung der Elektrizität endet.

Das schlichteste Symbol, um den Fortschritt im europäischen wissenschaftlichen Denken zwischen dem 11. und dem 16. Jahrhundert sichtbar zu machen, ist ein kleiner Kreis: die Null. Die alten Römer kannten sie nicht. Ihr Zahlensystem hatte keine Null. Stellen Sie sich vor, wie schwierig es ist, nur mit den römischen Zahlzeichen Zahlen zu multiplizieren oder zu dividieren – oder irgendwelche wissenschaftlichen Berechnungen anzustellen. Die Null kam über die muslimischen Mathematiker nach Europa, deren Werke im 12. Jahrhundert übersetzt wurden. Im frühen 13. Jahrhundert war Leonardo von Pisa mit dem Konzept vertraut, da er mit arabischen oder indoarabischen Ziffern experimentierte. Naturphilosophen und Astronomen verwendeten im 14. Jahrhundert häufig arabische Ziffern. Die römischen Zahlzeichen wurden bis ins frühe 16. Jahrhundert hinein für die kaufmännische Buchführung benutzt, doch allmählich setzte sich die größere mathematische Leistungsfähigkeit der arabischen Ziffern auch hier durch. Im späten 16. Jahrhundert waren arabische Zahlen so gebräuchlich, dass auch die Steinmetze sie üblicherweise für die Angabe des Baujahres verwendeten. Und wo man arabische Zahlen hatte, hatte man auch die Null. Die modernen Naturwissenschaften wären ohne sie einfach nicht möglich. Es könnte keine bessere Widerlegung der Vorstellung geben, dass sich »das Denken … unserer gebildetsten und klügsten Vorfahren« zwischen der römischen Zeit und 1600 nicht geändert habe.

In solchen Aspekten des Alltagslebens liegt der Beweis dafür, dass die Menschen des Mittelalters ihren naturwissenschaftlichen Horizont erweiterten: Die Innovationen sind so grundlegend, dass sie meist unbeachtet bleiben. Mit der Zeit ist es ähnlich. Wie lang ist eigentlich eine Stunde? Wir können leicht sagen: »sechzig Minuten«, doch wenn man keine Uhr hat, die die Minuten misst, ist diese Antwort sinnlos. Im Jahr 1000 war eine Stunde ein Zwölftel des Tageslichts und ein Zwölftel der Dunkelheit. Das bedeutet, dass eine Stunde im Hochsommer doppelt so lang war wie im tiefsten Winter, da es im Sommer fast doppelt so lange hell ist. Doch wann genau beginnt das Tageslicht? Und wie misst man es?

Um eine Uhr zu schaffen, die mechanisch die Zeit angibt, müssen Sie eine Standardlänge des Tages messen können. Dafür brauchen Sie ein Stundenglas oder etwas Ähnliches. Dann müssen Sie einen Weg finden, einen Metallkreis herzustellen, der sich im Laufe eines vom Stundenglas gemessenen Tages genau um 360 Grad dreht. Und sobald Sie eine solche Uhr geschaffen haben, müssen Sie alle anderen dazu bringen, dieses neue Konzept regulierter Zeit anzuerkennen – und nicht mehr das von Gott gegebene natürliche. Ansonsten haben Sie nur eine sinnlose Maschine erschaffen, die tickt. Trotz aller dieser Schwierigkeiten lösten mittelalterliche Denker die technischen Probleme, und Herrscher gingen die gesellschaftlichen an. Im Laufe des 14. Jahrhunderts wurden mechanische Uhren entwickelt, verfeinert und akzeptiert. Um 1400 arbeiteten viele Königspaläste, Kathedralen, Klöster und adlige Häuser nach den Glocken, die die Uhrzeit angaben. Im 15. Jahrhundert übernahm man immer häufiger die »Stunde der Glocke« oder die »Stunde der Uhr« als Mittel gemeinschaftlichen Zeitmanagements. Reiche Menschen hatten tragbare Uhren in ihren Zimmern stehen. Um 1500 war die »Uhrzeit« allgegenwärtig. Hararis Bauern würde nicht nur das Klingeln eines Handys in Verwirrung stürzen, sondern auch das Läuten einer Standuhr, die ganz von selbst die Stunde schlägt.

Die Standardisierung der Zeit war eine grundlegende Voraussetzung für die naturwissenschaftliche Forschung. Wenn man über mittelalterliche Leistungen spricht, ist sie nicht weniger bedeutsam als der Bau der Kathedralen, die Umsegelung der Welt und die Entwicklung der Druckerpresse. Viele wissenschaftliche

Experimente des 17. Jahrhunderts wären ohne eine Standardeinheit der Zeitmessung unmöglich gewesen. Doch das Mittelalter leistete noch mehr. Angefangen mit Roger Bacon im 13. Jahrhundert legten Astronomen einer Reihe von Päpsten immer wieder dar, dass der Julianische Kalender – der Kalender der antiken Welt, der nach Julius Caesar benannt worden war – um ein Hundertdreißigstel eines Tages oder um elf Minuten und vier Sekunden pro Jahr zu lang war und dies allmählich die Jahreszeiten durcheinanderbrachte. Nach mehr als dreihundert Jahren beharrlicher Nörgelei nahm sich Gregor XIII. endlich der Sache an und führte 1582 den Gregorianischen Kalender ein. Nicht nur die Theorie, sondern auch die tatsächliche Einsetzung des Standardjahres, das wir heute verwenden, war eine mittelalterliche Errungenschaft. Wie viel schwieriger wäre die Arbeit all der Astronomen des 17. Jahrhunderts gewesen, wenn sie noch immer mit einer falsch bemessenen Jahreslänge hätten arbeiten müssen? Wenn man die Arbeit der wissenschaftlichen Genies rühmt, die diese mittelalterlichen Werkzeuge im 17. Jahrhundert sinnvoll anwendeten, und jene ignoriert, die sie erfanden, ist das etwa so, als würde man den Torschützen loben und den Rest des Teams einfach übersehen. Damit übergeht man einen Grundsatz wissenschaftlicher Arbeit: Ohne genaue Maßeinheiten ist schon der Versuch sinnlos, überhaupt irgendetwas zu messen.

Der technische Horizont

Wie das Beispiel der Uhr zeigt, ist es ein schwerwiegender Irrtum anzunehmen, dass die Menschen des Mittelalters nicht zu technischen Innovationen fähig gewesen wären. Stellen Sie sich vor, wie anders die moderne Welt wäre, wenn Sie Ihre geografische Position auf der Erde nicht angeben könnten. Was wäre das 20. Jahrhundert ohne Sprengstoff gewesen? Was, wenn der Zweite Weltkrieg mit Bogen, Pfeilen, Speeren, Armbrüsten und Katapulten ausgetragen worden wäre? Wie anders wäre Ihr Leben, wenn Sie alles mit der Hand schreiben müssten und nie tippen oder drucken könnten. Es ist einfach unmöglich, sich die moderne Welt ohne Kompass, Feuerwaffen und Druckerpresse vorzustellen.

Es war der Naturphilosoph Francis Bacon, der auf diese Dreieinigkeit verwies. Er sah eine deutliche Diskontinuität zwischen der Weltsicht seiner Zeit und der der Antike und schrieb im Jahr 1620:

> Weiter hilft es, die Kraft, den Einfluss und die Folgen der Erfindungen zu beachten; dies tritt am klarsten bei jenen dreien hervor, die im Altertum unbekannt waren und deren Anfänge, wenngleich sie in der neueren Zeit liegen, doch dunkel und ruhmlos sind: die Buchdruckerkunst, das Schießpulver und der Kompass. Diese drei haben nämlich die Gestalt und das Antlitz der Dinge auf der Erde verändert, die erste im Schrifttum, die zweite im Kriegswesen, die dritte in der Schifffahrt. Zahllose Veränderungen der Dinge sind ihnen gefolgt, und es scheint, dass kein Weltreich, keine Sekte, kein Gestirn eine größere Wirkung und größeren Einfluss auf die menschlichen Belange ausgeübt haben als diese mechanischen Dinge.[18]

Alle drei »mechanischen Dinge« kamen ursprünglich aus China – die Druckkunst schon in der Antike, Schießpulver und der Kompass um das Jahr 1000. Doch alle drei waren in Europa lange vor 1600 bekannt. Der Kompass wird im Westen erstmals im 12. Jahrhundert beschrieben, Schießpulver kam im 13. Jahrhundert zum Einsatz und das Drucken mit beweglichen Lettern im 15. Jahrhundert. Wenn Hararis Bauer aus dem Jahr 1000 sich bei einem Handyklingeln fragte, ob er im Himmel oder in der Hölle war – beim ersten Kanonendonner hätte er sich ganz sicher in der Hölle gewähnt. Eine Kanone von der Größe der Mons Meg, jenes 6,6 Tonnen schweren, 1449 aus Bronze gegossenen Riesengeschützes mit einem Kaliber von 50 Zentimetern, hätte ihn zu Tode erschreckt. Das Donnern des 17 Tonnen schweren Dardanellengeschützes, das 1464 gegossen worden war und Stein oder Eisenkugeln von 63 Zentimetern Durchmesser verschießen konnte, hätte ihm sicher mehr Angst eingejagt als jedes elektronische Gerät. 1492 hatte sich vieles verändert, was die Weltsicht unseres Bauern erschüttert hätte. Dies gilt noch deutlicher für das Jahr 1600: Zu Elizabeths Zeit bestanden die Kanonen aus Gusseisen, hatten unterschiedliche Größen je nach Reichweite und Zweck und feuerten Kanonenkugeln in Standardkalibern ab. Schlachten wurden nun durch überlegene Feuerkraft gewonnen, und Staaten mussten ihre Bürger stärker besteuern, um Soldaten, deren Ausbildung und immer mehr Geschütze zu finanzieren.

Was die Weltsicht angeht, sollte man darauf hinweisen, dass die Denker des späten 16. Jahrhunderts sich ihrer Überlegenheit gegenüber technisch nicht so versierten Völkern durchaus bewusst waren. In den Jahren 1585/86 besuchte Thomas Harriot das heutige North Carolina und führte dem dort ansässigen, Algonkin sprechenden Volk die Geräte vor, die er aus England mitgebracht hatte. Er berichtet:

> Sie haben viele Sachen bei uns gesehen, etwa mathematische Instrumente, Kompass, Magnetstein, der Eisen anzieht, Gläser von mancherlei Figuren, Feuerspiegel (Brenngläser), Feuerspritzen, Schusswaffen, Bücher, Schrift, schlagende Uhren, die, wie sie denken, von selbst gehen, und andere Kunststücke mehr, die ihren Verstand so weit übertrafen, dass sie nicht herausfinden konnten, wie sie gemacht würden: Darum hielten sie sie eher für göttliche als für menschliche Werke, oder von den Göttern uns geschenkt und erklärt. Daher haben sie auch so hoch von uns gedacht, dass viele unter ihnen, die nicht die rechte Religion zu haben vermeinten, in Glaubenssachen lieber von uns Bericht empfingen, die wir scheinbar Gott so lieb waren …[19]

Vielleicht hätte Hararis spanischer Bauer ähnlich reagiert. Auch er hätte all die aufgezählten Dinge nicht gekannt, wenn er nicht vielleicht einmal einen Priester gesehen hatte, der laut vorlas. Auch Windmühlen, oberschlächtige Wasserräder, Schornsteine, Schiffssteuerruder, Spinnräder, Brillen oder Spiegel wären neu für ihn gewesen – das alles war 1492 üblicherweise im Gebrauch. Für ihn wäre es ebenso unmöglich, sich vorzustellen, mit all diesen Veränderungen zu leben, wie es für uns unmöglich ist, sich vorzustellen, dass sie nie erfunden worden wären.

Eine letzte technische Innovation sollte hier erwähnt werden, weil sie so grundlegend für unsere Kultur ist: das Papier. Ohne Papier wäre die oben erwähnte Revolution des Buchdrucks unmöglich gewesen, der Horizont der Erinnerung wäre von handgeschriebenen Pergamentrollen abhängig gewesen, und die Verbreitung des Wissens wäre erratisch und beschränkt geblieben. Und doch wird es von Historikern, die sich mit mittelalterlicher Technik beschäftigen, oft übersehen – genau wie von Francis Bacon –, vielleicht weil es nur ein unwichtiges weiteres Schreibmaterial zu sein scheint. Tatsächlich war es viel mehr als das. Erfunden von den Chinesen vor etwa zweitausend Jahren kam es über arabische Händler nach Europa, die im 12. Jahrhundert mit italienischen Kaufleuten Handel trieben. Im Vergleich zum Pergament war es empfindlich: Es zerriss leicht. Deshalb befahl Roger II. von Sizilien im Jahr 1145, alle zur Zeit seiner Vorgänger auf Papier geschriebenen Urkunden sollten auf Pergament abgeschrieben und dann vernichtet werden.[20] Allerdings hatte Papier einige Vorzüge, die Roger nicht bedachte. Bei einer Urkunde auf Pergament konnte man eine Zahl abkratzen und etwas anderes darüberschreiben, während bei Papier – wenn man eine geeignete Tinte verwendete, die in das Papier einzog – der Text unauslöschbar war. Man konnte ihn nicht wieder ausradieren. Und damit war diese Urkunde sicherer. Als die italienischen Bankhäuser im 13. Jahrhundert begannen, große Kredite über weite Entfernungen hinweg zu gewähren, garantierte Papier die Angaben der Summen, die ausgezahlt und erhalten wurden. 1275 drängte Edward I. den Bürgermeister und die Ratsherren von London dazu, ein neues Verwaltungssystem auf Papierbasis zu entwickeln.[21] Wahrscheinlich hatte er von seinen Schreibern in der Gascogne, wo Papier schon lange Zeit Verwendung fand, von dessen Wert erfahren.

Um 1450 war Papier der übliche Beschreibstoff. Es wurde noch immer vor allem in Frankreich und Italien hergestellt, aber regelmäßig in alle Regionen der Christenheit exportiert. In England führten die meisten adligen Haushalte ihre Buchhaltung in Heften aus Papier, die eigens für diesen Zweck importiert wurden. Viele Schreiber verwendeten Papier, um darauf Urkunden zu formulieren, die dann auf Pergament abgeschrieben wurden. Briefe, die aus Sicherheitsgründen womöglich schnell vernichtet werden mussten, wurden auf Papier geschrieben. Und so war dieses Material schon weithin verfügbar, als der Buchdruck im Europa der 1450er-Jahre erfunden wurde. Man konnte zwar auch auf Pergament drucken, doch Papier war viel billiger. Für jede von Gutenberg gedruckte Pergamentbibel brauchte er die Häute von etwa 300 Schafen: Daher stellte er nur 30 solche Exemplare her, verglichen mit 150 auf Papier. Papier war zudem leichter und damit besser zu transportieren, und wenn es gut gebunden wurde, hielt es genauso lange wie Pergament. Um 1500 entwickelten sich die Papierproduktion und die Druckerkunst parallel. Während es zu Beginn unserer betrachteten Zeit in Europa noch kein Papier gegeben hatte, waren es gegen Ende Tausende Tonnen dieses Materials, die die Verbreitung des Wissens auf der ganzen Welt in bisher nicht da gewesenem Maße erleichterten.

Der Horizont von Recht und Ordnung

Überall in Europa war es im frühen 11. Jahrhundert gefährlicher als im späten 16. Jahrhundert. Gewalt gegen Leib und Leben war allgegenwärtig. Von den 77 Gesetzen, die König Alfred erließ, befassten sich allein 34 mit den jeweiligen Kompensationszahlungen für abgetrennte Gliedmaßen und Verletzungen.[22] Auch viele seiner weiteren Gesetze beschäftigten sich mit Gewalttaten, einschließlich Mord, Gewalt an unangemessenen Orten, Tötung einer Schwangeren und Vergewaltigung von Nonnen, jungen Mädchen und Kindern. Seit dem Ende des 13. Jahrhunderts können wir Mordraten errechnen. In England fiel die jährliche Zahl gewaltsamer Tötungen von etwa 23 pro 100 000 Menschen im Jahr 1300 auf etwa 7 pro 100 000 im späten 16. Jahrhundert.[23] Ausgehend von diesen Zahlen gingen extreme Gewalttaten im Spätmittelalter um mehr als zwei Drittel zurück, sodass England um 1600 etwa so sicher war wie Amerika heute – und dorthin reisen die meisten Menschen, ohne sich größere Sorgen um ihre Sicherheit zu machen.

Das Mittelalter erlebte einen dramatischen Wandel in der Setzung und Durchsetzung von Recht. Natürlich war auch das 10. Jahrhundert kein rechtsfreier Raum gewesen. Alfreds Gesetzessammlung ist nur eines von verschiedenen noch heute erhaltenen angelsächsischen Gesetzbüchern, und wir wissen von weiteren, deren Inhalte wir nicht kennen. Allerdings gab es keine systematische Rechtsprechung. Das Rechtssystem basierte auf dem *tithing*, einer Gruppe von zehn Haushaltsvorständen, die kollektiv für ihr Wohlverhalten verantwortlich waren. Wenn ein Mitglied dieser Zehnschaft die Gesetze übertrat, konnten alle zehn für das Vergehen zur Rechenschaft gezogen werden. Wenn ein Verbrechen geschah, musste der Entdecker Alarm schlagen, den so genannten *hue and cry* (»Zeter und Mordio«) erheben und damit alle Männer in der Nachbarschaft, die körperlich dazu in der Lage waren, aufrufen, ihm zu helfen und den Schuldigen zu verfolgen. Man erwartete von ihm auch, dass er die Rechtsverletzung dem zuständigen Amtsträger der Hundertschaft (einer Unterabteilung der Grafschaft) bekannt gab. Das Recht war also davon abhängig, wie die Ortsansässigen die Gesetze verstanden, und dementsprechend einfach gestaltet. An vielen Orten hatte der Gutsherr das Recht, jeden zu hängen, den er eines Rechtsbruchs für schuldig erachtete, und Frauen zu ertränken, wenn man sie auf frischer Tat bei einer schweren Straftat ertappte. Erst im 12. Jahrhundert entwickelte sich in England das *Common Law*, und ein starkes, zentralisiertes Rechtssystem nahm die Stelle der lokalen Justiz ein. Ausgebildete königliche Richter wurden in die Gerichtshöfe der Grafschaften berufen und besuchten normalerweise alle Regionen in einem Zyklus von sieben Jahren, um über die schwersten Verbrechen zu urteilen. Im späten 13. Jahrhundert wurden diese Rundreisen durch Schwurgerichte unter dem Vorsitz königlicher Richter ersetzt, die eine ähnliche Funktion in einem halbjährlichen Turnus ausübten.

Im 14. Jahrhundert wurde auch die örtliche Rechtsprechung effizienter. Friedensrichter wurden eingesetzt, die die Grafschaftsgerichte leiteten und sehr viele Verbrechen aburteilten. Im 16. Jahrhundert befasste sich eine ganze Reihe von Gerichten mit allen möglichen Formen von Fehlverhalten. Auf der untersten Stufe gab es die Gutsgerichte, die solche Dinge wie die Verstopfung von Abwasserrinnen und das Blockieren von Landstraßen, die Zerstörung von Zäunen oder die Beschädigung von Wegen untersuchten. Auf einer höheren Ebene folgten die kleinen Gerichte unter der Leitung von Amtmännern, die sich mit geringfügigen Vergehen wie verbotenen Spielen, Landstreicherei, Verhetzung und der zu guten Bezahlung von Bediensteten und Arbeitern beschäftigten. (Man kann sich vielleicht nicht vorstellen, dass hohe Löhne ein Vergehen sein können, aber so war es.) Dann folgten die Quartalsgerichte, wieder geleitet von Amtmännern, die ein sehr großes Spektrum von Themen behandelten – angefangen bei der Reparatur von Straßen und der Lizenzvergabe für Wirtshäuser bis hin zu Verleumdung, übler Nachrede, Urkundenfälschung, Hausfriedensbruch, Einbruchdiebstahl (Diebstahl aus einem Haus bei Nacht), Diebstahl (Diebstahl in Abwesenheit), Raub (Diebstahl mit Gewalt), Körperverletzung und Wilderei. Die schwersten Verfehlungen wurden an die unter der Leitung eines königlichen Richters tagenden Schwurgerichte übertragen, die sich mit Verrat, Aufstand, Mord, Brandstiftung, Vergewaltigung, schwerer Körperverletzung, Hexerei, Aufruhr und Kindsmord befassten. Die Ausweitung des Gerichtssystems im Laufe des Mittelalters kann als eine Erweiterung des ganzen rechtlichen Horizonts verstanden werden, in dem mehr und mehr Verbrechen und Auseinandersetzungen in den Bezugsrahmen der immer professioneller angewandten Gesetze gerieten.

Zudem gab es im Jahr 1600 eine ganze Hierarchie kirchlicher

Gerichte, die im Jahr 1000 noch nicht existierten. Die Beteiligung der Kirche an der Rechtsprechung begann im 11. Jahrhundert mit den Reformen Papst Gregors VII. Es wurden Erzdiakone ernannt, um die sittliche Rechtschaffenheit nicht nur der Priester, sondern aller Gemeindemitglieder in der Diözese zu überwachen. Heute haben wir diese Gerichte und das Konsistorialgericht des Bischofs offenbar so gut wie vergessen, doch sie bearbeiteten jedes Jahr Hunderttausende Fälle. Millionen Testamente wurden von Kirchengerichten bestätigt. Im Jahr 1000 legten wohl nur sehr wenige Adlige und hohe Geistliche ihren Letzten Willen schriftlich nieder, um 1600 jedoch stand diese Möglichkeit praktisch jedem offen. Die Kirchengerichte behandelten auch eine wahrlich schwindelerregende Zahl moralischer Verfehlungen, zu denen etwa Schwangerschaft vor der Ehe, sexuelle Zügellosigkeit, Prostitution, uneheliche Kinder, Inzest, Verleumdung, Trunksucht, Wucher, das Schwänzen des Gottesdienstes und Häresie zählten. Der Umfang der Rechtsstreitigkeiten war gewaltig. Ein Historiker hat berechnet, dass in der Regierungszeit von Elizabeth I. etwa 27 000 Sittlichkeitsdelikte in der Grafschaft Essex angezeigt wurden – bei einer erwachsenen Bevölkerung von insgesamt nur 35 000 Menschen.[24] Ein Bauer des Jahres 1000 wäre vielleicht in eine Blutfehde verwickelt worden, wenn er die Tochter eines anderen Mannes verführt hätte, oder er hätte sogar hingerichtet werden können, wenn sie aus einer wichtigen Familie stammte. Jedenfalls wäre die Angelegenheit vor Ort bereinigt worden. Im Spätmittelalter sah das ganz anders aus: Ein Gericht des Erzdiakons hätte den Verführer wahrscheinlich gezwungen, Buße für seine Sünde zu tun, und ihm befohlen, sich in einem weißen Gewand und mit einem weißen Stab in der Hand an die Tür seiner Pfarrkirche zu stellen.

Im Mittelalter wurden auch die zentralen königlichen Gerichte eingeführt. In England gab es drei davon – den *Court of the King's Bench*, den *Court of Exchequer* und den *Court of Common Pleas* –, und alle drei waren in Westminster angesiedelt. Sie befassten sich mit finanziellen Angelegenheiten und öffneten das Recht auch für

Privatklagen und internationale Kläger. Wenn man im Jahr 1000 ein französischer Kaufmann war und eine Beschwerde gegen einen Engländer hatte, war man quasi machtlos. Sicher, man konnte an den König appellieren, aber da dieser mit dem Kampf gegen die Nordmänner beschäftigt war, wäre es schwierig gewesen, seine Aufmerksamkeit für eine so triviale Angelegenheit zu gewinnen. Außerdem war er natürlich geneigt, sich in einem Streit auf die Seite seines Untertanen zu stellen. Seit dem 13. Jahrhundert gab es jedoch königliche Gerichtshöfe, vor die man seinen Fall bringen konnte, und ein anerkanntes System, um dies zu tun. So ersetzten die Gerichte allmählich die Blutfehde. Während es im Jahr 1000 so gut wie keine Rechtsprechung gab, verdienten sich um 1500 viele Anwälte ihren Lebensunterhalt damit. In elisabethanischer Zeit waren einige der reichsten Männer des Landes Anwälte.

Egal, über welches Recht wir reden, sei es weltlich oder kirchlich, königlich oder privat – es wurde jedenfalls im 16. Jahrhundert weitaus systematischer angewandt als im 11. Jahrhundert. Und so können wir sehen, wie die rechtlichen Horizonte eines Königreiches wie England sich erweiterten, bis sie alle umfassten – von verräterischen Adligen über zerknirschte Schuldner bis hin zu ehebrecherischen Bauern. Und wenn man all diese verschiedenen rechtlichen Horizonte zusammennimmt, kann man würdigen, wie die »Ordnung« an sich etabliert wurde. Das ist in jedem Zeitalter so wichtig wie kaum etwas sonst. Überlegen Sie einmal: Worüber machen Sie sich am meisten Sorgen, wenn Sie eine Reise in ein anderes Land planen? Was würde Sie von einer solchen Reise abhalten? Schlechte Telefonverbindungen? Wahrscheinlich nicht. Die Qualität des Essens? Vielleicht. Ein totaler Zusammenbruch von Recht und Ordnung? Definitiv. Solange Sie kein Journalist oder Söldner sind, würden Sie es fast sicher vorziehen, anderswohin zu reisen oder zu Hause zu bleiben. Sie hätten einfach keine Lust, ein Land zu besuchen, in dem es keine Sicherheitsmaßnahmen gibt, die verhindern, dass Sie ausgeraubt, vergewaltigt, geschlagen, versklavt, gefoltert oder getötet werden.

Der medizinische Horizont

In mancher Hinsicht gab es von der Antike bis 1600 eine Kontinuität des medizinischen Verständnisses. Noch immer bildeten die Werke Galens, des Arztes und Philosophen aus dem 2. Jahrhundert, die Grundlage der medizinischen Ausbildung; seine Säftelehre war auch noch in späteren Zeiten weithin akzeptiert. Doch Galens Vorstellungen waren im 11. Jahrhundert weniger weit verbreitet als im 16. Jahrhundert und wurden anders angewandt. Zunächst einmal gab es im Jahr 1000 praktisch keine professionellen Ärzte oder Wundärzte und auch keine Unterscheidung zwischen diesen beiden Professionen. Einige wenige kurze Texte von Galen blieben im Westen erhalten, doch die meisten waren vergessen, sie harrten in arabischen Übersetzungen der griechischen Originale in muslimischen Bibliotheken ihrer Entdeckung. Es gab ein paar Kräuter- und Heilbücher, die ein paar vereinzelte Auszüge aus antiken medizinischen Werken mit Zaubersprüchen und Rezepturen aus pflanzlichen und tierischen Bestandteilen kombinierten. Allerdings griffen nur sehr wenige Menschen darauf zurück – aus dem einfachen Grund, dass kaum jemand lesen konnte. Mehr noch, die Mehrheit der lesekundigen Bevölkerung bestand aus Geistlichen, und die Kirche pflegte eine ambivalente Haltung zur Medizin. Manche Menschen waren der Ansicht, eine Krankheit sei eine Strafe Gottes und es sei falsch, dem Urteil im Wege zu stehen, das Gott über den Patienten verhängt habe. Diese Meinung hielt sich bis weit ins 12. Jahrhundert. Der heilige Bernhard, der berühmte Abt von Clairvaux, erklärte, »Ärzte aufzusuchen und Arzneien einzunehmen … [sei] wider die Religion und unlauter«.[25]

Erst die Renaissance des 12. Jahrhunderts – mit der Wiederentdeckung all jener griechischen und lateinischen Werke, die ins Arabische übersetzt worden waren, sowie der Inspiration, die sie boten – ließ eine Systematik des medizinischen Wissens entstehen. Unter den Werken, die jetzt in den Westen kamen, waren Hunderte, die man Galen und Hippokrates zuschrieb. Dazu kamen Abhandlungen der bekanntesten arabischen Ärzte – Avicenna, Rhazes und Abulcasis – sowie Johannitius' Synthese der Werke Galens unter dem Titel *Isagoge*. Die Vorstellung, es gebe eine Kontinuität zwischen der antiken Welt und dem Mittelalter, ist damit eindeutig als Irrtum entlarvt: Der Großteil des medizinischen, geografischen und naturwissenschaftlichen Wissens der griechischen und römischen Autoren war mehr als ein halbes Jahrtausend lang verschollen. Und von all diesen Disziplinen antiker Gelehrsamkeit erlebte die Medizin den stärksten Niedergang. Entsprechend hatte auch ihre Wiederentdeckung gewaltige Auswirkungen auf die Gesellschaft. Im frühen 11. Jahrhundert entstand in Salerno ein modellhafter medizinischer Studienplan, ein Kanon gelehrter Schriften: die *Articella* mit der *Isagoge* als Kernstück. Am Ende des Jahrhunderts waren die königlichen Ärzte Europas formell ausgebildet und führten oft medizinische Titel. Dass ihr Wissen oft auf antiken medizinischen Vorstellungen beruhte, ist weniger wichtig als die Tatsache, dass es jetzt ein akzeptiertes Korpus medizinischer Informationen gab, das der ausgebildete Arzt oder Wundarzt beherrschen musste. Das war ein Fundament, auf dem spätere Jahrhunderte aufbauen konnten.

Die Kirche beschränkte die Erweiterung des medizinischen Horizonts noch lange. Seit den 1160er-Jahren war es Mönchen und Kanonikern streng verboten, ihre Klöster zu verlassen, um Medizin zu studieren. Das Vierte Laterankonzil von 1215 untersagte es den Priestern, Operationen durchzuführen. Vier Jahre später gab Papst Honorius III. eine Bulle namens *Super speculam* heraus, die allen Mitgliedern der heiligen Orden verbot, Medizin *jeder* Art zu studieren.[26] Technisch gesehen hieß das nicht, dass sie sich nicht als Mediziner betätigen durften – und manche Männer, die sich von der Medizin kommend der Kirche zuwandten, übten weiterhin ihre frühere Kunst aus –, doch es hielt faktisch fast alle gebildeten Kleriker davon ab, den medizinischen Fortschritt voranzutreiben. Papst Bonifaz VIII. verbot im Jahr 1300 das Aufschneiden von Leichen »aus welchem Grund auch immer«.[27] Dabei hatte er nicht die Absicht, die Sektion *per se* zu verhindern –

vielmehr ging es ihm um die Praxis der Reichen, ihre Knochen an einem Ort bestatten zu lassen und ihr Herz und ihre Eingeweide an einem anderen. Dennoch war das Sezieren in der Folge allgemein schlecht angesehen. Es wurde noch schwieriger, Familien davon zu überzeugen, die Leichen ihrer toten Verwandten herzugeben, wenn das Aufschneiden womöglich ihre Chancen schmälerte, in den Himmel zu kommen.

Trotz der kirchlichen Restriktionen wurde der medizinische Horizont immer weiter. Selbst die Kirche auf der Höhe ihrer Macht konnte das Auftauchen neuer Krankheiten und die wachsende oder abnehmende Virulenz einiger alter nicht beeinflussen. Lepra, die gefürchtetste Krankheit des frühen Mittelalters, war im 16. Jahrhundert praktisch aus Europa verschwunden. Ihr Niedergang wurde durch die Ankunft einer ganzen Reihe neuer Heimsuchungen – darunter die Pest, die Syphilis, das Schweißfieber und die Grippe – sowie durch die Ausbreitung von Tuberkulose, Pocken und Typhus traurigerweise mehr als kompensiert. Wenn ein Bauer des Jahres 1000 im Jahr 1492 aufgewacht wäre und festgestellt hätte, dass er oder einer seiner Lieben an der Pest erkrankt war, hätte er sich, wie ich glaube, ebenso wenig »heimisch gefühlt« wie Sie oder ich.

Die Weltsicht der gebildeten Elite blieb von diesen Krankheiten nicht unbeeinflusst. Nach dem Schwarzen Tod gaben Reiche Grabmale mit skulptierten Skeletten in Auftrag, bei denen Würmer aus Augenhöhlen und Eingeweiden krochen. Manche Menschen trugen sogar Schmuck, der tote Körper zeigte. Dahinter stand offenbar die Überzeugung, die Pest sei tatsächlich wie eine zweite Sintflut geschickt worden, um die Menschheit ihrer Sünden wegen zu vernichten; diese ständigen Mahnungen an die eigene Sterblichkeit sollten die Menschen vor göttlicher Strafe schützen. Auch die Testamente von Lollarden (Anhängern des Kirchenreformers John Wyclif) zeigen die tiefste Selbsterniedrigung, wie um deutlich zu machen, dass sie auch nicht das geringste bisschen Stolz an sich hatten, der womöglich den Zorn Gottes herabbeschwören konnte. Sogar die Testamente einiger

Könige und Erzbischöfe offenbaren dieses Gefühl äußerster Demut im Gefolge der Pest. Gleichzeitig begann sich die Vorstellung der Ansteckung, wie sie in Galens übersetzten Werken beschrieben wurde, zu verbreiten. Der Verkauf von qualitativ schlechtem Fleisch war ein besonders heikles Thema, da man glaubte, verdorbenes Fleisch sei die Ursache der Pest. Deshalb wurden viele Regulierungen erlassen, um die Sauberkeit und Frische von Lebensmitteln auf den Märkten zu wahren.

Die Entwicklungen und Ideen – entstanden aus ganz unterschiedlichen Quellen wie etwa der Mutation eines Virus und der Übersetzung eines antiken medizinischen Textes – führten zu Reaktionen der Fachleute. Entsprechend wuchs das medizinische Wissen Stück für Stück. Kaiser Friedrich II., dessen freidenkerische Haltung zur Bildung der seiner Zeitgenossen im 13. Jahrhundert um Jahrhunderte voraus war, bestand darauf, wenigstens alle fünf Jahre die Sektion einer Leiche stattfinden zu lassen, damit die Medizinstudenten daran lernen konnten. Die Universitäten von Perugia, Padua und Florenz forderten von allen Kandidaten, die ihren Doktor in Medizin machen wollten, an mindestens einer Sektion teilzunehmen. Als neue Krankheiten auftauchten, fragten die Menschen, wo die Gründe dafür lagen. Anfang des 16. Jahrhunderts veränderte die Syphilis die Einstellungen der Menschen zu Sittlichkeit und Sexualität – und dazu, mit dem Körper in Wasser einzutauchen. Vor 1500 nahmen all jene, die es sich leisten konnten, regelmäßig ein Bad. Doch als die Prostituierten, die die Badehäuser führten, begannen, die Syphilis zu verbreiten, schwanden ihre Kunden. Mehr noch, ihnen wurde klar, dass nicht nur gute Dinge durch das Baden in den Körper gelangen konnten, sondern auch Verderben und Krankheit. Je mehr Zweifel, Fragen und Probleme die Menschen plagten, desto mehr Antworten wollten sie. Bis 1600 waren Dutzende medizinische Fakultäten in Universitäten überall in Europa entstanden. Denkende Menschen akzeptierten nicht mehr, dass Krankheiten einfach ein Zeichen des göttlichen Willens waren, wie Bernhard von Clairvaux es vierhundert Jahre zuvor propagiert hatte.

Im 16. Jahrhundert verlor die Kirche ihre Macht, den medizinischen Fortschritt zu bremsen. Die negative Einstellung zur Sektion hatte zur Folge, dass Anatomiestudenten auch 1500 noch ein Werk aus dem frühen 14. Jahrhundert von Mondino de Luzzi als Lehrbuch verwendeten, doch es hatten genug Sektionen stattgefunden, um zu wissen, dass es bei Weitem keine genaue Darstellung des menschlichen Körpers lieferte. Im Jahr 1543 schließlich veröffentlichte Andreas Vesalius sein *De Humani Corporis Fabrica* (»Über den Aufbau des menschlichen Körpers«), in dem genaue Stiche der Muskeln und Knochen des Menschen zu finden waren. Und auch zu Arzneien begann man eine neue Haltung zu entwickeln. Viele Menschen kamen zu der Überzeugung, Gott habe die Gegenmittel für all die Krankheiten der Menschheit in der Flora und Fauna der Welt wachsen lassen, und es sei die Pflicht ebenjener Menschheit, diese Gegenmittel zu finden und damit Krankheiten zu heilen. Der große deutsche Philosoph und Praktiker der Medizin Theophrastus von Hohenheim, auch bekannt als Paracelsus, zeigte den Menschen im 16. Jahrhundert, dass man auch chemische Substanzen als Heilmittel für körperliche Leiden in den Blick nehmen sollte. Schon um 1600 war die Menge der medizinischen Inhaltsstoffe, die nach London importiert wurden, deutlich gewachsen.[28]

Gegen Ende unserer betrachteten Zeit suchten die Menschen aktiv nach neuen Substanzen, weil sie glaubten, medizinische Behandlung sei ein göttlicher Akt und ihre Verweigerung eine Verachtung der Freigebigkeit Gottes. 1608 schrieb Maria Thynne ihrem Ehemann, der krank daniederlag:

> Bedenke, dass wir nach unserem Gewissen verpflichtet sind, das Leben so lange wie möglich zu erhalten, und obwohl Gottes Macht Wunder wirken kann, können wir nicht darauf bauen, dass er, weil er sie wirken kann, es auch tun wird, denn dann würde er nicht sagen, er habe die Kräuter zum Nutzen des Menschen gemacht.[29]

Damit hatte sich die medizinfeindliche Haltung Bernhard von Clairvaux' 480 Jahre später ins Gegenteil verkehrt. Der Kauf und die Anwendung von Medikamenten, einst als Handeln gegen den Willen Gottes betrachtet, war zu einem gottgefälligen Akt geworden. Gleichzeitig wurden Behandlungen festgelegt, systematisiert und professionalisiert. Während es im Jahr 1000 in England keine ausgebildeten und insgesamt nur sehr wenige Ärzte gab, lag 1600 in manchen Teilen des Landes (etwa im Südosten) das Verhältnis von aktiven Ärzten, Wundärzten und Apothekern zu Patienten bei 1 zu 400.[30] Das ist mehr als die Hälfte dessen, was der staatliche Gesundheitsdienst uns heute bietet. Die Bedeutung dieses Wandels ist gar nicht zu überschätzen. Eine der wichtigsten Entwicklungen der letzten tausend Jahre – wenn nicht die wichtigste überhaupt – ist der Übergang von dem Vertrauen, dass Gott schon am besten weiß, was gut für uns ist, hin zu dem Vertrauen in unsere Mitmenschen, wenn sie eine professionelle Kompetenz in ihrem Feld vorweisen können. In Bezug auf unsere Gesundheit begann dieser Übergang im Mittelalter.

Die bisher genannten zehn Punkte zeigen, wie unsere kulturellen Horizonte sich zwischen 1000 und 1600 dramatisch weiteten. Daraus lässt sich vielleicht die philosophische Lehre ziehen, dass manche Aspekte der Vergangenheit klarer zu sehen sind, wenn man sie einmal aus einem anderen Blickwinkel anschaut. Ein allein auf der Technik beruhendes Verständnis von gesellschaftlichem Wandel fokussiert unsere Aufmerksamkeit auf die technischen Spitzenleistungen und betont damit überproportional die letzte Phase der Innovationen. Ein solcher Ansatz lässt die früheren Phasen unserer kulturellen und intellektuellen Entwicklung im Vergleich dazu primitiv und unscheinbar wirken. Er führt uns zu der Überzeugung, dass die Entwicklung des neuesten Ferraris weitaus bedeutsamer ist als die Erfindung des Rades. Das ist natürlich falsch gedacht: Nur wenige von uns werden je einen Ferrari besitzen, während Milliarden Leben vom Rad abhängen.

Ein Schwerpunkt auf der Technik schiebt zudem die nicht

technischen Errungenschaften unserer Vorfahren beiseite, als ob sie unwichtig wären. Er verdeckt die Brüche der Vergangenheit – wie den Schwarzen Tod, den Schock der Kriegführung mit Schusswaffen und den Verlust der medizinischen Werke der Antike – und lässt alles »Mittelalterliche« einfach nur primitiv wirken. Wenn wir uns die Vergangenheit mithilfe einer Reihe sich weitender Horizonte vor Augen führen, erlaubt uns das, Veränderung im Kontext des zeitlichen Ausgangspunktes zu sehen, ohne unter der Last moderner Werturteile zu ächzen. Die aufstrebende Skyline und die Ausweitung von Reisen und Handel; die zunehmenden Lese- und Schreibkenntnisse und das Aufkommen des Buchdrucks; die Standardisierung der Zeit; der Übergang der christlichen Religion vom kollektiven Ritual zum individuellen Glauben; das Aufkommen von Schusswaffen und die Erweiterung des medizinischen Horizonts; der immer längere Arm des Gesetzes – all dies betrachten wir als selbstverständlich. Letztlich war es die größte Leistung unserer mittelalterlichen Vorfahren, das Potenzial der Menschheit freizusetzen. Und auch dies betrachten wir als selbstverständlich.

Lassen Sie mich dieses Kapitel mit einer berühmten Analogie beenden. 1676 schrieb Isaac Newton an Robert Hooke und erklärte, wenn es ihm in seinem Werk zur Optik gelungen sei, ein bisschen weiter zu sehen als Hooke und als ihr gemeinsamer Kollege Descartes, dann deshalb, weil er »auf den Schultern von Riesen« stehe. Diesen Ausdruck hatte als Erster Johannes von Salisbury im 12. Jahrhundert geprägt, der behauptete, er habe ihn vom Philosophen Bernhard von Chartres übernommen. Selbst bei seiner Wahl der Analogie stützte sich Newton also auf mittelalterliche Denker. Wie viele andere Aspekte mittelalterlicher Kultur und mittelalterlicher Innovationen lagen seinem Werk zugrunde? Handel, Gesetz und Ordnung, Buchdruck, Linsen, Arzneien, Bildung – die Liste ist lang. Newton und seine Zeitgenossen standen nicht nur auf den Schultern einiger weniger »Riesen« der Wissenschaft, sondern auf der weitaus größeren Menschenpyramide der Vergangenheit, gebildet aus allen, die jemals lebten.

2 Krieg

Die Entwicklung der Einstellungen zur Gewalt[1]

Es ist sicher die größte Ironie der Zivilisation: Je weiter wir uns als Gesellschaft entwickeln, desto größer wird auch unsere Fähigkeit, uns selbst zu vernichten. Die Könige des Mittelalters hatten nur beschränkte Möglichkeiten, größere Mengen von Menschen zu töten, während heute die komplette Auslöschung des Lebens auf der Erde in der Macht unserer politischen Führer steht. Auf den ersten Blick haben sich also die Natur und der Charakter des Krieges völlig geändert, sodass moderne Konflikte nur noch wenig Ähnlichkeit mit denen im Mittelalter aufweisen. Das gilt zweifellos für die eingesetzten Techniken, aber stimmt es auch in anderer Hinsicht? Veränderten sich die Haltungen der Menschen zum Krieg im Laufe des Mittelalters? Oder sind unsere modernen Einstellungen zu Krieg und Konflikt ein ganz und gar postmittelalterliches Phänomen?

Nun, wir können ganz leicht zeigen, dass wir den mittelalterlichen Denkern auch in diesem Bereich viel verdanken. Wenn wir uns vor Augen führen, wie über die Moral der modernen Kriegführung geredet wird, spiegelt sich darin normalerweise eine von zwei Positionen wider, die im frühen 16. Jahrhundert umrissen wurden. Die erste besagt, dass der Krieg ein Unglück in jeder Hinsicht sei, eines, das unter allen Umständen und ohne Ausnahme verhindert werden müsse. Dies war die Ansicht des niederländischen Gelehrten Erasmus von Rotterdam, der in seiner Sprichwörtersammlung *Agadia* (um 1515) schrieb, dass »der nachteiligste

Friede besser ist als der gerechteste Krieg«. Die zweite moralische Position, die von Erasmus' Zeitgenossen, dem Engländer Thomas Morus, vertreten wurde, lautet, dass der Krieg ein notwendiges Übel sei. Morus schrieb in seiner *Utopia* (1516):

> Den Krieg verabscheuen die Utopier aufs höchste als etwas ganz Bestialisches, womit sich jedoch keine Art wilder Bestien so beständig beschäftigt wie der Mensch. Entgegen der Sitte beinahe aller Völker halten sie nichts für so unrühmlich, als im Kriege Ruhm zu suchen. Zwar betreiben sie ständig ihre militärische Ausbildung ... Jedoch fangen sie nicht leichten Herzens einen Krieg an, es sei denn, um ihre Grenzen zu schützen oder um die Gegner, die in das Gebiet ihrer Freunde eingedrungen sind, zu vertreiben, oder aus Mitleid mit irgendeinem von Tyrannei bedrückten Volk, das sie mit ihrer Macht vom Joche der Tyrannen und der Sklaverei befreien wollen.[2]

Zusammen genommen sprechen Erasmus und Morus für die Mehrheit der Menschen in der westlichen Welt in den letzten fünfhundert Jahren. Mit den früheren Schriftstellern zu diesem Thema haben sie jedoch nicht viel gemeinsam. Beide gehen davon aus, dass Krieg *immer* bedauerlich sei. Selbst Morus betrachtet ihn als »unrühmlichen« letzten Ausweg. Eine solche Negativität steht in völligem Widerspruch zu den vielen Hundert mittelalterlichen Texten, die den Krieg verherrlichen, seine Strategien loben und seine Anführer als Helden preisen. Beide Autoren ignorieren zudem die theologischen Rechtfertigungen für den Krieg, die vor dem Beginn unserer Zeitrechnung entwickelt wurden. Ihre Ansichten kollidieren mit denen der antiken Welt, die viele Texte hervorgebracht hatte, in denen der Krieg gerühmt wurde – darunter einige, die lange genug überdauerten, um von mittelalterlichen Feldherren studiert zu werden. Tatsache ist, dass die meisten Menschen des Mittelalters ganz anders über den Krieg dachten als Erasmus und Morus und auch als wir. Mit anderen Worten: Unsere heute gängigen moralischen Auffassungen von der Kriegführung wurden nicht in jüngster Zeit als Reaktion auf den modernen Krieg entwickelt, sondern sind das Ergebnis mittelalterlichen Denkens und mittelalterlicher Erfahrungen. Sie wurden einfach immer wieder durch das Auftreten von immer schrecklicheren Katastrophen und Grausamkeiten verstärkt.

Die mittelalterlichen Ursprünge der modernen Ablehnung des Krieges aus moralischen Gründen sind nicht offensichtlich und werden selten diskutiert. Daher ist es für uns sehr leicht, die mittelalterliche Kriegführung misszuverstehen. Wir gehen davon aus, dass unsere modernen Einstellungen schon immer vorherrschten, und können daher nicht verstehen, wie die Menschen jemals eine positive Einstellung dazu haben konnten. Dabei übersehen wir, wie die Veränderungen der Natur und des Charakters von Konflikten im Mittelalter ebenjene Zweifel hervorriefen, die uns heute daran hindern, sie in einem positiven Licht zu sehen. Wie die Zitate von Erasmus und Morus zeigen, übten gebildete Kreise schon lange vor 1600 Kritik am Krieg. Dazu könnten wir auch die Aussagen der großen Dramatiker heranziehen. »Verflucht sei, der den Krieg erfand«, schrieb Christopher Marlowe in seinem *Tamburlaine the Great* (»Tamerlan der Große«, 1590). Und auch Shakespeare sprach im zweiten Teil seines *Henry IV.* (1600) vom »abscheulichen Gott des Krieges«. Es bedurfte nicht der Erfindung moderner Panzer, Bomben und Raketen, damit sich die Menschen aus Prinzip von bewaffneten Kämpfen zurückzogen.

Dieses Kapitel ist ein Versuch, hinter die Ansichten von Erasmus und Thomas Morus zurückzugehen und zu zeigen, wie sich die Einstellungen zwischen dem 11. und dem 16. Jahrhundert veränderten. Dazu müssen wir uns vorübergehend mit unseren modernen Konzepten zurückhalten und uns der Vorstellung öffnen, dass Menschen den Krieg als positiv, ruhmreich, heroisch, lohnend, adelnd, spirituell bereichernd und aufregend ansehen *können*. Wenn wir davon ausgehen, dass jeder Krieg ein Versagen der Menschheit ist, werden wir nie verstehen, warum die Menschen überhaupt in den Krieg zogen – und es war ja bei Weitem nicht nur einer. Nachdem wir die im 11. Jahrhundert vorherrschende Kultur der Gewalt betrachtet haben, werden wir uns die taktischen und technischen Veränderungen der Kriegführung im Mittelalter, den ritterlichen Moralkodex, der den Ritterstand zum Kampf aufforderte, den spirituellen Nutzen heiliger Kriege, die politischen Möglichkeiten, die sich durch militärische Aggression ergaben, und die zunehmende Regulierung des Krieges anschauen. Wir werden ein Nachlassen der persönlichen Begeisterung für den Kampf als Konzept wie auch in der Praxis feststellen, da die individuelle Gefahr, verwundet zu werden, zunahm und die Möglichkeiten, persönlichen Ruhm zu ernten, schrumpften. Und eben dieses persönliche Element ist der Schlüssel. Es macht den Unterschied aus zwischen einem echten Willen, sich in den Kampf zu stürzen, und Thomas Morus' extremer Abneigung gegen Gewalt sowie Erasmus' völliger Ablehnung derselben.

Der Krieg des 11. Jahrhunderts

Der Mensch ist von Natur aus gewalttätig. Schon lange vor Beginn der schriftlichen Überlieferung gerieten verschiedene Gruppen aneinander, und das reichte von Überfällen und Scharmützeln bis hin zu umfassenden Eroberungen. Wie Thomas Hobbes in seinem *Leviathan* (1651) feststellte und zahlreiche moderne archäologische Studien bestätigen, war Krieg unter prähistorischen Stämmen die Norm. Die einzigen Ausnahmen scheinen abgelegene Siedlungen wie etwa Skara Brae auf den Orkneys gewesen zu sein. Dieses Muster der quasi alltäglichen Kriegführung setzte sich bis in die historische Zeit fort. Im Römischen Reich herrschte selten Frieden. Es ging in einer Eskalation der Kämpfe unter, als kleine Königtümer um die Vorherrschaft rangen und ganze Völker in Wellen über den Kontinent schwappten. Die Wikingereinfälle brachten weitere Gewalt mit sich. Der Krieg war so alltäglich, dass es keiner förmlichen Kriegserklärung bedurfte. Wenn eine große Anzahl grimmig aussehender Männer axtschwingend ins Dorf stürmte, wusste man, dass man sich jetzt im Krieg befand. Man musste also jederzeit darauf gefasst sein. Deshalb ist es keine

Übertreibung, wenn wir feststellen, dass Krieg im Jahr 1000 normal war. Der Frieden war lediglich eine Ruhepause, in der man sich auf den nächsten Angriff vorbereitete.

Das heißt nun allerdings nicht, dass der Krieg im 11. Jahrhundert keine Schrecken mit sich brachte. Diese sahen allerdings ganz anders aus als die der modernen mechanisierten Kriegführung. Es gab keine »Fronten« von Soldaten, die sich auf einer Strecke von mehreren Hundert Kilometern gegenüberstanden. Es gab weit weniger wahlloses Töten – und nichts in der Größenordnung, die heute beim Einsatz von Raketen, Maschinengewehren, Panzern und chemischen Waffen, geschweige denn von Atomwaffen, zu erwarten ist. Auf einem mittelalterlichen Feldzug konnte man keine Zehntausende Menschen töten, es sei denn, ein Befehlshaber befahl seinen Truppen, nur verbrannte Erde zu hinterlassen, und führte damit eine Hungersnot herbei. Der Krieg war in anderer Hinsicht grausam. Die Menschen wurden im Nahkampf niedergemetzelt. Die Angreifer konnten sehen, wen sie mit der Axt erschlugen, mit dem Schwert aufschlitzten oder mit dem Dolch erstachen. Zeitgenössische Chronisten gehen in der Regel nicht im Detail darauf ein, wer wem was antat, aber wenn wir uns vor Augen führen wollen, wie entsetzlich Grausamkeiten in Kriegszeiten sein können – selbst wenn sie eigenhändig begangen werden müssen –, genügt der Verweis auf viele Beispiele der jüngsten Zeit. Man denke nur an die ethnischen Säuberungen, Vergewaltigungen und Massaker im Bosnienkrieg 1992 bis 1995 oder den Völkermord in Ruanda 1994, bei dem mehr als 600 000 Menschen von Milizen mit Macheten systematisch abgeschlachtet wurden. Viele Frauen und Kinder wurden zuvor vergewaltigt und sexuell verstümmelt. Während ich dies schreibe, ist das ganze Ausmaß des Blutvergießens und der Grausamkeiten, die in der Ukraine begangen wurden, noch nicht bekannt, aber es wurde bereits von einer Reihe schrecklicher Vorfälle berichtet. In Nanking sollen 1937/38 zwei japanische Offiziere darum gewetteifert haben, wer von ihnen am schnellsten hundert Chinesen mit dem Schwert abschlachten konnte. Es ist nicht schwer, sich vorzustellen, dass europäische

Krieger des 11. Jahrhunderts in ähnlicher Weise Vergnügen daran fanden, wehrlose Bauern einfach so zu töten.

Es gibt aber doch einige Chroniken aus dem 11. Jahrhundert, die grausame Taten beschreiben. Die Berichte über den Ersten Kreuzzug gehören zu den anschaulichsten. Ein Ritter, der beim Fall Jerusalems im Jahr 1099 dabei war, berichtet:

> Manche Heiden wurden gnädig enthauptet, andere … lange Zeit gefoltert, in sengenden Flammen verbrannt. Berge von Köpfen, Händen und Füßen lagen in den Häusern und auf den Straßen, und Soldaten und Ritter liefen über Leichen hin und her.[3]

In einer anderen Quelle heißt es:

> Nach einem großen und grausamen Gemetzel an Sarazenen, von denen zehntausend an ebenjenem Ort fielen, töteten sie [die Kreuzfahrer] mit dem Schwert eine große Zahl von Heiden, die in den Vierteln der Stadt umherliefen und aus Angst vor dem Tod in alle Richtungen flohen. Sie erstachen Frauen, die sich in Paläste und Häuser geflüchtet hatten, ergriffen Säuglinge an den Fußsohlen vom Schoß ihrer Mütter oder aus ihren Wiegen und schleuderten sie gegen die Wände und brachen ihnen das Genick.[4]

Es geht nicht darum, ob all dies damals wirklich so stattgefunden hat oder nicht: Es sind *christliche* Berichte darüber, was Christen bei der Eroberung der Stadt taten. Sie veranschaulichen, was nach Meinung der Menschen bei einem solchen Angriff geschah. Solche Gräueltaten müssen wir uns vorstellen, wenn wir in der *Angelsächsischen Chronik* von »Überfällen« der Wikinger lesen, von Männern, die »Böses tun« oder »ein großes Blutbad« anrichten. Im Vergleich zu den Massakern des 20. Jahrhunderts mögen solchen Attacken relativ wenige Menschen zum Opfer gefallen sein, aber sie waren dennoch schrecklich und tragisch.

Es waren vor allem die privilegiertesten Mitglieder der Gesellschaft, die solche brutalen Taten verübten. Wir verwenden traditionell das Wort »Gentlemen«, um Engländer einer gehobenen sozialen Schicht zu beschreiben, doch im 11. Jahrhundert waren die mächtigsten Mitglieder der Gesellschaft – die Feudalherren, die das Land kontrollierten – alles andere als »Gentlemen«. Die Zeitgenossen hatten keine Bedenken, sie als gewalttätig zu beschreiben, denn genau das gehörte zu ihren Aufgaben. Im 10. Jahrhundert schrieb Aelfric von Eynsham:

> In dieser Welt gibt es drei Arten von Menschen: diejenigen, die arbeiten, diejenigen, die beten, und diejenigen, die kämpfen. Die Arbeiter verschaffen uns durch ihre Mühe die Mittel zum Leben; die Beter setzen sich bei Gott für uns ein; und die Krieger schützen unsere Städte und verteidigen unser Land gegen eindringende Heere.[5]

Ebendiese Auffassung von den drei »Ständen« war in ganz Europa verbreitet. Der Bischof von Laon erklärte im 11. Jahrhundert: Die drei Stände sind »miteinander verbunden und dürfen nicht auseinandergerissen werden, weil die Aufgabe eines jeden auf der Arbeit der anderen beruht und jeder wiederum allen hilft«.[6] Der Krieger war also ein integraler Bestandteil des gottgewollten Aufbaus der Gesellschaft und für ihr Funktionieren ebenso unerlässlich wie Arbeiter und Kirchenmänner.

Damit ein Mann zu »denjenigen, die kämpfen« gehörte, musste sein Herr ihn als Waffengefährten anerkennen und ihn für den Krieg ausrüsten. Dann musste er einen Treueeid schwören, sich verpflichten, alles zu tun, was man ihm befahl, und seinen Herrn mit seinem Leben zu schützen. Es ist wichtig, sich zu vergegenwärtigen, dass diese Treue- und Dienstverhältnisse nur unter den Angehörigen der Oberschicht galten. Der in seinen Augen weit unterlegenen Masse der Bauernschaft war der Stand der Krieger in keiner Hinsicht verpflichtet. Ein hochgestellter Krieger konnte an einem Tag mit seinen Männern durch die Ernten seiner Bauern reiten, ihre Frauen missbrauchen, wenn er in ihr Dorf kam, die besten Lebensmittel verlangen – und am nächsten Tag den Dorfbewohnern befehlen, seine Scheunen zu reparieren oder beim Bau seiner Burg zu helfen. Bei der Erfüllung seiner militärischen Pflichten zu ihrer Verteidigung waren mutwillige Zerstörungsakte gegen den Feind mehr als nur akzeptabel. Indem er den Bauern und Leibeigenen seines Feindes Schaden zufügte, schadete er auch dem Feind selbst. Umgekehrt galt dasselbe. Die Bauern waren nur der Kollateralschaden in diesem sich wiederholenden Kreislauf von Gewalt und Elend.

Und so lebten viele Menschen jeden Tag mit der Angst vor einem Krieg. Wer an der Küste oder an einem großen Fluss siedelte, lief Gefahr, durch einen Angriff vom Wasser her überrascht zu werden. Auch Dörfer an der Grenze zwischen rivalisierenden Herrschaften waren gefährliche Orte. Und wenn ein Land von einem fremden König überfallen wurde, war man nirgends sicher.

Schließlich war da noch der von Gewalt geprägte Alltag: Selbst wenn sich die Menschen nicht gegenseitig umbrachten, einander die Ernten zerstörten und das Vieh stahlen, waren sie grausam. In einer Gesellschaft, in der der Arm des Gesetzes kurz war, galt das Motto: Jeder ist sich selbst der Nächste. Meinungsverschiedenheiten wurden häufig durch Gewalt und Mord gelöst. Die Feudalherren bekämpften einander regelmäßig. Die Blutfehde war noch immer in Kraft und forderte bei internen Streitigkeiten »Auge um Auge, Zahn um Zahn«. Auch Gerichtsverfahren waren oft blutige Angelegenheiten. Die Normannen führten in England den Brauch des Ordal, des Gottesurteils durch Zweikampf, ein. Danach musste eine Rechtsangelegenheit durch einen bewaffneten Kampf entschieden werden, wobei sich schwächere Kläger durch eine dritte Partei vertreten lassen konnten. Sogar Klöster nutzten diese Methode manchmal zur Beilegung von Streitigkeiten um Landbesitz, wobei jedes Kloster sich einen Kämpen wählte. Und diese Gewalttätigkeit schlug auch auf den Umgang mit Frauen und Kindern durch. Kurzum, die Friedenszeit war nicht viel friedlicher als der Krieg.

Die Engländer befanden sich im 11. Jahrhundert fast ständig im Krieg – untereinander, aber auch mit den Dänen, den Schotten und den Walisern. Auf die normannische Eroberung folgten Rebellionen der von ihren Gütern vertriebenen Angelsachsen und ehrgeiziger normannischer Lords sowie weitere Feldzüge gegen Waliser und Schotten. Etwas mehr als die Hälfte der Einträge aus dem 11. Jahrhundert in der *Angelsächsischen Chronik* enthält einen Abschnitt, der sich mit dem Krieg beschäftigt. Und selbst die Einträge, die sich nicht direkt auf einen militärischen Feldzug beziehen, sind kaum friedlicher. Abgesehen von den zahllosen Berichten, die sich mit dem Tod von Bischöfen befassen, finden sich Hinweise auf Tributzahlungen, Hungersnöte, Piratenüberfälle, auf vor Blut brodelnde Teiche, Morde und Menschen, denen die Augen ausgestochen wurden. Ebenso blutig geht es in den irischen Chroniken zu. Ein Lord tötet einen anderen, nur um dann von den Verwandten seines Opfers aus Rache getötet zu werden. Man sollte meinen, dass das Leben angesichts der Hungersnöte und der miserablen Lebensbedingungen hart genug gewesen wäre und die Menschen versucht hätten, in Frieden zu leben. Aber »diejenigen, die kämpften«, sorgten dafür, dass die Gewalt zum Alltag gehörte.

Im 11. Jahrhundert nahm die Kirche eine ambivalente Haltung zum Krieg ein. Einerseits lehrte sie pflichtgemäß: »Du sollst nicht töten.« Andererseits hatte sich seit Augustinus im frühen 5. Jahrhundert die Idee des »gerechten Krieges« entwickelt. Danach ist ein Krieg gerechtfertigt, wenn es einen moralischen Grund gibt, ihn zu führen, und das gewünschte Ergebnis der Frieden ist. Die Kirche versuchte sich an diesem Balanceakt, indem sie sowohl einen theologischen Rahmen zur Rechtfertigung des Krieges wie auch eine Reihe humanitärer Initiativen zur Begrenzung des Leids bereitstellte. So war die Gottesfriedensbewegung ein Versuch, unbewaffnete Menschen in Konfliktgebieten zu schützen. Ab 975 forderten Kirchenkonzile die politischen Führer immer wieder auf, zwischen Soldaten und Nichtkombattanten zu unterscheiden, und untersagten den Kriegern Vergewaltigungen oder das Töten von Frauen, Kindern, Händlern und Kirchenleuten. Der später eingeführte allgemeine Gottesfriede war ein Versuch, die Gewalt auf bestimmte Wochentage zu beschränken. Zwischen Sonnenuntergang am Mittwoch und Morgengrauen am Montag sowie in der Fasten- und Adventszeit sollte nicht gekämpft werden. Ein solcher Kompromiss ermöglichte den Kirchenführern einen gewissen Einfluss in militärischen Angelegenheiten, zeigte aber gleichzeitig, dass sie nur versuchten, die Zerstörung zu begrenzen.

Man kann bezweifeln, dass dieser Gottesfriede zu einem signifikanten Rückgang der Gewalt führte. Interessant ist jedoch, dass die Einschränkung des Kämpfens offenbar den Formen der Enthaltsamkeit ähnelt, die die Kirche den Menschen auferlegte. So war beispielsweise der Verzehr von Fleisch an Freitagen und Samstagen sowie in der Fasten- und Adventszeit verboten. Geschlechtsverkehr war an Sonntagen, Heiligenfesten und in der Advents- und Fastenzeit untersagt. Dies erweckt den Eindruck, dass der Kampf im 11. Jahrhundert als aristokratische Zügellosigkeit angesehen wurde, in einer Reihe mit Schlemmen und Sex. Die Lehre vom gerechten Krieg war keine Aufforderung zur Gewalt, sondern eine theologische Rechtfertigung dessen, was die Krieger ohnehin taten.

Die Wikingerkultur hatte die Gewalt gefeiert – so sehr, dass die nordische Religion den täglichen Krieg im Jenseits als eine Art Belohnung versprach. Diese positive Einstellung zum Töten nahm mit der Bekehrung der skandinavischen Könige zum Christentum nicht merklich ab, wie die Eroberung Englands durch Sven Gabelbart und dessen Sohn Knut den Großen beweist. Im ersten Jahr seiner Herrschaft befahl Knut die Ermordung aller mächtigen Engländer, die er verdächtigte, sich gegen ihn verschworen zu haben. Seine Vorsicht war verständlich. Wie ein späterer König von Norwegen, Magnus Barfuß, es so treffend ausdrückte: »Das Königtum soll man zur Ehre haben und nicht für ein langes Leben.«

Zu Beginn unserer hier untersuchten Zeit war der Krieg also normal und eine ständige Vorbereitung darauf unerlässlich. Der

Krieg definierte die Herrschaft, und die herrschende Elite zog Befriedigung daraus. Viele dieser Männer genossen den Kampf und begingen Taten, die enormes Leid verursachten, die sie aber als ihr gutes Recht betrachteten, weil sie ihnen entweder aufgrund ihrer privilegierten Stellung oder als eine Art Kriegsbeute zustanden.

Taktik und Technik vor 1500

Die mittelalterliche Burg ist heute geradezu ein Sinnbild des Mittelalters, und das hat seine Berechtigung. Die ersten Burgen entstanden um das Jahr 1000 in Frankreich und zählen zu den wichtigsten Innovationen in der Geschichte der westlichen Welt. Zuvor konnte ein Invasionsheer leicht in ein Land einfallen und die Kontrolle übernehmen; es gab keine Grenzbefestigungen und nur wenige Verteidigungsanlagen, die die Angreifer aufhalten konnten. Dies bedeutete, dass die frühmittelalterlichen Könige im Wesentlichen über *Menschen* und nicht über Territorien herrschten: Sie regierten ihre Reiche nur als Herren über ihre Untertanen. Mit dem Aufkommen von befestigten Städten, die Angriffen standhalten konnten, begann sich dies zu ändern, doch erst der Bau der Burgen revolutionierte die politische Herrschaft vollständig. Eine Reihe von befestigten Herrensitzen in einer Landschaft mit ummauerten Städten bedeutete, dass ein einfallendes Heer jede einzelne Verteidigungsanlage angreifen und unter seine Kontrolle bringen musste. Jede Belagerung hielt die Truppen auf und machte sie selbst angreifbar. Die Könige konnten als Herrscher über die Herren, die all diese Burgen besaßen, ihr Reich sehr viel besser verteidigen, sie herrschten jetzt über Menschen *und* Territorium. Ein häufig genannter Grund für die rasche Eroberung Englands durch die Normannen in den Jahren 1066 bis 1069 war das Fehlen von Burgen. Wilhelm der Eroberer und seine Mitstreiter änderten dies bald. Bis zum Ende des 11. Jahrhunderts wurden im ganzen Land etwa fünfhundert Burgen errichtet, die die Herrschaft der Normannen fest mit dem Territorium verbanden.

Die Burg entwickelte sich schnell weiter und wurde an die Taktik des Belagerungskrieges angepasst. Im 12. und 13. Jahrhundert ersetzten Bauten aus Stein die frühen Holzburgen. Vorspringende Türme verteidigten die Umfassungsmauern. Runde Türme mit sehr dicken Mauern schützten die Bewohner vor Steine schleudernden Belagerungsmaschinen. Um Angreifer daran zu hindern, die Mauern zu erklimmen, wurden Pechnasen eingebaut. Zugbrücken und Fallgatter wurden entwickelt, um alle, die die Verteidigung eines Torhauses durchbrachen, abzufangen. Angreifer, die die äußeren Verteidigungsanlagen durchbrachen, fanden sich in der Finsternis des Zwingers wieder, und durch sogenannte Mörderlöcher konnte man die gefangenen Männer dann von oben attackieren. Eine günstig gelegene Burg wurde so zu einem aggressiven Mittel, um das Land zu kontrollieren, und diente nicht einfach nur der Verteidigung. Im 13. Jahrhundert waren solche Befestigungen zum wichtigsten strategischen Instrument der Regierung geworden. Sobald Edward I. 1272 die Kontrolle über Nordwales übernommen hatte, stärkte er seine Macht über das Land durch den Bau einer Reihe befestigter Burgen. Robert Bruce, der im frühen 14. Jahrhundert versuchte, den Engländern die Macht über Schottland zu entwinden, griff systematisch alle Burgen mit englischen Garnisonen nördlich der Grenze an. Vor dem Schwarzen Tod waren Burgen und Macht praktisch gleichbedeutend.

Mit dem späten 14. Jahrhundert begannen sich die Dinge zu ändern. Kanonen bewiesen ihren Wert bei Belagerungen. Um 1400 konnte ein großes Geschütz einen Bergfried oder einen großen Abschnitt der Ringmauer mit einem einzigen Schuss zum Einsturz bringen. Auf Burg Warkworth brauchte Henry IV. 1405 nur sieben Schüsse aus einer seiner großen Kanonen, um die Verteidigungsanlagen zu zerstören und die Besatzung zur Kapitulation zu zwingen. Burgen waren nicht mehr wie einst die Bastionen der Macht. Sie waren zwar immer noch wichtig für die regionale Kontrolle, aber seltener der entscheidende Faktor für die Sicherheit des Reiches. Wichtiger war die Einigkeit der höheren Stände. Man brauchte Geld und politischen Rückhalt, um Geschütze und

Soldaten im Feld zu halten – und damit das Land mitsamt seinen Burgen zu beherrschen. Die Burgen selbst waren einfach nicht so vielseitig einsetzbar.

Auch die Taktik und die Bewaffnung im Kampf Mann gegen Mann änderten sich. Zu Beginn des 11. Jahrhunderts wurden die Schlachten in England meist zu Fuß ausgetragen. Die Normannen führten den berittenen Angriff ein, der sich bald als eine überaus erfolgreiche Taktik erwies. Dabei stürmten mehrere gepanzerte Ritter zu Pferde in enger Formation und mit scheinbar unaufhaltbarem Schwung aufeinander zu. Die Ritter trainierten in Turnieren für solche Angriffe. Sie fanden anfangs in Form von Gruppenkämpfen oder *Mêlées* statt, die kaum friedlicher waren als die Schlachten, auf die sie vorbereiten sollten. Später traten die Ritter beim Lanzenstechen oder Tjost einzeln gegeneinander in die Schranken. Ihre Schutzkleidung entwickelte sich vom Kettenhemd zu einer aufwendigen Rüstung aus Plattenpanzern. Die mit Äxten, Speeren und Schwertern bewaffneten Fußsoldaten des 13. Jahrhunderts in ihren Lederwesten und Kettenhemden verließ sicher oft der Mut, wenn sie diese Ritter auf Destriern (speziell gezüchteten schweren Schlachtrössern) mit eingelegten geschärften Stahllanzen auf sich zustürmen sahen.

Im frühen 14. Jahrhundert jedoch begann man diesen Furcht einflößenden Angriffen der adeligen Ritter etwas Gleichwertiges entgegenzusetzen. Bei Bannockburn im Jahr 1314 ließ Robert Bruce scharfe Krähenfüße aus Metall dort verstreuen, wo er einen Angriff der englischen Ritter erwartete. Er organisierte seine Männer in kreisförmigen *schiltroms* oder Schildwällen mit langen, vorstehenden Piken, deren hinteres Ende jeweils fest im Boden steckte. Jeder Ritter, der sein wertvolles Pferd auf einen solchen drei Meter langen Spieß trieb, riskierte, dass es unter ihm getötet wurde. Ab den 1330er-Jahren nutzte man eine noch wirksamere Methode zur Bekämpfung solcher Reiterangriffe, indem man Langbogenschützen zwischen den Pikenieren aufstellte. Wie eine Masse von heranstürmenden Rittern Furcht einflößender und effektiver war als eine Handvoll einzelner Reiter, so erwiesen sich auch die Langbogenschützen als nützlicher, wenn sie eine ganze Pfeilwolke auf einmal abgeschossen. Mit ihren Bogen konnten sie sehr schnell und mit solcher Kraft schießen, dass sie auf kurze Distanz sogar Plattenpanzer durchbohrten. Zwar ließ eine Reiterschwadron, die in vollem Tempo angriff, jedem Langbogenschützen nur Zeit für einen oder zwei Schüsse in einer Reichweite, in der er ihre Rüstung durchbrechen konnte, doch eine geballte Menge von Bogenschützen konnte genügend Pfeile abschießen, um die vorderen Reihen eines Angriffs zu stoppen und die nachfolgenden Ritter zu bremsen, die über ihre verwundeten und sterbenden Gefährten und deren Pferde stolperten. Die auf diese Weise errungenen Siege Edwards III. über die Schotten bei Halidon Hill (1333) und über die Franzosen bei Crécy (1346) läuteten das Ende der ritterlichen Streitmacht ein.

Der Massenangriff der Kavallerie verschwand jedoch nicht über Nacht. Nur die Engländer waren in der Lage, so viele Langbogenschützen aufzustellen, dass sie die Ritter neutralisierten, weil Edward III. auf dem wöchentlichen Pflichttraining der Männer an den Zielscheiben und auf einer groß angelegten Produktion von Langbogen und Pfeilen zu diesem Zweck bestand. Andere Länder legten weiterhin mehr Wert auf Ritter als auf einfache Bogenschützen, und damit hatten sie nicht ganz unrecht, denn der Vorteil des Langbogens war nicht so groß, wie die nationalistische Geschichtsschreibung in England uns glauben machen will. Als die Franzosen 1415 mit Tausenden von Rittern und nur wenigen Bogenschützen in Azincourt eintrafen, rechneten sie fest damit, die englische Armee einschließlich der Bogenschützen allein durch den Einsatz von Kavallerie vom Schlachtfeld fegen zu können. Dies wäre ihnen wohl auch gelungen, wenn es in der Nacht vor der Schlacht nicht sehr stark geregnet hätte. So aber war der Boden für die französischen Ritter zu weich, um schnell genug angreifen zu können, und die englischen Bogenschützen hatten Zeit, die Destrier aus nächster Nähe intensiv zu beschießen – und damit den Schwung des französischen Angriffs auszubremsen.

Gegen Ende des 15. Jahrhunderts war der berittene Sturmangriff jedoch praktisch überflüssig geworden. Die Heere wuchsen und verfügten jetzt über spezialisierte Pikeniere, die eine solche Attacke der Kavallerie abwehren konnten. Um ihren hohen sozialen Status zu wahren, begannen die Ritter ihre Unabhängigkeit zu betonen und weigerten sich, als Teil eines Verbandes anzutreten. Sie trainierten nicht mehr in Gruppen für den Angriff *en masse.* Außerdem brauchte man für einen solchen Angriff eine große offene Fläche, doch das Land wurde zunehmend in kleine, von Hecken und Mauern umgebene Felder aufgeteilt, was es für eine große Gruppe von Rittern unmöglich machte, mit vollem Tempo auf einen Feind loszustürmen, ohne dass sich die Reihen auflösten. Gleichzeitig spielten Geschütze in der Schlacht eine immer wichtigere Rolle, vor allem, wenn es darum ging, Burgen und befestigte Städte anzugreifen. Deshalb bestanden die Heere um 1500 vor allem aus Infanteristen, die mit Piken, Schwertern, Bogen und mächtigen Kanonen ausgerüstet waren. Die Trupps gut ausgebildeter Ritter, die gemeinsam angriffen, gehörten der Vergangenheit an.

Die Kriegsbegeisterung

Es ist leicht zu erklären, warum die Existenz als mittelalterlicher Kämpfer so attraktiv war. Sie verschaffte an sich schon ein erhebliches Maß an Respekt und Autorität. Zudem gaben Rüstung und Waffen den Rittern die Macht, sich von den wehrlosen Bauern, die den größten Teil der Bevölkerung ausmachten, zu nehmen, was sie wollten. Und wenn eine ähnlich gut ausgerüstete Truppe von Kriegern versuchte, sie aufzuhalten, kam es zu einem spannenden Kampf. Schon allein die Kultur des Kämpfens war ein starker Anreiz, Kriege anzuzetteln und sich daran zu beteiligen. Dazu kam ein Gefühl des Stolzes, zu den Verteidigern der eigenen Gemeinschaft zu gehören, was den Männern wiederum Rechte und Macht über ihr Volk gab.

Die Freude der Oberschicht an der Zurschaustellung ihres kriegerischen Könnens zeigt sich in der Beliebtheit des Ritterturniers.

Einem Chronisten des 12. Jahrhunderts zufolge war ein Mann nicht auf den Krieg vorbereitet – und damit kein richtiger Mann –, wenn er »noch niemals sein eigenes Blut fließen sah, niemals seine Zähne unter dem Hieb des Gegners knirschen hörte oder niemals das volle Gewicht des Gegners auf sich lasten fühlte«.[7] Junge Männer waren manchmal so erpicht darauf, an Turnieren teilzunehmen, dass sie sich auch einem ausdrücklichen Verbot des Königs widersetzten – wie etwa zweiundzwanzig englische Ritter im Jahr 1306. Obwohl die *Mêlée* außerordentlich gefährlich war – 1241 sollen bei einem einzigen Turnier in Neuss achtzig Ritter ums Leben gekommen sein –, drängten die Männer darauf.[8] Hundert Jahre später, im Dezember 1341, forderten Sir William Douglas und zwölf seiner Männer im Rahmen des englisch-schottischen Krieges den Grafen von Derby und zwölf seiner Gefährten bei Roxburgh und Berwick zweimal zu Kriegsturnieren heraus – mit geschärften Stahllanzen. Diese stimmten dem Kampf unter der überraschenden Bedingung zu, dass niemand eine Rüstung tragen dürfe. Wir wissen nicht, wie viele Verletzte es gab, aber bei der zweiten dieser Veranstaltungen wurden drei Männer auf dem Turnierfeld getötet. Beim Turnier von St. Inglevert im Jahr 1390 traten drei französische Ritter vierzig Tage lang gegen alle an, die sich meldeten, darunter auch der spätere König von England, Henry IV. Alle Teilnehmer entschieden sich dafür, mit spitzen Lanzen anzutreten, obwohl dies nicht vorgeschrieben war. Die Männer hatten offensichtlich Spaß an dieser Form des tödlichen Kampfes.

Derselbe kriegslustige Geist lässt sich auch auf dem Schlachtfeld beobachten. Bei der Schlacht von Bannockburn im Jahr 1314 soll Sir Giles d'Argentein verkündet haben: »Ich bin es nicht gewohnt, aus einer Schlacht zu fliehen; ich bleibe lieber hier und sterbe, als schändlich die Flucht zu ergreifen!« Und das tat er. Bei der Schlacht von Crécy im Jahr 1346 bat Johann von Luxemburg, der blinde König von Böhmen, darum, von den Rittern seines Hauses in die Schlacht geführt zu werden, um inmitten des Getümmels zu sterben. Dazu kommen Tausende Beispiele von Soldaten, die auf dem Schlachtfeld verwegenen Mut zeigten, um die

Achtung ihrer Mitmenschen zu gewinnen, und ihren Tod dabei billigend in Kauf nahmen. Diese Männer waren zum Kämpfen geboren, zum Kämpfen ausgebildet, und, bei Gott, sie kämpften.

Unterfüttert wurde diese Kultur des Krieges durch Rittererzählungen. Die berühmtesten Beispiele sind die Artusgeschichten, die von Mut, Abenteuer und Moral handeln und auf die utopische Herrschaft eines legendären Königs zurückgehen. Ab dem 12. Jahrhundert ließen englische Könige und Lords sie immer wieder nachspielen und vorlesen, um ein Zusammengehörigkeitsgefühl unter ihren wichtigsten Rittern zu schaffen. Solche Geschichten erfreuten sich großer Beliebtheit, dienten aber auch einem ernsteren Zweck: Sie sollten den Rittern die Werte Ehre, Anstand, Engagement und Selbstaufopferung nahebringen, die Artus' Gefährten vorlebten. Im 14. Jahrhundert stoßen wir wiederholt auf Beispiele dieses Draufgängertums und Wagemuts. Eines ist der nächtliche Angriff des schottischen Patrioten Sir James Douglas auf das Lager des jungen Edward III.: Er war so kühn, durch das englische Heer bis zum Zelt des Königs zu reiten und die Abspannseile zu durchschneiden. Ein weiteres ist die Tapferkeit von Sir Thomas Dagworth und seiner Truppe von achtzig Rittern und hundert Bogenschützen, die im Jahr 1346 ein vielleicht zwanzig Mal so großes Heer aufhielten. Viele weitere Beispiele für Taten der Engländer in Frankreich könnten genannt werden. Die in Jean Froissarts Chronik und der *Brut*-Chronik geschilderten Begebenheiten inspirierten eine breite Leserschaft.

Diese ritterliche Kultur hielt sich bis ins 15. Jahrhundert hinein. Zwar begannen schon in den 1390er-Jahren einige fromme Ritter, sich aus religiösen Gründen gegen den Krieg zu wenden, doch die meisten waren weiterhin der Ansicht, ritterliche Führung sei die beste Art, ein Heer zu befehligen. Dies gilt sicher auch noch für das Jahr 1415, als Henry V. für den Feldzug, der in der Schlacht von Azincourt enden sollte, auf starke Unterstützung zurückgreifen konnte: Mehr als die Hälfte der Ritter des Hosenbandordens nahm persönlich daran teil. Obwohl die Schlacht schließlich von den Langbogenschützen gewonnen wurde, die die französischen

Ritter niedermetzelten, glaubten die englischen hochdekorierten Ritter offensichtlich, sie hätten immer noch eine wichtige Rolle zu spielen. Zu der Zeit, als Sir Thomas Malory um 1450 *Le Morte d'Arthur* (»König Artus' Tod«) verfasste, waren die Rittergeschichten jedoch bereits nostalgisch gefärbt. Artus' nachrömisches Britannien konnte so weit modernisiert werden, dass Burgen, Turniere und Plattenharnische darin Platz fanden, doch bei Schusswaffen endete die Flexibilität. Ritterlichkeit war etwas *Persönliches*: Eine Maschine, die unterschiedslos tapfere Krieger tötete, war das genaue Gegenteil davon.

Zu einem schockierenden Ereignis, das das Ende des Rittertums vorwegnahm, kam es bei der Belagerung von Meaux im Dezember 1421, als Sir John Cornwaille den Tod seines geliebten einzigen Sohnes mitansehen musste. Der junge Mann, damals siebzehn Jahre alt, stand neben seinem Vater, als eine Kanonenkugel ihn enthauptete. Sir John war von dieser Tragödie so tief betroffen, dass er schwor, nie wieder gegen seine Mitchristen zu den Waffen zu greifen.[9] Doch die Ritter mussten gar nicht selbst Zeugen solcher Tragödien werden, um zu verstehen, dass ihre Zeit ablief. Gegen Ende des 15. Jahrhunderts übernahmen Schusswaffen auf weite Distanz zunehmend das, was Langbogen auf kurze Entfernung begonnen hatten: Sie machten die Kriegführung gefährlicher – willkürlicher, unpersönlicher und weniger ritterlich.

Heiliger Krieg

Ein sehr wichtiger Grund, zu den Waffen zu greifen, war die Hoffnung, damit Gottes Gunst zu erlangen. Wenn man weiß, wie sehr der Krieg im 11. Jahrhundert zum Alltag gehörte, kann man verstehen, dass die Kreuzzugsidee sofort sehr populär war, als Papst Urban II. auf dem Konzil von Clermont im November 1095 seine berühmte Predigt hielt, in der er die Männer der westlichen Christenheit zum Kampf im Heiligen Land aufrief. Als ein Krieger, der im Sieg über seine Feinde seine Befriedigung fand, konnte man nun seine Kampfeslust befriedigen und gleichzeitig Ruhm und Vergebung für alle Sünden erlangen, was den Einzug in den Himmel garantierte. Das war ein äußerst attraktives Angebot. Auf dem Ersten Kreuzzug stand Tankred von Hauteville im Jahr 1099 auf dem Ölberg und blickte auf die Mauern Jerusalems hinab. Der Chronist berichtet uns:

> Er richtete seinen Blick auf die Stadt, von der er nur durch das Tal Joschaphat getrennt war, [und sah] das Grab des Herrn … Mit einem großen Seufzer setzte er sich auf den Boden und hätte auf der Stelle sein Leben geben wollen, nur für die Möglichkeit, seine Lippen an diese heilige Kirche zu pressen.[10]

Es geht nicht darum, ob Tankred dies wirklich so empfunden hatte; der Chronist und seine Leser jedenfalls glaubten, dass die Menschen so fühlten. Die Möglichkeit der Eroberung, des Reichtums und der Herrschaft in jenen fernen Landen verstärkte die geistlichen Anreize nur noch. Und die Botschaft war klar. Der Krieg gegen Nichtchristen fand göttlichen Beifall und war ein Mittel, sich zu beweisen und Kriegsbeute zu machen.

Mit der Zeit verkam das Ideal der Kreuzzüge. Die Ritter, die sich zum Vierten Kreuzzug von 1204/1205 versammelten, hatten sich vor ihrer Abreise bei den Venezianern hoch verschuldet. Sie hatten bei dem italienischen Stadtstaat unklugerweise dreimal so viele Schiffe bestellt, wie sie letztlich für den Transport ins Heilige Land benötigten. Bei dem Versuch, die Schulden zurückzuzahlen, gingen sie quasi als venezianische Söldnertruppe gegen christliche Ziele vor und griffen vor allem den Hafen von Zadar an der Adriaküste und die Stadt Konstantinopel an. Beim Sechsten Kreuzzug der Jahre 1228/1229 trat der Kaiser des Heiligen Römischen Reiches in Verhandlungen ein und *bezahlte* schließlich für den Zugang der Christen nach Jerusalem; es war also eine geschäftliche Transaktion, bei der keine Gräueltaten begangen, keine Sünden vergeben und keiner Seele die Aufnahme in den Himmel garantiert wurde. Dennoch überdauerte der Geist der Kreuzzüge. Gegen Ende des 14. Jahrhunderts beschrieb Chaucer seinen Ritter als einen Mann, der »Rittertum, die Wahrheit, Ehre, Freiheit, Form und Ruhm« über alles liebte[11] und auf Kreuzzügen in Alexandria, Preußen, Litauen, Granada, Algier, der Türkei und an anderen Orten gekämpft hatte. Bis zur Schlacht bei Tannenberg im Jahr 1410 machten sich regelmäßig Ritter aus dem westlichen Europa per Schiff auf nach Litauen, um an der Seite des Deutschen Ordens an den jährlichen Feldzügen oder *reysen* gegen die heidnischen Litauer teilzunehmen. Solche Angriffskriege im Namen Gottes waren weder ein »notwendiges Übel« noch können sie einfach als Imperialismus abgetan werden. Sie waren nicht nur ein geistlicher, sondern auch ein militärischer Ablasshandel. Nach der Feldzugssaison kehrten die Ritter wieder nach Hause zurück.

Das Wesen des Heiligen Krieges änderte sich im späten Mittelalter. Im 12. und 13. Jahrhundert hatten sich noch verschiedene europäische Könige persönlich an den Kreuzzügen beteiligt; ihre Nachfolger versprachen dies zwar auch, hissten aber nie die Segel. Der Wendepunkt war der Fall von Akkon und damit der Verlust des letzten christlichen Vorpostens im Heiligen Land im Jahr 1291. Da es keine Hoffnung auf eine Rückeroberung Jerusalems gab, zögerten die Könige, beträchtliche Mittel für einen Feldzug so weit weg von der Heimat bereitzustellen, zumal oft ihre Anwesenheit zu Hause erforderlich war, um mit innenpolitischen Konflikten fertigzuwerden. Im Jahr 1312 wurde der Templerorden aufgelöst – einer der beiden wichtigsten Militärorden, die zum Schutz der nach Jerusalem reisenden Pilger gegründet worden waren. Danach verfolgten die heiligen Krieger eher individuelle Ziele. Die Ritter, die an den *reysen* und anderen Feldzügen des späten 14. Jahrhunderts teilnahmen, zogen nur noch in kleinen Gruppen durch die Lande. Sie setzten keine großen Trupps von Bogenschützen oder viele Geschütze ein, sondern ähnelten eher den Rittern auf den Turnieren, die für ihren persönlichen Ruhm kämpften. Im Jahr 1391, als Henry von Lancaster (der spätere Henry IV.) in Litauen auf *reyse* ging, war der Kreuzzug zu einer persönlichen Glaubensprüfung geworden. Doch mit der Vernichtung der Kreuzfahrerheere bei Tunis 1390, Nikopolis 1395 und Tannenberg

1410 kam die Idee des Kreuzzuges allmählich an ihr Ende. Die Begeisterung für den Heiligen Krieg schwand also ungefähr zur selben Zeit, als die Kanonen die Begeisterung der Ritter, sich an weltlichen Konflikten zu beteiligen, schwächten.

Raubzüge

Um die »Kämpfer« zu trainieren und ihre potenzielle Stärke zu steigern, mussten die Heere auf Plünderzügen üben. Die Überfälle der Wikinger auf England, die christlichen Angriffe auf das muslimische Spanien, die Einfälle der Anjou auf die Grafschaft Blois oder das Herzogtum Bretagne, die englischen Übergriffe auf Wales – sie alle sollten auch den Mut der Beteiligten auf die Probe stellen. So waren die schottischen Einfälle in England während des gesamten Mittelalters nicht nur Schläge gegen das englische Kernland oder patriotische Erklärungen der schottischen Unabhängigkeit, sondern auch ein Mittel, um die militärische Stärke und das Können der schottischen Nation zu demonstrieren.

Einige Könige steigerten diese Übungen zu regelrechten Angriffskriegen. Als Edward III. im Jahr 1327 den Thron bestieg, musste er zunächst die Kämpfe unter seinen Magnaten beenden. Die vorangegangene Regierungszeit war von einer Reihe solcher Konflikte geprägt gewesen, die zu einer tiefen Unzufriedenheit mit der königlichen Führung und schließlich zum Zusammenbruch der Regierung und zur erzwungenen Abdankung des Königs geführt hatten. Edward hatte nicht die Absicht, dieselben Fehler zu begehen. Deshalb verfolgte er eine Politik der internationalen Raubzüge in großem Stil. Die Befehlshaber und ihre Männer sammelten in Schottland wie auch in Frankreich, zu Lande wie zur See echte Kampferfahrung. Seine Politik bestand jedoch stets darin, die Kämpfe auf fremdem Boden auszutragen. So formulierte es Edward selbst im Jahr 1339:

> Nach der Kriegstheorie, die lehrt, dass man die Unannehmlichkeiten eines Krieges am besten vermeidet, indem man ihn außer-

> halb des eigenen Landes führt, ist es für uns vernünftiger, unseren berüchtigten Feind in seinem eigenen Reich mit der gemeinsamen Kraft unserer Verbündeten zu bekämpfen, als vor unseren eigenen Toren auf ihn zu warten.[12]

Er verfolgte also mit seinen Kriegen ganz verschiedene Ziele: Sie boten seinen Männern ein Ventil für ihre ritterlichen Ambitionen. Sie vermittelten ihnen militärische Erfahrung. Sie sicherten ihm die Unterstützung seiner Verbündeten, indem sie eine gemeinsame Sache am Leben erhielten. Sie setzten seine Feinde – die Franzosen und die Schotten – unter Druck. Und sie beendeten die Konflikte unter seinen Adligen für die Dauer seiner Herrschaft.

Der Krieg war demzufolge kein »notwendiges Übel«, sondern diente einem politischen Zweck. Auch Henry IV. wollte ihn so nutzen, als er im Jahr 1400 öffentlich erklärte, er werde mit seinem Heer weiter nach Frankreich vordringen als es sein Großvater Edward III. und sein Onkel, der Schwarze Prinz, vermocht hatten. Henry brach zwar nie auf – seine schlechte Gesundheit hinderte ihn daran –, doch er gestattete englischen Soldaten, am französischen Bürgerkrieg teilzunehmen, der 1407 ausbrach. Auch diese englische Intervention war kein »notwendiges Übel«, sondern ein opportunistischer Schachzug, um sich einen politischen Vorteil zu verschaffen.

Henry V. setzte die Politik Edwards III. noch bewusster fort. Zu seiner Zeit waren nicht nur alle oben aufgezählten Vorteile eines Krieges von Bedeutung, sondern er musste darüber hinaus auch noch seinen dynastischen Anspruch beweisen. Als Anwärter auf den französischen Thron konnte Henry durch einen Sieg über die Franzosen zeigen, dass Gott seinen Anspruch auf beide Königreiche anerkannte. Doch die Zeiten, in denen man aus innenpolitischen Gründen in ein fremdes Land einfiel, gingen dem Ende entgegen. Der Gedanke, Könige und Machthaber könnten gegen Nachbarstaaten zu den Waffen greifen, bedrohte die nationale Souveränität und den immer wichtiger werdenden Handel sowie auch die Rechtssysteme der beteiligten Nationen. All das war zu wertvoll, als dass man es für die Ausbildung von Kriegern oder die Demonstration eines göttlichen Thronanspruchs aufs Spiel setzen durfte. Im Laufe des 15. Jahrhunderts duldeten die europäischen Herrscher militärische Raubzüge immer weniger. Die Notwendigkeit, den Krieg zu rechtfertigen, wuchs – es musste einen bestimmten Grund oder ein bestimmtes Ziel geben, das den Konflikt unabdingbar machte. Die Normalität des Krieges, wie sie im 11. Jahrhundert bestand, als ein König oder Herr seinen Nachbarn nach Belieben angreifen konnte, war der Normalität des Friedens gewichen.

Die Regulierung des Krieges

Wie bereits erwähnt, ging die positive Einstellung zum Krieg, die sich etwa in Kreuzzügen, Ritterspielen und internationalen Raubzügen zeigte, vor allem im 15. Jahrhundert zurück. Doch schon zuvor hatte sich das Wesen des Krieges durch eine Reihe von Regelungen zu verändern begonnen. Allmählich hatte er sich immer weiter von dem privilegierten Ablass entfernt, der er zu Beginn unserer hier untersuchten Epoche gewesen war. Die frühesten Vorschriften in dieser Richtung machte die Kirche im frühen 11. Jahrhundert in Form der Gottesfriedenbewegung. Darüber hinaus bedeutete der Aufstieg des Papsttums, dass die Könige ihre Kriege zunehmend vor dem Papst rechtfertigen mussten. Sie konnten nicht einfach in andere christliche Reiche einfallen und erwarten, dass dies ohne diplomatische Folgen bleiben würde.

Beschränkt wurde die Macht der Könige, in den Krieg zu ziehen, letztlich allerdings auch einfach dadurch, dass Heere sehr teuer waren. Während die Zahl der Märkte im 13. Jahrhundert um ein Vielfaches wuchs und Geld eine immer größere Rolle spielte, minderten finanzielle Zwänge die Möglichkeiten, in den Krieg zu ziehen. In England mussten die Könige eine außerordentliche Besteuerung durch das Parlament erwirken, um einen langwierigen Feldzug führen zu können. Im Jahr 1297 erkannte Edward I. dementsprechend an, dass die Entscheidung, ob man in den Krieg zog, in den Händen des Parlaments lag. Und im Jahr 1339 erklärte Edward III. gegenüber päpstlichen Gesandten, jeder Waffenstillstand, den er mit Frankreich schließe, müsse auch vom Parlament ratifiziert werden, da dieses das letzte Wort in allen Kriegs- und Friedensangelegenheiten habe.[13] Dies war vielleicht ein wenig unaufrichtig – die eigentliche Entscheidungsbefugnis lag nach wie vor beim König –, doch bei den Diskussionen über einen Krieg konnte man die Meinung des Parlaments und seine Fähigkeit, die notwendigen Steuern zurückzuhalten, nicht mehr ignorieren. Deshalb brauchte der König zumindest in England für Kriege im Ausland die Unterstützung des Parlaments und damit eine offizielle gesetzliche Grundlage. Der Krieg war nun keine alltägliche Aktivität mehr wie im frühen Mittelalter. Er bedurfte der Zustimmung, besonderer Vereinbarungen und gesetzlicher Regeln.

Und nicht nur diese Bedingungen verschärften sich im Laufe des Mittelalters. Dazu kamen noch die militärischen Verhaltensregeln, der ritterliche Ehrenkodex. Wir gehen oft davon aus, dass Kriege immer bis zum Äußersten geführt wurden und die Krieg führenden Nationen alles taten, um zu siegen, ohne Rücksicht auf Konventionen, Vorschriften, Regeln und Verhaltensnormen. Doch dies war nicht immer so. Konflikte wurden meist im moralischen Umfeld des ritterlichen Ehrenkodex ausgetragen. Insbesondere mussten die »Kämpfer« den hohen Status ihrer Gegner anerkennen und sie mit Würde und Respekt behandeln, wenn sie sie gefangen nahmen. Mit Männern von hohem Rang versuchten sie eher Lösegeld zu erpressen, statt sie zu töten. Die ritterlichen Prinzipien spielten hier eine so große Rolle, dass es zu in unseren Augen absurden Verhaltensweisen kam. Es war nicht unüblich, einen gefangenen Ritter in seine Heimat zurückkehren zu lassen, um das Lösegeld für den eigenen Freikauf zusammenzubringen. Für uns noch unglaublicher ist: Es konnte durchaus sein, dass er zurückkehrte und sich erneut in Gefangenschaft begab, wenn er das Geld nicht auftreiben konnte. James IV. von Schottland zeigte sich sogar so ritterlich, dass er 1513 seine Absicht, in Nordengland einzumarschieren, einen Monat im Voraus ankündigte. Leider trug die Tatsache, dass er sich für einen Überraschungsangriff zu fein war, in diesem Fall wahrscheinlich zu seiner Niederlage und seinem Tod auf dem Schlachtfeld bei.

Die mäßigende Wirkung des ritterlichen Ehrenkodex zeigt sich auch in den Verordnungen, die ab dem 14. Jahrhundert das Verhalten von Heeren auf fremdem Boden regeln sollten. Im Jahr 1346 legte Edward III. fest, dass »keine Stadt oder kein Gut niedergebrannt, keine Kirche oder heilige Stätte geplündert und keine Alten, Kinder oder Frauen in seinem Königreich Frankreich geschädigt oder belästigt werden« durften.[14] Die von Henry V. im Jahr 1415 erlassenen Verordnungen enthielten Klauseln, die seine Soldaten anwiesen, Kirchen und religiöse Gebäude zu schützen und nicht zu bestehlen sowie keine Geistlichen oder Frauen gefangen zu nehmen oder zu verletzen, es sei denn, sie waren bewaffnet und feindlich gesinnt. Zudem verbot er bei Todesstrafe, Frauen zu vergewaltigen. Ähnliche Verordnungen wurden in den folgenden zwei Jahrhunderten immer wieder erneuert und prägten das Verständnis der Menschen vom Krieg. Wenn Shakespeare von »Gnade«, »Schonung« und »Ehre« spricht, bezieht er sich auf die gängige Kultur des Krieges. Natürlich waren solche Gesetze wie auch der ritterliche Ehrenkodex höchst idealistisch, und die Realität sah meist ganz anders aus. Die Anweisungen Edwards III. von 1346 wurden in jeder Hinsicht gebrochen: Städte und Güter wurden niedergebrannt und viele Frauen vergewaltigt. Und doch waren sie zumindest ein erstrebenswertes Ideal. Es gibt Belege dafür, dass beim Feldzug von Azincourt hohe sittliche Maßstäbe nicht nur gefordert, sondern auch durchgesetzt wurden: Wer etwas aus einer Kirche stahl, wurde gehängt. Unterm Strich ist ein Regelwerk, das Plünderungen, die Ermordung von Gefangenen, die Vergewaltigung von Frauen, die Verwüstung von Kirchen und die Tötung von Kindern und friedlichen Zivilisten verbietet, ein humanerer Ansatz für den Krieg als der, um jeden Preis den Sieg zu erringen. Ein solches Regelwerk bildet den Rahmen dafür, dass die Soldaten oft weitaus rücksichtsvoller mit Bauern, Kindern, Frauen und Priestern umgingen als im 11. Jahrhundert.

Das 16. Jahrhundert

In der allgemeinen Vorstellung sind Krieg und Mittelalter oft untrennbar miteinander verbunden, und doch ging die Zahl und Brutalität der Kriege in dieser Zeit stetig zurück. Die ungehemmte, primitive Aggression der Wikinger, Normannen und ihrer Zeitgenossen war um 1500 nichts Alltägliches mehr. Kriege zwischen Staaten wurden seltener, da sich ihre Grenzen im 12. und 13. Jahrhundert immer mehr verfestigten. Die Gewalt, die im Jahr 1000 noch zum Krieg dazugehörte, wurde um 1400 durch Regeln und Vorschriften eingeschränkt. Der Verlust wichtiger Außenposten im Heiligen Land veränderte Prioritäten der Herrscher, und Brüche in der Einheit der Kirche hatten den Heiligen Krieg bis 1420 auf einen Schatten seiner früheren Bedeutung reduziert. Geschütze und Langbogen hatten bis 1450 das Element des individuellen Könnens weitgehend verdrängt. Herren und Ritter lebten häufiger in Herrenhäusern als auf Burgen. Im Zuge der Rosenkriege erließ Henry VII. 1504 ein Gesetz, das es den Lords untersagte, ihre Gefolgsleute in Uniform zu kleiden, und verbot damit faktisch Privatarmeen in England. Der Krieg war inzwischen verstaatlicht und institutionalisiert worden und bedurfte der Zustimmung des Parlaments. Als politische Strategie war er nur noch ein letzter Ausweg, ein »notwendiges Übel«, das einer besonderen Rechtfertigung bedurfte, wie Thomas Morus es forderte.

Bezeichnenderweise geschah dies noch bevor Handfeuerwaffen zur dominierenden Kraft auf dem Schlachtfeld geworden waren. Schwere Geschütze hatten zwar schon vor 1500 bewiesen, dass sie Belagerungen schneller beenden konnten; Feldschlachten aber wurden immer noch mit stählernen Klingen gewonnen oder verloren, egal ob es sich nun um Schwerter, Piken oder Pfeilspitzen handelte. Schon mehr als hundert Jahre vor Francis Bacons Feststellung, Feuerwaffen hätten (zusammen mit dem Buchdruck und dem Kompass) die Welt verändert, war die Kriegführung kaum noch wiederzuerkennen. Burgen, der wachsende Einfluss des Papsttums, das Rittertum, der Langbogen, das Ende der Kreuzzüge, moralische Regeln und die wirtschaftlichen Vorteile des Friedens hatten ihre Wirkung gezeigt.

Und doch lag Francis Bacon sicher nicht falsch. Die Fortschritte im Bereich der Handfeuerwaffen, die sich im 16. Jahrhundert zeigten, rechtfertigten seine Aussage voll und ganz, und wie er andeutete, gingen die Folgen weit über den Ausgang einzelner Schlachten hinaus. Der Historiker Michael Roberts vertrat in den 1950er-Jahren die Ansicht, das Aufkommen von Handfeuerwaffen habe zwischen 1560 und 1650 zu einer militärischen Revolution in Europa geführt. Der Krieg sei durch Änderungen in Taktik und Strategie, im Ausmaß der Konflikte und den Auswirkungen auf die Zivilisten etwas völlig anderes geworden, was wiederum weitreichende politische und wirtschaftliche Folgen für die Gesellschaft gehabt habe. Die Theorie von Professor Roberts ist mehrfach kritisiert worden, und ich würde behaupten, dass die meisten der von ihm aufgezeigten Veränderungen in England bereits im 14. Jahrhundert zu beobachten waren. Lange bevor Schusswaffen und große Armeen das Gesicht der europäischen Kriegführung wandelten, hatten Langbogen in England den gleichen Effekt, mit einer ähnlichen Notwendigkeit der Besteuerung und der damit verbundenen parlamentarischen Zustimmung. Dennoch lässt sich kaum leugnen, dass die Schusswaffen viel größere Auswirkungen auf die Schlachtfelder Europas hatten.

Der Schlüssel zum Verständnis der oben erwähnten militärischen Revolution liegt darin, dass man im Kampf mit Schusswaffen eher gewinnt, wenn man mehr davon hat als der Gegner. Daraus folgt: Je mehr Waffen Sie haben, desto stärker ist Ihre Armee. Und große und gut ausgerüstete Armeen müssen wiederum durch Steuern finanziert werden, was zu neuen Beziehungen zwischen den Steuerzahlern, der Regierung, den Waffenherstellern und den militärischen Befehlshabern führt.

Beginnen wir mit der Größe. Im frühen Mittelalter waren die Schlachten oft kleinere Treffen, in denen höchstens ein paar tausend Mann gegeneinander antraten. Die Schlacht bei Hastings wurde von Heeren mit sieben- bis achttausend Mann auf jeder

Seite geschlagen. Die meisten Schlachten vor 1300 waren sogar noch kleiner: Scharmützel zwischen ein paar Dutzend Männern waren die häufigste Form der Auseinandersetzung. Wenn Chronisten behaupteten, 60 000, 80 000 oder gar 100 000 Mann seien aufeinandergetroffen, so waren diese fantastischen Zahlen von den angeblichen Größen biblischer Armeen inspiriert. Aus zuverlässigeren Rechnungen geht hervor, dass an einem Feldzug selten mehr als 10 000 Kämpfer auf jeder Seite beteiligt waren. Etwa 12 000 Engländer und Waliser begleiteten Edward III. im Jahr 1346 bei Crécy in den Kampf. Bei Azincourt standen 8000 bis 9000 Engländer 12 000 bis 15 000 Franzosen gegenüber (Geschichten von 30 000 oder mehr sind zeitgenössische Übertreibungen).[15] Zur Zeit der Rosenkriege waren die Armeen gewachsen: 1461 zogen bei Towton vielleicht insgesamt 50 000 Mann auf das Schlachtfeld. In Italien siegten bei Pavia – der Entscheidungsschlacht im Kampf zwischen Frankreich und Italien im Jahr 1525 – die zahlenmäßig leicht unterlegenen habsburgischen Truppen gegen etwa 26 000 Franzosen.

Im 16. Jahrhundert wurden die Armeen noch einmal viel größer. In den 1590er-Jahren hatte die spanische Regierung 200 000 Mann unter ihrem Befehl – zehnmal so viele wie in den 1470er-Jahren. Das französische Heer verdoppelte sich in dieser Zeit auf 80 000 Mann. Und auch die Engländer hatten ihre Truppen von 25 000 auf 30 000 Mann aufgestockt.[16] Das war wichtig, weil all diese Armeen nun über Schusswaffen verfügten. Der Krieg war zu einem Zahlenspiel geworden. Die Berater des 16. Jahrhunderts hatten daher wenigstens zwei gute Gründe, politischen Führern vom Kampf abzuraten. Zum einen war da der Schrecken des Krieges, der noch extremer wurde, wenn riesige Heere durchs Land zogen, plünderten, vergewaltigten und mordeten. Und zum anderen waren da die Kosten und die Notwendigkeit höherer Steuern.

Der Übergang vom Nahkampf der in Gruppen aufmarschierenden Ritter zum Krieg mit Schusswaffen veränderte auch die soziale Zusammensetzung der »Kämpfer«. Im 11. Jahrhundert war diese Position ausschließlich von Männern mit hohem Status besetzt gewesen. Im späten 14. Jahrhundert setzten sich die »Kämpfer« in der Regel aus Waffenknechten, Pikenieren und Bogenschützen zusammen, die in Friedenszeiten Freisassen und Bauern waren. Damit hatte sich die Identität des Kriegers vom oberen Ende der sozialen Pyramide auf eine viel niedrigere Position verschoben. Als im 16. Jahrhundert immer mehr Männer gebraucht wurden, die eine Schusswaffe abfeuern konnten, setzte sich dieser Trend nach unten auf der gesellschaftlichen Leiter fort. Warum sollte ein Adliger oder ein wohlhabender Bauer oder Kaufmann sein Leben in der Schusslinie riskieren? Es war viel besser, Männer zu bezahlen, die kein besseres Auskommen hatten. Jeder konnte zum Musketenschützen ausgebildet werden oder an der Seite eines Musketiers eine Pike halten. Und so machten die Schusswaffen nicht nur den ritterlichen Prinzipien ein Ende, sondern minderten für Männer mit hohem Status auch die Notwendigkeit, selbst am Krieg teilzunehmen. Während im frühen Mittelalter der gesamte männliche Adel kämpfen musste, waren um 1600 nur noch die Adeligen beteiligt, die eine Führungsposition innehatten. Infolgedessen ging der Anteil der englischen Adligen, die eines gewaltsamen Todes starben, von 25 Prozent im Jahr 1400 auf 2,5 Prozent im Jahr 1750 zurück.[17]

Auch die Könige zogen sich allmählich vom Schlachtfeld zurück. Im frühen Mittelalter mussten Monarchen nach der Erwartung ihres gesamten Volkes auch Krieger sein. Die Verteidigung des Reiches im Krieg war eine der beiden Hauptaufgaben des mittelalterlichen Königtums (die andere war die Sicherung der Gerechtigkeit für seine Untertanen). Doch mit dem Aufkommen der Feuerwaffen begann die Verkörperung von politischer Macht und militärischer Führung in einer Person zu bröckeln. Immer häufiger riskierten die Könige nicht mehr ihr Leben auf dem Schlachtfeld, sondern überließen das Kommando hochrangigen Adligen. James IV. von Schottland fiel 1513 als Befehlshaber in Flodden, François I. von Frankreich wurde 1525 in der Schlacht von Pavia gefangen genommen, und Ludwig II. von Ungarn starb 1526 im Kampf gegen die Osmanen. Nach diesen Ereignissen kam es nur noch selten zu königlichen Auftritten auf dem Schlachtfeld. König Sebastian von Portugal kam 1578 bei Ksar-el-Kebir in Marokko ums Leben. Gustav Adolf von Schweden war 1632 der letzte europäische König, der an der Spitze seiner Truppen in der Schlacht starb, doch er war mit seiner persönlichen Begeisterung für die Feldherrnkunst eine Ausnahmeerscheinung. Im Prinzip setzten sich Staatsoberhäupter dieser Gefahr nicht mehr aus. Sie und ihre Untertanen hatten zu viel zu verlieren.[18]

Der Militärhistoriker Sir Michael Howard stellt zu Beginn seines Buches *War and the Liberal Conscience* fest, dass »die Menschen – oder zumindest einige Männer und die meisten Frauen – wahrscheinlich seit den Anfängen der menschlichen Gesellschaft immer wieder die Existenz des Krieges beklagten«.[19] Dem kann man kaum widersprechen. Männer verloren ihr Leben oder mussten mitansehen, wie ihre Freunde und Verwandten starben; Frauen und Mädchen wurden vergewaltigt; Bauern sahen ihre Häuser und Felder in Flammen aufgehen, und Nichtchristen wurden aufgrund ihres Glaubens abgeschlachtet. Aber wir können ebenso sicher sein, dass der Krieg im 11. und 12. Jahrhundert so sehr zum Alltag gehörte, dass Männer und Frauen mit seinen Schrecken lebten und ihn nicht mehr beklagten als Versklavung, Pest, Seuchen und extreme Wetterverhältnisse. Tatsächlich waren im Mittelalter Pest und Missernten weitaus tödlicher als der Krieg. Natürlich war der Verlust eines geliebten Menschen in der Schlacht eine Tragödie, aber das galt auch für den Verlust eines Familienmitglieds durch Krankheit oder Hunger. Im stets pragmatischen mittelalterlichen Denken hatte es ebenso wenig Sinn, sich über die Existenz des Krieges zu beklagen wie über die Existenz des Winters. So wie der Winter jedes Jahr kam und auf jede erdenkliche Weise genutzt wurde, so lag der Schlüssel zur Schadensbegrenzung im Krieg darin, seinen eigenen Vorteil darin zu suchen.

Gleichzeitig gab es für die Männer des 11. und 12. Jahrhunderts viele gute Gründe, bereitwillig in den Krieg zu ziehen. Dazu gehörten die Bewährung in der Schlacht, das Abenteuer, das Prestige, die Ehre, die Loyalität, der finanzielle Gewinn, die Möglichkeit, sich sexuell schadlos zu halten und, im Falle der Kreuzfahrer, die Chance auf Vergebung der Sünden und einen Platz im Himmel. Dazu kam noch die militärische Verantwortung. Ein König durfte nicht zum Opfer eines Krieges werden, denn dann würden seine Nachbarn auf seine Kosten wachsen, und die Grenzen seines Reiches würden verwundbar werden. Wenn er dagegen den Druck auf seine Nachbarn durch Raubzüge aufrechterhielt, sodass die praktische Ausbildung seiner Truppen immer auf Kosten des Feindes ging, musste er sich nicht so sehr um die Verteidigung seines eigenen Reiches sorgen. Eine aggressive Politik fand daher oft Fürsprache bei der gesamten Bevölkerung. Der beste Weg, um die notwendigen Kräfte zu sichern, war der, die Gesellschaft um einen militärischen Adel herum zu organisieren, der zum Kämpfen geboren und ausgebildet wurde. Sicherheit, Wohlstand und Ehre waren die Belohnung für das Volk, dessen König seine Herren und Männer erfolgreich in die Schlacht führen konnte. Verwundbarkeit, Grausamkeiten, Not, Demütigung und Tod hatte dagegen ein Volk zu erwarten, dessen König zögerlich oder erfolglos im Krieg war.

Wie schon festgestellt schrumpften im späten Mittelalter alle persönlichen Anreize, in den Krieg zu ziehen. Die Mittel, mit denen ein militärischer Sieg errungen werden konnte, wirkten zunehmend unpersönlich und unritterlich. Das heroische Element verschwand aus dem Krieg. Gleiches galt für das religiöse Element, da die Kreuzzüge nicht mehr allzu hoch in der Gunst standen. Der Krieg wurde immer mehr zu einem finanziellen und logistischen Problem, das von Politikern organisiert und von Parlamenten bewilligt wurde. Gleichzeitig stiegen die möglichen Verluste. Es ist bezeichnend, dass genau ein Jahrhundert zwischen der glorreichen, aber unnötigen Schlacht von Azincourt und den eingangs zitierten Äußerungen von Erasmus und Morus liegt. Wahrscheinlich wurde die lateinische Chronik mit dem Titel *Gesta Henrici Quinti* (»Die Taten Henrys V.«) vom König kurz nach Azincourt eigens in Auftrag gegeben, um einer europäischen

Leserschaft einen Überblick über sein siegreiches Königtum zu geben. Hundert Jahre später sollte Erasmus jedoch erklären, der Krieg sei »dumm« und alle Kriegsführer »militärische Idioten, starrsinnige Herren … nicht einmal menschlich, außer dem Äußeren nach«.[20] Henrys Quelle des Stolzes galt also jetzt nicht nur als unklug, sondern geradezu als unmenschlich. Die göttliche Ordnung der »Kämpfer«, »Beter« und »Arbeiter« war zerrüttet. Als die katastrophalen Kriege des 17. Jahrhunderts – die Bürgerkriege in England, der Dreißigjährige Krieg auf dem Kontinent – ausbrachen, waren diese Unterscheidungen überholt. Alle kämpften, alle beteten und fast alle arbeiteten. Ritterlichen Ruhm gab es nicht zu erringen. Die Sünden wurden nicht vergeben, die Seelen kamen nicht in den Himmel. Männer und Frauen litten zu Tausenden, als man zuließ, dass »ein notwendiges Übel« die Nationen in zwei Hälften teilte und die Gesellschaft zerriss. Nach dem Ende dieser Kriege waren die politischen Führer ebenso erledigt wie ihre Anliegen. Der Krieg an sich war zu einem Abschreckungsmittel geworden.

Diese Situation kennen wir heute alle, auch wenn der russische Präsident Eroberungskriege gegen die Nachbarländer Georgien und Ukraine anzettelt. Unsere Abscheu vor dem Krieg und unsere Einsicht, dass er nur durch äußerste Notwendigkeit gerechtfertigt sein kann, ist das Ergebnis der Entwicklungen im Mittelalter. Die Unterschiede zwischen uns und unseren mittelalterlichen Vorfahren ergeben sich im Krieg wie in all den anderen im ersten Kapitel erwähnten Lebensbereichen nicht aus unseren Handlungen oder unseren gewandelten Denkweisen, sondern aus den ihren. Und da dieses Kapitel mit einer Ironie begann – dass wir, je weiter wir uns als Gesellschaft entwickeln, auch unsere Fähigkeit steigern, uns selbst zu zerstören –, scheint es angemessen, es mit einer weiteren zu beenden. Die Zeit, die wir mit Rittern, Burgen, Schlachten und langen Kriegen assoziieren, war im Grunde diejenige, die uns die Erwartung – wenn auch nicht unbedingt die Realität – langer Friedenszeiten bescherte.

3 Ungleichheit

Reichtum und Status in England

Die mittelalterliche Gesellschaft war von Ungleichheiten zerrissen – das wird niemanden überraschen. Nur wenige Menschen wissen jedoch, *wie* ungleich sie war. Über die Sklaverei im England des 11. Jahrhunderts wird nicht öffentlich diskutiert, obwohl der Anteil der Sklaven in manchen Regionen so hoch war wie im Amerika des 18. Jahrhunderts. Ebenso wenig würdigen wir das Ausmaß ethnischer und sexueller Vorurteile. Stattdessen gehen wir einfach davon aus, dass die Gesellschaft überaus ungleich war und reiche und mächtige Männer über alle anderen herrschten. Wenn wir uns dann doch gezwungen sehen, ins Detail zu gehen, nähern wir uns dem Thema gern auf zwei Arten, je nachdem, ob wir versuchen, die Menschen zu unterhalten oder sie zu informieren. Bevor wir uns mit dem Thema selbst befassen, müssen wir daher ein paar Worte über die populäre Wahrnehmung der mittelalterlichen Ungleichheit verlieren.

Beginnen wir mit der unterhaltenden Seite der Dinge. Wenn Sie einen Film über gewalttätige, sexistische und rassistische Kriegsherren drehen würden, deren Ehefrauen und Töchter dieses missbräuchliche Verhalten von ganzem Herzen gutheißen, hätten Sie wahrscheinlich ziemliche Schwierigkeiten mit Ihrem Publikum, das gern mit irgendeinem Ihrer Charaktere sympathisieren würde. Aus ähnlichen Gründen zögern die Autoren historischer Romane, alle Personen in ihren Romanen als Ausbeuter der Armen darzustellen. Jeder Erzähler, der auch nur ansatzweise die mutwilligen Grausamkeiten wiedergeben würde, die in einer mittelalterlichen Stadt an der Tagesordnung waren, müsste sofort damit rechnen, dass diese Gesellschaft auf seine Leserinnen und Leser abstoßend wirkt. Deshalb ist historische Authentizität noch schwerer zu erreichen als historische Genauigkeit: Die Wahrheit wird vermutlich Anstoß erregen.[1] Zudem möchte das Publikum auch nicht glauben, dass die Menschen des Mittelalters diese Dinge über sich ergehen ließen. Es will nicht sehen, dass Sklaven und Bauern ihren niedrigen Status einfach so akzeptierten oder dass Frauen sich mit Unterdrückung und Missbrauch abfanden. Uns fällt es heute schwer zu glauben, dass die überwiegende Mehrheit der benachteiligten Menschen ihre Unterdrückung einfach so hinnahm. Und so zwingen wir der Vergangenheit unsere eigenen Vorurteile auf und erfinden sie neu als »wie es gewesen sein muss«, damit sie unserer Sichtweise entspricht. Um ein modernes Publikum anzusprechen, muss eine mittelalterliche Heldin in einem Buch oder Film also so dargestellt werden, als habe sie ihr Leben selbst in der Hand. Oder sie muss ständig gegen ihre Unterdrücker kämpfen. Auch unter den männlichen Bauern muss es mindestens einen mutigen, Robin-Hood-ähnlichen Charakter geben, der die anderen anführt, wenn sie sich der Autorität widersetzen. Das Ergebnis ist ein Abbild der modernen Gesellschaft in mittelalterlichem Gewand. Das »Robin-Hood-Syndrom« ist tatsächlich als Begriff ganz treffend, wenn es um die Pflicht von Schriftstellern und Künstlern geht, das Mittelalter mit den Erwartungen unserer Zeit in Einklang zu bringen.[2]

Bei Werken, die der Information des Publikums dienen sollen, ist die Sache nicht viel einfacher. Wir neigen dazu, die Menschen des Mittelalters nach unseren eigenen Maßstäben zu beurteilen, weil das, was gut und richtig ist, ein zeitloser Moralkodex zu sein scheint, der für alle zu allen Zeiten gegolten hat und weiterhin gilt. Wir wissen, dass wir die Nöte, mit denen sich ein mittelalterlicher Bauer konfrontiert sah, nicht erleben wollen, also gehen wir davon aus, dass unterdrückte und verfolgte Menschen im Mittelalter genauso litten, wie wir leiden würden, wenn wir so behandelt werden würden wie sie. Doch das wissen wir nicht. Das Problem ist, dass wir die mittelalterliche Perspektive ausblenden, wenn wir zum Beispiel einen Sklavenhalter aus dem 11. Jahrhundert genauso verurteilen wie einen Sklavenhalter aus dem 19. oder 20. Jahrhundert. Allgemeiner ausgedrückt: Wenn wir mittelalterliche Menschen dafür verurteilen, dass sie unseren Verhaltensnormen nicht gerecht werden, verschließen wir die Augen vor ihren eigenen moralischen Werten. Sklaverei ist für uns moralisch nicht zu rechtfertigen, also denken wir, dass ein mittelalterlicher Bauer, der sein Kind in die Sklaverei verkaufte, dies nur aus unmoralischen Gründen getan haben kann. Wenn aber die Alternative das Verhungern des Kindes gewesen wäre, war der Verkauf eine *moralische* Entscheidung, die vielleicht sogar aus elterlicher Liebe getroffen wurde. In ähnlicher Weise würden wir natürlich einen mittelalterlichen Fürsten kritisieren, der einer seiner Bäuerinnen untersagte, den Mann ihrer Träume zu heiraten; ein solches Vorgehen erscheint uns herzlos. Doch damit ignorieren wir den mittelalterlichen Standpunkt. Für das Verständnis des Mittelalters ist das verhängnisvoll. Wir können nicht unsere Maßstäbe aus dem 21. Jahrhundert auf Menschen aus dem 11. Jahrhundert anwenden und davon ausgehen, dass sie unsere Erwartungen erfüllen, genauso wenig wie wir selbst nach den Werten des 31. Jahrhunderts beurteilt werden sollten.

Die Menschen des 11. Jahrhunderts waren anders als wir. Sie waren im Allgemeinen davon überzeugt, dass die Mächtigen, die sie beherrschten, von Gott auserwählt worden seien. Die Rechte eines von Gott eingesetzten Herrschers hatten daher Vorrang vor dem Leid der Unterdrückten. Die Bauern waren lediglich dazu da, die Mächtigen und die Geistlichen in der Gesellschaft zu ernähren. Das Wohlergehen einer Frau hing ganz von ihrem Mann ab, und wenn sie keinen Mann hatte, dann von ihrem Vater und ihrem Herrn. Möglichkeiten, sich selbst zu verwirklichen, gab es einfach nicht. Wäre Shakespeare 1064 und nicht 1564 geboren worden, hätte er als ungebildeter Arbeiter auf dem Landgut seines Herrn arbeiten müssen. Vielleicht hätte er nie die Möglichkeit gehabt, sein Genie zu erkennen, geschweige denn es zu entfalten. Aber wie wir in diesem Kapitel sehen werden, änderte sich zwischen dem 11. und dem 16. Jahrhundert so einiges. Die Menschen am unteren Ende der sozialen Leiter kamen in den Genuss größerer Freiheit. Die Söhne der wohlhabendsten Bauern erhielten eine Ausbildung und wurden Beamte, Juristen, Kaufleute und Bischöfe. Sie erwarben eigene Gutshöfe. Sie erlangten durch das Parlament ein gewisses Maß an politischer Macht. Sie begannen, sich gegen die Herrschaft der Kriegsherren zu wehren. Auch die Stellung und die Freiheiten der Frauen verbessern sich. Die Horizonte der Freiheit und Gleichheit, die sich im Mittelalter zu erweitern begannen, beeinflussen unser Leben bis heute.

Freiheit

Wie wir gesehen haben, hieß es im 11. Jahrhundert allgemein, die Gesellschaft setze sich aus drei Arten von Menschen zusammen: den »Kämpfern«, den »Betern« und den »Arbeitern«. Das *Domesday Book* lieferte eine genauere Aufschlüsselung dieser Gruppen. An der Spitze der Gesellschaft stand der König. Es folgten etwa 190 Angehörige des Hochadels und der hohen Geistlichkeit und mehrere Tausend Mönche, Nonnen und Priester unterschiedlichen Ranges, wobei die Erzbischöfe, Bischöfe und Äbte den weltlichen Herren in nichts nachstanden. Sie waren die »Kämpfer« und die »Beter«. Mit ihren Familien stellten sie weniger als 2 Prozent der Bevölkerung. Zu den »Arbeitern« gehörten Freie, Hörige, Kleinbauern, Kätner und Sklaven. Die Freien machten etwa 13 Prozent der Bevölkerung aus. Die übrigen 85 Prozent waren unfrei. Hörige, Kleinbauern und Kätner waren an die Scholle gebunden. Sie bildeten die Mehrheit. Die übrigen waren Sklaven, die an ihren Besitzer gebunden waren.

Leibeigene durften das Gut, auf dem sie lebten, nicht ohne Erlaubnis ihres Herrn verlassen. Sie bearbeiteten das Land ihres Herrn ebenso wie ihr eigenes und wurden mit diesem Land gekauft und verkauft. Dies beeinflusste jeden Aspekt ihres Lebens. Stellen Sie sich vor, Sie dürfen den Mann oder die Frau Ihrer

Wahl nicht heiraten, weil er oder sie von einem anderen Gut stammt und an einen anderen Herrn gebunden ist. Stellen Sie sich vor, Sie können Ihren Sohn nicht zur Schule schicken, weil der Herr verlangt, dass er auf seinem Land arbeitet. Der Status eines Leibeigenen hing davon ab, wie viel Land er von seinem Grundherrn übertragen bekommen hatte. Die Leibeigenen mit dem höchsten Status verfügten über 15 Hektar oder mehr, die Ärmsten besaßen nur 2 Hektar oder weniger. Das Leben war hart. In den schwersten Jahren drohte den Familien der Hungertod, doch selbst diejenigen, die genug Land besaßen, um ihre Kinder großzuziehen, hatten nur wenige Möglichkeiten, sich zu verbessern. Sie konnten nicht selbst über ihr Leben bestimmen. Ihr Schicksal bestand darin, für ihren Herrn zu arbeiten und dabei zu hoffen, dass es für das eigene Überleben reichte.

Der Anteil der Sklaven an der Gesamtbevölkerung lag 1086 bei etwa 10 Prozent, im Südwesten mit etwa 20 Prozent noch deutlich höher. Sie wurden als Eigentum auf Sklavenmärkten gekauft und verkauft. Alles Geld, das ein Sklave verdiente, gehörte von Rechts wegen seinem Eigentümer, ebenso alles, was der Sklave besaß. Auch die Kinder des Sklaven gehörten dem Herrn. Wenn er sie verkaufen wollte, konnte er das tun. Wenn er eine Sklavin vergewaltigen wollte, hatte niemand das Recht, ihn daran zu hindern. Ein kentisches Gesetz besagte sogar, dass Sklaven nicht essen durften, wann sie wollten, sondern nur, wenn sie gefüttert wurden.[3] Laut Athelstans Gesetzbuch hatte der Sklavenhalter, wenn er einen Sklaven des Diebstahls verdächtigte, das Recht, ihn von seinen anderen Sklaven töten zu lassen – ein Mann wurde gesteinigt, eine Frau ertränkt oder von einer Klippe geworfen. Ebenso konnte er von seinen Sklaven verlangen, einen Mitsklaven zu töten. Wenn sie dies nicht taten, wurden sie zur Strafe selbst ausgepeitscht.[4]

Sklavinnen wurden oft zum Zweck der sexuellen Befriedigung gekauft und verkauft. Um das Jahr 1000 prangerte Bischof Wulfstan von Worcester jene Männer an, die sich zusammentaten, um ein Mädchen zu kaufen, damit dann alle mit ihr schlafen konnten. Wenn sie ihrer überdrüssig wurden, verkauften sie sie einfach wieder an einen Sklavenhändler und besorgten sich ein neues Mädchen.[5] Natürlich waren nicht alle Sklaven solchen Qualen und Misshandlungen ausgesetzt, aber doch viele. Für die meisten bedeutete die Sklaverei ein Leben mit harter Arbeit. Manchmal wurden Lieblingssklaven von ihren sterbenden Besitzern freigelassen, in der Hoffnung, diese gute Tat werde den Seelen der Besitzer den Weg in den Himmel erleichtern. Für die meisten jedoch gab es keine andere Zuflucht als den eigenen Tod.

Man hätte meinen können, dass sich die Kirche für die Abschaffung der Sklaverei eingesetzt hätte, aber sie befand sich in einer heiklen Position. Wenn wohlhabende Männer und Frauen ihre Ländereien einem Kloster vererbten, gehörten auch die Sklaven dazu, die das Land bearbeiteten. Hätte die Kirche diese Sklaven freigelassen, hätte dies den Wert der Schenkung geschmälert. Die Kirche unterschied also zwischen der Moral auf der einen Seite und dem Geschäft im Namen Gottes auf der anderen Seite. Während sie lehrte, dass die Sklaverei bedauerlich und die Befreiung der Sklaven gut sei, vertrat sie gleichzeitig die Ansicht, dass die Sklaven, die Gott geschenkt wurden, zum Nutzen Gottes weiterhin Sklaven sein sollten. Man könnte dies für Heuchelei halten, doch die frühmittelalterliche Kirche sah das anders. Die Sklaverei war ebenso wie der Krieg eine Tatsache, und die Kirche musste sich mit dieser Realität arrangieren, auch wenn sie sie grundsätzlich ablehnte.

Erste Verschiebungen hinsichtlich des Horizonts der Freiheit zeigten sich in Kontinentaleuropa. Die Ursachen hierfür sind unter Historikern heiß umstritten, denn es gibt eine Vielzahl von Faktoren, die sich auf die Wirtschaft, die Politik und die gesellschaftliche Akzeptanz der Sklaverei auswirkten. Ein Faktor verdient jedoch besondere Beachtung: Im frühen Mittelalter gab es eine Periode leichter globaler Erwärmung, die als Mittelalterliche Warmzeit bekannt ist. Die durchschnittliche Jahrestemperatur stieg um 0,5 bis 1 Grad Celsius. Das hört sich nicht dramatisch an, doch schon ein halbes Grad Unterschied bedeutet, dass der letzte Frost im Frühjahr etwa zehn Tage früher und der erste Frost im

Herbst etwa zehn Tage später eintrat als zuvor.[6] Dies führte zu besseren Ernten und einem größeren Nahrungsangebot. Die Sterblichkeitsrate der schwächsten Mitglieder der Gesellschaft sank. Die Oberschicht hatte schon immer genug zu essen gehabt, aber durch die Ernteüberschüsse erreichten nun mehr Arme das Erwachsenenalter. Dadurch bekamen die Grundherren mehr Leibeigene unter ihre Kontrolle, und ihr Reichtum wuchs. Die zusätzlichen Menschen konnten Land von Wäldern, Steinen und Gestrüpp befreien und unter den Pflug nehmen. So kamen mehr landwirtschaftliche Überschüsse auf den Markt, und dies wiederum führte zu der im ersten Kapitel beschriebenen Zunahme der Handelsaktivitäten: Es entstanden mehr Märkte und Jahrmärkte, und mehr Menschen nutzten Geld als Zahlungsmittel, statt wie bisher Waren zu tauschen.

Diese Veränderungen veranlassten die Grundherren zu der Frage, warum sie ihre Sklaven unterhalten sollten, wenn sie von ihnen verlangen konnten, dass sie wie ihre Leibeigenen für sich selbst sorgten. Wenn sie ihre Sklaven freiließen und stattdessen zu Leibeigenen machten, hatten diese Ex-Sklaven außerdem einen Anreiz, mehr Land zu roden und die Herren noch reicher zu machen. Die Grundherren konnten ihre Arbeitskraft weiterhin nutzen und ihre Rechte über sie ausüben – sie verloren also nichts. Im Gegenteil konnten sie sogar Vorteile daraus ziehen, da die Kirchenmänner auf dem Kontinent zunehmend die moralischen Verdienste der Sklavenfreilassung anpriesen. Für die Herren schien es eine Win-win-Situation zu sein. Oder besser gesagt, eine Win-win-win-Situation: Mit einem Schlag konnten sie ihre finanziellen Verpflichtungen verringern, den landwirtschaftlichen Wert ihrer Güter steigern und ihrer Seele den Weg in den Himmel ebnen.

Auf den Britischen Inseln insgesamt hatten es die Herren allerdings nicht unbedingt eilig, ihre Sklaven aufzugeben. Offenbar *gefiel* es ihnen, andere Menschen zu besitzen. Zudem machten viele Händler ein gutes Geschäft damit, englische Kinder als Sklaven nach Irland zu verkaufen. Dass die Sklaverei in England etwa ein Jahrhundert früher abgeschafft wurde als in den anderen Ländern der Britischen Inseln, war eine Folge der normannischen Eroberung.[7] Die Normannen propagierten nicht nur die kontinentale Auffassung, dass Sklaverei moralisch falsch sei, sondern setzten sie auch durch, indem sie fast die gesamte angelsächsische Schicht der Landbesitzer und Sklavenhalter verdrängten. Wilhelm der Eroberer selbst trug maßgeblich zu dieser Revolution bei, indem er sich in den 1070er-Jahren gegen den Sklavenhandel aussprach. Die englische Kirche verbot schließlich 1102 den Kauf und Verkauf von Sklaven auf Sklavenmärkten. Danach ging die Sklaverei rasch zurück. Allerdings wurden die Kinder von Sklaven weiterhin in die Sklaverei hineingeboren, sodass der Zustand mancherorts fortbestand: Die Abtei von Peterborough besaß noch in den 1120er-Jahren Sklaven auf ihren Ländereien.[8] Um 1200 jedoch war die Sklaverei in England fast, wenn nicht sogar ganz ausgerottet.

Die Leibeigenschaft hielt sich viel länger. Im 13. und frühen 14. Jahrhundert waren die Bauern noch überwiegend unfrei und bearbeiteten das Land für ihren Herrn. Nach dem Schwarzen Tod von 1348/1349 wurde das schnell anders. Die Herren bekamen eindringlich vor Augen geführt, wie abhängig sie von ihren Bauern waren. Wenn ihre Arbeiter starben, hatten sie keine Erträge von ihren Ländereien. Die Ernte verrottete auf den Feldern. Das Vieh streunte frei herum. Ein Grundherr konnte in dieser Situation nur gute Löhne anbieten, in der Hoffnung, Bauern von benachbarten Gütern wegzulocken, damit sie für ihn arbeiteten. Wo dies geschah, ließen die abgewanderten Pächter ihre feudalen Verpflichtungen gegenüber ihrem früheren Herrn hinter sich. Der König versuchte, dies mit Gesetzen zu unterbinden, doch die wirtschaftlichen Kräfte waren zu stark. Höhere Löhne und gesellschaftliche Freiheit waren einfach eine zu große Verlockung. Mancherorts verließen so viele Menschen ihr angestammtes Gut, dass nur noch wenige Bauern übrig blieben. Dann fand das Gutsgericht nicht mehr statt und die verbliebenen Leibeigenen wurden *de facto* zu Freien, die Pachtverträge abschließen und Pacht zahlen mussten.

In den nächsten zwei Jahrhunderten erlangten immer mehr Pächter ihre Freiheit, sodass um 1600 weniger als 1 Prozent der englischen Bauernschaft an die Scholle gebunden war.[9] Zwischen dem 11. und dem 16. Jahrhundert erweiterte sich also der Horizont der Freiheit von weniger als 15 Prozent der Bevölkerung auf fast alle.

Infolge dieser Veränderungen bildeten im Jahr 1600 nicht mehr Leibeigene und Sklaven die Unterschicht, sondern Knechte, Lohnarbeiter und Arme. Ein Gutsherr konnte die Männer und Frauen, die für ihn arbeiteten, nicht mehr daran hindern, den Partner ihrer Wahl zu heiraten oder das Gut zu verlassen. Ein Arbeiterkind konnte sich aufgrund seiner Armut gezwungen sehen, bei einem wohlhabenderen Nachbarn in die Lehre zu gehen, aber wenn es erwachsen war, konnte es frei wählen, wen es heiraten und wo es arbeiten wollte. Der Status eines Menschen definierte sich nicht mehr durch rechtliche, sondern durch finanzielle Schranken. Wenn ein armer Mann im 16. Jahrhundert nicht die Tochter eines wohlhabenden Freisassen heiraten durfte, war es nicht der Gutsherr, der die Heirat verhinderte, sondern ihre Eltern.

Die individuelle Freiheit ist also eine wichtige Entwicklung des Mittelalters. In Anbetracht der Bedeutung, die wir in der modernen Welt unserer Freiheit beimessen, würden viele sie wohl als das wichtigste Element des gesamten mittelalterlichen Erbes betrachten. In späteren Jahrhunderten besaßen zwar einige englische Familien Sklaven in Übersee, doch die Sklaverei als Institution wurde in Großbritannien nie wieder rechtlich anerkannt (abgesehen von den Jahren 1547 bis 1549, als die Versklavung die gesetzliche Strafe für Vagabunden war). Auch die Leibeigenschaft wurde 1660 offiziell abgeschafft. Diese Veränderungen lassen Hararis Vergleich mit dem Bauern, der dem Klingelton eines Mobiltelefons lauscht, weit weniger beeindruckend erscheinen. Kein elektronisches Gerät kann so begehrenswert sein, dass es eine angemessene Entschädigung für die Versklavung wäre.

Landbesitz

Wenn Wirtschaftshistoriker die Entwicklung des Wohlstandsgefälles erörtern, verwenden sie in der Regel die statistischen Instrumente der modernen Ökonomie. Doch die Modelle der Ökonomen sind nicht geeignet für Gesellschaften, die sich so stark von unserer eigenen unterscheiden. So begegnet man beispielsweise häufig Hinweisen auf den Anteil des Gesamtvermögens eines Landes, der sich in den Händen des reichsten 1 Prozent oder der reichsten 10 Prozent der Bevölkerung befand. Thomas Pikettys *Das Kapital im 21. Jahrhundert* (2013) ist ein Beispiel dafür: Es enthält viele historische Diagramme, die den Anteil des Vermögens in den Händen des obersten 1 Prozent und der obersten 10 Prozent einer Nation seit 1800 zeigen. Diese Methode konzentriert sich auf die sehr Reichen; sie versammelt die notleidenden Armen und Mittellosen in derselben Kategorie wie alle anderen, die nicht zu den obersten 10 Prozent gehören – einschließlich der zweitreichsten 10 Prozent. Dabei ist wohl sicher davon auszugehen, dass die Probleme dieser Gruppe im Vergleich zu denen der Ärmsten der Gesellschaft verschwindend gering sind. Die Methode der »obersten 10 Prozent« ist eine gute Möglichkeit, um den relativen Reichtum der Reichen zu bewerten, aber sie verschleiert die Armut eher, als dass sie sie aufdeckt.

Eine andere von Wirtschaftshistorikern angewandte Methode ist die Berechnung des Gini-Koeffizienten zu verschiedenen Zeitpunkten. Dies ist ein technisches Maß dafür, wie weit eine Gesellschaft vom Ideal perfekter Gleichheit abweicht. Der Gini-Koeffizient wird entweder als Prozentsatz oder als Zahl zwischen 0 und 1 ausgedrückt, wobei der niedrigere Wert für mehr Gleichheit steht: Null bedeutet also perfekte Gleichheit. So liegt der Gini-Koeffizient für das Vereinigte Königreich heute bei 0,37 – ungleicher als Deutschland (0,29), aber etwas gleicher als die USA (0,39). Das Problem ist, dass er alle Formen der Ungleichheit auf eine einzige Statistik reduziert. Das ist so, als würde man auf die Frage: »Was ist der Sinn des Lebens, des Universums und von allem?«

die Antwort »42« geben, wie Douglas Adams es in seinem Buch *Per Anhalter durch die Galaxis* getan hat. Die Einfachheit der Lösung spiegelt nicht die Komplexität der Fragestellung wider. Der Gini-Koeffizient berücksichtigt auch nicht, dass in der mittelalterlichen Gesellschaft der Reichtum und der Besitz mancher Menschen nicht ihnen, sondern ihren Herren gehörte. Er ist nicht geeignet, die Ungleichheit in einer Gesellschaft zu messen, in der einige Menschen Reichtum besaßen und andere dieser Reichtum *waren*. Und so überrascht es nicht, dass Versuche von Wirtschaftshistorikern, Gini-Koeffizienten für das England des späten 13. Jahrhunderts zu berechnen, zu sehr unterschiedlichen Ergebnissen geführt haben.[10]

Wie sollten wir also vorgehen? Nun, wir müssen uns darüber klar werden, was wir eigentlich unter »Reichtum« verstehen, und ein geeignetes Instrument einsetzen, um in unseren Messungen ebenso genau wie konsistent zu sein. In der modernen Welt messen wir normalerweise zwei Arten von Reichtum: Kapital und Einkommen. Wenn wir uns zunächst auf das Kapital konzentrieren, ist der offensichtliche Maßstab für uns der Landbesitz. Fast alle reichen Personen im Mittelalter besaßen Ländereien. Wohlhabende Kaufleute bildeten zwar eine bedeutende Ausnahme, doch auch sie festigten ihren Erfolg oft durch den Erwerb eines Landguts. Die Größe des Landbesitzes ist also ein Ansatz, um zu verstehen, wie sich die Vermögensungleichheit im Laufe des Mittelalters veränderte.

Wie wir gesehen haben, war England im Jahr 1086 vollständig im Besitz des Königs, der es an eine relativ kleine Zahl von adligen Herren, Prälaten, freien Männern und religiösen Institutionen ausgegeben hatte. Die Gesamtzahl der Grundherren belief sich im Jahr 1086 auf etwa 2650. Einige dieser »Lords« erscheinen nur anonym als »vier Kronvasallen« oder »zwei freie Engländer«, aber selbst mit ihnen können es nicht mehr als 3000 Männer und Frauen gewesen sein, die Land außerhalb der Gemeinden besaßen. Einschließlich ihrer Familien befand sich das gesamte Land in den Händen von weniger als 2 Prozent der Bevölkerung. Der Landbesitz war also außerordentlich ungleich verteilt.

Das sollte sich in den folgenden Jahrhunderten ändern. 1873 gab es in England und Wales 959 552 Land besitzende Einzelpersonen und 14 459 Land besitzende Institutionen.[11] Mit anderen Worten: Während die Bevölkerung um das Dreizehnfache gewachsen war, gab es mehr als dreihundertmal so viele Landbesitzer. Heute sind Grund und Boden zwar immer noch ungerecht verteilt, doch etwa 36 Prozent der Wohnungen im Vereinigten Königreich gehören ihren Bewohnern vollständig, weitere 28 Prozent sind durch eine Hypothek belastet. Fast zwei Drittel der 24,7 Millionen Haushalte im Vereinigten Königreich haben also in der einen oder anderen Form ein eigenes Heim.[12] Natürlich besitzt die große Mehrheit von ihnen *nur* ihr Heim und wenig oder gar kein Land vor der eigenen Haustür: Insgesamt machen ihre Grundstücke und Gärten nur 5 Prozent der englischen Landfläche aus. Eine Minderheit von Familien und Organisationen besitzt große Teile des Landes und wertvolle städtische Grundstücke. Dennoch hat sich der Horizont des Landbesitzes in den letzten neun Jahrhunderten enorm erweitert. Es stellt sich die Frage, wie viel von dieser Ausweitung im Mittelalter stattgefunden hat.

Die folgende Tabelle vergleicht den prozentualen Anteil des Landbesitzes der verschiedenen Schichten im *Domesday Book* mit dem Landbesitz in England, wie der Statistiker Gregory King ihn 1695 schätzte. Zum Vergleich sind die Zahlen aus dem *Return of Owners of Land* von 1873 angegeben. Die drei Datensätze zeigen, dass sich der Landbesitz vor 1695 erheblich veränderte – deutlich stärker als in den zwei Jahrhunderten danach.

Die Zahlen von Gregory King sind zwar nur Näherungswerte, lassen aber doch keinen Zweifel daran, dass zwischen 1086 und 1695 eine massive Umverteilung von Land stattfand. Der Besitz der königlichen Familie schrumpfte vor allem durch königliche Schenkungen an Adelige und Ritter um zwei Drittel, bevor Edward I. 1279 versuchte, diesen Verlusten Einhalt zu gebieten. Die Kirche verlor – vor allem während der Herrschaft Henrys VIII. – 90 Prozent ihrer Ländereien. Zusammen gaben Krone und Kirche den Besitz von mehr als einem Drittel des Landes auf.

Landbesitz der einzelnen Gesellschaftsschichten in Prozent[13]

	1086	1695	1873
Die Krone	>17 %[14]	6 %	1 %
Die Kirche	26 %	2 %	3 %
Führende Barone (1086)/Lords und Baronets (1695)	25 %	16 %	17 %
Rangniedere Kronvasallen (1086)/ Gentry (1695)	29 %	31 %	37 %
Freisassen	<3 %	45 %	38 %

Die offensichtlichen Nutznießer waren die Freisassen. Während sich das Land 1086 in den Händen von etwa 3000 Familien und Institutionen befand, war es 1695 unter 204 000 Familien und 4000 Institutionen aufgeteilt. Mit anderen Worten: Die Umverteilung von mehr als einem Drittel Englands hatte dazu geführt, dass nicht mehr nur 2 Prozent der Bevölkerung, sondern mehr als 15 Prozent der Bevölkerung Land besaßen. Natürlich hatten einige Familien viel mehr als andere: Die 140 000 kleineren Grundbesitzer in Gregory Kings Liste nannten im Durchschnitt nicht einmal 20 Hektar ihr Eigen. Dennoch ist klar, dass die viktorianische Struktur des Landbesitzes in England vor allem das Ergebnis von Veränderungen war, die zwischen 1086 und 1695 – und meist schon vor 1600 – stattgefunden hatten.[15]

Was ist mit dem Rest der Gesellschaft? Offensichtlich besaßen 84 Prozent der Bevölkerung im Jahr 1695 immer noch kein einziges Stück Land. Einige von ihnen konnten das Nutzungsrecht eines Bauernhofs im Rahmen eines Erbpachtvertrags mit einem Grundbesitzer erwerben, der ihnen kurzfristige Rechte verlieh. Andere konnten einen Hof pachten. Laut King gehörten im späten 17. Jahrhundert 150 000 Familien zu einer dieser beiden Arten von Pächtern – das waren weitere 11 Prozent der Bevölkerung.

Diese Bauern könnte man aufgrund ihrer wirtschaftlichen Unabhängigkeit eventuell mit den freien Bauern gleichsetzen. Trotz eines erheblichen Statusunterschieds zwischen Landbesitzern und Pächtern bezogen beide Gruppen ein Einkommen aus dem von ihnen selbst bewirtschafteten Land, was sie von der Arbeiterschicht abgrenzte. Wenn man beide Gruppen zusammenfasst, teilte sich 1695 etwa ein Viertel der Bevölkerung die Kontrolle über das Land. Dies bedeutet eine beträchtliche Ausweitung gegenüber den weniger als 2 Prozent des 11. Jahrhunderts.

Einkommen

War die Gesellschaft im Jahr 1600 gleicher als im Jahr 1000? Auf den ersten Blick wirkt es so, denn es gab keine Sklaverei mehr, die Leibeigenschaft war fast ausgerottet und viel mehr Menschen besaßen und kontrollierten Land. Doch wie »gleich« die Menschen wirklich waren, darüber lässt sich streiten. Es geht ja nicht nur um die materiellen Dinge. War es besser, ein freier, aber hungernder Bettler im 16. Jahrhundert zu sein, der halbnackt aus der Stadt geprügelt und wegen Landstreicherei am Ohr gebrandmarkt wurde, als ein Sklave im 11. Jahrhundert, für dessen Nahrung, Unterkunft und Kleidung sein Besitzer sorgte? Wie wir gesehen haben, verkauften freie Männer ihre Kinder im 11. Jahrhundert manchmal in die Sklaverei, um ihnen ein besseres Leben zu ermöglichen – in der Hoffnung, dass sowohl das Kind als auch seine Familie dadurch dem Hungertod entgehen konnten. Wir laufen Gefahr, der Vergangenheit moderne Werte aufzuzwingen, wenn wir der persönlichen Freiheit einen höheren Stellenwert einräumen als dem Bedürfnis nach Nahrung, wie prinzipienfest diese Prioritätensetzung auch erscheinen mag. Angesichts dieses Problems wird der eifrige Historiker zu ein paar Statistiken greifen, um zu sehen, ob sich auch die Einkommen im Laufe des Mittelalters ein bisschen angenähert haben. Aber welche Zahlen sollen wir wählen? Theoretisch könnten wir einfach das Durchschnittseinkommen der Ärmsten der Gesellschaft nehmen und es mit dem der Reichsten vergleichen. Aber das wäre nicht befriedigend. Zum einen gibt es solche Zahlen für das 11. und 12. Jahrhundert nicht. Viele Menschen hatten gar kein Einkommen im eigentlichen Sinne. Geld spielte nicht überall eine Rolle. Wenn man in einer abgelegenen Gegend des Landes, in der es keinen Markt gab, seine eigenen Feldfrüchte anbaute, konnte man mit Silbermünzen womöglich überhaupt nichts anfangen. Das macht es sehr schwierig, Einkommen zu vergleichen.

Damit kommen wir zu einem weiteren Problem, das von Historikern im Zusammenhang mit der Einkommensungleichheit oft unter den Teppich gekehrt wird. Was ist wichtiger: die Anzahl der Menschen, die benachteiligt sind, oder das Ausmaß ihrer Benachteiligung?

Wenn wir herausfinden wollen, ob die Gesellschaft im Jahr 1600 gleicher war als im Jahr 1000, können wir die Ungleichheit nicht nur durch einen einfachen Vergleich der Einkommen bemessen. Zu diesem Zweck lohnt es sich, mit einem grundlegenden Modell der Unterschiede zu beginnen. Überlegen Sie, welche der beiden folgenden Gesellschaften die »gleichere« ist: Gesellschaft A, in der 1 Prozent der Bevölkerung 100 Pfund pro Jahr erhält und die übrigen 99 Prozent 1 Pfund verdienen, oder Gesellschaft B, in der das reichste Prozent 100 Pfund pro Jahr erhält, das nächstreichere Prozent 99 Pfund, das nächstreichere 98 Pfund und so weiter, bis hin zu den Menschen im ärmsten Prozent, die 1 Pfund pro Jahr verdienen.

Die meisten Menschen würden wohl argumentieren, dass die zweite Gesellschaft, Gesellschaft B, die gleichere ist, weil die Aufteilung nicht ganz so ungerecht erscheint wie die der Gesellschaft A. In Gesellschaft A sind im Vergleich zum reichsten 1 Prozent alle arm. Dagegen ist die Wahrscheinlichkeit groß, dass es jemandem in Gesellschaft B schlechter geht als einem selbst. In Gesellschaft A haben 99 Prozent der Bevölkerung ein gleich hohes, aber bescheidenes Einkommen. Sie alle verdienen etwa die Hälfte des Durchschnitts. Abgesehen vom obersten 1 Prozent ist niemand schlechter dran als seine Nachbarn. Obwohl die Einkommensaufteilung dieser Gesellschaft also sowohl ungerecht als auch ungleich erscheint, gibt es dort keine Hierarchisierung durch das Einkommen und keine Unterschicht. Es gibt keine offensichtlichen finanziellen Barrieren, die Menschen daran hindern, sich zu vermischen – weder bei der Arbeit noch gesellschaftlich oder in einer Ehe. In Gesellschaft B haben die ärmsten 10 Prozent der Bevölkerung ein Durchschnittseinkommen von etwa einem *Zehntel* des Gesamtdurchschnitts. Obwohl sie vergleichsweise wohlhabender ist – mehr als fünfundzwanzigmal so reich wie Gesellschaft A –, verdienen viele Menschen weit weniger als die Hälfte des Durchschnittseinkommens. Die Ärmsten kommen wahrscheinlich kaum über die Runden und können die Reicheren nicht einmal als Gäste bewirten. Die reichsten Gruppen werden wahrscheinlich nicht mit den Ärmsten verkehren wollen oder ihren Söhnen und Töchtern erlauben, die Nachkommen dieser unglücklichen Menschen zu heiraten. Die größeren Einkommensunterschiede führen also zur Entstehung einer Unterschicht. Obwohl der Gini-Koeffizient von Gesellschaft B mit 0,33 deutlich näher an der Gleichheit liegt als der von Gesellschaft A mit 0,49, sind in der statistisch gleicheren Gesellschaft B mehr Menschen stark benachteiligt. Kurz gesagt, je stärker eine Gesellschaft geschichtet ist, desto wahrscheinlicher ist es, dass die ärmsten Mitglieder darunter leiden.

Deshalb war die Einkommensungleichheit im Mittelalter viel wichtiger als die Vermögensungleichheit. Kein Land zu besitzen brachte die Menschen noch nicht um. Nicht genug zu essen zu haben, schon. Wenn die Preise stiegen, hungerten die Ärmsten. Frauen konnten keine Milch produzieren, um ihre Säuglinge und Kleinkinder zu ernähren (die viel länger gestillt wurden als heute). Der Nahrungsmangel hemmte das Wachstum der Kinder, sodass sie klein blieben und womöglich Behinderungen davontrugen. Hungrige Menschen waren schwach und starben eher an Krankheiten oder Verletzungen.

Wie bereits erwähnt, ist ein Top-Down-Ansatz bei der Betrachtung der Wohlstandsungleichheit falsch, weil er sich auf diejenigen konzentriert, die *nicht* darunter litten. Folglich sollten wir diese Ungleichheit aus dem Blickwinkel der *Armen* betrachten. Wie die Schönheit im Auge des Betrachters liegt, liegt die Ungleichheit im Hunger des Bettlers.

Dies stellt uns vor eine große Herausforderung. Traditionell haben Historiker auf Lohn- und Preisindizes zurückgegriffen, um festzustellen, ob die Fähigkeit der Arbeiter, einen bestimmten Warenkorb zu kaufen, im Laufe der Zeit zu- oder abgenommen hat. Ein solcher Datensatz ist der Phelps-Brown-Hopkins-Index, der die Schwankungen der Reallöhne von Bauarbeitern von den 1260er- bis in die 1950er-Jahre misst.[16] Er zeigt, dass die Reallöhne im späten 13. Jahrhundert zurückgingen, nach dem Schwarzen Tod dann deutlich anstiegen und im 15. Jahrhundert weiter wuchsen, bevor sie in den 1590er-Jahren auf den tiefsten Stand aller Zeiten fielen. Allerdings handelt es sich bei diesen Zahlen nur um *Durchschnittswerte*; sie sagen nichts über die Ungleichheit aus. Sie verraten uns, dass sich die Familie eines gewöhnlichen Bauhandwerkers im 15. Jahrhundert besser ernährte als die seiner Urgroßeltern im 14. Jahrhundert oder seiner Urenkel im 16. Jahrhundert. Aber die Einkommen der ärmsten Mitglieder der Gesellschaft lagen weit unter diesen Durchschnittswerten.

Der Schlüssel zum Verständnis der Einkommensungleichheit, wie sie die ärmsten Menschen im mittelalterlichen England erlebten, ist wieder einmal das Land. Diesmal ist jedoch nicht der *Besitz* von Land der entscheidende Faktor, sondern dessen Nutzung. Wenn man kein Land bewirtschaftete, musste man alle Lebensmittel kaufen. Um das zu tun, brauchte man ein Einkommen, also Arbeit. Wer aber jemanden beschäftigen wollte, musste über einen Überschuss an Geld verfügen. Doch in Zeiten der Knappheit, wenn die Preise stiegen, versiegten diese Überschüsse, und damit brach auch der Arbeitsmarkt ein. Deshalb war es unerlässlich, ausreichend Land nutzen zu dürfen, um genug Lebensmittel für sich und seine Familie anzubauen. Als Faustregel gilt: Wenn ein mittelalterlicher Bauer 12 Hektar Land hatte, konnte er genug Getreide anbauen, um seine Familie durch das schlimmste Wetter zu bringen, das England ihm bescheren konnte. Wenn er zwischen

6 und 12 Hektar hatte, war seine Familie in einer eher prekären Lage, und wenn er noch weniger hatte, drohte ihm und seiner Familie ständig der Tod durch Verhungern.

Die Bevölkerungsgröße war ein entscheidender Faktor. Sie wuchs von etwa 1,71 Millionen im Jahr 1086 auf 3,1 Millionen im Jahr 1190 und 4,43 Millionen im Jahr 1279.[17] Je mehr Menschen es gab, desto weniger Land stand pro Kopf zur Verfügung, vor allem nachdem um 1220 fast alle noch nutzbaren Moore und Brachflächen für die Landwirtschaft gerodet worden waren. Der Anteil der unfreien Bauern, die 12 Hektar oder mehr bewirtschafteten, sank von 40 Prozent im Jahr 1086 auf weniger als 26 Prozent im Jahr 1279 (als die nächste große Bestandsaufnahme gemacht wurde).[18] Der Anteil derjenigen, die nur knapp genug zum Überleben hatten und über 6 bis 12 Hektar Land verfügten, sank in diesem Zeitraum von 40 Prozent auf 36 Prozent. Und der ärmste Teil der Gesellschaft, der nie genug hatte, um sich selbst zu versorgen, wuchs von 20 Prozent auf mindestens 38 Prozent. Obwohl das Land 1279 aufgrund der Auswirkungen der Mittelalterlichen Warmzeit ertragreicher war als 1086, sank der Anteil der Bauern, die ihre Familien ernähren konnten.

Wie die Zahlen zeigen, standen 1279 fast drei Viertel der Bevölkerung am Rande des Abgrunds. Hungersnöte waren tödlich, und selbst gute Jahre lösten das grundlegende Problem der Armut nicht. Hatte ein Kleinbauer mehrere Söhne, die die Entbehrungen der Jugend überlebten, und gab es kein anderes verfügbares Land auf dem Gut, musste entweder der Hof aufgeteilt werden – mit dem Ergebnis, dass die einzelnen Teile jeweils nicht ausreichten, um eine Familie zu ernähren, –, oder der älteste Sohn erhielt den gesamten Hof, und die jüngeren Söhne blieben landlos. Sie hatten dann die Wahl, sich eine Arbeit zu suchen, ein Handwerk zu erlernen oder kriminell zu werden. Und in der Zeit von 1279 bis 1290 überlebten sie: Die Bevölkerung wuchs allein in diesen elf Jahren um mehr als 7 Prozent auf 4,75 Millionen.[19] Die Ungleichheit wurde noch extremer. Die Pachten stiegen, da immer mehr Menschen um Land konkurrierten, und vielerorts war einfach kein

Grund und Boden mehr verfügbar. In Martham in Norfolk verfügten 60 Prozent der Bauern nur noch über jeweils knapp einen Hektar.[20]

Um 1290 ging die Mittelalterliche Warmzeit ihrem Ende entgegen. Im frühen 14. Jahrhundert ließen Überschwemmungen in mehreren aufeinanderfolgenden Jahren die Ernten verrotten. Die Temperaturen sanken dramatisch, pandemische Viehseuchen brachen aus. Kriminelle Banden durchstreiften das Land. Der Zusammenbruch von Recht und Ordnung in den 1290er- und frühen 1300er-Jahren – der in England seine Spuren in der Form Hunderter kleiner Wasserschlösser hinterlassen hat, die den Besitz der Reichen verteidigen sollten – war eine Folge chronischer sozialer Ungleichheit.

Keine Statistik kann der Notlage der landlosen Armen an der Wende zum 14. Jahrhundert gerecht werden. Zwischen 1290 und 1325 schrumpfte die Bevölkerung auf 4,12 Millionen – ein Rückgang um mehr als 13 Prozent innerhalb einer Generation. Und diese 600 000 Toten repräsentieren bei Weitem nicht das ganze Ausmaß des Leids. Viele Überlebende litten unter extremem Hunger, Kümmerwuchs, ernährungsbedingten Krankheiten und Schmerzen. Viele weitere wurden Opfer von Verbrechen.

Während für die Armen das Leben immer schwieriger wurde, stiegen die Einkommen der oberen Schichten. Das der Bischöfe von Worcester wuchs auf mehr als das Dreifache an, von 345 Pfund im Jahr 1212 auf 1307 Pfund im Jahr 1313.[21] Der Jahresgewinn der Bischöfe von Ely stieg zwischen 1170 und 1299 um das Zweieinhalbfache, von 920 Pfund auf 2550 Pfund. Die Einnahmen des Priorats der Kathedrale von Canterbury erhöhten sich von 1406 Pfund im Jahr 1200 auf 2540 Pfund im Jahr 1331. Einige dieser Zuwächse waren auf Zuwendungen und Schenkungen zurückzuführen. Andere aber waren das Ergebnis höherer Pachtzinsen, die man den immer verzweifelteren Menschen abpresste. Wie in der Industriellen Revolution ein halbes Jahrtausend später stiegen die Gewinne der Arbeitgeber und Grundherren, wenn die Einkommen der Arbeiter sanken.[22]

Der Schwarze Tod änderte dieses Muster. Zwischen 1348 und 1351 forderte die Pest allein in England etwa zwei Millionen Menschenleben. Früher hieß es, ein Drittel der Christenheit sei in diesen Jahren gestorben. Heute wissen wir, dass diese Schätzung zu niedrig lag. Die tatsächliche Zahl für England liegt eher bei über 45 Prozent, einige Wissenschaftler gehen sogar von über 60 Prozent aus.[23] Die Seuche war das katastrophalste Ereignis der letzten tausend Jahre in Europa.[24] Für die Überlebenden jedoch hatte es auch eine gute Seite. Land und Kapital in nie zuvor da gewesenem Ausmaß wurden freigesetzt. Weil es viel weniger landwirtschaftliche Arbeitskräfte gab, bekamen die Bauern eine vollkommen neue Verhandlungsmacht. Wie wir gesehen haben, war das Ergebnis der rasche Niedergang der Leibeigenschaft. Männer und Frauen, die zuvor an das Land gebunden gewesen waren, verließen es auf der Suche nach einem besseren Leben. Herren, die einst eine große unfreie Arbeiterschaft kontrolliert hatten, wurden nun zu potenziellen Arbeitgebern, die gute Löhne bieten mussten. Sie waren gezwungen, die Pachten zu senken. Viele verkauften und parzellierten ihre Güter und machten Kleinbauernhöfe daraus oder verpachteten ihre Ländereien an risikofreudige Kaufleute und Aufsteiger aus der Bauernschaft. Alle Rechnungsbücher der wohlhabenden Abteien zeigen einen Rückgang der Einkünfte aus ihren Gütern im Zeitraum zwischen 1350 und 1450.[25] Insgesamt verdoppelten sich die Reallöhne der Bauern, während die Einkommen der Adligen um 10 bis 20 Prozent sanken. Angesichts der Diskrepanz zwischen dem Einkommen eines Adligen von 400 Pfund und mehr pro Jahr und dem eines hart arbeitenden Bauern mit 12 Hektar, dessen Bewirtschaftung vielleicht 4 Pfund einbrachte, oder eines Facharbeiters, der 5 Pfund verdiente, ist dies kaum eine Revolution zu nennen. Allerdings führte es zu einer geringeren Einkommensungleichheit verglichen mit dem 13. Jahrhundert.

Dieser Zustand währte bis zur Mitte des 15. Jahrhunderts, als die Bevölkerungszahl einen Tiefstand von knapp zwei Millionen erreichte. Mit dem Wiederanstieg der Bevölkerung stiegen auch die adeligen und kirchlichen Einkommen. Die bessergestellten Bauern, die ihre Überschüsse in Grundbesitz investiert oder Bauernhöfe mit langer Pachtzeit und niedrigen Pachtzinsen übernommen hatten, konnten ihr Einkommen deutlich steigern. Wer jedoch nicht so viel Glück gehabt hatte, sah seine jüngeren Söhne wieder ohne Land dastehen. Die unteren Schichten differenzierten sich also immer stärker aus, und die Menschen ganz unten in der Gesellschaft wurden immer verletzlicher. Gleichzeitig begannen die Grundherren, die Güter in Mittelengland einzuhegen und die von allen Dorfbewohnern gemeinsam genutzten Felder und Weiden der gemeinschaftlichen Kontrolle zu entziehen und sie in privaten Besitz zu verwandeln. Die ärmeren Pächter hatten jetzt noch weniger Vorteile als zuvor. Sie konnten die Ochsen der Gemeinschaft nicht mehr zum Pflügen nutzen und durften ihre Tiere nicht mehr auf der Allmende weiden lassen. Oft blieb ihnen nichts anderes übrig, als ihre 2 oder 3 Hektar aufzugeben und in eine Stadt zu ziehen, um Arbeit zu suchen. Dies führte zu einer weiteren Ungleichheit, insbesondere als die Preise zu steigen begannen. Im Zeitraum von 1450 bis 1600 stiegen die Fleischpreise um das Vierfache und die Getreidepreise um das Fünffache. Die Löhne der Arbeiter verdoppelten sich lediglich.[26]

Um 1600 war die Bevölkerung wieder auf vier Millionen Menschen angewachsen. Die Befreiung von den feudalen Bindungen und die neuen Möglichkeiten, mehr Land zu pachten oder zu kaufen, hatten die Schichten, die einst als »die Arbeiter« bezeichnet worden waren, aufgebrochen. Einige waren so wohlhabend, dass sie jetzt den lokalen Landadel bildeten. Wer außer seiner Arbeitskraft nichts zu verkaufen hatte, sah sich gezwungen, für diese neuen wohlhabenden Familien zu arbeiten. Und je stärker die Bevölkerung wuchs, desto mehr Arbeiter gab es und desto tiefer sanken ihre Löhne. Die niedrigsten Reallöhne im Phelps-Brown-Hopkins-Index deuten mit ziemlicher Sicherheit auf Zeiten hin, in denen die ärmsten Menschen am stärksten litten. Viele Arbeiter des 16. Jahrhunderts konnten sich nicht so regelmäßig von Fleisch ernähren wie ihre Vorfahren im 15. Jahrhundert und mussten mit Unterernährung zurechtkommen oder waren sogar vom Hungertod bedroht. Die Zahl derer, die sich gezwungen sahen, in Banden durch die Lande zu ziehen – um zu stehlen oder um Arbeit zu suchen –, erreichte in den 1590er-Jahren ein kritisches Ausmaß. Alle Grafschaften beklagten sich über Landstreicher. In Stratford-upon-Avon gab es 700 Obdachlose, die in Scheunen schliefen. In London sollen es 30 000 gewesen sein. In Städten wie Norwich war ein Viertel der Bevölkerung mittellos und auf wohltätige Hilfe angewiesen, um zu überleben.

All dies macht es schwierig, zu behaupten, die Gesellschaft sei am Ende des 16. Jahrhunderts gleicher gewesen als im 11. Jahrhundert. Nur weil fast alle Menschen ihre Freiheit erhalten hatten, heißt das nicht, dass sie alle einen besseren Lebensstandard genossen. Bei vielen trifft dies zweifellos zu. Sicherlich gab es mehr Chancengleichheit als zuvor, und die soziale Mobilität derjenigen, die über ein gewisses Kapital verfügten, war größer. Wer jedoch kein Kapital besaß, war mindestens genauso verwundbar wie zuvor. Die Gesellschaft war stärker geschichtet als jemals in der Vergangenheit, und wie wir gesehen haben, leiden die ärmsten Mitglieder umso wahrscheinlicher, je differenzierter eine Gesellschaft ist. Sie waren die Hauptleidtragenden jeder Missernte und jedes Preisanstiegs. Wären Sie einer von ihnen gewesen, hätten Sie nicht das Gefühl gehabt, dass die Einkommen sich anglichen – eher im Gegenteil. Wenn die Preise stiegen, hätten Sie die schlimmen Folgen mit eigenen Augen gesehen und sie am eigenen Leib gespürt. Und es wäre für Sie ein schwacher Trost gewesen, dass einige Ihrer Nachbarn 80 oder 90 Hektar erwerben und Arbeitgeber werden konnten.

Ausgehend von der Feststellung, dass »die Ungleichheit im Hunger des Bettlers liegt«, gab es jedoch einen wichtigen Bereich, in dem sich das England des späten 16. Jahrhunderts enorm von seinem Pendant vor dem Schwarzen Tod unterschied. Im 16. Jahrhundert wurden in einigen Städten Hilfssysteme eingeführt, um die Hungernden zu unterstützen. Im Jahr 1597 wurde nach der Lebensmittelknappheit der vorangegangenen drei Jahre das *Old*

Poor Law eingeführt. Wie im sechsten Kapitel ausführlicher dargestellt wird, sah dieses Gesetz vor, dass die Bürger lokal besteuert wurden, um die Armen ihrer Gemeinde zu ernähren. In Verbindung mit einem ausgereiften Marktsystem, das in Zeiten der Knappheit Lebensmittel in Umlauf brachte, rettete es Tausende Menschenleben. Man könnte sagen, dass die englische Gesellschaft, indem sie die Wohltätigkeit bei den Wohlhabenden einforderte, die Mittel fand, um das schlimmste Leid zu lindern, das durch ihre stärkere Differenzierung entstanden war. Doch Wohltätigkeit mindert die Ungleichheit nicht. Sie ist ein Schmerzmittel, das den Menschen hilft, mit der Situation fertigzuwerden, kein Heilmittel.

Politische Macht

Die Vielfalt der Bildungs- und Berufsmöglichkeiten, die dem sich entwickelnden Bürgertum in der Gesellschaft des 16. Jahrhunderts offenstand, überstieg die des feudalen 11. Jahrhunderts bei Weitem. Ähnlich verhielt es sich mit der politischen Macht. In dem Maße, wie sich der Wohlstandshorizont auf immer mehr Familien erweiterte, dehnte sich auch der politische Horizont aus.

Im 11. Jahrhundert war der Wille des Königs Gesetz. König Ethelred II. verbannte adlige Herren, denen er nicht traute, oder konfiszierte ihre Ländereien. Am St Brice's Day des Jahres 1002 befahl er ein kaltblütiges Massaker an allen Dänen in England. Knut ließ in der Weihnachtszeit des Jahres 1017 vier wichtige Lords ohne Gerichtsverfahren hinrichten. Wer es wagte, sich Wilhelm dem Eroberer zu widersetzen, lebte normalerweise nicht lange genug, um es zu bereuen. Im Zaum gehalten wurde die königliche Macht nur von einigen wenigen Herren und Bischöfen, die den König berieten. Der war zwar nicht gezwungen, ihren Rat anzunehmen, doch weise Könige nahmen ihn zumindest ernst. Von dieser Handvoll einflussreicher Männer ausgehend begann sich der politische Horizont auszudehnen und immer mehr Individuen einzubeziehen. Die Zustimmung König Johns zur *Magna*

Carta im Jahr 1215 und die anschließende Bestätigung ihrer Bestimmungen durch spätere Könige machten die Monarchie gegenüber den mächtigsten Männern des Reiches rechenschaftspflichtig. Die Entwicklung des Parlaments im späten 13. Jahrhundert verstärkte diese Pflicht. Gelegentlich (ab 1265) und später regelmäßig (ab 1295) berieten 74 gewählte Abgeordnete der Grafschaften und die Vertreter von etwa 160 Städten zusammen mit den Lords und dem höheren Klerus den König und formulierten oder überarbeiteten die Gesetze. Die Rolle der einzelnen Abgeordneten mag klein gewesen sein, doch die politische Macht lag nicht mehr allein in den Händen des Monarchen.

Im 14. Jahrhundert wurde das Parlament noch mächtiger. 1327 kamen die englischen Abgeordneten überein, Edward II. abzusetzen, und zwangen ihn, zugunsten seines Sohnes abzudanken. 72 Jahre später setzte das Parlament dann Richard II. ab und ernannte seinen Nachfolger. Der Unterschied zwischen den beiden Ereignissen ist signifikant. Im Jahr 1327 wusste niemand genau, ob das Parlament das Recht hatte, einen König abzusetzen. Im Jahr 1399 gab es keinen Zweifel mehr: Das Parlament entschied darüber, ob Richards Herrschaft endgültig der Vergangenheit angehörte, nicht der König selbst mit seiner Abdankung. Die Entwicklung eines Wahlgremiums, das sich aus Bürgern und Freibauern zusammensetzte, die über ein Einkommen von nur zwei Pfund pro Jahr aus eigenem Grundbesitz verfügen mussten, trug also erheblich zur Ausweitung der politischen Macht bei, auch wenn sie sich weiterhin nur auf eine Minderheit der Bevölkerung erstreckte. Während früher der Wille des Königs Gesetz war, konnte nun ihr Wille einen König vom Thron stoßen.

Weibliche Unabhängigkeit

Spätestens seit dem 12. Jahrhundert bildete ein Ehepaar im englischen Recht eine einzige juristische Person, ein Fleisch und Blut, das rechtlich nur durch den Ehemann vertreten wurde. Eine Frau hatte ihrem Mann in allen Dingen zu gehorchen, und er durfte sie schlagen, um dies sicherzustellen. Frauen durften keine Ämter bekleiden (mit ganz wenigen Ausnahmen). Töchter erbten nur dann Land und Titel, wenn kein männlicher Erbe vorhanden war. Wenn ein männlicher Pächter starb, durfte seine Witwe in der Regel weiterhin seinen Hof bewirtschaften, solange sie nicht wieder heiratete; für einen Mann gab es kein solches Wiederverheiratungsverbot, wenn seine Frau starb. Und so ließen sich noch viele Ungleichheiten aufzählen. Es wäre jedoch falsch zu behaupten, dass alle Männer gegenüber allen Frauen privilegiert waren. Die Ungleichheiten zwischen den Geschlechtern wurden von denen des Status überlagert. Wenn ein Hausherr abwesend war, hatte seine Frau das Sagen, und kein Diener im Haus durfte sich ihren Befehlen widersetzen. In ähnlicher Weise konnten viele adlige Ehefrauen den Vogt beeinflussen, der im Namen ihres Mannes das Gutsgericht leitete, auch wenn sie selbst keine Gutsherrinnen waren.

Nach diesem Muster des stillschweigenden Einflusses konnten wohlhabende Frauen ein gewisses Maß an inoffizieller Macht ausüben. Isabella de Fortibus, 1260 im Alter von dreiundzwanzig Jahren verwitwet und zwei Jahre später aus eigenem Recht Gräfin von Devon, konnte sich zweimal dem Befehl des Königs widersetzen, einen Mann seiner Wahl zu heiraten. Solche Renitenz äußerte sich manchmal sogar ganz handfest militärisch: Die Respekt einflößende Agnes, Gräfin von Dunbar, verteidigte 1338 die Burg Dunbar sechs Monate lang erfolgreich gegen ein großes englisches Heer unter der Führung des Grafen von Salisbury. Und die inoffizielle Macht wirkte auch in der Politik. Frauen durften zwar weder wählen noch im Parlament sitzen, doch mächtige Damen, die im 15. und 16. Jahrhundert Gemeinden kontrollierten, die Männer ins Parlament schickten, konnten ihre Interessen absichern, indem sie dafür sorgten, dass ihre Freunde oder ihre Getreuen von ihren Pächtern gewählt wurden. In einer Zeit, in der sich adelige Frauen den Anweisungen des Königs widersetzen und viele Frauen von weniger hoher Geburt ihre Männer durch schiere Charakterstärke kontrollieren konnten – wie uns Chaucers Frau aus Bath in den *Canterbury Tales* vor Augen führt –, wäre es irreführend, die Ungleichheit der Geschlechter in rein legalistischen Begriffen zu beschreiben, weil man die menschliche Komponente damit völlig außer Acht lassen würde.

Können wir in Anbetracht all dieser Aspekte eine Veränderung der Rechte und der Macht der Frauen im Laufe des Mittelalters feststellen? Können wir eine Verschiebung des Horizonts der weiblichen Unabhängigkeit erkennen – und wenn ja, in welche Richtung bewegte er sich?

Obwohl sich in der angelsächsischen Gesellschaft viele Beispiele für das Auftreten von Frauen in herausgehobenen Positionen finden lassen, kann man wohl kaum behaupten, es habe vor 1066 weniger sexuelle Diskriminierung gegeben. Bei auffälligen Beispielen für weibliche Führungspersönlichkeiten wie Aethelflaed von Mercia kann man auf ihre königliche oder adlige Geburt, ihren Reichtum, den Status ihres Mannes oder – wie im Fall von Aethelflaed – auf all diese Faktoren verweisen. Solche Frauen waren die Ausnahme. Das Gleiche gilt für den weiblichen Grundbesitz. Im Jahr 1066 gab es etwa 350 Gutsherrinnen, wobei allerdings etwa die Hälfte des Grundbesitzes in weiblicher Hand nur drei Frauen gehörte, und das waren Gytha, die Witwe von Godwin, Graf von Wessex, Königin Edith, ihre Tochter, und Edith, die Mätresse ihres Sohnes König Harold II.[27] Dies sagt mehr über die Familie des Grafen Godwin aus als über die Stellung der Frauen im Allgemeinen. Eine Betrachtung der Freiheit und des Besitzes der Frauen im 11. Jahrhundert muss daher den Status der betreffenden Frauen berücksichtigen.

Viele Ungleichheiten, mit denen Frauen konfrontiert waren, ließen sich auf die Ehe zurückführen. Dabei übersieht man leicht, dass sich die Stellung der Frauen in diesem Bereich deutlich zum Besseren veränderte. Im frühen 11. Jahrhundert war die aristokratische Ehe nur ein zivilrechtlicher Vertrag, den ein mächtiger Ehemann nach Belieben aufheben konnte. Laut der *Angelsächsischen Chronik* verließ Edward der Bekenner 1051 »die Dame, die als seine Königin gesegnet worden war, und ließ ihr alles nehmen, was sie an Land, Gold und Silber und allem besaß, und übergab sie seiner Schwester in Wherwell [Priory]«.[28] Obwohl sie später die Gunst des Königs zurückgewann, ist dies ein Beispiel dafür, wie ein Mann seine adlige Frau behandeln konnte. Selbst Männer, die offiziell verheiratet waren, konnten sich Konkubinen halten, deren Kinder als legitime Nachkommen behandelt wurden. König Harold nahm Edith Swanneck zu seiner Geliebten und hatte fünf Kinder mit ihr. Kurz vor seinem Tod in der Schlacht von Hastings heiratete er eine andere Frau, obwohl Edith noch lebte. Auch Knut hatte eine Konkubine. Wilhelm der Eroberer war das Kind einer Affäre seines Vaters mit Herleva, bevor sie Herluin de Conteville, einen kleinen normannischen Fürsten, heiratete.

Eine solche allgemein akzeptierte Verbindung barg große Gefahren für die betroffene Frau. Niemand garantierte ihr die Gunst ihres »Ehemannes« oder das väterliche Geburtsrecht ihrer Kinder, wenn er sich eine andere Frau als Ehefrau oder Konkubine nahm. So zogen die Frauen im 11. und 12. Jahrhundert einen gewaltigen Vorteil daraus, dass die Kirche die Heiligkeit der Ehe in der gesamten Christenheit durchsetzte. Nach den Reformen Gregors VII. wurde die Ehe mehr und mehr zu einem heiligen Bund, den niemand, nicht einmal ein König, aufheben konnte. Aufgebot und Ehevertrag wurden eingeführt. Uneheliche Kinder schloss man von der Erbfolge aus: Im frühen 12. Jahrhundert kam es nicht mehr infrage, dass einer der unehelichen Söhne Henrys I. König wurde. Eine Ehefrau hatte man von nun an auf Lebenszeit. Sie zu verstoßen war quasi unmöglich (mit einigen wenigen Ausnahmen, bei denen es meist um Blutsverwandtschaft und Nichtvollzug der Ehe ging), und das Erbe aller legitimen Kinder war gesetzlich abgesichert. Wenn wir das Gesamtbild betrachten, markiert dies den Beginn eines langen Prozesses: Ab dem späten 11. Jahrhundert durfte der Ehemann die Ehe nicht mehr einseitig nach Belieben auflösen, sondern nur noch die Kirche durfte dies tun. In späteren Jahrhunderten übernahm das Parlament diese Rolle, und schließlich, im 19. Jahrhundert, konnten auch Frauen eine Scheidung beantragen. Papst Gregor VII. gilt vielleicht nicht unbedingt als ein Verfechter der Frauenrechte, doch indirekt trug er durchaus zu ihrer Stärkung bei.

Weitere leichte Ausweitungen der weiblichen Unabhängigkeit lassen sich bezüglich der Rechte von Witwen feststellen. Ursprünglich konnte eine reiche Witwe gegen ihren Willen zur Heirat gezwungen werden. Henry I. erklärte, dass er dies nicht dulden werde, doch seine Nachfolger waren anderer Meinung. Sowohl Richard I. als auch John gestatteten Männern, Witwen ohne deren Zustimmung zu heiraten. Mit der *Magna Carta* wurde dieser Praxis jedoch ein Riegel vorgeschoben:

> Nach dem Tod ihres Mannes soll eine Witwe sofort und ohne Schwierigkeiten über ihr Heiratsgut und ihr Erbe verfügen können. Sie soll nichts für ihre Mitgift, ihr Eingebrachtes oder das Erbe zahlen, das sie und ihr Mann am Tag seines Todes gemeinsam besaßen. Sie darf vierzig Tage nach dem Tod ihres Mannes in dessen Haus bleiben, und innerhalb dieser Frist muss ihre Mitgift bestimmt und aufgenommen werden.
>
> Keine Witwe soll gezwungen werden, zu heiraten, solange sie ohne Mann bleiben will. Sie muss jedoch versichern, dass sie nicht ohne königliche Zustimmung heiraten wird, wenn sie ihre Ländereien von der Krone zu Lehen hat, noch ohne die Zustimmung eines anderen Herrn, dem sie lehenspflichtig ist.

Ungeachtet der Bereitschaft späterer Könige, sich gelegentlich über diese Klauseln hinwegzusetzen, wurden sie gegen Ende des 13. Jahrhunderts als Gesetz anerkannt.

Die offizielle Anerkennung der Ehe bedeutete auch die Anerkennung des Witwenstandes, der für weibliche Adelige weitere Vorteile mit sich brachte. Einer verheirateten Frau konnte der König kein offizielles Amt übertragen, da sie ihrem Ehemann in allen Belangen zu gehorchen hatte. Von einer Witwe hingegen konnte man erwarten, dass sie der Krone gegenüber loyal war. Im frühen 13. Jahrhundert wurden mindestens zwei weibliche Sheriffs ernannt: Nicola de la Haye, erbliche Burgherrin auf Lincoln Castle, wurde von König John zum Sheriff von Lincolnshire ernannt, und Ela de Longespée wurde unter Henry III. Sheriff von Wiltshire. Dies waren wichtige Ämter mit bedeutenden Befugnissen; sie hatten nicht nur symbolischen Charakter.

Negativ an der offiziellen Anerkennung der Ehe war, dass die Kirche damit die eheliche Vorrangstellung des Mannes bestätigte. Die geschlechtliche Diskriminierung ist in der *Magna Carta* offenkundig, wenn es etwa heißt: »Niemand darf auf die Anzeige einer Frau hin wegen des Todes einer Person außer ihrem Ehemann verhaftet oder ins Gefängnis geworfen werden.« Die Aussage einer Frau war also als Beweismittel in einem Mordprozess praktisch wertlos. Und dies war nur ein Teil eines ganzen Spektrums von Vorurteilen gegen Frauen. Frauen durften keine Gymnasien oder Universitäten besuchen. Sie konnten nicht Priesterin oder Lehrerin werden. Nach Ela de Longespée gab es keine weiblichen Sheriffs mehr. Eine verheiratete Frau brauchte in allen Lebensbereichen die Erlaubnis ihres Mannes – von der Testamentseröffnung bis hin zu einer Einladung in die eheliche Wohnung.

Besonders interessant wurde es, wenn Königswürde und Sexismus aufeinanderprallten. Henry I. selbst sah keinen Grund, warum seine Tochter Mathilde nach seinem Tod nicht als Königin regieren sollte, doch damit war er in der Minderheit. Als er 1135 starb, entschieden seine Adligen, dass ihr Geschlecht sie von der Thronfolge ausschloss, obwohl sie zu Lebzeiten ihres Vaters bei mindestens drei Gelegenheiten gemeinsam geschworen hatten, ihr Anrecht auf den Thron zu unterstützen. Auch Edward I. sah im Geschlecht seiner Töchter keinen Hinderungsgrund, sie zu Königinnen zu machen, und setzte 1290 eine entsprechende Thronfolgevereinbarung auf. Wir wissen nicht, ob sein Wunsch respektiert worden wäre – da er auch Söhne hinterließ, stellte sich die Frage schließlich nicht. Edward III. war in diesem Punkt sexistischer als seine Vorfahren und ignorierte seine Töchter und Enkelinnen, als er 1376 eine Thronfolgeregelung aufstellte, und auch Henry IV. versuchte, die Thronfolge durch einen Parlamentsbeschluss von

1406 auf die männlichen Nachkommen seiner Söhne zu beschränken. Allerdings widersetzte sich sein ältester Sohn, Prinz Henry, dieser Idee, und der König sah sich gezwungen, ein zweites Gesetz zu verabschieden, wonach die Tochter von Prinz Henry und nicht dessen nächstjüngerer Bruder Thomas den Thron aus eigenem Recht erben konnte.

Irgendwann jedoch zerbrach diese gläserne Decke, wie die Tatsache beweist, dass im 16. Jahrhundert zwei Frauen den Thron bestiegen. Man könnte das Jahr 1406 also als einen Wendepunkt betrachten, und mit der Thronbesteigung Marias I. im Jahr 1553 war die Revolution dann abgeschlossen.

Was hatte sich geändert? Einer der wichtigsten Faktoren, der die Möglichkeit einer weiblichen Thronfolge beeinflusste, war die unglückselige Herrschaft König Stephens. Es fiel den Menschen nicht schwer, einen Zusammenhang zwischen seiner umstrittenen Nachfolge und der anschließenden Anarchie herzustellen. Dies führte zu dem ab 1154 geltenden Grundsatz, dass einem verstorbenen König unbedingt ein Kind oder ein Enkel auf dem Thron nachfolgen musste, selbst wenn dieser einzige lebende Nachkomme eine Frau war. Im Zusammenhang damit war auch wichtig, dass andere Königreiche die weibliche Thronfolge anerkannten. Zwei Königinnen von Neapel waren frühe Beispiele: Johanna I. im 14. und ihre Verwandte Johanna II. im frühen 15. Jahrhundert. In den Augen der Engländer noch bedeutender war Margarethe von Dänemark, die nicht nur die Königreiche Dänemark und Norwegen mit dem schwedischen Reich vereinigte, sondern 1406 auch die Heirat ihres Erben Erik mit Philippa von England, der Tochter Henrys IV., arrangierte. Und für die Tudors besonders wichtig war Isabella von Kastilien, die spanische Königin, die 1492 die *Reconquista* vollendete und Spanien durch die Heirat mit ihrem entfernten Verwandten Ferdinand von Aragon einte. Eine ihrer Töchter war Katharina von Aragon, die erste Frau Henrys VIII. In Anbetracht der Tatsache, dass diese ausländischen Königinnen nicht nur erfolgreich regiert hatten, sondern auch von der englischen Königsfamilie anerkannt worden waren, konnte wohl kaum jemand bestreiten, dass auch Isabellas Enkelin das Recht haben sollte, Königin von England zu werden.

Dazu kam, dass sich das Wesen des Königtums grundlegend verändert hatte, was sich positiv auf die Möglichkeit einer weiblichen Nachfolge auswirkte. Während im 11. Jahrhundert von einem König verlangt wurde, seine Männer in die Schlacht zu führen und das Recht zu wahren, erwartete man von einem Monarchen des 16. Jahrhunderts vor allem Besonnenheit. Privatarmeen waren seit 1504 verboten, und so bestand nicht mehr die Gefahr, dass englische Könige und Königinnen an der Spitze eines großen Heeres gegen aufmüpfige Grafen antreten mussten. Zudem liefen, wie im vorangegangenen Kapitel erwähnt, Könige, die ihre Truppen persönlich in die Schlacht führten, Gefahr, vom Geschützfeuer oder einer verirrten Kugel getötet zu werden, weshalb sie die Kriegführung zunehmend in die Hände professioneller Befehlshaber legten. Ähnliche Entwicklungen gab es auch bei der anderen Hauptaufgabe des Königs, der Rechtspflege. Als König Stephen sich im 12. Jahrhundert der Einführung des römischen Rechts widersetzte und darauf bestand, dass seine Untertanen ihre englischen Sitten und Gebräuche beibehielten, übertrug er seinen Nachfolgern die Verantwortung für die Kodifizierung und Weiterentwicklung des *Common Law*. Und so bestanden die Grundlagen englischen Rechts im 15. Jahrhundert nicht mehr aus einer diffusen Sammlung von Gesetzen, sondern bildeten ein Gesetzeskorpus, das eher einer professionellen Überwachung und parlamentarischen Auslegung als einer königlichen Intervention bedurfte. Mit der Übernahme der militärischen Führung und der Jurisprudenz durch Profis in den jeweiligen Bereichen beschränkte sich die Rolle des Monarchen zunehmend auf die Politik. Und wie Margarethe von Dänemark und Isabella von Kastilien zeigten, konnte sich auch eine Frau in diesem Bereich auszeichnen.

Die Förderung des Friedens und der Ausbau der Rechtsstaatlichkeit kamen nicht nur den Frauen des Königshauses zugute. Im 11. Jahrhundert war es für eine Frau äußerst schwierig, Handel zu treiben, selbst wenn sie das Geschäft ihres verstorbenen Mannes erbte. Die notwendigen Reisen waren gefährlich und die Gesetze nicht hinreichend entwickelt, um sie und ihre Waren unterwegs zu schützen. Auslandsreisen kamen nur infrage, wenn eine große Schar Männer sie begleitete. Doch mit der Etablierung der Rechtssysteme in England und auf dem europäischen Kontinent entwickelte sich auch die Sicherheit des Handels. Im Jahr 1412 bat Margery Russell aus Coventry, die Witwe eines wohlhabenden Kaufmanns, dessen Geschäft sie übernommen hatte, den König um Hilfe bei der Wiederbeschaffung von Waren im Wert von mehr als 800 Pfund in Spanien.[29] Auch Chaucers fiktive Frau aus Bath engagierte sich als Geschäftsfrau im Tuchhandel mit dem Kontinent. Im Inland bot das Rechtssystem einen Mechanismus, mit dem Frauen ihre Rechte gegenüber Männern durchsetzen konnten. Das erlaubte es Frauen im späteren Mittelalter, deutlich unabhängiger zu handeln als im 11. Jahrhundert.

Die gesteigerte Effizienz des Rechts und der Schutz, den es Frauen – insbesondere aus gut situierten Familien – gewährte, wirkten sich positiv auf deren Unabhängigkeit aus. Der flämische Diplomat Emanuel van Meteren stellte 1575 fest:

> Obwohl die Frauen [in England] ganz in der Gewalt ihrer Männer sind, außer wenn es um ihr Leben geht, werden sie nicht so streng gehalten wie in Spanien oder anderswo. Sie werden auch nicht eingesperrt, sondern haben die freie Verwaltung des Hauses oder der Hauswirtschaft, nach der Art der Frauen in den Niederlanden und anderen Nachbarländern. Sie gehen auf den Markt, um zu kaufen, was sie am liebsten essen. Sie sind gut gekleidet, lassen es sich gerne gut gehen und überlassen die Sorge um den Haushalt und die Plackerei in der Regel ihren Bediensteten. Sie sitzen vor ihren Türen in feiner Kleidung, um die Passanten zu sehen und gesehen zu werden. Bei allen Banketten und Festen wird ihnen die größte Ehre zuteil; sie werden am oberen Ende der Tafel platziert, wo sie zuerst bedient werden … Deshalb nennt man England auch »das Paradies der verheirateten Frauen«.[30]

Der junge Schweizer Arzt Thomas Platter, der 1599 nach England kam, lieferte eine ähnlich anschauliche Beschreibung der Freiheiten, die englische Frauen gegen Ende unserer hier untersuchten Zeit genossen:

> Und die Frauen ... haben in England viel mehr Freiheit als etwa an anderen Orten, und sie wissen sie auch wohl zu gebrauchen, wenn sie in überaus prächtigen Kleidern mehrteils müßig spazieren gehen oder auf Kutschen fahren. Und die Männer müssen es sich gar wohl gefallen lassen, dürfen ihnen deswegen nichts Arges zufügen, sondern es schlagen wohl oft die Frauen ihre Männer ... Und es ist ein Sprichwort von England, dass man sagt, England sei der Frauen Paradies, der Knechte Gefängnis ... und der Pferde Hölle.[31]

Seit dem frühen Mittelalter, als die Gefahren, das Haus ohne schützende männliche Begleitung zu verlassen, für die meisten Frauen so groß waren, dass sie ein solches Vorhaben nicht einmal in Erwägung zogen, hatte sich ihr individueller Horizont deutlich erweitert.

Der vielleicht bedeutendste Fortschritt für die Frauen der Mittelschicht war jedoch die Alphabetisierung, die in hohem Maße davon abhing, dass auch Bücher in der Landesprache gedruckt wurden. Es ist unmöglich, sich das Lesen in einer Sprache beizubringen, die man nicht versteht, und Mädchen lernten nur äußerst selten Latein. Ein Buch in der eigenen Sprache dagegen bietet die Möglichkeit, das geschriebene Wort zu erkennen. Zwar waren die Schulen nur Jungen zugänglich, die Bücher aber nicht. Viele Frauen des 16. Jahrhunderts konnten sich selbst das Lesen beibringen. Damit hatten sie die Chance, sich eigenständig mit Dingen, die sie interessierten, zu beschäftigen und ihre unabhängigen Schlüsse zu ziehen. Sie waren auch in der Lage, Briefe und Bücher zu schreiben und sich so mit anderen Frauen auszutauschen. Manche konnten sich auf Augenhöhe mit männlichen Intellektuellen auseinandersetzen. Wissen war nicht länger ein männliches Privileg.

Auch im Jahr 1600 war die Gesellschaft noch grundsätzlich sexistisch geprägt. Ein Ehepaar war noch immer eine juristische Einheit, die nur durch den Ehemann vertreten wurde. In vielen Pfarrämtern wurden Kinder noch als Söhne und Töchter ihrer Väter getauft, so als ob die Mütter keinen Anteil an ihrer Geburt gehabt hätten. Die Ungleichheit zwischen den Geschlechtern im Jahr 1600 unterschied sich jedoch von der im Jahr 1000 – in Bezug auf die rechtliche Stellung der Frau, ihre Unabhängigkeit und ihre Fähigkeit, an einem breiteren Lernen und Wissen teilzuhaben. Die Frauen des neuen Bürgertums konnten ihr intellektuelles Potenzial in einer Weise ausschöpfen, die im 11. Jahrhundert noch unvorstellbar gewesen wäre. Um auf unser Bild des schlummernden Bauern aus dem Jahr 1000 zurückzukommen: Wäre er im Jahr 1600 aufgewacht und hätte eine Frau gehört, die ihm aus der Bibel vorlas, hätte er sich sicher nicht »heimisch« gefühlt. »Bin ich im Himmel?«, hätte er sich vielleicht gefragt. »Oder ist das die Hölle?«

Ethnische Vorurteile und Ungleichbehandlung

Alle bisher betrachteten Ungleichheitshorizonte haben sich während des Mittelalters deutlich verschoben. Selbst bei den Einkommen gab es Bewegung, wenn auch mit einer Rückkehr zu größerer Ungleichheit im 16. Jahrhundert. Leider bildet die ethnische Ungleichheit eine Ausnahme: Tief sitzende Vorurteile waren in England sowohl zu Beginn als auch am Ende unseres betrachteten Zeitraums zu beobachten. Dies ist vielleicht teilweise eine Folge der Geografie. Anders als Südeuropa ist das Land weit von Afrika entfernt. Anders als die osteuropäischen Staaten ist es noch weiter vom Orient entfernt. Auch der Ärmelkanal trennt die Engländer – physisch und psychologisch – vom Kontinent. Und die mangelnde Vertrautheit mit Menschen aus diesen anderen Regionen führte zu Misstrauen, Vorurteilen und tiefer Ungleichheit.

Vor der normannischen Eroberung scheint es in England keine Juden gegeben zu haben, danach siedelten sie sich in geringer Zahl in den größten Handelsstädten an, darunter London, Canterbury,

Winchester, Southampton und Lincoln. Ihre Position war schwierig. Während sie als Geldverleiher und Mediziner Zugang zu den höchsten Rängen der Gesellschaft hatten, wurden sie von den Engländern als eine eigene »Rasse« verachtet. Wegen ihrer Religion wurden sie gehasst, wegen ihres Reichtums beneidet. Der Besitz von Grund und Boden war ihnen offiziell untersagt, und sie wurden oft Opfer rassistischer Gewalt. In York suchte die gesamte jüdische Gemeinde der Stadt 1190 vor einem tobenden Mob in der königlichen Burg Zuflucht. Die meisten begingen Selbstmord, wobei die Männer ihre Frauen und Kinder töteten, bevor sie sich das Leben nahmen; die Übrigen fielen dem Mob zum Opfer oder starben in der brennenden Burg. Ein Jahrhundert später vertrieb Edward I. alle Juden aus England; nur noch jüdische Ärzte durften nach 1290 dort leben. Von Henry IV. ist bekannt, dass er einen jüdischen Arzt anstellte, und Elizabeth I. tat es ihm gleich, wobei jeder Monarch ihnen und ihren Familien eine Sondererlaubnis erteilte, damit sie im Königreich leben durften. Obwohl die Engländer mit den Juden und mit der Abscheu, die viele Christen diesen gegenüber empfanden, vertraut waren – wie die zentrale Figur des Shylock in Shakespeares *Kaufmann von Venedig* zeigt –, begegneten die meisten also nie persönlich einem Juden. Erst 1657 durften sich Juden wieder frei in England niederlassen.

Mit ethnischen Vorurteilen ist auch die feindselige Reaktion auf nomadisierende »Ägypter« oder »Gypsies« im 16. Jahrhundert zu erklären. Ihre Ankunft in Schottland ist für das Jahr 1505 bezeugt, und wahrscheinlich kamen sie um diese Zeit auch nach England. Um 1530 wurden sie von der Regierung als Problem wahrgenommen. Der *Egyptians Act* (»Ägypter-Gesetz«) aus jenem Jahr verbot weiteren »Gypsies« die Einreise ins Reich und gab denjenigen, die bereits hier waren, sechzehn Tage Zeit, das Land zu verlassen. Ein ähnliches Gesetz aus dem Jahr 1554 setzte ihre Kriminalisierung fort, und ein drittes aus dem Jahr 1563 machte es zu einem Kapitalverbrechen, einfach nur ein »Gypsy« zu sein. Zuletzt wurde 1628 ein Mann auf Grundlage dieses Gesetzes gehängt; es blieb bis 1783 in Kraft.

Schwarze hatte es zwar schon in römischer Zeit in Britannien gegeben, doch ihre Nachkommen waren schon lange vor dem 11. Jahrhundert in der Bevölkerung aufgegangen. Einige wenige farbige Reisende kamen im Laufe der nächsten Jahrhunderte nach England – wie zum Beispiel ein Prinz aus »Indien«, der während der Herrschaft von Edward III. das Land besuchte –, aber ansonsten begegneten die mittelalterlichen Engländer nicht vielen Menschen mit anderer Hautfarbe als der ihren. Sie wussten jedoch von ihnen. Bei einem anonymen Mönch in Tynemouth, der um die Mitte des 14. Jahrhunderts die Einheimischen beschrieb, heißt es: »Die Männer, die an der Küste leben, sind wie Mauren, die Frauen sind wie Äthiopierinnen, die Mädchen sind schmutzig, die Jungen sind so schwarz wie hebräische Jungen.«[32] Auch populäre Reisebücher wie das von Sir John Mandeville verbreiteten – selten genaue – Informationen über Schwarze. Ab 1500 können wir mit größerer Sicherheit davon ausgehen, dass sie in London dauerhaft ansässig waren. Bereits 1507 gab es einen schwarzen Trompeter am Hof, John Blanke, der möglicherweise zum Gefolge von Katharina von Aragon gehört hatte, als sie 1501 Prinz Arthur heiratete. Auch einige von Katharinas Begleiterinnen könnten schwarz gewesen sein. Händler aus Portugal und Spanien brachten im frühen 16. Jahrhundert nordafrikanische Seeleute und Diener nach Großbritannien, die sich womöglich dort niederließen: Bei mindestens zwei Skeletten, die im Schiffswrack der *Mary Rose*, dem 1545 gesunkenen Kriegsschiff aus der Zeit der Tudors, gefunden wurden, finden sich Hinweise auf eine nordafrikanische Abstammung. Interessanterweise ist die Anwesenheit schwarzer Menschen in England vor 1550 nicht von ethnischen Spannungen begleitet. Sie wurden, wohl weil es so wenige waren und sie unter dem Schutz des Königs standen, sicherlich nicht in dem Maße verurteilt und verfolgt wie die »Gypsies«.

Dies änderte sich, als englische Sklavenhandelsexpeditionen in den 1550er- und 1560er-Jahren mehr Menschen aus Afrika nach England brachten. Die Ansicht, schwarze Männer und Frauen hätten viele Laster und keine Tugenden, begann in englische Texte einzusickern. Urheber waren die Entdecker, die gleichzeitig mit Sklaven handelten. Robert Gainsh schreibt nach einer englischen Expedition nach Afrika im Jahr 1554: »Das Volk, das … in alter Zeit *Ethiopes* und *Nigrite* genannt wurde, das wir jetzt *Moores, Moorens* oder *Negros* nennen, [ist] ein Volk mit tierischer Lebensweise, ohne Gott, Religion oder Gemeinwesen …«[33] Er fügt hinzu, bei ihnen gehörten »die Frauen allen: Denn sie gehen keine Ehe ein, noch haben sie Respekt vor der Keuschheit«, was alle schwarzen Frauen und implizit auch alle schwarzen Männer in das schlechte Licht rückte, absolut sittenlos zu sein. Es fiel leichter, den Kauf und Verkauf solcher Menschen zu rechtfertigen, wenn man glaubte, dass sie eklatant und regelmäßig gegen die christlichen Moralgesetze verstießen.

Die Spannungen nahmen weiter zu. George Best erklärte 1578, die Schwarzen seien die Nachkommen von Noahs Sohn »Cham«, der entgegen den Anweisungen seines Vaters auf der Arche mit seiner Frau geschlafen hatte.

> Wegen dieser bösen und verabscheuungswürdigen Tat, einem Beispiel für die Verachtung des allmächtigen Gottes und den Ungehorsam gegenüber den Eltern, wollte Gott, dass ein Sohn namens Chus geboren wurde, der ebenso wie alle seine Nachkommen schwarz und abscheulich sein sollte, dass es ein Anblick des Ungehorsams für die ganze Welt bleiben sollte, um damit diesen Ungehorsam der ganzen Welt für alle Zeit zu zeigen. Und von diesem schwarzen und verfluchten Chus stammen all diese schwarzen Mohren ab, die in Afrika leben.[34]

Sechs Jahre später beschrieb Reginald Scot in seinem Buch *A Discoverie of Witchcraft* einen Teufel, der die Haut eines schwarzen Mannes habe.[35] Schwarze Haut wurde auch in Shakespeares *Viel Lärm um nichts* (1598/99) als unerwünscht bezeichnet, wo Claudio erklärt, er würde Hero auch dann lieben, wenn sie »eine Äthiope« wäre. Englische Dramatiker begannen, schwarze Männer als Lasttiere zu beschreiben. Christopher Marlowe erwähnt im ersten Teil seines Stücks *Tamburlaine the Great* (1590) zwei Mohren, die Bajazeth in seinen Käfig ziehen. George Peeles Stück *The Famous Chronicle of Edward the First* (1593) enthält die Bühnenanweisung: »Die Trompeten erklingen. Königin Elinor in ihrer Sänfte, getragen von vier Negermohren«. In englischen Werken aus dem späten 16. Jahrhundert finden sich mehrere weitere, fast identische Hinweise auf große Herrscher, die von schwarzen, manchmal sogar nackten Männern getragen oder gezogen werden.[36] Obwohl das englische *Common Law* die Sklaverei nicht anerkannte – manchmal lehnten Gerichte die Ansprüche von Arbeitgebern auf das Eigentum an einer schwarzen Person ab –, galten Schwarze *de facto* als unfrei, und man sprach mit zutiefst beleidigenden Ausdrücken über sie.

All dies führte dazu, dass sich der Status der Schwarzen immer weiter verschlechterte. Eine Anordnung des Kronrats von 1596 erlaubte es einem deutschen Kaufmann, sie in England zu kaufen und zum Verkauf ins Ausland zu transportieren. Grund dafür war wohl auch die Annahme, die wachsende Zahl der Schwarzen sei in England nicht willkommen. In jedem Fall unterstreicht diese Anordnung, wie weit unten die Schwarzen in der Gesellschaftshierarchie standen. Die Regierung betrachtete sie einfach aufgrund ihrer Hautfarbe als geeignet für die Deportation und für den Verkauf als Sklaven.[37] In einer zweiten Petition verweist derselbe Kaufmann im Jahr 1601 darauf, dass er bei der vorherigen Gelegenheit keine Schwarzen in England habe bekommen können, da ihre Herren sich weigerten, ihre Diener freizugeben. Dies ist an sich schon eine interessante Tatsache: Sie alle hatten Herren. Am Ende des 16. Jahrhunderts waren alle in England lebenden Schwarzen Bedienstete der einen oder anderen Art, und viele mächtige Männer hielten es für angemessen, sie als Sklaven außerhalb des Königreichs zu verkaufen.

Im Laufe des Mittelalters verschoben sich die Horizonte der Ungleichheit in fast jeder Hinsicht dramatisch. Dies betraf auch den Einkommenshorizont. Im 14. und 15. Jahrhundert wuchs der

Anteil der Bevölkerung, der über die Runden kommen konnte, nur um dann im 16. Jahrhundert wieder zu schrumpfen. Die hier untersuchte bemerkenswerte Ausnahme ist die Ungleichbehandlung aufgrund der ethnischen Herkunft. Die legale Sklaverei schrumpfte schnell und verschwand. Auch die Leibeigenschaft endete. Ein Drittel des englischen Ackerlandes ging von der königlichen Familie und der Kirche in private Hände über. Der Anteil der Landbesitzer, einschließlich der Pächter, stieg von weniger als 2 Prozent auf 25 Prozent. Es gab jedoch nicht nur Gewinner, sondern auch Verlierer. Einerseits konnte ein Mann sehr wohlhabend werden, wenn er seine landwirtschaftlichen Überschüsse in Zeiten niedriger Preise in Land investierte. Womöglich konnte er die Einkünfte aus seinem Grundbesitz in Bildungsvorteile für seine Söhne umwandeln, die dann eine Chance auf lukrative Positionen in der Kirche, in der Regierung oder in der Justiz hatten. Andererseits hatten die Verwandten desselben Mannes möglicherweise Mühe, auf ihren kleinen Höfen genügend Nahrungsmittel zu produzieren, um alle ihre Kinder zu ernähren, die im Vergleich zu ihren neureichen Vettern immer noch ärmer wurden. Dies wiederum schränkte ihre Möglichkeiten ein, aus eigener Kraft aufzusteigen. In der elisabethanischen Zeit waren ihre Nachkommen vielleicht Arbeiter in der Stadt oder Landstreicher. Die Differenzierung von Wohlstand und Einkommen, die wir heute in der Gesellschaft sehen, ist nicht nur die Folge der Ausbeutung der Arbeitskraft in der Industriellen Revolution. Sie verdankt sich vor allem der Langlebigkeit der mittelalterlichen Stände und der Schichtung der Gesellschaft im Laufe des Mittelalters.

Gleichzeitig weitete sich der Horizont der politischen Macht auch auf diejenigen aus, die es schafften, Grundbesitz zu erwerben. Um 1400 durften Freibauern im Parlament abstimmen, um Gesetze zu ändern und sogar den Monarchen abzusetzen. Man kann sich nicht vorstellen, dass die unfreien Leibeigenen im England des 11. Jahrhunderts die Hoffnung hatten, aus eigener Kraft Wilhelm den Eroberer loszuwerden – dreihundert Jahre später gelang genau dies einigen Vertretern ihrer Nachkommen mit Wilhelms Nachfahren Richard II. Für die Frauen ergaben sich subtile, aber wichtige Vorteile, vor allem für die bessergestellten unter ihnen. Die Anerkennung der Unantastbarkeit der Ehe, die Erweiterung und Verfeinerung des Rechts und die zunehmende Alphabetisierung trugen dazu bei, ihre Ungleichheit gegenüber den Männern zu verringern. Frauen genossen im 16. Jahrhundert weitaus größere Freiheiten als im 11. oder 12. Jahrhundert. Dass eine Frau im Jahr 1135 nicht selbst Königin werden konnte, wohl aber im Jahr 1553, war lediglich die Anerkennung weitreichender gesellschaftlicher Veränderungen, die inzwischen stattgefunden hatten. Die Gesellschaft begegnete den Frauen zwar noch immer nicht vorurteilsfrei, doch es gab jetzt rechtliche Schranken gegen diese Vorurteile. Nur wenige Frauen hätten die Uhr zurückdrehen wollen in die Zeit der endemischen Gewalt und des Konkubinats. In Anbetracht all der anderen gesellschaftlichen Veränderungen wären wohl auch wenige Männer davon begeistert gewesen.

4 Komfort

Der Lebensstandard in England

Ein englischer Bauer, der um das Jahr 1000 eingenickt wäre, hätte seinen Augen nicht getraut, wenn er beim Aufwachen die Skyline von 1600 erblickt hätte. Aber sein Erstaunen hätte nicht nur den Dächern gegolten. Zu Beginn unserer hier untersuchten Zeit war sein Haus im Normalfall eine rauchgefüllte Hütte mit rußgeschwärzten Wänden aus Holz oder Torf. Wie hätte er sich auch nur ansatzweise das mit Wandteppichen geschmückte Innere eines Herrenhauses aus dem 16. Jahrhundert wie beispielsweise Burghley House oder Hardwick Hall vorstellen können, ganz zu schweigen von einem Königspalast wie Richmond Castle oder dem Palast von Whitehall? Oder den Luxus, den man in den Stadthäusern reicher Kaufleute vorfand? Der Lebensstandard der Menschen änderte sich im Laufe des Mittelalters ebenso radikal wie die Höhe ihrer Kirchen und die Größe ihrer Städte.

Wenn wir an ein mittelalterliches Haus denken, stellen wir uns meist ein spätmittelalterliches Gebäude mit dicken Balken und einem breiten Kamin vor. Das liegt daran, dass diese Bauwerke bis heute erhalten sind. Hausarchitektur aus dem frühen 11. Jahrhundert hat in Großbritannien die Jahrhunderte nicht überdauert, ja, in ganz Europa findet sich nur noch sehr wenig Bausubstanz aus dieser Zeit. Schon die Tatsache, dass noch Tausende spätmittelalterliche Behausungen stehen, zeigt, wie sehr sich diese Gebäude im Laufe der von uns betrachteten Epoche verbessert haben. Sie erreichten einen Grad an Solidität und Komfort, der sie Jahrhunderte überdauern ließ. Im Gegensatz dazu war der Wohnstandard im 11. und 12. Jahrhundert schon in den Augen der spätmittelalterlichen Menschen inakzeptabel.

Ähnliches gilt für die Möbel aus dem 16. Jahrhundert: Viele Stücke haben »überlebt«, weil sie gut gemacht und entweder praktisch oder schön genug waren, um bis in die Neuzeit hinein geschätzt zu werden. Aus dem Jahrhundert davor sind nur sehr wenige Möbel erhalten, und aus der Zeit vor 1400 fast gar keine. Im Zuge der Weiterentwicklung des häuslichen Interieurs wurden die materiellen Besitztümer der vorangegangenen Jahrhunderte durch etwas Besseres ersetzt. Doch schon im 16. Jahrhundert waren viele Haushaltsgegenstände so ausgereift, dass sie es verdienten, bewahrt zu werden. Truhen, Bettgestelle, Tische, Bänke, Stühle, Schränke und Kommoden aus dem 16. Jahrhundert sind in großer Zahl erhalten, während aus dem 11. Jahrhundert nicht einmal das beste Mobiliar die Zeiten überdauert hat.

Dies ist nicht der Ort, um eine detaillierte Geschichte des mittelalterlichen Hauses zu entwerfen; das Thema ist zu umfangreich, selbst wenn wir uns nur auf England konzentrieren. Stattdessen werde ich kurz skizzieren, wie die Häuser unserer Vorfahren im Laufe des Mittelalters in vieler Hinsicht besser wurden. Die Metapher des Horizonts ist diesbezüglich ein besonders nützliches Instrument. Wenn wir ihn auf den häuslichen Komfort anwenden, können wir sehen, wie er sich hin zu größeren Häusern mit höheren Decken und mehr Räumen weitete. Er wuchs in Bezug auf Haushaltsgeräte und Einrichtungsgegenstände. Er entwickelte sich im Hinblick auf die Rituale und Funktionen, die in den eigenen vier Wänden stattfanden. Der Lebensstandard veränderte sich in der Zeit zwischen dem 11. und dem 16. Jahrhundert unglaublich, von den rauchgefüllten hölzernen Hallen der axtschwingenden Krieger hin zu den Ölgemälden und der Lautenmusik der mondänen Höflinge zu Shakespeares Zeiten.

Die Häuser der Wohlhabenden

Die meisten von uns leben heute in nur einem Haus. Wohlhabende Menschen leisten sich oft mehr als ein Haus, und besonders Reiche haben vielleicht vier oder fünf auf verschiedenen Kontinenten. Niemand hat heute zwanzig oder dreißig Häuser in einem Land – anders als die Mächtigen im frühen 11. Jahrhundert. Damals besaßen viele Herren mehrere Dutzend Landgüter und reisten regelmäßig zwischen ihnen hin und her, um von den Erzeugnissen des jeweiligen Ortes zu profitieren, sodass ihnen die Lebensmittel nicht ausgingen. Es besteht also ein grundlegender Unterschied zwischen unserer Vorstellung von einem Zuhause – einem Wohnsitz, zu dem wir eine persönliche Beziehung haben – und dem Haus eines Adligen aus dem 11. Jahrhundert. Als sächsischer Adliger, der ständig zwischen dreißig Wohnsitzen hin- und herreiste, hatten Sie eigentlich kein Zuhause. »Zuhause« war vielmehr das, was sie von Ort zu Ort mitnahmen – ihre Wertsachen, ihre Kleidung, ihr Geschirr, ihre Möbel und Waffen –, und die Menschen in ihrem Haushalt, die mit ihnen reisten. Wenn sie ein Haus verließen, um ins nächste weiterzureisen, ließen sie kaum mehr als eine hölzerne Hülle zurück.

Deshalb war der Unterschied, was die Annehmlichkeiten in der großen Halle angeht, so frappierend, je nachdem, ob der Haushalt anwesend war oder nicht. Wenn man das Haus eines Adeligen aus dem 11. Jahrhundert in seiner Abwesenheit betrat, konnte man denken, man sei auf einem Bauernhof. Sobald man durch das Tor in der Palisade eingetreten war, sah man eine Ansammlung von Gebäuden, die sich um das größte und imposanteste Bauwerk, die Halle, gruppierten. Diese war aus Holz gebaut, mit in den Boden eingelassenen Eichenpfosten anstelle von Fundamenten. Die Wände bestanden aus Baumstämmen, die in zwei Hälften gesägt und senkrecht aufgestellt worden waren. Es gab zwei Türen: entweder eine an jedem Ende oder eine an jeder Seite. Das Dach war strohgedeckt. Angesichts der Schwierigkeiten, ein solches Gebäude zu beheizen, gab es nur wenige kleine Fensteröffnungen.

Diese waren unverglast und mit einem hölzernen Fensterladen oder einer halbtransparenten Folie aus abgeschabter Schafshaut abgedeckt. Die Schlafgemächer für den Herrn und seine Familie befanden sich in separaten Holzgebäuden an anderer Stelle im Burghof. Gleiches galt für die Küche, die Kapelle, die Unterkünfte der Sklaven, die Frauenquartiere, die Vorräte, die Ställe und alle anderen Wirtschaftsgebäude.

Alle diese Bauten bestanden aus Holz und hatten nur ein Stockwerk. Ihr Inneres war kahl, solange der Herr nicht da war, sie wurden nur vom Vogt und einer kleinen Anzahl von Knechten und Sklaven bewohnt. Bei Anwesenheit des Herrn sah der Ort jedoch ganz anders aus. Die Holzwände der Halle mit der zentralen Feuerstelle in der Mitte waren mit Wandteppichen und bestickten Tüchern behängt. Frische Binsen waren auf dem Boden aus gestampfter Erde ausgebreitet, für die Mahlzeiten wurden Tische für alle aufgestellt, und dort, wo der Herr Platz nahm, waren sie mit feinen Tischtüchern bedeckt. Seine Truhen waren ausgepackt, um ihn und seine Diener mit Trinkhörnern und Bechern zu versorgen. Sein Bett wurde in der Hauptkemenate aufgestellt und mit seiner schönsten bestickten Bettwäsche überzogen. In der Kapelle hatte der vom Herrn bezahlte Priester den elegantesten Altarschmuck aufgestellt. Alles wirkte völlig verwandelt.

Herrschaftliche Häuser wurden noch jahrhundertelang aus Holz gebaut, auch wenn das bedeutete, dass sie etwa alle dreißig Jahre neu errichtet werden mussten, weil die im Erdreich steckenden Pfosten faulten. Gleiches gilt auch für die meisten Burgen, die im Zuge der normannischen Eroberung gebaut wurden. Die Verwendung von Stein für den Bau von Wohnhäusern kam erst langsam ab dem 12. Jahrhundert in Mode, doch bald wurden Steinbauten zu den bevorzugten Wohnsitzen der umherziehenden Adligen. Das Schlafgemach des Herrschers lag nun in der Regel neben der Halle, die der wichtigste Raum der Residenz blieb. Während jedoch die sächsischen Holzhallen fast immer einstöckig waren, befand sich die Halle in den Steinhäusern des 12. Jahrhunderts in der Regel im ersten Stock, mit einem Keller als Lagerraum darunter.

Zu den am besten erhaltenen Steinhäusern aus dem 12. Jahrhundert in England zählt Boothby Manor House in Boothby Pagnell in Lincolnshire. Dort sind die Privatgemächer des Gutsherrn erhalten geblieben. Der Bau besteht aus zwei Haupträumen im ersten Stock – der Halle und einer Kammer – über einem Gewölbe im Untergeschoss. In der Halle gibt es einen Kamin mit Schornstein darüber sowie Fenstersitze und in die Wände eingebaute Schränke. Rundherum standen früher sicher weitere Gebäude mit dem großen Saal für das Gesinde, der Küche, den Ställen, mit Unterkünften für wichtige Gäste und mit dem Sudhaus. Außerdem gab es eine Vorratskammer für Brot, trockene Lebensmittel und Weißwäsche sowie eine für Bier, Wein und feuchte Lebensmittel.

Ein solches großbürgerliches Gebäude bot eine weitaus solidere und komfortablere Einrichtung als die früheren Holzhäuser. Durch die Verlegung der Halle in den ersten Stock bestand der Boden nun aus Stein und nicht mehr aus Erde, was das Auffegen der alten Binsen und des Schmutzes wesentlich erleichterte. Jeder, der schon einmal längere Zeit in einer Halle mit einer Feuerstelle in der Mitte verbracht hat, weiß, dass der Rauch überall hinkommt, sodass ein Kamin in der Wand einen enormen häuslichen Luxus darstellte. Angesichts des Lichtmangels in den meisten mittelalterlichen Sälen waren die Fenster (die nachts mit hölzernen Fensterläden verschlossen wurden) eine weitere bedeutende Verbesserung. Weil man direkt am Fenster sitzen konnte, war es leichter, kompliziertere Arbeiten wie zum Beispiel Handarbeiten drinnen zu verrichten. Es fällt auf, dass es nur zwei Wohnräume für die Familie des Herrn gab. Nur er selbst verfügte über eine eigene Kammer; alle anderen Familienmitglieder konnten bestenfalls auf einen Platz auf dem Hallenboden hoffen, auf den sie eine mit Stroh gefüllte Matratze legen konnten. Während wir gern ein eigenes Schlafzimmer haben, umgeben von unseren Besitztümern, lag der Schwerpunkt im 12. Jahrhundert noch sehr stark auf dem gemeinschaftlichen Wohnen.

Um 1300 war der neue Komfort, den wir in Boothby Manor House kennengelernt haben, in allen neu gebauten Adelshäusern und Schlössern zu finden. Jeder Herrensitz besaß jetzt große Kamine mit Schornsteinen im Wohnbereich. Die prächtigsten Gebäude hatten sogar Glas in den Fenstern der Privatgemächer. Da dieses Glas so kostbar war, nahmen die Herren es manchmal mit, wenn sie von einem Haus zum nächsten zogen, und transportierten es zusammen mit ihren anderen Möbeln auf Wagen. Die Wände konnten bemalt oder mit Wandbehängen und -teppichen geschmückt sein. Von der großen Halle führten jetzt Türen direkt in die Speisekammern. Oft gab es auch einen überdachten Gang zur Küche, die jetzt ein doppelt so hoher, aus Stein gemauerter Saal mit zwei oder drei großen Feuerstellen und Öfen in den Seitenwänden war.

Im 14. Jahrhundert entstanden im ganzen Land Märkte, und so mussten die Herren nicht mehr zwischen ihren verschiedenen Landgütern hin- und herreisen, um sich mit Lebensmitteln zu versorgen. Vielmehr konnten sie sich jetzt darauf konzentrieren, ihren Hauptsitz oder ihr Schloss so sicher und komfortabel wie möglich auszubauen. Viele investierten in die Verbesserung der sanitären Anlagen, beispielsweise in die wirklich beeindruckenden Latrinengebäude von Ludlow Castle und Warwick Castle. Überall nahm die Zahl der Privatgemächer zu, sodass es für Personen von Rang üblich wurde, in einem eigenen Zimmer zu schlafen. Die vielleicht auffälligste Entwicklung war jedoch die zunehmende Zahl und Größe der Fenster. Mehrere Faktoren trugen zu dieser Verbesserung bei. Zunächst einmal wurden nicht mehr ständig Kriege geführt, die Fenster mussten also nicht mehr zu Verteidigungszwecken klein und nach innen gerichtet sein. Hinzu kam die Erkenntnis, dass Licht gesund ist und Sonnenlicht die infektiösen Miasmen beseitigt, die sich in unbelüfteten Räumen ansammeln. Und dann war da noch der höhere Komfort: Wenn man ein großes, verglastes Fenster hatte, an dem man sitzen und Handarbeiten machen oder lesen konnte, war das doch sehr viel angenehmer, als neben einer brennenden Kerze in einer zugigen Halle zu sitzen.

Und dann der Statusgewinn! Riesige Mengen an Glas standen für Reichtum, und der wiederum bedeutete Macht. Dementsprechend wurden die Fenster der großen Hallen immer größer und erhielten eine dauerhafte Verglasung. Einige hatten Metallrahmen, damit sie geöffnet werden konnten, um Frischluft hereinzulassen.

Dartington Hall in Devon, um 1390 von John Holland, dem Halbbruder von Richard II., erbaut, ist ein Beispiel für eine solche herrschaftliche Residenz mit riesigen Fenstern in der großen Halle. Ein kurz nach Hollands Tod im Jahr 1400 erstelltes Inventar listet einige Einrichtungsgegenstände auf. Dazu gehörten üppige Betten mit bestickter Bettwäsche, Bettvorhängen, Kissen, Matratzen und Decken, bestickte Kissen für die Stühle im Privatbereich und für die Bänke in der großen Halle, Tischtücher, Wandteppiche, reich verzierte Baldachine und »Rückentücher«, die über und hinter dem Stuhl des Herrn hingen, silberne Becher, Löffel, Teller und Waschbecken sowie Spültücher und Handtücher (zum Händewaschen vor und nach dem Essen). Das Verzeichnis listet auch die gesamte Ausstattung der Kapelle auf, einschließlich der religiösen Bücher, die bei den Gottesdiensten verwendet wurden.[1] Wie dieses und ähnliche Dokumente zeigen, konnten die Herren, wenn sie ihre Zeit in nur zwei oder drei Häusern verbrachten, diese offenbar vollständig möbliert halten, anstatt ihre wertvollen Besitztümer zwischen vielen ansonsten leer stehenden Gebäuden hin- und herzuverlegen.

Im 15. Jahrhundert übernahm auch der Landadel die Neuerungen, die zuvor dem Hochadel vorbehalten waren. Landauf, landab wurden Herrenhäuser umgebaut – mit schönen Kaminen in den Sälen und Privatgemächern, mit komfortablen Toiletten und vielen Schlafzimmern. Die meisten besaßen noch die traditionelle Anordnung von feuchter und trockener Speisekammer und Küche, die über einen Durchgang am hinteren Ende der Halle erreichbar war, um zu verhindern, dass jedes Mal, wenn jemand die Haupttür öffnete, Zugluft hereinkam. Jetzt aber aßen und schliefen nur noch die Bediensteten in der Halle, während die Familie des Herrn sich in ihren Privatgemächern aufhielt. An Festtagen nahm der Herr immer noch den ersten Platz an der Tafel in der Halle ein, doch die Privatsphäre wurde als Zeichen sozialer Distinktion immer kostbarer. Die privaten Stuben wurden durch die Anbringung von Holztäfelungen wärmer und einladender gestaltet. Die verputzten Wände der Gästezimmer waren oft mit Ritterszenen oder frommen Bildern bemalt, um die Tugenden darzustellen, die der Herr bewunderte und mit denen er und seine Familie identifiziert werden wollten.

Gegen Ende des 16. Jahrhunderts war die Umgestaltung des Lebensraumes der adligen Familie abgeschlossen. Wo einst die Herren in vielen verschiedenen scheunenartigen Holzhallen kampierten, besaßen sie nun jeweils ein Herrenhaus sowie ein Stadthaus in London. Ihre Gemächer hatten verputzte Decken und Glasfenster. Große Häuser wie Hardwick Hall in Derbyshire, Longleat House in Wiltshire und Burghley House in Lincolnshire stellten ihr Glas stolz zur Schau und demonstrierten damit ihren Status. Auch das Design des Mobiliars verbesserte sich, da Hoch- und Landadel ihren feinen Geschmack präsentieren wollten. Für sportliche Betätigungen und Vergnügungen sowie zur Ausstellung von Gemälde- und Skulpturensammlungen wurden lange Galerien gebaut. Gärten wurden umgestaltet und um farbenprächtige quadratische Blumenbeete herum angelegt. Nützliche Gegenstände wurden entweder in die Wirtschaftsflügel verbannt oder elegant gestaltet. Die Halle verlor an Bedeutung, während das große Gemach zum wichtigsten gesellschaftlichen Raum für die herrschaftliche Familie wurde. Wo die Böden früher aus Erde bestanden und mit Binsen bedeckt waren, wurden sie nun mit schwarz-weißen Marmorfliesen belegt. Die Tagesabläufe in den Haushalten richteten sich nach der Uhrzeit. Ein sehr großes Haus konnte schon ein Badezimmer mit fließendem Wasser haben. Sir John Harington baute sich in seinem Herrenhaus in Kelston, Somerset, sogar eine Toilette mit Wasserspülung ein. Nichts könnte weiter entfernt sein von den rauchgefüllten Holzhallen des 11. Jahrhunderts.

Die Bauernhäuser

Die Bauernhäuser des 11. Jahrhunderts waren alles andere als gemütlich. Der persönliche Besitz bestand in der Regel aus ein paar Werkzeugen und Kochtöpfen. Das Haus selbst gehörte meist nicht dem Bauern, sondern wurde ihm vom Grundherrn als Teil seines Pachthofes zugewiesen.

Es ist kein Bauernhaus aus dem 11. Jahrhundert erhalten geblieben, das uns die Lebensbedingungen englischer Landarbeiterfamilien zu Beginn unserer Zeit zeigen könnte, doch die ausgegrabenen Beispiele veranschaulichen, wie sich die ländlichen Häuser im Laufe des nächsten Jahrhunderts entwickelten. Dicke Mauern aus Torf oder Strohlehm (einer Mischung aus Erde, Lehm und Stroh, die dem Ganzen Stabilität gab) kamen in Gegenden zum Einsatz, in denen es wenig Holz gab, während man dort, wo viel Eichenholz zur Verfügung stand, Fachwerkhäuser mit Flechtwerkausfachung und Strohdächern baute. Auf einem Gutshof in Long Crendon in der Grafschaft Buckingham ist noch der zentrale Teil einer Fachwerkhalle erhalten, die dendrochronologisch auf das Jahr 1205 datiert worden ist. Dieser etwa fünf mal fünf Meter große, einstöckige Raum, der durch zwei Pfostenreihen in ein höheres und breiteres Mittelschiff und zwei niedrigere, schmalere Abseiten unterteilt ist, wurde mithilfe einer zentralen Feuerstelle beheizt und war bis zu den Dachsparren offen. An einem Ende befand sich eine separate Kammer.[2] Die Fenster waren ursprünglich klein und mit hölzernen Fensterläden verschlossen. Das Dach war mit Stroh oder Reet gedeckt. In ärmeren und höher gelegenen Regionen, in denen dieses Material knapp war, verwendete man lange Schilfrohrstangen, die man über den Dachfirst legte und mit Holzstiften befestigte.

Erst im 13. Jahrhundert begannen die einfachen Bauern, in Stein zu bauen – und dann auch nur in den Gebieten, in denen der Stein gut nutzbar und Bauholz knapp war. Ausgegrabene Beispiele aus dieser Zeit im Dartmoor zeigen Langhäuser von etwa 13 bis 15 Metern Länge und 4 Metern Breite mit zentralen Quergängen, die das Gebäude in zwei Hälften unterteilen. Auf der einen Seite des Ganges befand sich der Stall, in dem das Vieh angebunden war. Auf der anderen lag die Halle, oft mit einem »inneren Raum« oder einer Kammer am anderen Ende. Speicher und Scheunen gruppierten sich um dieses Haus. Einige Häuser besaßen vielleicht externe Küchen, doch die meisten scheinen einfach eine mit Steinen ausgekleidete Kochgrube nahe der Feuerstelle gehabt zu haben. Lebensmittel, die gebacken werden mussten, wurden in diese Kochgrube gelegt, die man mit »Kochsteinen« (großen Steinen direkt aus dem Feuer) beheizte. Außerdem diente ein großer flacher, vom Feuer erhitzter Stein zum Backen von Fladenbrot. Gemüse wurde in Steingutgefäßen oder in einem behelfsmäßigen »Kessel« aus Tierhaut, der an einem hölzernen Dreibein hing, mithilfe von Kochsteinen erhitzt. Wenn Fleisch vorhanden war, wurde es wohl eher gekocht als gebraten. Kühe, Schafe und Ziegen, die Milch gaben, sowie Hühner, die Eier legten, wurden erst im hohen Alter verzehrt, und durch Kochen wurde das Fleisch weicher. Außerdem blieben so alle Säfte und Nährstoffe erhalten, während das Braten eigentlich eine Verschwendung war, da das Fett im Feuer verloren ging.

Wenn man ein steinernes Bauernhaus aus dem 13. Jahrhundert betreten wollte, öffnete man die Tür und duckte sich unter dem Türsturz hindurch. Man konnte kaum die Hand vor Augen sehen, aber man roch den Rauch des Feuers und den Kuhdung, der sich mit der Einstreu für das Vieh mischte. Am hinteren Ende erreichte man eine Öffnung in einem Flechtwerkgitter und gelangte von dort in den schwach beleuchteten Wohnbereich. Der Boden bestand aus gestampfter Erde, die mit Binsen bedeckt war. In der Mitte des Wohnraums brannte ein Feuer auf einer großen Steinplatte, daneben befand sich eine Feuergrube. Dahinter sah man die Tür zum inneren Raum, in dem der Bauer und seine Frau den größten Teil ihrer häuslichen Besitztümer aufbewahrten. Dies war normalerweise die einzige Innentür im ganzen Bau. Viel Mobiliar war nicht zu erkennen: eine Tischplatte auf Böcken, eine oder zwei Bänke und hölzerne Utensilien und Wannen zum Käsen.

In einem freigelegten steinernen Bauernhaus im Dartmoor, das im späten 13. Jahrhundert abgebrannt war, fand man praktisch kein Metall und nur vier kleine Kochtöpfe aus Steingut, dazu einen grün glasierten Krug, zwei verkohlte Holzteller und einen großen Kochtopf, der im Boden der Halle vergraben war. Im inneren Raum dieses Hauses befanden sich ein Wasserbehälter aus Ton, zwei gelb glasierte Krüge und ein weiterer Kochtopf.[3] Wenn die Bewohner schlafen wollten, holten sie Strohmatratzen hervor und legten sie um das Feuer, wobei sie Holzscheite als Kissen verwendeten. In diesem Haus befand sich über dem Feuer eine Rauchhaube aus Flechtwerk und Lehm, die verhinderte, dass der Rauch überall hingewirbelt wurde. Dies war eine der wenigen Verbesserungen im Vergleich zu früher, als die Familie überall im Haus dem Rauch ausgesetzt war.

Die meisten Bauernhäuser in den wohlhabenderen Teilen Englands wurden in Fachwerk und nicht aus Steinen errichtet. Eine große Anzahl dieser Bauten aus dem 14. Jahrhundert ist vor allem in den Midlands erhalten geblieben. Die durch zwei Pfostenreihen in ein höheres und breiteres Mittelschiff und zwei niedrigere, schmalere Abseiten unterteilte Halle war überall dort verbreitet, wo es genug Holz gab. Eine weitere gängige Bautradition in solchen Regionen bestand darin, aus jeweils zwei natürlich gebogenen Baumstämmen hölzerne Gurtbögen (*crucks*) zusammenzufügen und sie dann zu einem Dachstuhl mit zwei, drei oder mehr Jochen zu verbinden. Diese Häuser waren noch bis zu den Dachsparren offen und hatten einen mit Binsen bedeckten Boden aus gestampfter Erde. Viele kleinere Bauernhäuser bestanden aus Stube und Kammer, die wohl noch im 14. Jahrhundert mit Rauch gefüllt waren, da Rauchabzug und Kamin fehlten. Die bekannte Beschreibung des Hauses der Witwe in der Erzählung des Nonnenpriesters in Chaucers *Canterbury Tales* enthält die Zeile »Von Rauch geschwärzt war Stube und auch Halle«, was als Hinweis auf die »Annehmlichkeiten« solcher Zweiraumhäuser verstanden werden kann.

Ab dem späten 14. Jahrhundert begann sich der Wohnstandard

in den Bauernhäusern zu verbessern. Oft wurde an einem Ende der Halle ein zweistöckiger Flügel angebaut, in dessen oberem Stockwerk sich die Hauptschlafkammer befand. Im 15. Jahrhundert bauten viele Bauern – die, wie wir im vorigen Kapitel gesehen haben, oft wohlhabender waren als ihre Vorfahren – ihre Häuser zu stattlichen Hallen mit zweigeschossigen Flügeln an beiden Enden um. Die frühesten Beispiele für den noch heute in Kent und Sussex verbreiteten »Wealden«-Haustyp gehören in diese Kategorie. Wenn man ein solches Gebäude durch die Haupttür betrat, befand man sich in einem Gang, der durch das Haus führte, mit einer Trennwand auf der einen Seite und Türen zu den beiden Speisekammern auf der anderen Seite, in Anlehnung an den Grundriss eines Herrenhauses. Ein Schlafzimmer befand sich im Stockwerk über den Wirtschaftsräumen und ein weiteres über dem Raum am anderen Ende des Hauses. Die Halle in der Mitte hatte noch eine zentrale Feuerstelle und war zu den rußgeschwärzten Dachsparren und dem Strohdach hin offen. Sie wurde durch ein einziges großes, unverglastes Fenster erhellt. Holzpfosten oder geschnitzte Gitter, die das Fenster vertikal unterteilten, sorgten für die nötige Sicherheit. Bei kaltem Wetter und in der Nacht wurden die Fenster mit Läden verschlossen.

Der Wohnstandard verbesserte sich bis ins 16. Jahrhundert immer weiter. Die Bauern ersetzten ihre zentralen Feuerstellen durch Kamine und Schornsteine, um den Unannehmlichkeiten des verwirbelten Rauchs zu entkommen. Im Anschluss daran konnte die Halle auch eine Decke und ein Obergeschoss erhalten, da der Rauch nicht mehr über das Dach abziehen musste, und der neue Schornstein konnte für einen Kamin in einer der neu geschaffenen Kammern über der Halle genutzt werden. Ab den späten 1560er-Jahren wurde Glas in den Häusern der wohlhabenden Freibauern zur Regel. Auch der Deckenputz in den oberen Zimmern machte das Wohnen schöner und wärmer. Steintreppen ersetzten die Leitern, die zuvor in die oberen Stockwerke geführt hatten. Einige gut situierte Bauern setzten aus Prestigegründen, aber auch um Zugluft abzuhalten, eine große Veranda vor die Halle.

Auch die Möbel im Bauernhaus wurden immer aufwendiger und komfortabler. Dies geht aus dem Inventar von William Hall, einem Landwirt aus Great Bourton, Oxfordshire, hervor, der 1589 starb und Hab und Gut im Wert von 106 Pfund und 10 Shilling hinterließ. Davon entfielen etwas mehr als 70 Pfund auf Vieh, Pferde, Karren, Leitern, Schaffelle, Werkzeuge, Geflügel und andere in Scheunen und auf dem Hof gelagerte Dinge. Der Rest war größtenteils Hausrat. Seine Halle war mit einem Kamin, einem Tisch, zwei langen und zwei kurzen Bänken sowie einem Stuhl ausgestattet. Außerdem gab es einen Geschirrschrank, in dem er gewöhnlich ein Dutzend Zinnteller, ein Dutzend Holzteller, sechs Silberlöffel und diverses Zinngeschirr aufbewahrte. In der Stube befanden sich ein weiterer Kamin, ein kleiner viereckiger Tisch und vier Hocker, vier Truhen mit Habseligkeiten und ein Bettgestell, eine Wiege und ein Ausziehbett mit verschiedenen Laken, Matratzen und Nackenrollen. Beide Räume hatten verglaste Fenster. Das Obergeschoss war ebenfalls in vier Kammern mit weiteren vier Bettgestellen und Truhen aufgeteilt. In der Küche wurden Blasebalg, Feuereisen, Feuerzange, Schaufel, Feuergabel und Bratrost sowie weiteres Kochgeschirr aufbewahrt.[4] In einer Ecke des Küchenkamins hatte er vermutlich einen Brotbackofen eingebaut. Im Vergleich zu den kleinen, schwach beleuchteten Häusern des 11. Jahrhunderts mit ihren Torfwänden, in denen in mit Steinen ausgelegten Erdgruben gebacken wurde, waren Bauernhäuser wie das von William Hall groß, hell, gut ausgestattet und vor allem komfortabel.

Diese Veränderungen vollzogen sich interessanterweise so schnell, dass den Menschen durchaus klar war, wie viel besser es ihnen im Vergleich zu ihren Vorfahren ging. Im Jahr 1577 erklärte der Geistliche William Harrison, alte Männer in seinem Dorf Radwinter in Essex hätten drei große Verbesserungen im Laufe ihres Lebens festgestellt: Eine davon war die Fülle von Kaminen und Schornsteinen, die zuvor ausschließlich ein Luxus der Reichen gewesen waren. Eine andere war die Verwendung von Silber und Zinn anstelle von Holz für Teller, Löffel, Schüsseln und anderes Haushaltsgeschirr. Und die dritte waren die Betten,

> denn, so sagten sie, unsere Väter, ja auch wir selbst, haben oft auf Strohlagern gelegen, auf groben Matten, die nur mit einem Laken bedeckt waren … und einem guten runden Holzscheit unter dem Kopf anstelle einer Nackenrolle oder eines Kopfkissens. Wenn unsere Väter … innerhalb von sieben Jahren nach ihrer Heirat eine Matratze oder ein Lager aus Schafwolle und dazu einen Haufen Spreu gekauft hatten, um ihr Haupt darauf zu betten, hielten sie sich für so gut untergebracht wie der Herr der Stadt … Kissen (sagten sie) waren nur für Frauen im Wochenbett gedacht.

Das ist ein Luxus, den heute nur wenige von uns zu schätzen wissen – den Kopf auf einem Kissen auszuruhen. Er mag weit weniger beeindruckend erscheinen als die neueste Smartphone-Generation, aber ich wage zu behaupten, dass viele von uns auf einige moderne Annehmlichkeiten verzichten würden, um nicht jede Nacht auf einer Strohmatratze schlafen zu müssen, mit nichts als einem harten Holzscheit unter dem Kopf.

Häuser in der Stadt

Zu Beginn unserer hier untersuchten Zeit gab es keinen großen Unterschied zwischen einem Haus in der Stadt und einem auf dem Land. Es existierten nur wenige größere Siedlungen, und selbst die größten Städte waren nicht besonders dicht bebaut. Bei Ausgrabungen in Winchester wurden kleine, quadratische Häuser mit in der Erde befestigten Holzpfosten, horizontalen Balken und Wänden aus Flechtwerk oder Strohlehm gefunden. Die Wände einiger Häuser waren außen mit senkrecht angeordneten Holzstämmen verkleidet.[5] In den meisten Fällen bestanden die Böden aus gestampfter Erde. Die Dächer waren in der Regel strohgedeckt wie auf dem Land. Der Hauptunterschied zwischen Häusern in der Stadt und auf dem Land bestand zu Beginn der Zeit darin, dass die Stadthäuser häufig durch Brände zerstört wurden, sodass sie noch regelmäßiger als die Bauernhäuser wieder aufgebaut werden mussten.

Im späten 12. Jahrhundert begannen wohlhabende Kaufleute und Geldverleiher, in Stein zu bauen. Das versprach größere Sicherheit vor Feuer und Diebstahl und größeren Schutz vor wütenden Schuldnern oder, wenn es sich bei den Bewohnern um Juden handelte, vor einem antisemitischen Mob. Diese Häuser waren zweistöckig, mit dem Hauptwohnraum im ersten Stock, der durch einen Kamin beheizt wurde, einem gewölbten Untergeschoss darunter und einem Ziegeldach darüber. Einige Kaufmannshäuser waren im ersten Stock aus Holz gebaut und hatten ein steinernes Erdgeschoss. Es war davon auszugehen, dass diese Häuser viel länger hielten als Häuser mit Holzfundamenten, was die Investition zusätzlich rechtfertigte. Man weiß, dass in vielen englischen Städten bereits vor dem Jahr 1200 Steinhäuser gebaut wurden: In Canterbury gab es zu diesem Zeitpunkt mindestens dreißig, alle im Besitz von Kaufleuten und Geldverleihern.[6]

Um 1200 begannen kleine Orte mit attraktiven Märkten, sich um offizielle Stadtrechte zu bemühen. Manchmal gelang es den führenden Männern der Gemeinde, eine entsprechende Urkunde vom König zu erhalten, manchmal verlieh der Gutsherr seinem Marktflecken das Stadtrecht. In beiden Fällen wurden in der Mitte der Siedlung großzügige Baugrundstücke angelegt, um Handwerker und Kaufleute anzulocken. Da diese Grundstücke als Eigentum verkauft wurden, ermutigte das die Käufer zum Bau dauerhafterer Häuser auf Steinsockeln. Wohlhabende Bürger errichteten große Villen, die zur Straße hin die gesamte Grundstücksbreite einnahmen und um einen Innenhof herum errichtet wurden. Als jedoch die Bevölkerung wuchs und immer mehr Menschen in die Städte zogen, wurden diese breiten Grundstücke in lange, schmale Streifen unterteilt, sodass jeder Bewohner in den Genuss einer Straßenfront und eines rückwärtigen Raums für Küche und Garten kam. In Stratford-upon-Avon zum Beispiel legte die Gemeindeordnung von 1196 die Größe der Grundstücke auf 3½ mal 12 *perches* (17,6 m × 60,4 m) fest. Bis 1251 waren diese meist in Hälften, Drittel und Viertel unterteilt worden.

Solche schmalen, geteilten Grundstücke brachten die Menschen dazu, höhere Häuser zu bauen, und diese waren in Holzbauweise viel günstiger zu errichten als aus Stein. Holz erlaubte es den Hausbesitzern auch, die oberen Stockwerke über das Erdgeschoss vorkragen zu lassen und so mehr Platz im ersten und möglicherweise noch mehr Platz im zweiten Stock zu gewinnen. Vorkragungen sind in London seit den 1240er-Jahren bekannt; sie verbreiteten sich im späten 13. Jahrhundert auch in anderen Städten. Normalerweise hatte ein Stadthaus dieser Zeit einen der Straße zugewandten Laden mit einer Kammer darüber und einem hohen, bis zu den Dachsparren offenen Saal hinter dem Vorderhaus. Um die Brandgefahr einzuschränken, wurden Strohdächer in London im Jahr 1212 verboten, und viele andere Städte folgten bald diesem Beispiel. Stattdessen wurden die Dächer mit Ziegeln oder Holzschindeln gedeckt. Dies verringerte das Risiko, dass ein einzelner Funke bei starkem Wind das Strohdach eines Hauses in Brand setzte und so die ganze Stadt zerstörte.

Ab dem frühen 14. Jahrhundert begannen Besitzer von Grund und Boden in der Stadt, kleine Reihenhäuser zur Vermietung zu bauen. Der als Lady Row bekannte Block in Goodramgate, York, wurde 1316 errichtet. Er besteht aus zehn Häusern mit jeweils einem Zimmer im Erdgeschoss und einem im ersten Stock, wobei die obere Kammer über die Straße vorkragt und bis zu den Dachsparren offen ist. Stonegate, ebenfalls in York, wurde etwa zur gleichen Zeit erbaut, aber mit einem höheren Anspruch: Es handelt sich um eine Reihe von dreistöckigen Häusern, wobei jedes Stockwerk weiter auf die Straße vorspringt als das darunterliegende. In den 1330er-Jahren waren solche dreigeschossigen Reihenhäuser weit verbreitet. Gelegentlich wurden sie auch mit Kaminen ausgestattet.[7] Im Südwesten entwickelte sich ein Baustil, bei dem massive Brandmauern aus Stein im 90-Grad-Winkel zur Straße errichtet wurden, die dann die dazwischengebauten Holzhäuser trugen.

Häuser aus dem 15. Jahrhundert sind in vielen Städten erhalten geblieben. Einige wurden von Kaufleuten, einige von der Kirche, einige als Armenhäuser, einige als Stadthäuser von Adeligen und einige als Gasthäuser gebaut. Zwei oder drei Stockwerke mit deutlichen Vorkragungen waren jetzt üblich. Auch Kamine gab es jetzt praktisch immer. In Wells, Somerset, sind noch zwei prächtige Reihen mit zweiundvierzig kleinen Häusern aus Stein zu sehen, die alle aus der Zeit um 1400 stammen. Sie haben je einen Raum im Erdgeschoss und im ersten Stock und sind mit Kaminen, Schornsteinen, Waschplätzen und Latrinen ausgestattet. Mitte des 15. Jahrhunderts kamen kleine Gärten dazu. Ein wohlhabender Kaufmann konnte jetzt in einem dreistöckigen Haus mit kunstvoll geschnitzten Fensterrahmen und Türlaibungen sowie bemalten Vorkragungen und Balken wohnen. Hinter dieser straßenseitigen Fassade nannte er womöglich eine ansehnliche Halle mit einem bis zu den Dachsparren offenen Hammerbalkendach sein Eigen, mit bemalten Kaminen in jeder Kammer und einem imposanten Kamin in der Halle. Die Reichsten investierten vielleicht sogar in Glasfenster zur Straße hin, um den Eindruck von Reichtum zu vermitteln. Um 1500 konnte ein wohlhabender Städter einen weitaus höheren Wohnkomfort genießen als ein König im 11. oder 12. Jahrhundert.

Im Laufe des 16. Jahrhunderts kamen die Stadtbewohner in den Genuss all jener Raffinessen, die zuvor die Grundherren in ihre Häuser eingebaut hatten. Die Kammern wurden mit fein geschnitzten und bemalten Täfelungen verkleidet. Glasfenster wurden üblich. Kamine und Schornsteine waren meist aus Ziegeln gemauert. Es gab separate Küchen mit Feuerstellen und Brotbacköfen, und die Hallen wurden quer geteilt, sodass im Erdgeschoss Stuben und im Obergeschoss Schlafkammern entstanden. In allen Stockwerken gab es Latrinen, die in Senkgruben im Keller mündeten. Sie wurden regelmäßig nachts von Arbeitern, den sogenannten *gongfermours*, geleert. In London, wo sich die Bevölkerung im Laufe des 16. Jahrhunderts vervierfachte und der Platz knapp wurde, waren die Häuser fünf oder sogar sechs Stockwerke hoch; einige überragten jetzt die Kirchtürme aus dem 11. Jahrhundert. In allen Städten des Landes hatte sich der architektonische Horizont erweitert – von einstöckigen zu mehrstöckigen Häusern.

Die Raffinesse der Stadthäuser zeigte sich nicht nur in ihrem äußeren Erscheinungsbild. Die Vielfalt ihrer Ausstattung hätte einen Menschen aus dem Jahr 1000 nicht weniger beeindruckt. Nehmen wir das Haus von John Newberry aus Farnham, Surrey, einer Kleinstadt, die zum Zeitpunkt seines Todes im Jahr 1600 etwa 3000 bis 4000 Einwohner hatte. Er war kein reicher Kaufmann, sondern ein einfacher Handschuhmacher, der Handschuhe aus Leder und anderen Tierhäuten schnitt und zusammennähte, wie dies auch William Shakespeares Vater John tat. Sein bewegliches Hab und Gut hatte einen Gesamtwert von 104 Pfund, die Hälfte davon in Form von Bargeld, verliehenem Geld, Tieren und Getreide auf Feldern außerhalb der Stadt. In seinem Stadthaus befand sich im Erdgeschoss ein Laden, in dem er sein Leder und seine Werkzeuge aufbewahrte. In der Kammer darüber lagerte er weiteres Werkzeug sowie große Mengen Wolle und ein »Wollrad« oder Spinnrad (in Europa vor dem 13. Jahrhundert unbekannt). Beim Betreten der Halle fällt auf, dass diese praktisch ein Esszimmer geworden war. Überall an den Wänden hingen bemalte Tücher, so wie wir vielleicht Tapeten verwenden würden. Die Einrichtung bestand aus einem Tisch mit zwei Holzsesseln und sechs Hockern, einer Truhenbank und einem Schrank. Auf den Hockern lagen gemusterte Kissen, auf dem Schrank eine Bibel und einige andere Bücher. Für das Feuer gab es Gerätschaften aus Metall: Kaminböcke, eine Zange und einen Schürhaken.

In dem Raum über seiner Halle bewahrte John Newberry seine wichtigsten Vorräte auf – große Mengen Weizen, Gerste und Roggen. Außerdem lagerte er Mengkorn (eine Mischung aus Weizen und Roggen). Wahrscheinlich brauten er und seine Frau ihr eigenes Bier, denn er hatte hier auch Säcke mit Malz und Hopfen untergebracht. In der Stube stand ein Bettgestell mit Eichenrahmen, bemaltem Baldachin und umlaufendem Volant; darin lagen eine Federmatratze, ein Daunenkissen, Laken und Decken. An einer Seite standen ein Schrank und ein runder Tisch. Tischtücher, Servietten und Kissen waren in ein paar Truhen untergebracht. Das Zimmer über der Stube war das Hauptschlafzimmer mit einem imposanten Bettgestell. Unten in der Küche wurde das Messinggeschirr der Familie aufbewahrt, darunter Pfannen, Kessel, Töpfe, Kerzenständer und ein Mörser. Hier stapelten sich die Teller, Untertassen, Töpfe, Becher, Salzstreuer und Schüsseln für Eintöpfe oder Suppen, die alle aus glänzendem Zinn waren und wie Silber aussahen. Auch Obstschalen, Durchschläge und Siebe sowie Spieße zum Braten von Fleisch gab es hier. Über der Küche befand sich ein weiteres Schlafzimmer und draußen an der Rückseite des Hauses ein Stall und eine Backstube. Newberry und seine Familie hatten sogar Nachttöpfe, in die sie sich erleichtern konnten, wenn sie in der Nacht aufwachten und keine Lust hatten, zum Plumpsklo hinunterzusteigen. Diese Trockentoiletten waren eine neuere Erfindung und müssen das Leben in Ermangelung von Toilettenspülungen sehr viel angenehmer gemacht haben. Alles in allem überstieg die Anzahl der Besitztümer, Utensilien, Annehmlichkeiten und Geräte bei Weitem die des 11. Jahrhunderts. Und es handelte sich ja auch nur um das Haus eines einfachen Handwerkers.[8]

Am untersten Ende der sozialen Leiter, bei den Landarbeitern und Kleinbauern, hatten sich die Wohnverhältnisse seit dem 14. Jahrhundert kaum geändert. Die ärmsten Familien des 16. Jahrhunderts bewohnten nach wie vor eine einstöckige Hütte mit einer unverglasten, rauchgefüllten, bis zum Dachsparren offenen Halle und einer ebenerdigen Kemenate mit gestampftem Lehmboden. Allerdings unterschieden sich diese Gebäude schon deutlich von den Holzhütten des 11. Jahrhunderts, da sie in der Regel ein steinernes Fundament hatten und länger hielten. Auch in der Ausstattung hatte sich einiges getan. Im 16. Jahrhundert konnte eine arme Bauernfamilie durchaus eiserne Kochgeräte sowie Zinnteller und -löffel besitzen, denn im Laufe der Jahre war so viel von diesem Geschirr produziert worden, dass es sich über den Gebrauchtmarkt in der ganzen Gesellschaft verteilte. Ähnliches gilt für einige Arbeiter in der Stadt. Der Fischer George Grosse aus Teignmouth hinterließ bei seinem Tod im Januar 1592 Hab und Gut im Wert von nur 2 Pfund, 6 Shilling und 4 Pence. Seine

Kleidung und sein Bettzeug waren 16 Shilling und 4 Pence wert. Ein Schwein im Hof wurde mit 20 Pence angesetzt. Dazu kamen die wenigen Möbel in seiner Hütte: ein Tisch, zwei Bänke, ein Schrank, zwei Truhen, ein Fass und ein zerbrochener Bottich. Wie seine Vorfahren besaß er kein Bettgestell, sondern schlief wahrscheinlich auf einer Matratze auf dem Boden. Doch im Gegensatz zu ihnen nannte er eine Reihe von Metallgegenständen sein Eigen: eine Bratpfanne, Zinnteller, zwei Kerzenständer, zwei Messingtöpfe, zwei Messingpfannen, einen Kessel und einen Tiegel, dazu Haken, um den Kessel und die Töpfe über das Feuer zu hängen. Um diese Dinge hätten ihn viele weitaus wohlhabendere Menschen im 11. Jahrhundert beneidet.[9]

Ernährung

Solche Fortschritte im häuslichen Komfort, so beeindruckend sie auch sein mögen, lassen die physische Notwendigkeit außer Acht, genug zu essen und zu trinken zu haben. Viele Menschen des Mittelalters fanden es beruhigender, Getreide und Käse in ihren Kammern zu horten als Möbel. Wir müssen uns nur noch einmal vor Augen führen, dass der bewegliche Besitz des Bauern William Hall etwa zur Hälfte, der des städtischen Handschuhmachers John Newberry etwa zu einem Fünftel aus Vieh, Speckseiten, Getreidesäcken und Käselaiben bestand. Lebensmittel waren für viele Menschen eine alltägliche Sorge, selbst für relativ wohlhabende Handwerker wie John Newberry. Es war wichtig zu wissen, dass man selbst und die eigene Familie in absehbarer Zeit genug zu essen haben würden, falls die nächsten Ernten ausfallen sollten. Langfristige Ernährungssicherheit war daher das wichtigste Element menschlichen Komforts – und ist es auch heute noch, selbst wenn wir uns dessen nicht bewusst sind.

Wie wir im vorangegangenen Kapitel gesehen haben, waren Lebensmittelknappheiten ein regelmäßiger Aspekt des Lebens im 11. Jahrhundert. Zunächst war da die große Hungersnot von 1005, laut der *Angelsächsischen Chronik* die schlimmste seit Menschengedenken. Weitere Hungersnöte wüteten in den Jahren 1012, 1016, 1025 und 1031, bevor 1042 eine schreckliche Periode der Lebensmittelknappheit begann, die sieben Jahre gedauert haben soll.[10] Insgesamt litt England im frühen 11. Jahrhundert in einem von vier Jahren Hunger. Dies bedeutete, dass die Städte kaum wachsen konnten, denn wenn die Bauern, die sonst ihre Überschüsse auf den Markt brachten, ihre Erträge um die Hälfte reduziert sahen, waren sie gezwungen, das wenige Getreide, das sie hatten, für die eigene Ernährung und als Saatgut für die nächste Ernte aufzubewahren. Und das war die Situation *vor* den Plünderungen der normannischen Eroberung. Nach der Verwüstung des Nordens durch Wilhelm den Eroberer aßen die Einwohner »vom Hunger getrieben Menschen-, Hunde- und Pferdefleisch«, wie es ein Chronist ausdrückte. Sein Hinweis auf Kannibalismus wird von einem anderen Autor bestätigt, der erklärte, dass »viele gezwungen waren, Pferde, Hunde, Katzen, Ratten und anderes abscheuliches und gemeines Ungeziefer zu essen; ja, einige schreckten nicht davor zurück, Menschenfleisch zu sich zu nehmen«.[11]

Die Zahl der von englischen Chronisten verzeichneten Hungersnöte blieb auch im frühen 12. Jahrhundert hoch – in der ersten Hälfte waren es zwölf Hungerjahre.[12] Für das Jahr 1124 notierte ein Autor: »Es herrschte eine solche Hungersnot, dass überall in den Städten, Dörfern und an den Kreuzungen leblose Körper unbegraben lagen.«[13] Die Mittelalterliche Warmzeit – jene Zeitspanne der globalen Erwärmung zwischen etwa 1000 und 1250 – minderte jedoch allmählich die Regelmäßigkeit der Krisenjahre, und die nächste schwere Hungerkrise in England wurde erst wieder für das Jahr 1183 gemeldet. Eine schreckliche Hungersnot zwischen 1193 und 1196 veranlasste den Chronisten Walter von Guisborough zwar zu der Aussage, dass »das gemeine Volk überall aus Mangel an Nahrung zugrunde ging«, doch letztendlich war dies die Zeit des schnellsten Bevölkerungswachstums in England während des gesamten Mittelalters. Der Hunger war nach wie vor allgegenwärtig, doch eine chronische Lebensmittelknappheit trat jetzt etwa alle sieben Jahre auf, nicht mehr alle vier Jahre. Außerdem wurde der Getreidemarkt durch neue Handelsbeziehungen internationaler. Als 1258 nach einer schlechten Ernte im Jahr zuvor erneut eine Hungersnot ausbrach, beschafften Londoner Kaufleute fünfzig Schiffsladungen Weizen, Gerste und Brot aus Preußen.[14]

Vom 13. Jahrhundert an müssen wir uns bei der Beschreibung von Nahrungsmittelengpässen nicht allein auf die Berichte der Chronisten verlassen, sondern haben auch Preise aus den frühesten noch erhaltenen herrschaftlichen Rechnungen. Zwischen 1209 und 1250 weisen diese auf vier sehr schwierige Jahre hin.[15] Zwischen 1250 und 1289 erreichten die Getreidepreise erneut viermal ein Krisenniveau, um dann mit dem Ende der Mittelalterlichen Warmzeit in kaum erträgliche Höhen zu steigen. Die Jahre 1290/91 und 1293 bis 1296 waren keine gute Zeit für die Bauern. Über das ganze 13. Jahrhundert gesehen waren Hungersnöte zwar seltener als im 11. und 12. Jahrhundert, aber wie wir im vorigen Kapitel gesehen haben, hatten viele arme Familien wegen des Bevölkerungswachstums selbst in guten Jahren nicht genug zu essen. Infolgedessen balancierte die Gesellschaft noch immer nahe am Abgrund. Wenn bedeutende Herren und Prälaten die Bestimmungen für ihr Begräbnis festlegten, baten sie oft darum, jedem Armen, der daran teilnahm, einen Laib Brot und einen Pfennig zu geben. Manchmal kamen Zehntausende. Die meisten Kathedralen und Abteien spendeten jede Woche, manche sogar täglich, Lebensmittel und Kleidung für die Armen. Diese Wohltätigkeit war wichtig, denn in den Jahren 1315 bis 1323 herrschte »der Große Hunger«: eine Reihe von Missernten, entsetzlichen Unwettern und Viehseuchen, die mehr als eine halbe Million Menschen das Leben kosteten.

Der Schwarze Tod schließlich erwies sich als Wendepunkt in der Sozialgeschichte Europas. Wir haben gesehen, wie er den kausalen Zusammenhang von Bevölkerungswachstum und Reallöhnen durchbrach und damit die Ungleichheit verringerte. Familien, die die Pest überlebten, konnten viel häufiger Fleisch und Fisch essen als ihre Vorfahren. Die armen Arbeiter waren zwar weiterhin in hohem Maße auf Brot angewiesen, aber es machte einen geringeren Anteil ihrer Nahrung aus. In Sedgeford, Norfolk, lieferte Brot im späten 13. Jahrhundert knapp die Hälfte der Kalorienzufuhr eines Arbeiters; im späten 14. Jahrhundert war es weniger als ein Fünftel. Gleichzeitig stieg der Fleischanteil in der Ernährung von etwa 4 Prozent auf 30 Prozent.[16] Es gab noch immer Jahre mit extremem Nahrungsmangel und hohen Preisen, aber relativ wenige Hungersnöte. In den Chroniken ist häufiger von Mangel als von Tod die Rede.

In der ersten Hälfte des 16. Jahrhunderts gab es fünfmal Lebensmittelengpässe. In der zweiten Hälfte waren die Krisenjahre zwar seltener, aber schlimmer. Im Jahr 1565 wurden große Mengen an Getreide eingeführt, um den Mangel zu lindern. Im Jahr 1587 brachte eine weitere Hungersnot eine hohe Sterblichkeit mit sich, vor allem im Norden Englands. In den 1590er-Jahren fielen die Ernten vier Jahre hintereinander aus. Der Norden litt auch 1623 erneut unter chronischer Nahrungsmittelknappheit, im Süden jedoch verhungerten die Menschen zuletzt in den Jahren 1594 bis 1597. Ein Grund dafür waren Verbesserungen in der Landwirtschaft; ein anderer war das jetzt gut ausgebaute Marktsystem, das es ermöglichte, Nahrungsmittel aus Gebieten mit hohem Angebot und niedrigen Preisen in Gebiete mit niedrigem Angebot und hohen Preisen zu transportieren. Der wichtigste Grund war jedoch die Entwicklung des *Old Poor Law*, auf das wir später noch zurückkommen werden. Ab 1597 mussten alle englischen Gemeinden eine Abgabe erheben, um damit die Armen zu ernähren. Diese Systematisierung der Wohlfahrt, gekoppelt mit dem Marktsystem, führte allmählich zu einem Ende des Massensterbens durch Hunger.

Auswahl

Im Laufe des Mittelalters stand allmählich nicht mehr die Frage: »Gibt es etwas zu essen?« im Mittelpunkt, sondern die Frage: »Was möchtest du essen?« Der Horizont des häuslichen Komforts erweiterte sich und bot jetzt eine größere Auswahl. Eine wohlhabende Familie des 15. Jahrhunderts konnte sich dafür entscheiden, statt Käse Fleisch oder Fisch zu essen und ihren Eintopf aus Zwiebeln und Bohnen mit Speck oder Huhn anzureichern. Neben Molke und Dünnbier konnte man nun auch starkes Ale, Met (in Wasser vergorenen Honig) oder Apfelwein trinken. Etwa ab der Mitte des 15. Jahrhunderts begannen die Menschen, ihr Bier mit Hopfen zu brauen, wodurch es viel länger haltbar war als einfaches Ale. Ein Jahrhundert später gaben die Brauer ihren Bieren Namen wie Mad Dog, Father Whoreson, Angels' Food, Dragon's Milk und Lift-leg, eine Art Vorgriff auf die Produktnamen heutiger Kleinbrauereien. Mit der Entwicklung des Marktwesens kamen immer häufiger Fisch, Obst und Gemüse ins Angebot. Auch die Art und Weise, wie man aß, änderte sich: In den Inventaren von William Hall, John Newberry und George Grosse wird Zinngeschirr erwähnt, das es im 11. Jahrhundert noch nicht gegeben hatte. Die beiden erstgenannten Männer besaßen auch Silberlöffel, die im 11. Jahrhundert in den Häusern einfacher Bauern und Handschuhmacher ganz sicher auch nicht zu finden gewesen wären.

Neue Zubereitungsarten fanden ihren Weg in die Küchen. Vor dem Schwarzen Tod verfügte eine Familie meist nur über ein Feuer und eine Grube im Boden oder einen Steinguttopf – die Möglichkeiten waren also begrenzt. Im 16. Jahrhundert, als sowohl Fleisch als auch Metallpfannen weit verbreitet waren, konnte man sein Fleisch am Spieß braten, in einer Pastete backen, in einer Pfanne schmoren oder über heißer Glut auf einem Rost grillen. Das mag sich für Sie wie eine einfache Geschmacksfrage anhören, aber es konnte dabei um Leben und Tod gehen. Fleisch ist eine gute Eisenquelle, und eiserne Töpfe und Pfannen verbessern die Aufnahme des Mineralstoffs erheblich, was besonders für Frauen wichtig ist, die aufgrund von Menstruation und Schwangerschaft einen höheren Bedarf haben als Männer. Ohne ausreichend Eisen wird der Mensch anämisch und anfällig für eine Reihe von Krankheiten und Beschwerden. Es wird vermutet, dass dies ein Hauptgrund dafür war, dass Frauen bis ins späte Mittelalter nicht so lange lebten wie Männer.[17] Der steigende Fleischkonsum der einfachen Leute nach dem Schwarzen Tod und das langsam wachsende Angebot an eisernen Kochgefäßen waren für viele Menschen lebensrettend, auch wenn ihnen das damals nicht bewusst war.[18]

Zusätzlich zu all diesen Veränderungen wurden auch die Mahlzeiten zu einer Frage der Wahl. Während des gesamten Mittelalters nahmen die einfachen Leute ihre Hauptmahlzeit am späten Vormittag ein. Für viele Menschen, vor allem im 11. und 12. Jahrhundert, war es die einzige Mahlzeit. Wenn genug da war, aßen sie am späten Nachmittag noch einmal etwas. Die einzigen Gelegenheiten, bei denen Männer und Frauen frühstückten, waren sehr frühe Arbeitseinsätze, etwa während der Erntezeit oder vor Antritt einer langen Reise. Die Einführung von Uhren im späteren Mittelalter bedeutete jedoch, dass Arbeitsstätten und Schulen im 16. Jahrhundert zu einem festen Zeitplan übergingen und nicht mehr vom Morgengrauen bis zur Abenddämmerung geöffnet waren. Da die Arbeitszeiten sehr lang sein konnten – ein Gesetz aus dem Jahr 1515 legte fest, dass der Arbeitstag für Arbeiter und Handwerker zwischen Mitte März und Mitte September von 5 Uhr morgens bis 19 Uhr abends dauern sollte –, war es in den Städten üblich, statt einer Mahlzeit am späten Vormittag ein Frühstück und eine Mittagsmahlzeit zu sich zu nehmen und am Ende des Tages ein Abendessen. In einer elisabethanischen Stadt können Sie also das Ihnen bekannte Drei-Mahlzeiten-System erwarten: Frühstück, Mittagessen und Abendessen. Im 11. Jahrhundert hätten Sie dagegen kaum mehr als Brot, Käse und einen Getreideeintopf mit Gemüse bekommen, und das wahrscheinlich nur einmal am Tag. Und denken Sie daran, dass Ihnen in jedem vierten Jahr eine Hungersnot womöglich selbst das vorenthalten hätte.

Man muss wohl kaum erwähnen, dass sich der Lebensstil des Adels und der Wohlhabenden stark vom entbehrungsreichen Leben der Armen unterschied. Auch die Ernährung der gut Situierten änderte sich stark, zum Teil als Folge des internationalen Handels. Nehmen wir zum Beispiel die Gewürze. Erst mit der normannischen Eroberung lernte der englische Adel gewürzte Speisen kennen und lieben, doch zunächst waren Gewürze nur sehr schwer zu bekommen, bevor der Handel mit solchen Exotika im späten 12. Jahrhundert zunahm.[19] Von da an fanden Zimt, Muskatnuss, Kardamom, Nelken, Ingwer, Muskatblüte, Pfeffer, Zucker und Safran regelmäßig in der Küche eines Adligen Verwendung – und je reicher er war, desto mehr davon verbrauchte sein Haushalt. Auch Johannisbeeren, Rosinen, Datteln, Feigen und Pflaumen waren beliebt, dazu kamen im 15. Jahrhundert Süßweine aus dem Mittelmeerraum. Neue Vorstellungen in Bezug auf Ernährung und Gesundheit entwickelten sich im Italien der Renaissance und erreichten England im 16. Jahrhundert. Männer, deren Väter den Verzehr von Gemüse und Grünzeug verschmäht hatten, bekamen nun einen Salat als ein Gericht des ersten Ganges eines Abendessens serviert.

Im späten 14. Jahrhundert wurden zum ersten Mal seit der Antike wieder Kochbücher aufgelegt, mit denen sich Rezepte und Anleitungen verbreiteten. Gedruckte Exemplare ermöglichten es im 16. Jahrhundert jeder Bäuerin, die lesen konnte, raffinierte Gerichte anhand eines Rezeptes zuzubereiten. Gleichzeitig gelangten importierte Lebensmittel aus der Neuen Welt wie Kartoffeln und Tomaten auf die Festtafeln der Wohlhabenden. Dazu gesellten sich die Karotte aus Holland und der Blumenkohl aus Italien. Und ganz am Ende unserer hier untersuchten Zeit blieben schließlich noch die religiösen Fastenvorschriften auf der Strecke. Während sich im 13. Jahrhundert auch wohlhabende Familien gezwungen sahen, mittwochs, freitags und samstags sowie in der Fasten- und Adventszeit durchgehend Fisch statt Fleisch zu essen, wurden solche Einschränkungen um 1600 nur noch von den eifrigsten katholischen Familien eingehalten – und dann auch nur an einem Tag pro Woche.

Seit der Veröffentlichung von Marquis de Condorcets *Esquisse d'un tableau historique des progrès de l'esprit humain* (»Entwurf einer historischen Darstellung der Fortschritte des menschlichen Geistes«) im Jahr 1794 ist der moderne Mensch dem Fortschrittsgedanken verhaftet, der im Grunde besagt, dass sich die sozialen Bedingungen kontinuierlich verbessern, weil dies im Interesse aller liegt. In akademischen Kreisen erfuhr diese Auffassung nach dem Ersten Weltkrieg einen gewissen Rückschlag, als man feststellte, dass der »Fortschritt« zu einer Zerstörung menschlichen Lebens in einem nie da gewesenen Ausmaß geführt hatte. 1931 erteilte der Historiker Herbert Butterfield dem oben beschriebenen Konzept des Fortschrittsgedankens in seinem Buch *The Whig Interpretation of History* ebenfalls eine Absage: Er tadelte Autoren, die die Vergangenheit so betrachteten, als sei sie ein einziger langer Marsch des Fortschritts hin zur modernen Welt, und vertrat nachdrücklich die Ansicht, vergangene Generationen sollten nach ihren eigenen Maßstäben und nicht in Bezug auf die Gegenwart beurteilt werden. Deshalb ist es in der Geschichtswissenschaft beliebt, die Idee des Fortschritts in der Sozialgeschichte zu kritisieren; oft werden solche Ideen hochmütig als *whiggish* und als überholt abgetan. Es kann jedoch kein Zweifel daran bestehen, dass es in Bezug auf den häuslichen Komfort einen echten Fortschritt zwischen dem 11. Jahrhundert und dem 16. Jahrhundert gab. Im 11. Jahrhundert schlief ein ungebildeter Bauer auf einer Strohmatratze in einer dunklen, mit Torf ummauerten Hütte auf einem Lehmboden vor einem rauchigen Feuer mit dem Kopf auf einem Holzscheit; fünfhundert Jahre später konnte sein Nachkomme seinen Kopf auf ein Federkissen in einem Federbett in einer durch einen Kamin beheizten Kammer im ersten Stock legen. Ebenso hätte ein Adliger des 16. Jahrhunderts, der in seiner warmen Kammer bequem an einem verglasten Fenster saß und ein Buch las, seinen ungebildeten, 600 Jahre entfernten Vorfahren, der zwischen seinen rauchgefüllten Hallen hin- und herritt, keines Blickes gewürdigt.

Noch wichtiger für das menschliche Wohlbefinden ist eine ausreichende Ernährung, und es ist nicht zu leugnen, dass es auch in dieser Hinsicht Fortschritte gab. Der quälende Kreislauf von Hunger und Elend wurde im Laufe des Mittelalters allmählich durchbrochen. Hungersnöte traten nicht mehr so regelmäßig auf, und das Marktsystem war immer besser in der Lage, die Nahrungsmittel zu verteilen. Obwohl sich das Klima ab etwa 1290 wieder verschlechterte, ging die Zahl der Hungertoten langsam zurück. Auch die Tatsache, dass im späteren Mittelalter immer mehr Menschen fünfzig Jahre und älter wurden – trotz des Aufkommens von Pest, Englischem Schweiß, Grippe, Pocken und vielen anderen tödlichen Krankheiten –, lässt sich nur durch die allgemeine Verbesserung der Ernährung und die Einführung von eisernen Kochgeschirren erklären. Und eine bessere Ernährung der Mütter bedeutete auch eine bessere Ernährung der Säuglinge, was zu einer geringeren Kindersterblichkeit führte. Aus diesem Grund ist die Lebenserwartung bei der Geburt wohl das beste Maß für den Wohlstand einer Gesellschaft. Um 1600 lag sie bei knapp vierzig Jahren – ein Wert, den sie erst im späten 19. Jahrhundert überschritt.

Dies soll nicht bedeuten, dass es *jedem* im 16. Jahrhundert besser ging als *jedem* im 11. Jahrhundert. Wie wir bereits gesehen haben, zwang die verstärkte Ungleichheit sowohl im späten 13. Jahrhundert wie auch im späten 16. Jahrhundert die ärmsten Menschen in ein mit den Lebensbedingungen im frühen Mittelalter vergleichbares Elend zurück. Im elisabethanischen England hausten verwaiste Jugendliche und obdachlose Männer und Frauen in Scheunen. Aber sie waren die Ausnahme. Ihre Lage war entsetzlich, doch selbst sie blieben von den regelmäßigen Hungersnöten und den schlechten Lebensbedingungen verschont, die Sklaven und Leibeigene im 11. Jahrhundert zu ertragen hatten. Niemand im Jahr 1600 hätte die Uhr zurückdrehen wollen – am wenigsten die Armen.

5 Geschwindigkeit

Wie schnell reisten Menschen und Informationen?

»Geschwindigkeit« ist nicht unbedingt ein Begriff, den wir normalerweise mit dem Mittelalter in Verbindung bringen. Wir können uns einen reitenden Boten vorstellen, der einen Kittel in den Farben seines Herrn trägt und mit einer dringenden Nachricht zu einem Gutshof galoppiert. Aber wer reiste schneller als er? Niemand. Daher wird allgemein angenommen, dass sich die Geschwindigkeit, mit der Nachrichten übermittelt werden konnten, erst mit dem Aufkommen der Dampflokomotiven im frühen 19. Jahrhundert steigerte. »Eine Geschwindigkeit von dreißig bis fünfzig Kilometern pro Tag war üblich« – das ist ein Satz, der regelmäßig in Geschichtsbüchern über das Mittelalter auftaucht. Nur wenige Historikerinnen und Historiker haben bemerkt, dass sich die erreichbaren Geschwindigkeiten im Laufe der Zeit erheblich steigerten, und keiner hat sich eingehend mit diesem Thema befasst. Meines Wissens hat sich auch niemand mit den damit einhergehenden Auswirkungen auf die Gesellschaft beschäftigt. Dies sind also die Hauptthemen dieses Kapitels: die erkennbaren Steigerungen der möglichen Höchstgeschwindigkeiten zwischen dem 11. und dem 16. Jahrhundert, der Grad der Teilhabe der Menschen an diesen Vorteilen und die daraus resultierenden Veränderungen im Denken.

Die Kontexte der Geschwindigkeit

Das Wort »Geschwindigkeit« ist ein relativer Begriff. Wenn ich versuche, einen Bus zu erreichen, laufe ich vielleicht »schnell«, bewege mich jedoch nicht so zügig, wie wenn ich mit 50 km/h im Auto fahre. Und selbst wenn ich mit mehr als der doppelten Geschwindigkeit auf offener Straße »schnell« fahre, bin ich noch lange nicht so schnell wie ein Hochgeschwindigkeitszug. Diese Relativität mag offensichtlich erscheinen, doch sie ist ein notwendiger Ausgangspunkt, weil es viele verschiedene Kontexte der mittelalterlichen Geschwindigkeit gab. Wenn Männer Routineangelegenheiten erledigten, bewegten sie sich nicht annähernd so schnell, wie wenn sie eine feindliche Armee ausmanövrieren mussten. Und ein Bote, der dringende Nachrichten überbrachte, war noch einmal anders unterwegs. Von allen Faktoren, die sich auf die Reisegeschwindigkeit auswirkten, war der *Grund* der Reise der wichtigste. Warum sollte man nachts unterwegs sein, wenn man nur seine Ländereien kontrollieren wollte? Egal, wie hell der Mond scheint: Ein Bett ist immer bequemer als ein Sattel. Wenn Sie hingegen unbedingt Ihren sterbenden Bruder sehen wollen, werden Sie sich durch die Dunkelheit bewegen – auch bei Neumond.

Dann ist da noch die Frage der Kosten. Wohlhabende Menschen, die sich einen Pferdewechsel leisten konnten, erreichten natürlich weitaus höhere Geschwindigkeiten als diejenigen, die nicht so viel bezahlen wollten oder konnten. Mit den schnellsten Boten, die ihm zur Verfügung standen, konnte ein König viel rascher über eine bevorstehende Invasion informiert werden als jemand, der einen Bericht über die Produktivität eines Guts erwartete. Der Unterschied lag in der Möglichkeit, die Pferde regelmäßig zu wechseln. Es ist daher notwendig, drei verschiedene Arten von Geschwindigkeit zu betrachten: erstens die von Menschen, die ihren gewöhnlichen Geschäften nachgingen; zweitens die von wohlhabenden und mächtigen Menschen, die entschieden handeln und daher schnell persönlich reisen mussten; und drittens die von wichtigen Informationen. Beginnen wir mit dem Routineverkehr – denn wenn wir nicht wissen, was allgemein üblich war, können wir umso schwerer bestimmen, was als schnell galt.

Normale Geschwindigkeiten im Geschäftsleben

Besonders leicht sind natürlich die Bewegungen der englischen Könige zu verfolgen. Seit der Entwicklung der Kanzlei- und Finanzregister in den 1190er-Jahren können wir sie an praktisch jedem Tag auf ihren Wegen durch das Reich begleiten. Kaum eine andere weltliche Persönlichkeit lässt sich so detailliert nachverfolgen. Ihre »Routine«-Geschäfte waren jedoch kaum typisch für die Menschen im Allgemeinen. Außerdem wurden sie in der Regel von einem riesigen Gefolge begleitet, das im 13. und 14. Jahrhundert wohl auf bis zu fünfhundert Menschen anwuchs, was ihre Reisen verlangsamte. Diese Menschen brauchten riesige Mengen an Lebensmitteln; mancherorts mussten provisorische Küchen eingerichtet werden. An einem einzigen Tag im Jahr 1292 verbrauchte der Haushalt Edwards I. »vier und ein halbes Rind, vier Kälber, sieben Schweine, zehn und ein halbes Schaf, achtzehn Lämmer, fünf Gallonen Blut, sechs Ziegen, sechs Kaninchen, einen Fasan, ein Dutzend Rebhühner, achtzehn Enten, drei Dutzend Waldschnepfen und 2200 Eier, dazu ungemessene Mengen an Milch, Butter, Hering und Kabeljau«.[1] Um die gesamte Ausrüstung des königlichen Haushalts zu transportieren, waren viele Karren und Wagen nötig. Auch deren Zahl wuchs von zwanzig oder dreißig im 13. Jahrhundert auf mehr als zweihundert im späten 16. Jahrhundert an.[2] Und man brauchte viele Pferde – die wiederum große Mengen Hafer fraßen, der ebenfalls transportiert werden musste (da es teurer war, Hafer unterwegs einzukaufen). Sie sehen: Wenn der König sich auf den Weg machte, war das durchaus eine größere Sache. Diese Routinereisen des königlichen Haushalts spiegeln daher nicht die Reisen der einfachen Leute im mittelalterlichen England wider.

Dennoch lohnt es sich, die königlichen Itinerare im Hinblick auf das gewöhnliche Tempo auszuwerten, denn die mittelalterlichen Könige waren fast ständig unterwegs. Im 11. Jahrhundert mussten sie wie alle großen Herren zwischen ihren vielen Gütern hin- und herpendeln, um den Unterhalt ihres Haushalts zu sichern. Gleichzeitig aber mussten die Monarchen auch militärischen Bedrohungen begegnen. Selbst wenn sie sich nicht im Krieg befanden, mussten sie ihre Macht im ganzen Reich demonstrieren. König John zog mit seinem Hausstand in jedem einzelnen Monat seiner Herrschaft um – abgesehen nur von der Zeit, als er Rochester Castle belagerte.[3] Im 12. und 13. Jahrhundert waren Reisen zur Beschaffung von Lebensmitteln nicht mehr ganz so nötig, weil sich die ersten leistungsfähigen Märkte entwickelten, doch die Könige waren noch immer rastlos und beaufsichtigten ihre Ländereien sowohl auf dem Kontinent als auch in Großbritannien oft persönlich. Das übliche Tempo Edwards I. lässt sich an seiner Reise von Bamburgh nach Windsor im Januar 1300 ablesen, bei der er in fünfundzwanzig Tagen 580 Kilometer zurücklegte, wobei er an sechs Tagen rastete.[4] Seine Geschwindigkeit lag also bei gut 30 Kilometern pro Tag, obwohl er mehrere Dutzend Wagen und Karren und Hunderte von Männern mit sich führte und tiefster Winter herrschte. Im Laufe eines normalen Jahres machte er – noch als Sechzigjähriger – in mehr als hundert Städten und Dörfern Halt.[5] In unserer heutigen Vorstellung sitzen Könige in ihren Schlössern, doch wir sollten sie uns auch hoch zu Ross denken, umgeben von ihren Dienern und Höflingen, die den englischen Regen und die schlammigen Straßen verfluchen.

Edward III. stand seinem Großvater in nichts nach, was die zurückgelegten Entfernungen wie auch das Reisetempo angeht. Er besuchte ebenfalls regelmäßig mehr als hundert Orte im Jahr.[6] Aber er war oft viel schneller unterwegs. Zwischen dem 4. und dem 29. August 1333 ritt er von Newcastle upon Tyne nach Westminster.[7] Die 122 Kilometer nach Süden bis Knaresborough legte er in vier Tagen zurück und verbrachte dort acht Tage, bevor er am 16. nach Navenby in Lincolnshire (137 Kilometer entfernt) aufbrach und am 18. dort ankam. Nachdem er Navenby am Morgen des 19. verlassen hatte, ritt er durch Wisbech und erreichte Little Walsingham (140 Kilometer von Navenby entfernt) am 21. August. Am nächsten Tag legte er 47 Kilometer nach Wymondham zurück, wo er übernachtete. Dann ritt er weitere 47 Kilometer nach Great Yarmouth und blieb dort zwei Tage lang, bevor er am 26. August zu der 217 Kilometer langen Reise nach Westminster über Redgrave, Bury St Edmunds, Long Melford und Chelmsford aufbrach. Am Abend des 29. August kam er in Westminster an. Somit hatte er insgesamt 710 Kilometer zurückgelegt und war nur an sechzehn der sechsundzwanzig Reisetage unterwegs gewesen; das ergibt eine Durchschnittsgeschwindigkeit von mehr als 44 Kilometern pro Reisetag. Im März 1338 war er sogar noch schneller, als er in weniger als sieben Tagen von London nach Newcastle reiste und die gesamte Strecke von London nach Berwick und zurück, eine Entfernung von mehr als 1120 Kilometern, in nicht einmal neunzehn Tagen bewältigte.[8]

Auch Bischöfe reisten regelmäßig durch das Land. Sie hatten zwar einen kleineren Haushalt als der König und weniger politische Verpflichtungen, aber ihre geistliche Verantwortung hielt sie auf Trab. Wenn sie ihre Diözesen bereisten, legten sie nur kurze Strecken zwischen den Gemeinden zurück. Ihre Reisen über größere Entfernungen hinweg geben uns allerdings eine viel bessere Vorstellung von ihrem üblichen Tempo. Am 2. November 1000 reiste Bernward, der Bischof von Hildesheim, auf dem direktesten Weg über Trient nach Rom – eine Entfernung von etwa 1500 Wegekilometern. Anscheinend wurde er durch den Schnee in den Alpen aufgehalten, denn er brauchte bis zum 4. Januar, um sein Ziel zu erreichen: eine Reise von dreiundsechzig Tagen mit einem Durchschnitt von knapp 24 Kilometern pro Tag. In weiser Voraussicht entschied er sich bei der Rückkehr für die längere Strecke von 1640 Kilometern über die Abtei Saint-Maurice d'Agaune in der heutigen Schweiz, für die er dreiundfünfzig Tage benötigte – eine Geschwindigkeit von etwa 31 Kilometern pro Tag.[9]

Die Geschwindigkeit, mit der Bischof Bernward vorankam, war für einen reisenden Prälaten nicht ungewöhnlich. Der Historiker

R.L. Poole berichtet uns: »Eine Nachricht aus Rom konnte Canterbury in etwas weniger als fünf Wochen erreichen, und von einem Reisenden, der wohlgemerkt kein Eilkurier war, wurde erwartet, dass er etwa sieben Wochen unterwegs war.«[10] Ein Bischof, der im 12. Jahrhundert nach Rom reiste, legte also normalerweise 34 Kilometer pro Tag zurück. Es scheint, dass dies jahrhundertelang die Norm blieb. Eine systematische Untersuchung anhand der Bischöfe von Exeter zeigt, dass sie auf gewöhnlichen Reisen zwischen Exeter und London oder zwischen London und Paris bis zum 15. Jahrhundert durchschnittlich 32 Kilometer pro Tag reisten.[11] Gelegentlich finden wir Bischöfe, die auf Langstrecken ein höheres Tempo durchhielten, aber solche Eile war für einen Mann Gottes nicht üblich.

Eine Strecke von 32 Kilometern pro Tag für eine wichtige Persönlichkeit und ihren Haushalt – das entspricht der Entfernung, die im England des 15. Jahrhunderts für den »Rechtstag« festgelegt wurde (man konnte von Rechts wegen fordern, dass jemand diese Entfernung in vierundzwanzig Stunden zurücklegte).[12] Aber schätzen wir damit das Tempo der gewöhnlichen Reisen anderer Menschen zu niedrig ein? Die Berichte adliger Frauen aus dem 13. und 14. Jahrhundert legen nahe, dass Reisen von deutlich mehr als 32 Kilometern zu jeder Jahreszeit ungewöhnlich waren, es sei denn, es gab einen besonderen Grund zur Eile. Am 1. Juni 1265 machte sich Eleanor de Montfort von Odiham aus auf den Weg ins 53 Kilometer entfernte Portchester, doch die Tatsache, dass sie dies erst *nach* dem Mittagessen tat (das gewöhnlich so gegen halb elf bis elf Uhr serviert wurde und einige Stunden dauerte), lässt vermuten, dass es sich um eine plötzliche Abreise handelte. Sonst begannen fast alle Reisen der mittelalterlichen Oberschicht am Morgen.[13] In diesem Fall war ihre lange Reise an die Küste fast sicher eine Reaktion auf die Nachricht von der Flucht des Prinzen Edward, der ein Feind ihres Mannes war, aus Hereford Castle am 28. Mai. Einen zuverlässigeren Hinweis auf das gewöhnliche Tempo einer Adeligen liefert die Reise von Joan de Valence, die zwischen dem 21. Mai 1296 und dem 12. September 1297 an siebenundvierzig Tagen reiste und dabei insgesamt 1183 Kilometer zurücklegte, also etwa 25 Kilometer am Tag. Nur zwei Tagesreisen waren länger als 37 Kilometer: eine von 45 Kilometern und eine von 52 Kilometern.[14]

Wer über weniger Status und Reichtum verfügte, reiste nicht unbedingt viel langsamer. Da es im England des späten 13. Jahrhunderts nur etwa 350 000 Pferde gab, von denen sich vielleicht die Hälfte im Besitz der Grundherren befand, besaßen viele einfache Leute kein Reittier.[15] Während Adelige sich aufgrund ihres hohen Status verpflichtet sahen, zu reiten oder, im Falle einiger älterer Gräfinnen, einen Wagen zu verwenden, konnten einfache Leute zu Fuß gehen, ohne dass es ihrer Würde Abbruch tat. Wer fit war, konnte leicht 32 Kilometer an einem Tag marschieren – und das mag auch ein Grund dafür gewesen sein, dass 32 Kilometer als »Rechtstag« festgelegt wurden. Wer noch längere Strecken zurücklegen musste, konnte das natürlich tun. Die Notwendigkeit, die Pferde ausruhen zu lassen und sich um sie zu kümmern, entfiel.

Außergewöhnliche Umstände

Man ging also davon aus, dass jeder 32 Kilometer pro Tag zurücklegen konnte, doch das war keineswegs schon die Grenze des Machbaren. Viele Menschen konnten viel weiter und schneller reisen. Von römischen Soldaten wurde erwartet, dass sie auf einem Feldzug bis zu 55 Kilometer pro Tag marschierten, und wahrscheinlich rückte auch Harolds Armee im Jahr 1066 auf dem Weg von Stamford Bridge nach Süden, um den normannischen Invasoren entgegenzutreten, mit einer ähnlichen Geschwindigkeit vor. Und wer mehr als ein Pferd pro Tag einsetzen konnte, war in der Lage, noch beträchtlich weitere Entfernungen zurückzulegen. Drei Gesandte, die im Dezember 1075 von Papst Gregor VII. aus Rom zu Kaiser Heinrich IV. nach Goslar geschickt wurden, brauchten dreiundzwanzig Tage für die etwa 1450 Kilometer lange Strecke und legten dabei etwa 63 Kilometer pro Tag zurück.[16]

Ein Beispiel, das das Tempo belegt, mit dem Ritter des 12. Jahrhunderts selbst im Winter große Entfernungen überwinden konnten, ist die Ermordung von Thomas Becket, dem Erzbischof von Canterbury, am 29. Dezember 1170. Der Legende nach hörten die vier Mörder, wie Henry II. in Bur-le-Roi in der Nähe von Bayeux »wahrscheinlich am ersten Weihnachtstag« seinen Wunsch äußerte, »diesen Pfaffen von niederer Geburt« loszuwerden.[17] Nachdem die vier vereinbart hatten, sich am Abend des 28. Dezember in Saltwood Castle in Kent zu treffen, reisten sie getrennt dorthin.[18] Sie müssen geplant haben, Calais um die Mittagszeit an diesem Tag zu erreichen, sodass sie genügend Zeit hatten, den Kanal zu überqueren und die knapp 20 Kilometer nach Saltwood zu reiten. Wenn sie Bur-le-Roi am ersten Weihnachtstag nach Einbruch der Dunkelheit verließen, hatten sie für die 344 Kilometer lange Strecke etwa sechsundsechzig Stunden Zeit. Wenn man in dieser Zeit mit acht Stunden für Schlaf und Pausen rechnet, entspricht dies einer Geschwindigkeit von fast 7 Kilometern pro Stunde. Allerdings konnten sie wahrscheinlich nicht viele Pferdewechsel vornehmen, die für eine schnelle Reise unerlässlich waren. Außerdem reisten sie nur etwa zwanzig der achtundvierzig Stunden bei Tageslicht. Wenn sie dieses Tempo vierundzwanzig Stunden lang beibehielten, konnten sie an einem Tag 160 Kilometer zurücklegen.

Leider können wir uns weder in Bezug auf den Zeitpunkt von Henrys Rede noch in Bezug auf den Aufbruch der Ritter sicher sein, sodass die obige Rechnung auf Vermutungen beruht. Außerdem ist es schwierig, Beispiele für Ritter zu finden, die vor dem 14. Jahrhundert auch nur annähernd 160 Kilometer pro Tag zurücklegten. Zu den bekannten Eilmärschen des 13. Jahrhunderts gehört König Johns bemerkenswerter Vorstoß auf Mirebeau zwischen dem 30. Juli und dem 2. August 1202, als sein gesamtes Heer in achtundvierzig Stunden fast 130 Kilometer zurücklegte, um seinen Neffen Prinz Arthur gefangen zu nehmen.[19] Ein weiteres Beispiel ist die Rückkehr des Mönchs und Reisenden Wilhelm von Rubruk aus dem mongolischen Lager Karakorum, bei der er, wie er behauptete, etwa 112 Kilometer pro Tag zurücklegte.[20] Keines dieser Beispiele ist auch nur annähernd mit der Reise von Beckets Mördern vergleichbar.

Für das 14. Jahrhundert haben wir zuverlässigere Beispiele für schnell reisende Menschen. Eines davon steht im Zusammenhang mit der Verhaftung von Roger Mortimer und Königin Isabella in Nottingham Castle in der Nacht des 19. Oktober 1330. Der Papst erfuhr von diesem Ereignis am 3. November. Die Entfernung von Nottingham über London nach Avignon beträgt 1280 Kilometer, einschließlich der 48 Kilometer auf dem Meer, was bedeutet, dass der Bote durchschnittlich etwa 85 Kilometer pro Tag zurücklegte. Allerdings schrieb der Papst schon am 7. November an Edward III., dass er an diesem Tag weitere Informationen über die Verhaftung von einem Kaufmann erhalten habe, der sich zu jener Zeit in England aufgehalten habe. Wenn man davon ausgeht, dass der betreffende Kaufmann die Nachricht am 22. oder 23. Oktober in London erhielt, muss er die 1080 Kilometer nach Avignon in fünfzehn Tagen zurückgelegt haben: eine Tagesleistung von mehr als 72 Kilometern.[21] Für einen Kaufmann war das schnell. Die üblichen Geschwindigkeiten für Fernreisen im Handel hat Giovanni di Antonio da Uzzano Mitte des 15. Jahrhunderts beschrieben. Beispiele sind fünfzehn bis sechzehn Tage für die Strecke zwischen Avignon und Paris (40–45 Kilometer pro Tag) und fünfundzwanzig bis dreißig Tage für den Weg von Florenz nach London (50–58 Kilometer pro Tag).[22]

Das Itinerar Edwards III. enthält eine Reihe von Gelegenheiten, bei denen er mehr als 65 Kilometer pro Tag zurücklegte. Es ist möglich, dass er am 3. April 1331 inkognito die 110 Kilometer von Eltham nach Dover mit einer kleinen Schar von Begleitern hinter sich brachte.[23] Im Jahr 1336 benötigte er sechs oder sieben Tage für die 612 Kilometer von Perth nach Nottingham.[24] Im August 1342 kehrte er in weniger als zwei Tagen von Gloucester nach London (166 Kilometer) zurück.[25] Auch Bürgermeister konnten bei Bedarf schnell reisen. Der Anwalt Nicholas Radford wurde in der Nacht vom 23. auf den 24. Oktober 1455 in seinem Haus in Poughill, Devon, ermordet. Am folgenden Tag ritt John Shillingford, Bürgermeister von Exeter, mit der Nachricht nach London, wo er spät am Abend des 27. ankam und am nächsten Morgen beim Kanzler vorsprach. Er hatte fast 68 Kilometer am Tag zurückgelegt.[26] Und selbst Bischöfe konnten Geschwindigkeiten von mehr als 65 Kilometern pro Tag verzeichnen. Im Januar 1401 legte Edmund Stafford, Bischof von Exeter, die 285 Kilometer von Bishop's Clyst nach London in weniger als drei Tagen zurück (etwa 95 Kilometer pro Tag), was für einen fünfundfünfzigjährigen Kleriker zu dieser Jahreszeit wirklich beeindruckend ist. Diese Leistung wiederholte er allerdings auch noch in seinen Sechzigern, in den Jahren 1406 und 1409. Am 31. Januar 1410 ritt er im Alter von fünfundsechzig Jahren die 306 Kilometer von Crediton nach London in drei Tagen. 1416 brach er im Alter von zweiundsiebzig Jahren am 8. Juli in London auf und war am 10. Juli auf seinem Landsitz Bishop's Clyst in Devon.[27] Offenbar musste man nicht unbedingt jung sein, um im 15. Jahrhundert mit einer Geschwindigkeit von fast 100 Kilometern am Tag zu reisen: Man musste es sich nur leisten können.

Das Tempo der Nachrichtenübermittlung: Orientierungswerte

Nachrichten verbreiteten sich im Mittelalter natürlich besonders schnell. Die Historiker haben jedoch selten die tatsächliche Geschwindigkeit untersucht, sondern meist darauf hingewiesen, dass mittelalterliche Nachrichten im Vergleich zum *Cursus Publicus* des Römischen Reiches, der angeblich oft bis zu 260 Kilometer pro Tag schaffte, sehr langsam reisten. Regelmäßig ist außerdem zu lesen, dass auch der von Dschingis Khan für das mongolische Reich eingerichtete Botendienst im 13. Jahrhundert schneller gewesen sei. Norbert Ohler schreibt in seinem Buch *Reisen im Mittelalter*: »In vierundzwanzig Stunden soll der wohlorganisierte Stafetten- und Kurierdienst im Mongolenreich 375 Kilometer geschafft haben (die römische Staatspost, der ›cursus publicus‹, war ›nur‹ auf 300–335 Kilometer gekommen).«[28] Aber sind diese

Zahlen korrekt? Können wir sie als Richtwerte verwenden? Es lohnt sich, sie auf ihre Zuverlässigkeit hin zu überprüfen, bevor man sich mittelalterliche europäische Beispiele ansieht, um zu sehen, wie sie im Vergleich abschneiden.

Das ursprüngliche Vorbild für den *Cursus Publicus* war das Postsystem des Persischen Reiches. Entlang der Hauptrouten nach Rom wurden in Abständen von 25 römischen Meilen (37 Kilometern – eine römische Meile von 1000 Schritten entspricht knapp 1500 Metern) Poststationen eingerichtet. An jeder Station wurden frische Pferde für den ausschließlichen Gebrauch der kaiserlichen Boten bereitgehalten. Der Hauptunterschied zwischen dem persischen und dem römischen System bestand darin, dass die Perser eine Reihe von Stafettenreitern zur Übermittlung einer Nachricht einsetzten, während die Römer immer nur einen einzigen Reiter aussandten, der an jeder Station das Pferd wechselte. Der Vorteil des römischen Systems war, dass der Reiter bei seiner Ankunft neben der schriftlichen Botschaft weitere Informationen übermitteln konnte. Der Nachteil war, dass er unterwegs unweigerlich müde und dadurch langsamer wurde.

Eine der besten Quellen für die Geschwindigkeit des *Cursus Publicus* ist Prokops *Geheimgeschichte*, geschrieben im 6. Jahrhundert. Dort heißt es:

> Auf der Tagesstrecke eines gesunden Mannes richteten sie Poststationen ein, manchmal acht, manchmal weniger, aber kaum je weniger als fünf. In jeder Station standen gegen vierzig Pferde. Außerdem waren allenthalben Pferdeknechte in entsprechender Zahl angestellt. Durch häufigen Wechsel der – wohlgemerkt besten – Pferde konnten die Kuriere gegebenenfalls den Weg von zehn Tagen in einem einzigen zurücklegen und die gewünschten Nachrichten mitbringen.[29]

So konnten die Reiter des *Cursus Publicus* in vierundzwanzig Stunden bis zu 200 römische Meilen (etwa 300 Kilometer) zurücklegen, wenn es unbedingt nötig war.[30]

Waren römische Soldaten tatsächlich zu einem solchen Tempo fähig? Die kurze Antwort lautet: ja, zumindest gelegentlich. Valerius Maximus berichtete, der spätere Kaiser Tiberius habe im Sommer 9 v. Chr. an einem Tag und in einer Nacht 200 römische Meilen zurückgelegt, um seinen Bruder Drusus an dessen Sterbebett zu erreichen. Dies zeigt, dass seine Leser solche schnellen Reisen für möglich hielten. Ein Beweis dafür, dass es sie wirklich gab, ist ein Bericht über die Meuterei zweier Legionen in Mainz am Morgen des 1. Januar 69. Der Bote legte die 1253 römischen Meilen von Mainz über Köln und Reims nach Rom in weniger als zehn Tagen zurück, was zeigt, dass selbst im Winter eine Geschwindigkeit von mehr als 120 römischen Meilen pro Tag möglich war.[31] Im Januar gibt es in diesem Teil Europas jedoch nur neun Stunden Tageslicht. Wäre ein solcher Bote im Sommer geritten, hätte er in Norditalien, wo es etwa siebzehn Stunden lang hell ist, 198 römische Meilen (293 Kilometer) in vierundzwanzig Stunden zurücklegen können.[32] Dies stützt die Aussage zum Tempo des Tiberius, der zu seinem sterbenden Bruder ritt.

Beim mongolischen Postsystem sollten wir aus zwei Gründen mit höheren Geschwindigkeiten rechnen. Zum einen setzten die Mongolen wie die Perser Reiterstafetten ein. Somit war die Nachricht Tag und Nacht unterwegs. Und zum anderen hatten die mongolischen Sättel Steigbügel, die wohl im 7. Jahrhundert in Ungarn erfunden worden waren und es den Reitern ermöglichten, das Gleichgewicht sicherer zu halten und somit schneller zu reiten. Es überrascht daher nicht, dass für die Reiter des Khans tatsächlich höhere Geschwindigkeiten angegeben werden. Diese Angaben stützten sich zwar auf die Aussagen von Marco Polo, der für seine Übertreibungen bekannt ist, doch mehrere andere Schriftsteller, unter anderem der zuverlässigere Franziskanermönch Odorich von Pordenone, der China etwa fünfzig Jahre später besuchte, bestätigen seinen Bericht.

Das mongolische System bestand nicht nur aus Reitern, sondern auch aus Läufern. Entlang der großen Straßen gab es alle 40 bis 50 Kilometer Posthäuser, sogenannte »Jambs«, in denen beide

Arten von Boten untergebracht waren. In den bergigen Regionen stand alle 55 bis 70 Kilometer ein solches Posthaus. Dazwischen befand sich alle fünf Kilometer ein Fort, von dem aus die Läufer die Nachrichten weiterleiteten. Dieses System ermöglichte es dem Khan, an einem einzigen Tag Nachrichten aus einer Entfernung von zehn Tagesreisen zu erhalten. Marco Polo verdeutlicht dies mit der Aussage, dass »in der Erntezeit eine neue Frucht, die morgens in Kambalu [Peking] gepflückt wurde, am nächsten Abend dem Großkhan in Ciandu [Shangdu, in der Nähe von Dolon-Nor] überbracht wird, obgleich die Entfernung allgemein mit zehn Tagesreisen angegeben wird«.[33] Der »Tag«, auf den er sich bezieht, ist also tatsächlich eineinhalb Tage lang. Das ist durchaus machbar. Die Entfernung beträgt etwa 360 Kilometer. Wenn ein Team von fünfundsiebzig Läufern die jeweiligen Fünf-Kilometer-Etappen in durchschnittlich vierundzwanzig Minuten zurücklegt – ein leichtes Tempo für einen fitten jungen Mann, selbst wenn er einen Sack Obst trägt – und man bis zu sechs Stunden Dunkelheit einkalkuliert, in denen nicht gelaufen wird, dann könnte das um 9 Uhr morgens in Peking gepflückte Obst tatsächlich bis 21 Uhr am nächsten Abend in Shangdu abgeliefert worden sein.

Was die Reiter anbelangt, so berichtet Polo über die Geschwindigkeiten, die sie erreichen konnten, wie folgt:

> Es gibt bei jenen Jambs auch andere Männer, die ähnlich ausgerüstet sind, mit Gürteln, an denen Glocken hängen, und die als Eilboten eingesetzt werden, wenn große Eile geboten ist, um Sendungen an irgendeinen Gouverneur einer Provinz zu schicken oder Nachrichten zu überbringen, wenn irgendein Fürst revoltiert hat, oder in anderen solchen Notfällen, und diese Männer legen gut zweihundert (320 km) oder zweihundertfünfzig Meilen (400 km) am Tag und in der Nacht genauso viele zurück. Ich will euch sagen, wie das geht. Sie nehmen ein Pferd von denen an der Station, die gesattelt bereitstehen, ganz frisch und aufgezäumt, und steigen auf und reiten in vollem Tempo, so

> hart, wie sie nur reiten können. Und wenn die Leute auf dem nächsten Posten die Glocken hören, holen sie ein anderes Pferd und einen Mann, der auf die gleiche Weise ausgerüstet ist, und er übernimmt den Brief oder was auch immer es ist, und ist mit voller Geschwindigkeit auf dem Weg zum nächsten Posten, wo wieder ein frisches Pferd bereitsteht, und so rast die Sendung von Posten zu Posten, immer in vollem Galopp, mit regelmäßigem Pferdewechsel. Und die Geschwindigkeit, mit der sie reisen, ist erstaunlich. In der Nacht können sie nicht so schnell reiten wie am Tage, weil sie von Dienern zu Fuß mit Fackeln begleitet werden müssen, die bei voller Geschwindigkeit nicht mithalten können. Diese Männer sind hoch geschätzt und könnten es nie tun, wenn sie nicht Bauch, Brust und Kopf mit starken Bändern fest verbinden würden.[34]

Nach Polos eigener Aussage wurden Entfernungen von 300 Kilometern und mehr an einem Tag nur in Notfällen zurückgelegt. Außerdem widerspricht er sich selbst, wenn er behauptet, dass die Boten »in der Nacht genauso viele« Kilometer schafften wie am Tag, denn er fügt hinzu, dass sie nachts nicht schneller als Fußgänger mit Fackeln unterwegs sein konnten. Wir sollten auch bedenken, dass Marco Polos Schätzung der Leistung der Reiter »pro Tag« in Wirklichkeit eineinhalb Tage betragen haben könnte, wie oben in Bezug auf die Läufer erwähnt. Allerdings waren die von ihm angegebenen Geschwindigkeiten im Sommer nicht unmöglich. An einem Tag mit sechzehn Stunden Tageslicht (basierend auf den Angaben für Peking im Juni) hätte eine Nachricht über 360 Kilometer in vierundzwanzig Stunden transportiert werden können.[35]

Zusammenfassend lässt sich sagen, dass die Zahlen von Ohler nur leicht übertrieben sind. Wichtig sind die Klarstellungen, dass schnelle Nachrichten nur verschickt wurden, wenn es sehr eilig war, und dass die höchsten Geschwindigkeiten nur im Sommer möglich waren. Das römische Postsystem erlaubte es den kaiserlichen Boten, unter idealen Bedingungen bis zu 293 Kilometer in

24 Stunden zurückzulegen, im Winter jedoch betrug ihre Höchstgeschwindigkeit nur zwei Drittel davon, und normalerweise legten sie nur etwa 80 bis 95 Kilometer pro Tag zurück. Mit dem mongolischen System konnte man eine Nachricht in Krisensituationen noch schneller übermitteln, vielleicht sogar mit bis zu 360 Kilometern pro Tag, wenn die Bedingungen ideal waren. Es ist jedoch wichtig, sich daran zu erinnern, dass das römische System darauf ausgelegt war, einen *Boten* so schnell wie möglich zu transportieren, während das mongolische System in erster Linie dazu diente, eine schriftliche *Nachricht* zu übermitteln.

Vergleichen wir diese Geschwindigkeiten jetzt mit einem moderneren Orientierungswert. Am 5. November 1831 sattelte der englische Sportler George Osbaldeston aufgrund einer Wette siebenundzwanzig Rennpferde an der Rennbahn in Newmarket und ritt in acht Stunden und zweiundvierzig Minuten 200 Meilen (320 km) um den Rundkurs.[36] Die Strecke war flach und von guter Beschaffenheit; der fünfundvierzigjährige Mann im Sattel war klein (1,70 m) und leicht (70 kg). Die Pferde waren auf Schnelligkeit gezüchtet: Osbaldeston selbst schätzte, dass er eine Stunde länger gebraucht hätte, wenn er gute Jagdpferde statt der Rennpferde eingesetzt hätte. Und jedes Rennpferd musste nur 12 Kilometer galoppieren, nicht die 37-Kilometer-Etappen der Römer oder die 40 Kilometer der Mongolen. Dennoch ist es erstaunlich, wie überlegen er den römischen und mongolischen Reitern war. Hätte Tiberius so schnell reisen können, um seinen sterbenden Bruder zu sehen, hätte er für die 200 römischen Meilen nicht vierundzwanzig Stunden, sondern genau acht Stunden gebraucht. Dies wirft die Frage auf, ob sich die Höchstgeschwindigkeit der Nachrichten vor der Einführung der Eisenbahn, die zu Beginn dieses Kapitels erwähnt wurde, tatsächlich gar nicht veränderte. Gibt es Belege dafür, dass in England vor 1600 Geschwindigkeiten von mehr als 160 Kilometern pro Tag möglich waren, und wenn ja, wie beeinflusste das höhere Tempo der Nachrichtenverbreitung die Gesellschaft?

Das Tempo der Narichtenübermittlung: die englischen Belege

Im frühen 13. Jahrhundert gab es im englischen Königshaus zwei Kategorien von Boten. Da war zum einen der *nuncius regis* oder königliche Bote, der in England auf seinem eigenen Pferd ritt und auf dem Kontinent Pferde oder Boote mietete. Zur anderen Kategorie gehörte der *cursor* oder Botenläufer. Beide reisten nicht sehr schnell: Die normale Geschwindigkeit lag bei etwa 32 Kilometern pro Tag, was, wie wir gesehen haben, zu jener Zeit üblich war.[37] Dass der *nuncius regis* beritten sein musste, hatte mehr mit seinem höheren Status zu tun als mit dem Bedürfnis nach Geschwindigkeit. Botschaften konnten jedoch viel schneller übermittelt werden. Um auf die Ermordung Beckets zurückzukommen: Die Nachricht vom Mord am frühen Nachmittag des 29. Dezember 1170 erreichte den König im französischen Argentan am 1. Januar 1171.[38] Die Entfernung von Canterbury nach Dover beträgt 26 Kilometer und die Überfahrt dauerte mindestens vier Stunden. Dann musste der Bote weitere 328 Kilometer auf den winterlichen Straßen zurücklegen. Selbst wenn er den Ärmelkanal noch am Abend des Mordes überquerte, muss seine Geschwindigkeit bei mindestens 110 Kilometern pro Tag gelegen haben.

Im 13. Jahrhundert wurde der Botendienst des Königs effizienter. Die Männer trugen spezielle Beutel mit dem königlichen Wappen, die es ihnen ermöglichten, im Namen des Königs Pferde zu mieten und Häfen zollfrei zu passieren. Es wurden ältere Männer angeworben, die oft schon in anderen Adelshäusern als Boten tätig gewesen waren, um ihre Erfahrung, ihr Wissen bezüglich der Routen, ihre Sprachkenntnisse und ihr diplomatisches Geschick zu nutzen. Als Bote im Ausland unterwegs zu sein war ein Risiko, denn man stand immer unter dem Verdacht der Spionage. Im 14. Jahrhundert wurden die meisten Boten, die den Ärmelkanal überquerten, von einem zweiten Mann begleitet, der einspringen konnte, falls sie angegriffen oder verhaftet wurden, und der gleichzeitig ihre Routen kennenlernte.

Dabei unterschätzt man oft das Problem, den Empfänger überhaupt zu finden. Wenn Könige an umherreisende Herrscher und Bischöfe schrieben, war es nicht immer möglich, einen Brief an einen bestimmten Ort zu schicken. Der Bote musste herausfinden, wo sich der Adressat wohl aufhielt, und sein Ziel mit zunehmender Annäherung verfeinern. Daraus erklärt sich vielleicht die Verzögerung, mit der manche Informationen ihre Empfänger erreichten. Aus dem Register von Roger Martival, Bischof von Salisbury, geht hervor, dass von 768 an ihn gerichteten offiziellen Briefen 621 (81 %) mit einer Geschwindigkeit von 16 Kilometern pro Tag oder weniger unterwegs waren. Nur neun (1 %) legten mehr als 65 Kilometer pro Tag zurück.[39] Am schnellsten waren zwei königliche Schreiben, die von Westminster sein 110 Kilometer entferntes Herrenhaus in Ramsbury, Wiltshire, noch an dem Tag erreichten, an dem sie geschrieben worden waren.

Wichtige Nachrichten waren schnell unterwegs – und nur wenige waren so wichtig wie die Nachricht vom Tod des Königs. Daher sind diese Ereignisse ein interessanter Indikator für die Höchstgeschwindigkeit. Edward I. hauchte am 7. Juli 1307 gegen 15 Uhr in Burgh by Sands nahe der schottischen Grenze sein Leben aus. Seinen Sohn und Erben, der sich zu diesem Zeitpunkt in London aufhielt, erreichte die Nachricht am 11. Juli.[40] Die Strecke von mehr als 480 Kilometern wurde also mit einer Geschwindigkeit von 116 bis 125 Kilometern pro Tag zurückgelegt.[41] Edward II. starb wohl am 21. September 1327 in Berkeley Castle, Gloucestershire. Die entsprechenden Briefe Lord Berkeleys brachte Thomas Gurney über Nottingham zum jungen König und seiner Mutter in das 250 Kilometer entfernte Lincoln und traf dort in der Nacht zum 23. September ein.[42] Wenn Gurney gleich am Nachmittag des 21. Septembers aufgebrochen war, entspricht dies etwa 100 Kilometern pro Tag.

Es war Edward III., der in ganz England ein System von Stationen einführte, an denen königliche Boten die Pferde wechseln konnten.[43] Daher kann es nicht überraschen, dass wir aus seiner Regierungszeit die ersten bestätigten Reisen von 160 Kilometern pro Tag haben. Im Jahr 1343 beauftragte der König einen seiner ranghöchsten Boten, Jack Faukes, mit einem Assistenten zum Papst nach Avignon zu reisen und innerhalb von achtzehn Tagen »bei Gefahr für Leib und Leben« zurückzukehren. Die Entfernung von Westminster nach Avignon betrug auf dem kürzesten Weg 1085 Kilometer – mit Querung des Ärmelkanals. Das bedeutete, dass Faukes und sein Assistent mindestens 120 Kilometer pro Tag zurücklegen mussten. Glücklicherweise ist eine detaillierte Aufzeichnung ihrer Route erhalten geblieben.[44]

Am ersten Tag, dem 26. Juli, machten sich Faukes und sein Begleiter auf den Weg über Rochester und Canterbury nach Dover, eine Strecke von 120 Kilometern. Sie blieben am Vormittag des nächsten Tages in Dover – möglicherweise mussten sie auf günstigen Wind warten – und überquerten am Nachmittag den Ärmelkanal. Sofort nach ihrer Ankunft in Frankreich ritten sie weiter nach Saint-Riquier und Pois und erreichten Paris am Abend des dritten Tages, wo sie sich ausruhten. Zweifellos schliefen sie gut, nachdem sie die 265 Kilometer von Calais aus in eineinhalb Tagen zurückgelegt hatten. Am vierten Tag ritten sie nach Dourdan und fuhren, nachdem sie 7 Pence für den Rücktransport ihrer gemieteten Pferde nach Paris bezahlt hatten, mit einem »Wagen« nach Ouzouer-sur-Loire – das macht eine Tagesstrecke von 150 Kilometern. Am fünften Tag reisten sie entlang der Loire bis Cercy-le-Tour, wo sie nach weiteren 150 Kilometern übernachteten. Am sechsten Tag ritten sie bis Chalon-sur-Saône und folgten dann der Saône flussabwärts bis Lyon, wobei sie 233 Kilometer zurücklegten. Am siebten Tag mieteten sie ein Boot, das sie die letzten 221 Kilometer nach Avignon brachte, wo sie am folgenden Tag (2. August) zur Vesperzeit (gegen 18 Uhr) ankamen. Für die gesamte Strecke von 1175 Kilometern, einschließlich der Überquerung des Ärmelkanals, hatten sie siebeneinhalb Tage gebraucht. Das entspricht einer Durchschnittsgeschwindigkeit von mehr als 156 Kilometern pro Tag. Nach Abschluss ihrer Geschäfte kehrte Faukes allein auf einer anderen Route zurück und benötigte dafür zwölf Tage. Seine relativ langsame Rückkehr – wenn auch mit einer Geschwindigkeit von fast 100 Kilometern pro Tag – führte dazu, dass er die erwartete Reisezeit von achtzehn Tagen um eineinhalb Tage verfehlte.

Faukes' Bericht zeigt, dass ein erfahrener Bote in der Mitte des 14. Jahrhunderts überaus schnell reisen konnte. Historiker haben gelegentlich angenommen, dass Geschwindigkeiten von 160 Kilometern pro Tag nicht ohne Relais erreicht werden könnten.[45] Faukes' Mission beweist das Gegenteil. Es sei jedoch darauf hingewiesen, dass solche Geschwindigkeiten zwar möglich waren, aber äußerst selten erreicht wurden, selbst wenn es sich um Informationen von größter Bedeutung handelte. Die Nachricht von der Gefangennahme Richards II. im Jahr 1399 benötigte beispielsweise mindestens drei Tage für die 290 Kilometer von Chester bis London.[46] Und die Nachricht von der Schlacht von Azincourt, die am 25. Oktober 1415 stattfand, scheint das 725 Kilometer entfernte Bordeaux erst am 23. November, vier Wochen nach dem Ereignis, erreicht zu haben.[47]

Bei all diesen Beispielen legte ein einziger Bote ganz im Stil des *Cursus Publicus* die gesamte Strecke zurück. Erst im 15. Jahrhundert kamen Relaisstationen auf. Kaiser Friedrich III. richtete 1443 ein beschränktes Stafettensystem zwischen Feldkirch und Wien ein; 1479 verfügte Ludwig XI. über ähnliche Poststationen in Frankreich. Diese Initiativen scheinen Edward IV. dazu inspiriert zu haben, im Jahr 1482, als er gegen die Schotten kämpfte, ebenfalls ein Relaissystem aufzubauen.[48] Es bestand aus zehn Boten, die entlang der Straße von Berwick nach London stationiert waren. Angeblich konnten sie Nachrichten mit einer Geschwindigkeit von »200 Meilen pro Tag« nach Süden bringen.[49] Die neue Infrastruktur bewies ihren Wert schon im Jahr ihrer Einrichtung, als sie die Nachricht von der Kapitulation der Stadt Berwick in weniger als achtundvierzig Stunden nach London übermittelte: eine Geschwindigkeit von etwa 275 Kilometern pro Tag.

Diese Botenstafette ist das einzige bekannte Beispiel für eine derart schnelle Informationsübermittlung im England des 15. Jahrhunderts. Es handelte sich also wahrscheinlich nicht um ein dauerhaftes System. Eine Studie über die Geschwindigkeit der Nachrichtenübermittlung zur Zeit der Rosenkriege deutet darauf hin, dass dringende Informationen normalerweise mit einer Geschwindigkeit von etwa 113 Kilometern pro Tag reisten.[50] Das Beispiel Edwards IV. hatte jedoch den Wert von Postsystemen für bestimmte Zwecke bewiesen. Ein weiteres Relais wurde 1501 zwischen Plymouth und London organisiert, damit Henry VII. möglichst schnell erfuhr, wann Katharina von Aragon in England ankam. Die Nachricht von ihrer Landung verbreitete sich mit mehr als 160 Kilometern pro Tag.[51]

Im Jahr 1509 wurde das Amt des *Master of the King's Posts,* des Königlichen Postmeisters, eingerichtet, der die Informationsübermittlung auf den Routen von London nach Dover im Süden und Berwick im Norden überwachte. Das Tempo nahm deutlich zu. Am 1. April 1515 schrieb der englische Gesandte in Schottland, der sich damals in Stirling aufhielt, einen Brief an Henry VIII., der wie folgt beginnt: »An diesem Freitag, als ich zum Mittagessen nach Hause kam, erhielt ich Eure höchst ehrenwerten Briefe per Post, datiert auf Euer Herrenhaus in Greenwich, 26. März.«[52] Da das »Mittagessen« noch vor 12 Uhr serviert wurde, bedeutet dies, dass der Brief des Königs die 700 Kilometer in fünf Tagen zurückgelegt hatte, bei einer Geschwindigkeit von 140 Kilometern pro Tag. Die nördliche Route scheint jedoch etwas unregelmäßig gewesen zu sein, denn der Königliche Postmeister Sir Brian Tuke schrieb 1533 an Thomas Cromwell:

> Nehmt bitte zur Kenntnis, dass Seine Königliche Gnaden keine ordentlichen Postsendungen mehr hat und schon viele Tage nicht hatte, außer zwischen London und Calais … und [bis] Oktober letzten Jahres die Postsendungen in den Norden. Denn, Sir, Ihr wisst sehr wohl, dass es außer den Droschkenpferden zwischen Gravesend und Dover keine so übliche Postbeförderung für Menschen in diesem Reich gibt wie an den bekannten Orten in Frankreich und anderen Ländern.[53]

Zwei Jahre später schrieb Tuke an den Statthalter von Calais und versicherte ihm, dass, »wo immer der König sich aufhält, von London bis zu Seiner Gnaden immer Post gelegt wird und zwischen London und Dover immer gewöhnliche Post verkehrt«.[54] Es scheint, dass bestimmte Routen noch immer nur zeitweise bedient wurden. Die Postroute von London nach Irland über Holyhead wurde zwar im Jahr 1572 und die von London nach Bristol und Plymouth im Jahr 1579 eingerichtet, doch öffentlich finanziert wurden sie nur gelegentlich. Zu anderen Zeiten wurden sie mit Genehmigung der Regierung privat weitergeführt, damit sie kurzfristig wieder offiziell in Betrieb genommen werden konnten.[55]

Die Post diente in ihren Anfängen ausschließlich dem König und seiner Regierung. Nach und nach erweiterte sich ihr Einsatzbereich, und auch andere Personen konnten ihre Privatbriefe befördern lassen. Schließlich kam sie sogar als Personentransportmittel in Mode. In seinem Brief von 1535 berichtet Tuke von Leuten, die dafür bezahlten, mit der Post von London nach Dover zu reiten. Auf dieser Strecke gab es vier Zwischenstationen – in Gravesend, Sittingbourne, Rochester und Canterbury –, sodass die Reiter etwa alle 24 Kilometer frische Pferde zur Verfügung hatten, was entscheidend war, um wirklich schnell voranzukommen. Im Laufe der Zeit setzte sich dieses private Element des Postdienstes durch. In den 1560er- oder 1570er-Jahren erhob Thomas Randolph als Königlicher Postmeister eine Gebühr von 2 Pence pro Meile von jedem, der als Privatmann mit der Post ritt.[56] Dabei wurden Mindestgeschwindigkeiten von 11 Stundenkilometern im Sommer und 8 Stundenkilometern im Winter festgelegt. Die Vorschriften sahen außerdem eine maximale Wegzeit von Berwick nach London von zweiundvierzig Stunden im Sommer und sechzig Stunden im Winter vor. Daraus ergibt sich eine durchschnittliche Mindestgeschwindigkeit von 13 Stundenkilometern im Sommer und 9 Stundenkilometern im Winter, bei Tag wie bei Nacht.[57] Während Edward III. von seinen Boten gelegentlich eine Geschwindigkeit von 120 Kilometern pro Tag erwartet hatte, konnten

Privatpersonen nun dafür bezahlen, mehr als doppelt so schnell zu reiten.

Erreichte die Post tatsächlich diese Geschwindigkeiten? Wie beim *Cursus Publicus* lautet die Antwort: ja, gelegentlich. Manchmal können wir genau nachvollziehen, wie schnell ein Brief zu einem bestimmten Zeitpunkt unterwegs war. Briefe, die für den Kronrat bestimmt waren, versahen die jeweiligen Postmeister mit dem Datum und der Uhrzeit, zu der sie ihre Büros durchliefen. Deshalb können wir einen solchen Brief ebenso genau verfolgen wie heute die Paketpost. So wurde beispielsweise ein Brief des Kommandanten der Garnison in Plymouth an den Kronrat in London am 25. Juli 1599 um 19 Uhr aufgegeben: Er passierte Ashburton um 2 Uhr morgens, Exeter um 6 Uhr, Honiton um 8 Uhr, Crewkerne um 11 Uhr, Sherborne um 13 Uhr, Shaftesbury um 16 Uhr und so weiter, bis er am 27. Juli gegen 23 Uhr in London eintraf, zweiundfünfzig Stunden nach seiner Absendung. Das war für diese knapp 350 Kilometer lange Strecke sehr langsam. Wäre ein Brief auf jeder Etappe mit der größtmöglichen Geschwindigkeit unterwegs gewesen, hätte er sein Ziel innerhalb von siebenundzwanzig Stunden nach der Aufgabe erreichen können: eine Geschwindigkeit von 309 Kilometern pro Tag. Der Durchschnitt lag bei sechsundvierzig Stunden (182 Kilometer pro Tag).[58]

Diese Zeiten beziehen sich auf Briefe, geben aber auch Aufschluss darüber, wie schnell diejenigen, die mit der Post unterwegs waren, reiten konnten. Die schnellste aufgezeichnete Zeit war wohl die von Richard Boyle, dem späteren Earl of Cork (und Vater des Wissenschaftlers Robert Boyle). In einem kurzen Rückblick auf sein Leben ging er auf ein besonderes Erlebnis ein:

> Als Sekretär des Rates [von Irland] begleitete ich den Lord President in all seinen Aufgaben und diente ihm während der gesamten Belagerung von Kinsale und wurde von seiner Lordschaft beauftragt, Ihrer Majestät die Nachricht von diesem glücklichen Sieg zu überbringen, wobei ich eine schnelle Expedition an den Hof unternahm; denn ich verließ meinen Lord

> President am Montagmorgen gegen zwei Uhr auf Shannon Castle in der Nähe von Cork, und am nächsten Tag, einem Dienstag, lieferte ich mein Paket ab und aß mit Sir Robert Cecil. Der hielt mich nach dem Essen bis zwei Uhr morgens im Gespräch und forderte mich um sieben Uhr auf, zu ihm an den Hof zu kommen, wo er mich Ihrer Majestät in ihrem Schlafgemach vorstellte, die sich an mich erinnerte, mich bei meinem Namen nannte, mir die Hand zum Kuss reichte und mir sagte, sie freue sich, dass ich der glückliche Mann sei, der die erste Nachricht von diesem glorreichen Sieg überbringen könne.[59]

Eine Reise von Cork nach London in etwa zweiundvierzig Stunden ist nahezu unglaublich. Selbst wenn wir nur sieben Stunden für die Querung der Irischen See zwischen Dublin und Holyhead (66 Seemeilen) einrechnen – die sicher länger dauerte –, muss Boyle die 250 Kilometer von Cork nach Dublin über Kilkenny und dann die 433 Kilometer der Holyhead-Postroute in fünfunddreißig Stunden zurückgelegt haben. Das entspricht einem Durchschnitt von über 19 Kilometern pro Stunde, Tag und Nacht, oder 468 Kilometern in vierundzwanzig Stunden. Noch bemerkenswerter ist, dass er dies Ende Dezember tat.[60] Er war also mehr als doppelt so schnell wie der *Cursus Publicus*. Eine solche Reise war eine enorme Leistung – und Boyle war auch offensichtlich sehr stolz darauf, da er sie in seinem extrem kurzen Lebensbericht beschreibt – aber sie war nicht unmöglich. Im Jahr 1598 standen in jedem Posthaus zwischen Holyhead und London achtzig Pferde bereit, und wenn dies auch im Januar 1602 der Fall war, konnte Boyle die besten verfügbaren Reittiere nutzen.[61]

Einen weiteren beeindruckenden Langstreckenritt unternahm nur ein Jahr später Sir Robert Carey, der die Nachricht vom Tod Elizabeths I. nach Schottland überbrachte. Die Königin starb in den frühen Morgenstunden des 25. März 1603 im Richmond Palace. Carey brach zwischen 9 und 10 Uhr morgens auf und ritt noch am selben Tag 261 Kilometer nach Doncaster. Da es ein wenig Mondlicht gab (33 Prozent), ritt er wahrscheinlich noch drei oder vier Stunden nach Einbruch der Dunkelheit weiter, bevor er sich ausruhte. Am 26. März legte er weitere 219 Kilometer bis zu seinem eigenen Haus in Widdrington in Northumberland zurück, wo er erneut rastete. Am Mittag des dritten Tages näherte er sich nach 79 an diesem Tag schon zurückgelegten Kilometern gerade Norham Castle, als er vom Pferd fiel und sich schwer am Kopf verletzte. So musste er die letzten 80 Kilometer nach Edinburgh langsam reiten und kam dort erst an, als der schottische König bereits zu Bett gegangen war.[62] Dennoch schaffte er die 639 Kilometer lange Reise in etwa 62 Stunden, kam in den ersten beiden Tagen durchschnittlich 240 Kilometer pro Tag voran und konnte auch noch zwei Nächte schlafen. So gelangte die Nachricht vom Tod Elizabeths doppelt so schnell *nach* Schottland wie dreihundert Jahre zuvor die Nachricht vom Tod Edwards I. *aus* Schottland nach London.

Boyle wie auch Carey waren in königlichem Auftrag unterwegs. Das verbesserte Postsystem in England kam jedoch nicht nur der Regierung zugute, sondern allen, die sich die verlangten Gebühren leisten konnten. Im Jahr 1600 konnten Privatpersonen einen Brief mit der Post verschicken und erwarten, dass er über 160 Kilometer pro Tag zurücklegte. Wer es bezahlen konnte, durfte mit der Post reiten. Am 20. Oktober 1599 fuhren der Schweizer Arzt Thomas Platter und fünf Freunde nach dem Mittagessen in London mit der Fähre die Themse hinunter nach Gravesend, wo sie die Nacht verbrachten. Am nächsten Morgen ritten sie mit der Post nach Rochester (12 km), wechselten die Pferde, ritten nach Sittingbourne (17 km) und weiter nach Canterbury (26 km), wo sie ebenfalls jeweils frische Pferde bekamen, und gelangten nach weiteren 26 Kilometern nach Dover. Für die 81 Kilometer lange Reise brauchten sie »fünf Stunden ungefähr«.[63] Offenbar war der Ritt nicht gerade ein Genuss, denn sie fanden die englischen Postsättel viel zu klein für ihre Hinterteile, aber das ist nicht der Punkt. Diese jungen Männer waren in der Lage, im Herbst mit 16 Stundenkilometern über die Straßen von Kent zu reiten – eine Geschwindigkeit, die dem *Cursus Publicus* und sogar den berühmten mongolischen Stafettenreitern in nichts nachsteht. Mehr noch, sie hielten das für so selbstverständlich, dass sie sich noch über eine dabei aufgetretene Unbequemlichkeit beklagen konnten.

Es mag heute absurd erscheinen, eine Erhöhung der Höchstgeschwindigkeit auf dem Land um 8 Kilometer pro Stunde als revolutionär zu bezeichnen. Es klingt so, als würde jemand auf einen Hügel zeigen und ihn einen Berg nennen. Und doch *war* dieses gestiegene Tempo aus mehreren Gründen revolutionär zu nennen. Wie bei einem Anstieg der globalen Durchschnittstemperatur um ein Grad ergaben sich auch hier gewaltige Veränderungen, denn es geht nicht um ein einmaliges Ereignis, sondern um eine permanente Verdoppelung der möglichen Höchstgeschwindigkeit. Um 1600 konnten die schnellsten Reiter 240 Kilometer an einem Tag zurücklegen, und einzelne, von Reiterteams transportierte Briefe konnten Geschwindigkeiten von bis zu 320 Kilometern pro Tag erreichen. Dadurch war die Regierung erheblich schneller über alles informiert, was im Lande vor sich ging. Wenn die Schotten Berwick angegriffen hätten, während sich der König in Winchester aufhielt, und die Nachricht wie im 11. Jahrhundert mit 65 Kilometern pro Tag nach Süden übermittelt worden wäre, hätte es neun Tage gedauert, bis sie angekommen wäre. Nachdem der König überlegt hätte, was zu tun sei – und wenn er dafür nur einen Tag gebraucht hätte –, wäre die Antwort mit der gleichen Geschwindigkeit zurückgereist – der Norden des Königreichs wäre also fast drei Wochen lang ohne königliche Anweisungen gewesen. Wenn jedoch die Post die Nachricht mit 320 Kilometern pro Tag beförderte, konnten der König und seine Berater nach weniger als zwei Tagen über eine Reaktion entscheiden. Nach einer eintägigen Besprechung waren die Anweisungen des Königs weniger als fünf Tage nach Auftreten der Gefahr wieder in der Gegend von Berwick – zwei Wochen schneller als im 11. Jahrhundert.

Die politischen und sozialen Auswirkungen einer solchen Veränderung sind kaum zu überschätzen. Die schnelle Übermittlung von Informationen ermöglichte einem König eine weitaus größere Kontrolle über sein Reich. Als die Kommunikation noch sehr langsam war, konnte ein Rebellenführer eine Armee aufstellen und in einem Gebiet wüten, ohne dass der König etwas davon mitbekam. Dadurch ruhte die Last der Überwachung der weit entfernten Teile des Königreichs auf den Schultern der lokalen Herren. Im Gegenzug mussten die Könige den besagten Herren voll und ganz vertrauen. Um ihre Loyalität zu sichern, räumten sie ihnen oft eine weitgehende Autonomie in ihren Ländern ein. So erhielten die *Marcher Lords* (Herren der Marken) an den Grenzen von Wales und Schottland Rechte und Privilegien, die weit über die der normalen englischen Lords hinausgingen. Sobald der König durch schnellere Kommunikation frühzeitig über weit entfernte Ereignisse informiert wurde, konnte die Zentralregierung die Kontrolle über die entlegeneren Regionen übernehmen. Die lokalen Lords verloren ihre politische Macht. Die Zunahme der Reisegeschwindigkeiten verschob das Machtgleichgewicht auf subtile Weise weg von den Territorialherren und hin zur Zentralregierung – eine Entwicklung, die bis heute nicht zum Stillstand gekommen ist.

Die erhöhte Schnelligkeit, mit der Informationen reisten, schuf auch eine Nachfrage nach *mehr* Informationen. Es hat wenig Sinn, einen Spion an einem fremden Hof zu unterhalten, wenn alle Nachrichten, die er Ihnen liefert, bereits veraltet sind, wenn Sie sie erhalten. Wenn Ihr Spion Ihnen hingegen mithilfe einer Reiterstafette einen Brief übermitteln kann, der Sie über eine geplante Invasion informiert, *bevor* diese beginnt, können Sie Maßnahmen ergreifen, um sich zu verteidigen. Das gilt natürlich nicht nur für militärische Angriffe, sondern für alle möglichen Aktionen. Es betrifft auch günstige Gelegenheiten wie neue Handelsbeziehungen, mögliche Bündnisse und wissenschaftliche und geografische Entdeckungen. Egal, ob man sie nun Agenten oder Spione nennt – im Europa des 11. Jahrhunderts gab es nur wenige solche Männer. Im 16. Jahrhundert waren es Hunderte. Jeder wichtigere europäische Staat hatte seine Agenten in den großen Städten seiner

Nachbarn, die fast täglich an ihre Herren in der Heimat schrieben. Was ihre Briefe so wertvoll machte, war nicht nur ihr tieferer Einblick, sondern auch die Aktualität ihrer Nachrichten. Deshalb finanzierte die englische Regierung um 1600 nicht nur Spione in ganz Großbritannien und Irland, sondern auch dreizehn Agenten in Frankreich, zehn in den Niederlanden, fünf in Italien, fünf in Spanien, neun in Deutschland und drei in der Türkei.[64]

Die geringfügige Erhöhung des Tempos ist auch wichtig, weil sie etwas über die Gesellschaft aussagt. Sie zeigt, dass die Menschen für das Gemeinwohl zusammenarbeiteten. Nachdem man erkannt hatte, dass Reiterstafetten die höchste Effizienz boten, wurden Pferdestationen aufgebaut und finanziert und Regeln für ihre Verwendung aufgestellt. Die spezialisierte Pferdezucht ermöglichte den Einsatz von stärkeren und schnelleren Reittieren.[65] Der Zustand der Straßen besserte sich, vor allem durch den *Highways Act* von 1555, der die Einführung von Gemeindebeamten vorsah, um die Reparatur beschädigter Strecken zu überwachen. Es entstanden Handbücher und Karten, um die Menschen über die schnellsten Reiserouten zu informieren. Vor allem aber stand die Postinfrastruktur des Staates jetzt den Bürgern zur Verfügung. Heute ist es für uns selbstverständlich, dass der Staat uns mit Dienstleistungen versorgt, aber vor 1500 war dies außerhalb des Rechtssystems kaum der Fall. Ab den 1530er-Jahren konnten Privatpersonen mit der Post reiten oder sie zum Versenden von Briefen nutzen, und jeder, der über die nötigen Mittel verfügte, um für den schnellen Transport zu bezahlen, hatte ein Interesse daran, dass das System funktionierte.

Rein statistisch gesehen ist ein Geschwindigkeitszuwachs von 8 Stundenkilometern nicht sehr beeindruckend. Im Hinblick auf die kulturellen Horizonte, die in diesem Buch erforscht werden, ist er jedoch von großer Bedeutung. Stellen Sie sich Ringe vor, die sich von Ihrem jetzigen Standort aus ausbreiten – der erste Ring markiert die Grenze, wie weit Sie an einem Tag kommen können, ein weiterer Ring markiert zwei Tagesreisen und ein weiterer Ring drei Tagesreisen. Stellen Sie sich nun vor, dass alle diese Ringe sich immer weiter nach außen bewegen, jeder doppelt so weit. Wie im ersten Kapitel dargelegt, haben Sie die Fläche, die Sie in einem, zwei oder drei Tagen zurücklegen können, damit nicht nur verdoppelt oder verdreifacht, sondern exponentiell vergrößert. Wenn Sie an einem Tag nur 32 Kilometer zurücklegen können, beträgt Ihre Gesamtreichweite theoretisch 3217 Quadratkilometer. Wenn Sie jedoch 160 Kilometer an einem Tag schaffen, sind es über 80 000 Quadratkilometer. Da sich so auch der kollektive Horizont exponentiell vergrößert, wird deutlich, dass die Verdoppelung der Entfernungen, die Menschen an einem Tag zurücklegen können, enorme Auswirkungen darauf hatte, wie die Nation sich selbst und das Geschehen innerhalb und außerhalb ihrer Grenzen wahrnahm.

Es gibt noch eine weitere subtile Veränderung, die in all dem enthalten ist und die uns direkt zu einem Punkt zurückführt, der zu Beginn dieses Kapitels angesprochen wurde, nämlich zu den Kontexten der Geschwindigkeit. Warum überhaupt reisen? Während des größten Teils des Mittelalters waren die einzigen Personen, die auf eine schnelle Übermittlung von Informationen angewiesen waren, Menschen mit politischer Verantwortung oder solche mit einem persönlichen Interesse. Die große Mehrheit der nicht politischen Informationsübermittlungen war nicht dringend. Man wollte vielleicht einmal schnell reisen, wenn man den Rat seines Arztes brauchte, aber die meisten einfachen Leute hatten kaum einen Grund zur Eile. Wie aus dem Register von Bischof Martival hervorgeht, wurde nur 1% der Nachrichten mit hohem Status mit mehr als 100 Kilometern pro Tag befördert. Dies änderte sich jedoch im Laufe der Zeit. Warum?

Der Grund ist: die Uhr.

Vielleicht erinnern Sie sich an Thomas Platter und seine Freunde, die 1599 mit einer Geschwindigkeit von 16 Kilometern pro Stunde nach Dover eilten – ebenso schnell konnte ein Mongolenkhan von einem Aufstand in einer seiner Provinzen erfahren. Warum waren sie so in Eile? Um ein Schiff zu erwischen. Oder, um genau zu sein, um sicherzustellen, dass sie Zeit hatten, einige

Geschäfte zu erledigen, bevor sie ein Schiff zur Überquerung des Ärmelkanals bestiegen. Sie organisierten ihre Tage nach einem Zeitplan, ganz im Gegensatz zu den Sklaven und Leibeigenen des 11. Jahrhunderts, die auf den Feldern arbeiteten und denen die Uhrzeit egal war. Unfreie Arbeiter brauchten nirgendwo anders zu sein. Das Tageslicht und die Bewegung der Sonne über den Himmel bestimmten ihren Tagesablauf. Noch im 14. Jahrhundert, als in den größeren Städten schon die Glocken zur vollen Stunde schlugen, wurden die Tore bei Einbruch der Dunkelheit geschlossen. Im 16. Jahrhundert verabredete man sich mit Freunden um »drei Uhr« oder hörte eine Predigt um »zwei Uhr«. Parlamentsgesetze legten die Uhrzeiten fest, zu denen die Menschen für die Arbeit zur Verfügung stehen mussten. Lokale Gesetze regelten die Uhrzeiten, zu denen Märkte geöffnet und geschlossen werden sollten. Unser Gefühl für die drängende Eile des täglichen Lebens entwickelte sich parallel zur Einführung der Uhrzeit und zur Geschwindigkeit, mit der wir reisen konnten. In den Häfen konnte im Voraus abgeschätzt werden, zu welcher Uhrzeit die Gezeiten günstig sein würden, um auszulaufen, sodass die Menschen wussten, wann sie an Bord zu gehen hatten. Die Ergebnisse lassen sich an der Reise von Thomas Platter im Jahr 1599 ablesen. Je schneller man reisen konnte, desto länger konnte man in London zu Mittag essen, bevor man nach Dover fahren musste, um sein Schiff nach Calais zu erreichen. Eine solche Einstellung kommt einem durchaus bekannt vor.

6 Bildung

Tyndales Bibelübersetzung und ihre kulturelle Bedeutung[1]

Im Jahr 1526 wurde in Deutschland, genauer in Worms, ein winziges Buch veröffentlicht. Es war so klein, damit man es leichter verbergen konnte, denn in England war es illegal, dieses Buch zu besitzen. Die Auflage war für die damalige Zeit sehr hoch: 3000 Exemplare, die allerdings fast alle ein einziger Mann, der Bischof von London, Cuthbert Tunstall, aufkaufte. Am 27. oder 28. Oktober 1526 verbrannte er sie am St Paul's Cross in London.[2] Bei dem Werk handelte es sich um die Übersetzung des Neuen Testaments von William Tyndale. Obwohl heute nur noch drei Exemplare erhalten sind, kann es mit Fug und Recht als das einflussreichste Buch gelten, das je in englischer Sprache veröffentlicht wurde.

Tyndales kleines Buch war nicht die erste englische Übersetzung von Teilen der Bibel: John Wyclif und seine Gefolgsleute hatten bereits im späten 14. Jahrhundert eine Übersetzung der gesamten lateinischen Vulgata erstellt, zunächst auch durchaus mit Zustimmung von Mitgliedern des englischen Königshauses.[3] Die Bedeutung von Tyndales Bibel liegt vielmehr in der Qualität der Übersetzung, der Tatsache, dass sie in Massenproduktion hergestellt wurde und – vor allem – im Zeitpunkt ihrer Veröffentlichung. Hätte Tyndale im 10. Jahrhundert gelebt und das Neue Testament ins Altenglische übersetzt, wäre seine Wirkung minimal gewesen. Es liegt auf der Hand, dass ein solches Werk vor der Zeit des Buchdrucks in seiner Verbreitung beschränkt war. Darüber hinaus hätte die normannische Eroberung, die Französisch als Regierungssprache einführte, die Nachfrage nach einer englischen Bibel zunichte gemacht. Tyndales Einfluss auf die Lese- und Schreibkenntnisse, die Sprache und die Gesellschaft in England hing also sehr stark von der Zeit ab, in der er lebte.

Die Engländer waren im Vergleich zu einigen anderen europäischen Nationen mit der Veröffentlichung von Bibeln in der Volkssprache ziemlich spät dran. 1526 hatten die Deutschen mit der Übersetzung von Johannes Mentelin aus dem Jahr 1466 bereits seit sechzig Jahren eine gedruckte Bibel in ihrer Sprache. Außerdem verfügten sie über dreizehn weitere Ausgaben in Hochdeutsch und vier in Niederdeutsch.[4] Martin Luthers Übersetzung des Neuen Testaments war 1522 erschienen. Die erste italienische Bibel wurde 1471 in Venedig gedruckt. Auf Französisch erschien das Neue Testament um 1474, auf Tschechisch 1475 und auf Niederländisch 1477. Eine vollständige katalanische Bibel kam 1478 und eine vollständige tschechische 1488 in die Regale der Bücherhandel.[5] International waren neue Ideen im Umlauf, die sich der breiten Lektüre der volkssprachlichen Bibeln verdankten. Durch die Übersetzung des Neuen Testaments und später von Teilen des Alten Testaments drängte Tyndale England zu einer Reihe weltverändernder Debatten darüber, wie die Menschen ihre Religion ausüben sollten – sei es als ihren persönlichen Glauben, kollektiv als Kirche oder im Gehorsam gegenüber dem Papst.

Die meisten kulturellen Horizonte, die wir bisher in diesem Buch betrachtet haben, wurden von Kräften geformt, die weit über die Kontrolle eines einzelnen Menschen hinausgingen. Die Geschichte Tyndales zeigt jedoch, dass eine einzelne Person enormen Einfluss ausüben konnte – auch wenn man zugeben muss, dass er zumeist indirekt wirkte. Seine Übersetzung beeinflusste Hunderttausende seiner Zeitgenossen und in den folgenden Jahrhunderten, als sich die englische Sprache und Kultur weltweit verbreiteten, weitere Milliarden Menschen. Damit veränderte Tyndale unseren kulturellen Horizont wohl tiefgreifender als jeder Monarch des Mittelalters.

Das ist natürlich eine starke Behauptung. Doch Tyndales Vermächtnis ist nicht nur das eines Übersetzers. Wenn wir so denken, vergessen wir allzu leicht, *was* er übersetzte, wann er es übersetzte und in welcher Welt er lebte. Ebenso leicht vergessen wir die Menschen, die er inspirierte, und was *sie* erreichten. Stattdessen sollten wir unsere Augen für eine ganze Reihe von kulturellen Horizonten öffnen, die sich erweiterten, nachdem die englische Bibel erschienen war. Einiges davon war direkt auf Tyndales Übersetzung zurückzuführen, anderes auf die Arbeit von Übersetzern, die Tyndale inspiriert und ermutigt hatte. Wieder anderes konnte entstehen, weil Tyndale und seine Reformationskollegen denjenigen, die versuchten, ihren Weg zu finden, während sich die Religion veränderte, geistige Orientierung boten. Dieses Kapitel konzentriert sich auf sechs solche Horizonte, um die weitreichende Bedeutung der Übersetzung zu verdeutlichen: die Bedeutung der Bibel, die Entwicklung eines verantwortungsbewussten Bürgersinns, die zunehmende Alphabetisierung, insbesondere der Frauen, die Standardisierung der englischen Sprache, den Vorrang der Volkssprache und die Infragestellung der Autorität. Doch bevor wir uns mit diesen Themen befassen, müssen wir Tyndale, seine Mitarbeiter und ihre Arbeit ein wenig besser kennenlernen.

Tyndale und die Entwicklung der englischen Bibel

William Tyndale wurde um 1494 in Gloucestershire geboren und studierte an der Universität Oxford. Als begabter Sprachwissenschaftler beherrschte er neben Englisch schließlich auch Latein, Altgriechisch, Hebräisch, Deutsch, Spanisch und Französisch. Er schloss sein Studium 1512 ab und trat 1515 in den Priesterstand ein, war also noch jung, als er 1516 auf Erasmus' altgriechische Ausgabe des Neuen Testaments stieß. Sie brachte ihn auf einen Weg, den er für den Rest seines Lebens gehen sollte. Als ein Gelehrter aus Gloucestershire meinte, die Menschen wären ohne Gottes Gesetz besser dran als ohne das des Papstes, erwiderte er: »Ich widersetze mich dem Papst und all seinen Gesetzen; wenn Gott mein Leben noch viele Jahre verschont, werde ich dafür sorgen, dass ein Junge, der hinter dem Pflug geht, mehr von der Schrift weiß als Ihr.«[6]

Anfangs ahnte Tyndale nicht, dass eine Übersetzung des Neuen Testaments aus dem Altgriechischen ins Englische so umstritten sein würde. Zunächst hielt er es für ein einfaches, wenn auch mühsames Unterfangen und bat Bischof Tunstall um seine Unterstützung. Als diese jedoch ausblieb, dämmerte ihm, dass er einen sehr gefährlichen Weg eingeschlagen hatte, und so beschloss er, sein Buch auf dem Kontinent zu schreiben, und verließ England im April 1524 in Richtung Deutschland. Doch auch dort konnte er seine Übersetzung nicht ungestraft veröffentlichen. In Köln begann er 1525 mit der Herstellung einer Quartausgabe des Neuen Testaments in englischer Sprache, die auf Erasmus' dritter griechischer Ausgabe von 1522 basierte und auch Luthers Kommentar in Übersetzung enthielt. Sie wurde in der Presse gestoppt, nachdem nur der Prolog und die ersten zweiundzwanzig Kapitel des Matthäus-Evangeliums gedruckt waren. Man sah darin eine enorme politische Gefahr. Henry VIII. befürchtete, England könne durch die Demokratisierung der Bibel zum Luthertum übergehen. Es war schließlich kein Zufall, dass die Reformation in Deutschland, wo es schon besonders lange Bibeln in der Volkssprache gab, die größte Anhängerschaft fand.

Tyndale floh 1526 nach Worms, um einen Neuanfang zu wagen. Diesmal ließ er eine Ausgabe im Taschenformat drucken, eine englische Übersetzung der griechischen Vorlage ohne Prolog und Anmerkungen Luthers. In Stoffballen wurden die Exemplare nach England und Schottland geschmuggelt. Die Behörden waren entsetzt, als sie feststellen mussten, dass das Neue Testament trotz ihrer Bemühungen, dies zu verhindern, nun in englischer Sprache für jedermann zugänglich war. Bischof Tunstall verbot die Verbreitung in der Diözese London und begann, alle Exemplare aufzukaufen, derer er habhaft werden konnte. Tyndale ließ weitere in Antwerpen drucken. Der Erzbischof von Canterbury schrieb an alle Bischöfe mit der Aufforderung, Geld für den Kauf der Bücher zu spenden, damit sie verbrannt werden konnten. Während die

Buchhändler vor dem Verkauf der Bücher gewarnt wurden, bekam Bischof Tunstall sein Freudenfeuer. Doch das Wissen um Tyndales Übersetzung konnte niemand verbrennen.

Nach der Veröffentlichung des Neuen Testaments arbeitete Tyndale an geheimen Orten in und um Antwerpen an weiteren religiösen Texten und Übersetzungen. Sein Werk *Obedience of a Christian Man* (»Der Gehorsam eines Christen«, 1528) erklärte den englischen Lesern, die katholische Kirche sei korrupt und der Papst habe sich schuldig gemacht, »für Geld zu verkaufen, was Gott umsonst verheißt«. Er folgte Luthers Beispiel und veröffentlichte 1530 eine Übersetzung des Pentateuchs (der ersten fünf Bücher des Alten Testaments) aus dem Hebräischen. Ein Jahr später folgte seine *Exposition on the First Epistle of St John* (»Auslegung des 1. Johannesbriefs«). Natürlich wurden alle seine Werke, die in England auftauchten, sofort verboten und verbrannt. Gleiches galt für die Personen, die im Besitz der Texte erwischt wurden. Ein Priester namens Thomas Hitton wurde in Kent mit einem Exemplar von Tyndales Neuem Testament verhaftet und endete, nachdem er sowohl vom Erzbischof von Canterbury als auch vom Bischof von Rochester zum Tode verurteilt worden war, im Februar 1530 auf dem Scheiterhaufen. Er war nur der erste von mehr als einem Dutzend Männern und Frauen, die in den frühen 1530er-Jahren wegen Ketzerei im Zusammenhang mit dem Besitz eines englischen Neuen Testaments bei lebendigem Leib verbrannt wurden.[7]

Tyndale blieb im Ausland in Deckung, während Sir Thomas Morus ihn in Abwesenheit als Ketzer beschimpfte und sagte, er sei schlimmer als Luther. Tyndale antwortete, Morus verteidige eine Kirche, die ihre eigenen Interessen über die Lehren der Heiligen Schrift stelle. Und als Morus schließlich eine halbe Million Worte schrieb, um ihn zu geißeln, reagierte Tyndale mit Veröffentlichungen, die die Autorität der katholischen Kirche untergruben. Auch diese galten natürlich als ketzerisch. Mehrmals versuchte Henry VIII., ihn zur Rückkehr nach England zu bewegen, doch Tyndale fürchtete eine Falle. Er bestand darauf, dass er erst zurückkehren würde, wenn der König seinen Untertanen das Recht zugestanden hätte, das Wort Gottes in ihrer eigenen Sprache zu hören. Henrys Zögern deutete darauf hin, dass ihm die korrupten Praktiken seiner Prälaten wichtiger waren als das Heil seines Volkes. Damit stellte sich auch der König auf die falsche Seite der biblischen Autorität.

Tyndale gab 1534 eine neue Ausgabe seines englischen Neuen Testaments heraus und trieb seine Übersetzungen der historischen Bücher des Alten Testaments bis zum Zweiten Buch der Chronik voran. Dazu kam das Buch Jona. Doch dann geschah die Katastrophe. Ein mittelloser junger Engländer verriet gegen Geld Tyndales Aufenthaltsort, und dieser wurde am 21. Mai 1535 verhaftet. Er wurde wegen Häresie angeklagt, verhört und nach sechzehn Monaten Gefängnis am 6. Oktober 1536 hingerichtet. Seine letzten Worte waren: »Herr, öffne dem König von England die Augen.«

Kurz nach Tyndales Verhaftung veröffentlichte sein Freund und Mitarbeiter Miles Coverdale in Antwerpen eine vollständige englische Bibel. Coverdale hatte eng mit Tyndale an der Übersetzung der alttestamentlichen Texte zusammengearbeitet – ein zeitgenössischer englischer Kommentator bezeichnet ihn als Tyndales »Schüler« –, doch er konnte Tyndale nicht das Wasser reichen, wenn es um das Verständnis des Griechischen und Hebräischen ging. Klugerweise verwendete er Tyndales Neues Testament und seinen Pentateuch und ergänzte den Rest des Alten Testaments mit eigenen Übersetzungen aus lateinischen Quellen und den deutschen Texten von Martin Luther und Huldrych Zwingli.[8] Coverdale beherrschte die nötigen Fremdsprachen nicht so gut wie Tyndale, doch er war ähnlich begabt, wenn es darum ging, lyrische Formulierungen im Englischen zu finden. Die englischen Fassungen der Psalmen, die wir heute kennen, verdanken seinen Übersetzungen aus dem Lateinischen viel. Sie werden mit Sicherheit Teile seiner Version von Psalm 137 wiedererkennen:

> By the waters of Babylon we sat down und wept, when we remembered Sion.
> As for our harps, we hanged them up upon the trees, that are therein.
> Then they that led us away captive, required of us a song und melody in our heaviness: sing us one of the songs of Sion.
> How shall we sing the LORD's song in a strange land?

Dass seine Worte noch im 20. Jahrhundert den Text eines weltweiten Hits prägten, zeugt von seinem Beitrag zur Gestaltung des modernen Englisch als lyrische Sprache.

Nach Tyndales Tod auf dem Scheiterhaufen gab es in England Bestrebungen, eine offizielle englische Bibel zu erstellen. Einige Bischöfe lehnten die Idee jedoch strikt ab. Andere erkannten, dass die Reformatoren ihnen den Rang ablaufen würden, wenn sie nicht die Initiative ergriffen, und der König schloss sich ihrem Standpunkt an. 1537 erstellten Coverdale und John Rogers – ein weiterer ehemaliger Mitarbeiter und »Schüler« Tyndales – die zweite vollständige englische Bibel. Da Tyndales Name nicht genannt werden durfte, wurde sie als »von Thomas Matthews ins Englische übersetzt« veröffentlicht. Ein erstes Exemplar gelangte zu Thomas Cromwell, der diese Bibel fortan mit königlicher Genehmigung veröffentlichen ließ. Unten auf dem Titelblatt der meisten erhaltenen Exemplare steht »Set forth with the Kinges most gracyous lycence« (»Ausgeführt mit der gnädigsten Erlaubnis des Königs«). Schon im Jahr nach Tyndales Tod wurde es also legal, eine englische Bibel zu besitzen. 1539 überarbeitete Coverdale die »Matthews«-Übersetzung noch einmal und veröffentlichte sie mit königlicher Genehmigung als *Great Bible*. Es erging die Anordnung, fortan in jeder Kirche des Landes ein Exemplar auszulegen. Tyndales letzter Wunsch war in Erfüllung gegangen.

Alle nachfolgenden Bibelübersetzungen bauten auf dieser Grundlage auf. Das Neue Testament der *King James Bible*, das erstmals 1611 veröffentlicht wurde, ist zu 84 Prozent Tyndales Werk. Auch etwa 76 Prozent seiner Übersetzungen des Alten Testaments behielt das Redaktionsteam bei. Insgesamt kann man etwas mehr als die Hälfte der gesamten *King James Bible* direkt auf Tyndale zurückführen.[9] Fast jeder, der die Bibel vorgelesen bekommen oder selbst gelesen hat, ist also mit Tyndales poetischer Prosa in Berührung gekommen. Jeder, der jemals einen Psalm in der Kirche gesungen hat, hat Coverdales Texte rezitiert. Wenn man bedenkt, dass mehr Bibeln in englischer Sprache gedruckt wurden als in jeder anderen Sprache – und dass auch heute noch etwa ein Drittel der amerikanischen Bevölkerung die *King James Bible* benutzt –, kann es nicht viele Menschen geben, deren Worte in der Weltgeschichte öfter wiederholt wurden – wenn überhaupt.[10]

Die Bedeutung der Bibel

Tyndale ebnete der biblischen Kultur den Weg, die das Denken der Menschen in den nächsten drei Jahrhunderten prägte. Das soll nicht heißen, dass sich vor ihm niemand mit der Bibel befasst hätte. Schon die Tatsache, dass das erste in Europa gedruckte Buch eine Bibel war, unterstreicht ihre Bedeutung für das christliche Denken. Allerdings dürfen wir nicht vergessen, dass die Bibel vor 1500 nicht so allgegenwärtig und beherrschend war wie danach. Zunächst einmal war sie auf Latein geschrieben, das nur ein kleiner Teil der Bevölkerung verstand. In den Worten des Historikers Christopher Hill war sie »das Privateigentum des Klerus«.[11] Das mag zwar eine leichte Übertreibung sein, doch sie blieb definitiv den Gebildeten und Wohlhabenden vorbehalten. Gedruckte Bibeln waren nur bei Buchhändlern in der Stadt zu bekommen, und das Buchvertriebsnetz in Großbritannien war im Vergleich zu dem auf dem Kontinent rudimentär. Handgeschriebene Bibeln waren noch schwieriger zu beschaffen. Sie waren besonders aufwendig in der Herstellung und dementsprechend teuer. Und der Besitz von Bibel in englischer Sprache war gefährlich. Die 1409 von Erzbischof Arundel erlassene *Constitution against Gospellers* (»Statut gegen Bibelprediger«) verbot zwar nicht die englische Bibel an sich, wohl aber, ohne Erlaubnis eine Abschrift zu besitzen oder gar eine eigene Übersetzung der Heiligen Schrift anzufertigen. Der Besitz oder das Abschreiben einer vorhandenen englischen Bibel konnte also dazu führen, dass man der Ketzerei angeklagt und auf dem Scheiterhaufen verbrannt wurde. Folglich waren selbst diejenigen, die ein Exemplar besaßen, sehr vorsichtig, wem sie es ausliehen.

In dieser relativ bibellosen Welt war die religiöse Erfahrung weitgehend sinnlicher Natur. Männer und Frauen verbanden sich mit Gott durch Bilder, Gerüche, Klänge und vor allem durch das Geheimnis des Sakraments. In Anbetracht des tristen Alltags der Landarbeiter und der Dunkelheit in ihren Häusern war es für sie eine überwältigende Erfahrung, eine Kirche mit farbenfrohen Wandmalereien, Buntglasfenstern und bemaltem Lettner zu betreten. Der süße Geruch von Kräutern, Weihrauch und Bienenwachskerzen, das blaue und rote Licht, das Läuten der Glocken, der Klang der Musik und der Rhythmus der lateinischen Messe – all das stürmte auf die Sinne ein. Und hoch oben im Kirchenschiff war über dem Lettner die Kreuzigung dargestellt, das ultimative Zentrum des christlichen Glaubens. Man brauchte keine Bibel, um sich mit dem sterbenden Christus auseinanderzusetzen, wenn man ihn dort blutend vor Augen hatte.

Der Verweis auf die Bildwelt lässt den Prozess der Anbetung weitgehend reaktiv erscheinen: Die Bilder und Gerüche lösten bei den ungebildeten Bauern heilige Gedanken aus. Wir sollten aber verstehen, dass die Bildsprache nicht nur auf dieser Schiene funktionierte. Der mittelalterliche Gottesdienst war immer auch eine Art Schauspiel. Da war zunächst die geistliche Musik. Aus mittelalterlichen Bibliotheken und Kirchen sind viel mehr Psalter und Antifonalen erhalten als Bibeln. Dann gab es Prozessionen an Festtagen und religiöse Umzüge in den Städten, wenn die Zünfte und Bruderschaften besondere Anlässe zu feiern hatten. Mysterienspiele, die auf biblischen Geschichten beruhten, blieben das ganze 15. Jahrhundert über beliebt. Es gab Taufen und Muttersegnungen, Eheschließungen und Beerdigungen. Die Beichte war ebenso Pflicht wie Zeiten des Fastens und der Enthaltsamkeit.

Männer und Frauen schlossen sich zu Bruderschaften zusammen, um Kerzen auf ihrem Altar in der Ortskirche brennen zu lassen. Regelmäßig gab es einen Umtrunk für alle Gemeindemitglieder in der Kirche. Menschen, die sich eines sittlichen Vergehens schuldig gemacht hatten, mussten öffentlich Buße tun, entweder in der Pfarrkirche oder auf dem Marktplatz. Viele Menschen gingen auf Pilgerreisen. Und überall wurde gebetet. Christus- und Heiligenbilder konnten solche Andachtsübungen erleichtern und ihnen einen Fokus geben. In der Sinnenwelt der Kirche ging es nicht nur um das Sehen, Riechen und Hören, sondern auch um das Mitmachen beim Glaubensvollzug. Es war ein Tanz zur Musik Gottes.

Tyndale hatte für all das keine Zeit. So formulierte er es in seiner *Exposition on the First Epistle of St John*:

> Wenn es um die Anbetung der Heiligen geht, darum, zu ihnen zu beten und sie zu unseren Fürsprechern zu machen … so ist es doch allen, die die Wahrheit kennen, hell wie der Tag, dass wir, wenn wir an ihren Abenden fasten und ihre heiligen Tage halten, barfuß gehen, Kerzen am hellen Tag aufstellen; wenn wir sie anbeten, um ihre Gunst zu erlangen, ihnen so kostbaren Schmuck schenken, in ihre Kästen opfern, ihre Bilder bekleiden, sie mit silbernen Schuhen beschlagen, die mit einer Fassung aus Kristall versehen sind … dass wir mit allen gleichartigen Diensten schlichte Idolatrie, das heißt Bilderdienst betreiben. Denn die Heiligen sind Geister und können sich nicht an leiblichen Dingen ergötzen.

Nichts, so erklärte er mit Nachdruck, habe größere Autorität als die Heilige Schrift. Wie er es in seinem Prolog zum Pentateuch formulierte, »ist die Heilige Schrift der Prüfstein, der alle Lehren prüft und an dem wir das Falsche vom Wahren unterscheiden können«.[12]

Diese Vision von Religion, die in der englischen Bibel verankert war, stellte die alten Formen des Gottesdienstes überaus wirkungsvoll infrage. Tyndale *sagte* den Menschen nicht nur, dass das Lesen des Wortes Gottes besser sei als das Beten zu den Heiligen, er *zeigte* es ihnen. Wenn man zuvor in die Kirche ging, um zu beten und Rituale nach einer Reihe von mystischen Zeichen zu vollziehen, um sich den Weg in den Himmel zu ebnen, durchbrach die englische Bibel die unsicheren Geheimnisse und legte genau dar, was man tun sollte. »Gott hat in der Heiligen Schrift festgelegt, wie wir ihm dienen und gefallen sollen«, schrieb Tyndale in *Obedience of a Christian Man*. Um eine moderne Analogie zu verwenden, gab er seinen Lesern nicht nur Tipps und Anhaltspunkte, wie sie womöglich in der Lotterie des ewigen Lebens gewinnen könnten: Er gab ihnen die Gewinnzahlen.

Dank Tyndales Arbeit wurde die Bibel zu einem zentralen Bestandteil der religiösen Erfahrung der einfachen englischen Bevölkerung. 1526 wurde zwar fast die gesamte Auflage des Neuen Testaments Buch für Buch aufgekauft und vernichtet, doch Tyndale produzierte weiter. Es wird vermutet, dass bis zu seinem Tod im Jahr 1536 schon 16 000 Exemplare nach Großbritannien geliefert worden waren.[13] Cuthbert Tunstall und die anderen Bücher verbrennenden Bischöfe dürften mit ihren literarischen Scheiterhaufen sogar für sein Werk geworben haben. Schon die bloße Nachricht, dass solche Bücher existierten, markierte einen konzeptionellen Wandel, denn selbst wenn man kein Neues Testament in englischer Sprache bekommen konnte, suchte man vielleicht nach anderen Werken Tyndales und seiner Anhänger. Und wer auch nur vorübergehend Zugang zu einem Exemplar hatte, konnte große Teile auswendig lernen. Wir heute, die wir so viele Möglichkeiten haben, Informationen und Texte abzurufen, vergessen leicht, wie wichtig das Auswendiglernen war.[14] Doch für Tyndales Zeitgenossen war das Memorieren von Abschnitten der englischen Bibel kostengünstig, spirituell anrührend und unglaublich spannend. Zudem war es viel sicherer, das Wort Gottes im Gedächtnis mit sich herumzutragen als in Form eines illegalen Buches.

Der eigentliche Durchbruch kam schließlich 1539, als die Regierung anordnete, dass in jeder Kirche des Landes ein Exemplar der

Great Bible ausliegen sollte. Innerhalb von zwei Jahren wurden 9000 Exemplare gedruckt.[15] Wer es sich leisten konnte, kaufte sich eine eigene Bibel für die private Andacht. Den Analphabeten lasen die Pfarrer in der Kirche und ihre Arbeitgeber in den Häusern, in denen sie als Dienstboten beschäftigt waren, daraus vor. Nicht nur Geistliche, sondern auch Beamte und städtische Behörden zitierten daraus. Zum ersten Mal hörte eine große Zahl von Menschen die Lehre Christi in ihrer eigenen Sprache. Und alle wussten, dass sie an demselben Massenerlebnis teilnahmen – so wie Mitte des 20. Jahrhunderts, als alle dasselbe Fernsehprogramm sahen, weil es nur einen Sender gab. Gleichzeitig konnte jeder Zuhörer seine eigene, persönliche Beziehung zu Gott entwickeln. Wie wir gesehen haben, hatten die meisten Menschen Religion bis dahin kollektiv erlebt. Jetzt wurde die Bibel für den Einzelnen, der sich bessern oder gottgefälliger leben wollte, zu einem zusätzlichen Offenbarungskanal neben dem Gottesdienst. Tatsächlich löste sie die Predigt des Priesters schnell ab. Wenn man die Bibel las, konnte man das Wort Gottes selbst studieren und auslegen. Man konnte seinen Weg zur Erlösung selbst bestimmen: Man brauchte keinen Priester.

All dies musste die Menschen entzweien. Das neue Verständnis von der Bibel als der Grundlage des christlichen Glaubens öffnete dem Fundamentalismus Tür und Tor, der der gängigen religiösen Praxis eine selbstgerechte Heiligkeit gegenüberstellte, die sich aus biblischen Quellen herleitete. In England entwickelte sich daraus der Puritanismus. Es ist daher heilsam, sich daran zu erinnern, dass die englische Bibel nicht nur positive Dinge anstieß. Zunächst einmal erlaubte sie religiösen Eiferern, Aspekte des täglichen Lebens zu kritisieren, die sich *nicht* in der Bibel fanden. Philip Stubbes zeigt mit seiner *Anatomy of Abuses* (1583), wie giftig und hasserfüllt die Puritaner ihren Mitmenschen begegneten – und wie unheilig noch dazu. Stubbes wetterte mit größter Verachtung gegen jede Form von Maßlosigkeit, angefangen beim Stolz der Menschen über die Qualität ihrer Hemden, das Tragen von Halskrausen und Schmuck bis hin zu dem, was sie zu essen pflegten.

Am liebsten hätte er jeden Menschen, der auch nur den geringsten Luxus genoss, in die Hölle verbannt. Und seine Intoleranz war zwar extrem, doch er stand nicht allein damit. Zwanzig Jahre zuvor, im Jahr 1563, wäre England um Haaresbreite ein fundamentalistischer Staat geworden, als ein Gesetzesentwurf zur Durchsetzung der puritanischen Agenda an nur einer Stimme scheiterte. Wir müssen im Gedächtnis behalten, dass die überzogenen puritanischen Forderungen des 17. Jahrhunderts – wie etwa die Todesstrafe für Ehebrecher und Gotteslästerer – ihre Wurzeln auch in der bibelgläubigen Kultur hatten, die im Gefolge von Tyndales Übersetzung entstand.

Die gestärkte Autorität der Bibel war also von größter Bedeutung für die Entwicklung der englischen Kultur. Sie führte zur Zerstörung einer sinnlichen Art der Annäherung an Gott durch Ritual und Schauspiel. Sie vermittelte ein stärkeres Bewusstsein der eigenen Individualität. Sie förderte das Hinterfragen uralter Traditionen. Aber sie führte auch zu extremistischen religiösen Ansichten und zu Verfolgung. Das ist der erste Grund für die Annahme, dass Tyndales Einfluss auf die englische Geschichte mindestens genauso groß war wie der eines mittelalterlichen Monarchen. Können Sie sich eine Welt vorstellen, in der Ihnen die Bibel nur auf Latein zur Verfügung steht? Wären Sie in der Lage, daraus zu zitieren? Wenn evangelikale Prediger uns heute erklären, was wir tun sollen, um unsere Seelen zu retten, dann sagen sie nicht, dass wir auf diese oder jene Pilgerreise gehen oder an diesem oder jenem Wallfahrtsort beten sollen: Sie sagen, wir sollen die Bibel lesen. In England war das in den letzten 480 Jahren so. Die englische Bibel wurde schnell zur wichtigsten Autorität für die Ausrichtung des christlichen Lebens – nicht weil sie den Gemeinden von der Kanzel oder von Rom aus aufgezwungen worden wäre, sondern weil sie in die Volkssprache übersetzt wurde und die einzelnen Gläubigen sich an ihr orientieren konnten. Bald gaben sie ihr den Vorzug vor allen anderen Formen der Gottesverehrung.

Verantwortungsbewusster Bürgersinn

Diese neue, an der Bibel orientierte Kultur machte die Menschen stärker für das Wohlergehen ihrer Mitmenschen verantwortlich. Wie es ein Kommentator 1607 formulierte, »lehrte die Bibel Amtsträger, wie sie zu regieren hatten, und Lehrer, wie sie zu lehren hatten«.[16] Hilfreich war sie auch für viele Männer und Frauen, die in keine dieser beiden Kategorien fielen – von Haushaltsvorständen und ihren Ehefrauen bis hin zu Medizinern, die darauf bedacht waren, dass die heilende Kraft Gottes durch sie wirkte. Insgesamt forderten die biblischen Texte die einzelnen Mitglieder der Gesellschaft auf, alles daranzusetzen, um Gott zu gefallen, indem sie einander halfen und den Lehren Christi folgten.

Es ist nicht schwer, Beweise für diese neue Betonung eines verantwortungsbewussten Bürgersinns zu finden. Die Zunahme der wohltätigen Spenden und die Gründung von Schulen um 1540 zum Beispiel müssen auf einer solchen Beweisliste ganz oben stehen. Das deutlichste Zeichen von Verantwortungsbewusstsein ist aber vielleicht in der Entwicklung des Armenrechts zu sehen.

Zwischen 1500 und 1600 wuchs die Bevölkerung von etwa 2,3 Millionen auf über 4 Millionen an, ohne dass es für die zusätzlichen Menschen Arbeits- oder Wohnmöglichkeiten gegeben hätte – das Problem der Arbeitslosigkeit verschärfte sich immer weiter. Die Regierung entschied sich zunächst für eine Politik der Repression. Im Jahr 1531 erließ sie ein Gesetz, das vorsah, Vagabunden auszupeitschen und an ihren Geburtsort zurückzuschicken; wer nicht arbeiten konnte, sollte die Erlaubnis erhalten, in seiner Heimatgemeinde zu betteln. Im Jahr 1547 wurde das Gesetz noch strenger: Vagabunden wurden für zwei Jahre versklavt, Kinder mussten in den Dienst gestellt werden, ältere Arme wurden zur Arbeit verpflichtet, und nur die nicht arbeitsfähigen Armen sollten durch freiwillige Spenden unterstützt werden. Die Versklavung von Christen ging den meisten Menschen zu weit, und dieser Teil des Gesetzes wurde zwei Jahre später wieder aufgehoben. 1572 wurden dann alle früheren Regeln durch ein neues Gesetz ersetzt. Die Kirchengemeinden wurden ermächtigt, Armenaufseher einzusetzen, die vor Ort für die Armen sammelten. Nach wie vor waren jedoch Repressionen ein zentrales Element: Vagabunden wurden ausgepeitscht und mit Löchern in den Knorpeln ihrer Ohren gebrandmarkt. Dann aber wurde 1597 ein Gesetz verabschiedet, das wir heute das *Old Poor Law* nennen. Die Aufseher der Armen in jeder Gemeinde waren danach verpflichtet, Geld für deren Versorgung aufzubringen, indem sie einen obligatorischen Gemeindesteuersatz festlegten. Mit diesen Mitteln sollten sie die nicht arbeitsfähigen Armen unterstützen und arme Kinder zur Arbeit einsetzen oder sie als Lehrlinge an wohlhabendere Haushalte in der Gemeinde vermitteln. Diese Gesetzgebung wirkt vielleicht nicht so beeindruckend wie der Sieg über die spanische Armada einige Jahre zuvor, doch gilt sie als eine der größten Errungenschaften des elisabethanischen Englands. Sie bewahrte Menschen vor dem Hungertod.

Man könnte sagen, dass die verschiedenen Armengesetze letztendlich das Leid linderten. Das ursprüngliche Ziel war jedoch ein anderes: Die ersten Gesetze zielten darauf ab, die Zahl der Obdachlosen zu verringern, indem sie sie in eine verzweifelte Finsternis verbannten. Warum also hatte sich die Politik geändert? Die einfache Antwort lautet, dass sich die Gesellschaft ihrer Verantwortung stärker bewusst wurde. Im Jahr 1545 schrieb der Londoner Stoffhändler Henry Brinkelow: »Ich glaube, dass unter dem Himmel meiner Ansicht nach nirgends so wenige Vorkehrungen für die Armen getroffen werden wie in London, einer so großen Stadt …«[17] Zwei Jahre später wurden die Londoner Behörden aktiv. Sie erhoben eine Steuer für den »Unterhalt und die Versorgung« der Armen in der Stadt. Parallel wurden vier Krankenhäuser, St.Bartholomew's, Christ's Hospital, Bedlam und St.Thomas' wieder errichtet und über Stiftungen finanziert. Bald folgten auch andere Städte dem Beispiel Londons. Die Behörden in Bristol und Canterbury begannen, Getreide für die Armenhilfe zu kaufen. Im Jahr 1557 gingen die Gewinne des Jahrmarkts von Stourbridge an die Armen von Cambridge. Ipswich schloss sich im selben Jahr

London an und besteuerte seine Bürger zugunsten der Armen. Norwich führte 1570 eine Umfrage unter allen armen Bürgern durch, um den Umfang der notwendigen Unterstützung zu ermitteln. Immer mehr Bibelleser erkannten, dass die arbeitsunfähigen Armen – wie Daniel in der Löwengrube, der vom Engel gerettet wurde, weil er »untadelig« war – ihr Schicksal nicht verdient hatten. Soziale Probleme, die zuvor dem Willen Gottes zugeschrieben worden waren, galten zunehmend als ein Versagen der Bürger, den Lehren Christi zu folgen – vor allem, was die Hilfe für ihre Mitmenschen in der Stunde der Not betraf.

Als zwischen 1594 und 1597 Tausende Menschen einer Hungersnot zum Opfer fielen, konnte das Parlament die Situation nicht länger ignorieren. Geleitet von einem christlichen Pflichtgefühl trat an die Stelle der karitativen Armenfürsorge, bei der die Spende in erster Linie der Seele oder dem Ansehen des Spenders zugutekommen sollte, eine Steuer, eine soziale Pflicht, den Leidenden zu helfen. Laut dem Historiker Paul Slack war »der entscheidende Faktor eine neue, vom Humanismus inspirierte Vorstellung davon, was Regierungen für die Armen tun konnten und sollten«.[18] Ich möchte hinzufügen, dass man diesen Humanismus nicht von dem Verantwortungsgefühl trennen kann, das durch die Lektüre der Bibel entstand. Im Jahr 1596 teilte der anonyme Autor von *Three Sermons or Homilies to Moove Compassion towards the Poore and Needie in these times* (»Drei Predigten oder Homilien, um Erbarmen gegenüber den Armen und Bedürftigen in diesen Zeiten zu wecken«) seinen Lesern mit:

> Wenn du einem Armen auf der Straße begegnest, so bedenke, dass er ein Mensch ist, nach Gottes Bild geschaffen; wenn er auch arm, nackt und elend ist, so hüte dich doch, ihn zu verachten, so wie er ist; gib acht, dass du ihn nicht schlägst, gib acht, dass du ihn nicht vertreibst.[19]

Henry Arthington erklärte in seiner im folgenden Jahr veröffentlichten *Prouision for the Poore* (»Fürsorge für die Armen«) sogar noch deutlicher, diese bürgerliche Verantwortung sei eine christliche Pflicht. Er beginnt mit einer Paraphrase der Seligpreisungen – »Selig ist, wer an die Armen denkt; der Herr wird ihn erretten in der Zeit seiner Not« –, bevor er ausführlich darlegt, warum bürgerliche Verantwortung in seinen Augen eine christliche Tugend ist:

> Die erste Überlegung, über die alle Menschen, die dazu in der Lage sind, nachdenken sollten, ist, wie wir den Armen helfen können und müssen, wenn wir uns als wahre Christen erweisen wollen, oder je darauf hoffen, dass Christus uns am Ende tröstet, wenn der Tod uns einholt.[20]

In vielen Städten stifteten die Wohlhabenden in ihren Testamenten Geld oder Vorräte an Wolle und anderen Rohstoffen, um den Armen Arbeit zu verschaffen. Wo Armenhäuser gegründet wurden, erwartete man von den Insassen, dass sie sich sittsam und fromm verhielten. Die Inspiration für das neue Verständnis, dass Regierungen versuchen sollten, den Armen zu helfen, anstatt sie einfach nur auszupeitschen, zu versklaven und zu brandmarken, mag aus dem Humanismus entsprungen sein, doch es war die neue an der Bibel orientierte Kultur, die dieses Verständnis in fast allen Aspekten prägte. Wie Professor Slack hinzufügt, »ist es schwierig, ein kommunales System [der Armenhilfe] zu finden, das nicht von puritanischer oder gottesfürchtiger Rhetorik begleitet wird«.[21] Eine solche Rhetorik hätte es ohne die englische Bibel nicht gegeben.

Dies ist also der zweite Grund für die Annahme, dass Tyndales Einfluss auf die englische Geschichte mindestens so groß war wie der jedes mittelalterlichen Monarchen. Nach 1597 verhungerten die Menschen in Südengland vor allem deshalb nicht mehr so oft, weil die Bürger Verantwortung übernahmen, die sich wiederum aus der neuen bibelgeprägten Kultur speiste. Wenn man verstehen will, warum 10 Prozent des nördlichen Europa – darunter zwei Millionen Menschen in Frankreich – in den schrecklichen Hungernöte 1690–1710 zwischen 1690 und 1710 starben, während in England fast alle Einwohner überlebten, liegt die Antwort zumindest teilweise in der Einführung des *Old Poor Law* hundert Jahre zuvor und im Verantwortungsbewusstsein der Bürger gegenüber ihren Mitmenschen, das auf die Veröffentlichung der englischen Bibel folgte.

Zunehmende Alphabetisierung

Als die wichtigste kulturelle Veränderung in Verbindung mit der Übersetzung der Bibel wird meist die wachsende Alphabetisierung der Bevölkerung genannt. Sobald man Zugang zu einem Buch in seiner Muttersprache hatte, konnte man sich das Lesen selbst beibringen, indem man den Buchstaben folgte und übte, die Wörter zu erkennen. Vielleicht gab es auch jemanden in der Familie, der einem helfen konnte. Man musste nicht mehr zur Schule gehen, um lesen und schreiben zu lernen. Und auch wenn eine gedruckte Bibel immer noch 3 Shilling oder mehr kosten mochte, so war dies doch weitaus billiger als die 2 Shilling *pro Woche*, die ein Junge an Schulgebühren für das Erlernen der lateinischen Sprache zahlen musste, damit er die lateinische Bibel lesen konnte. Bezeichnend war zudem, dass die Bibel das am weitesten verbreitete Buch in englischer Sprache war – es war das Buch, das die meisten Menschen lesen wollten. Hätten die Engländer ihre Heilige Schrift nicht schon vor dem 18. Jahrhundert in der Volkssprache gehabt, wäre der Grad der Alphabetisierung in den folgenden Jahrhunderten sicher weitaus geringer gewesen. In portugiesischer Sprache erschien die Bibel erst 1753 – zweifellos ein Grund dafür, dass im Jahr 1900 nur 36 Prozent der Männer und 18 Prozent der Frauen in Portugal des Lesens und Schreibens kundig waren (im Vergleich zu den Zahlen des Vereinigten Königreichs, die bei 98 bzw. 97 Prozent lagen).[22] Tyndale schuf einen Kerntext, der für die englische Kultur über viele Jahrhunderte hinweg von zentraler Bedeutung blieb, und das führte wohl zwangsläufig dazu, dass immer mehr Menschen ihn lesen wollten. So gesehen war er zweifellos der erfolgreichste Lehrer, den die englischsprachige Welt je hatte.

Allerdings war der Nutzen des Lesens im frühen 16. Jahrhundert durchaus nicht allgemein anerkannt. Die Präambel der *Great Bible* von 1539 enthielt die folgende Zeile:

> Hier können alle Arten von Menschen, Männer, Frauen, Junge, Alte, Gelehrte, Ungelehrte, Reiche, Arme, Priester, Laien, Herren, Damen, Beamte, Pächter und gemeine Leute, Jungfrauen, Ehefrauen, Witwen, Rechtsanwälte, Kaufleute, Handwerker, Bauern und alle Arten von Menschen, von welchem Stand oder Befinden auch immer sie sein mögen, in diesem Buch alles lernen.

Dies sieht sehr nach einer Aufforderung an alle aus, die Bibel auf Englisch zu hören, wenn nicht sogar selbst zu lesen. Die Folgen dieser philanthropischen Initiative scheinen die Regierung jedoch schockiert zu haben. Sie sah sich nämlich veranlasst, die Einladung an alle und jeden in einem Parlamentsgesetz nur vier Jahre später zurückzuziehen:

> Es soll keine Anmerkungen oder Präambeln in Bibeln oder Neuen Testamenten in englischer Sprache geben. Die Bibel soll in keiner Kirche in englischer Sprache gelesen werden. Weder Frauen noch Handwerker, Lehrlinge, Gesellen, Bedienstete vom Freisassen abwärts, Bauern oder Arbeiter sollen das Neue Testament in englischer Sprache lesen.[23]

Doch die Katze war schon aus dem Sack. Allein die Tatsache, dass so schnell ein zweites Gesetz verabschiedet werden musste, deutet darauf hin, dass sich in diesen Jahren tatsächlich sehr viele Menschen mit der Bibel beschäftigten. Die restriktive Gesetzgebung wurde 1547 aufgehoben, und zwei Jahre später erschien das *Book of Common Prayer*, das Teile der Tyndale-Übersetzung enthielt, die in die Bibel von Miles Coverdale eingeflossen waren. Von jetzt an kam jeder regelmäßig mit dem Wort Gottes in seiner Muttersprache in Berührung und machte sich damit vertraut.

Der erzieherische Geist Tyndales findet sich auch in der sogenannten »Verwaltungsrevolution der Tudor-Zeit« – einer massiven Zunahme der Bürokratie im Land. Ab 1538 wurden Gemeinderegister angelegt und Kirchenbücher in immer größerer Zahl geführt; dazu kam eine gewaltige Menge anderer Schreibkram. Jedem, der in der Gesellschaft vorankommen wollte, wurde klar, dass er lesen und schreiben können musste. Viele begannen mit kleinen Leseheftchen oder ähnlichen einfachen Texten, doch schon bald gingen die meisten dazu über, den besten Nutzen aus ihrer neuen Fähigkeit zu ziehen und die Bibel zu lesen. Während im Jahr 1500 nur etwa 10 Prozent der männlichen Bevölkerung Englands lesen und schreiben konnten, waren es in den 1640er-Jahren bereits 30 Prozent. Zu diesem Zeitpunkt waren in England bereits eine Million Bibeln gedruckt worden.[24]

So viel zur Alphabetisierung der Männer. Was ist mit den Frauen und Mädchen? Hier ist ein noch dramatischerer Anstieg zu verzeichnen, und zwar aus dem einfachen Grund, dass weiblichen Wesen im 15. Jahrhundert relativ wenige Bildungsmöglichkeiten offenstanden. Nur wohlhabende Familien konnten es sich leisten, ihren Töchtern das Lesen beizubringen, und nicht alle sahen darin einen Nutzen. Es *gab* zwar gebildete Engländerinnen im Mittelalter, aber es waren nicht viele. Zwar stammen mehr als hundert der über tausend Briefe in der Paston-Sammlung aus dem 15. Jahrhundert von Frauen, doch die meisten von ihnen wurden im Auftrag von Margaret Paston verfasst, die Analphabetin war. Ein ähnliches Bild ergibt sich, wenn wir die drei anderen wichtigen noch erhaltenen Briefsammlungen aus dem England der Zeit vor 1500 betrachten: Die Stonor-Briefe enthalten 27 Briefe (etwa 10 %), die von oder im Namen von Frauen geschrieben wurden; von den 247 Briefen in der Cely-Familiensammlung stammt nur ein einziger von einer Frau; und in der Plumpton-Korrespondenz sind es nur zwei der 143 Briefe aus der Zeit vor 1500. Alle diese Familien hatten einen hohen Status und konnten sich Privatlehrer leisten, sodass die geringe Zahl der Briefe bezeichnend ist. Die Alphabetisierungsrate der Frauen lag im Jahr 1500 landesweit bei weniger als 1 Prozent. Bis 1600 war sie jedoch auf 10 Prozent gestiegen.[25] Da die Zahl der Mädchenschulen nicht im gleichen Maße zunahm, wurden die ersten alphabetisierten Frauen entweder von Privatlehrern unterrichtet oder bildeten sich selbst weiter. Und wer lesen lernte, tat dies meist anhand des am weitesten verbreiteten Buches: der Bibel.

Die zunehmenden Lese- und Schreibkenntnisse von Frauen waren so wichtig, weil sie ihnen zum ersten Mal die Möglichkeit gaben, sich öffentlich zu äußern – und einige so entstandene Werke waren von enormer Bedeutung. Im Jahr 1560 brachte Anne Locke ihre Übersetzung der Predigten des französischen protestantischen Theologen Jean Calvin heraus. Vier Jahre später übersetzte Anne Bacon John Jewels *Apologia ecclesiae anglicanae* (»Verteidigung der Kirche von England«), das theologische Grundlagentraktat des englischen Protestantismus, aus dem Lateinischen. Bereits 1554 konnte John Standish sagen, Frauen hätten »das Amt des Lehrers auf sich genommen«.[26] Sie begannen, Literatur für andere Frauen zu schaffen und darin Ideen zu verbreiten, die sich all jene Frauen, die nicht selbst des Lesens kundig waren, vorlesen lassen konnten. Im Jahr 1582 veröffentlichte Thomas Bentley *The Monument of Matrones*: eine zweibändige Anthologie religiöser Schriften von Frauen für Frauen. Gegen Ende des 16. Jahrhunderts schrieben Frauen über ein breites Spektrum von Themen. Mehrere Frauen gaben eigene poetische Werke heraus. Weniger literarisch Begabte verfassten Selbsthilfebücher mit Ratschlägen: von der richtigen Ausrichtung eines Festmahls bis hin zur Herstellung von Arzneimitteln und Anleitungen zur Kosmetik. Und gebildete Frauen waren nun in der Lage, sich mit von Männern geschriebenen Büchern auseinanderzusetzen, sodass männliche Autoren nicht mehr davon ausgehen konnten, dass sie mit einem fast ausschließlich männlichen Publikum kommunizierten. Zum ersten Mal in der Geschichte waren Wissen und Debatten kein rein männliches Privileg mehr.

Die zunehmende Alphabetisierung brachte eine Fülle neuer Ideen hervor. Mit der wachsenden Zahl von Lesern wurde die Produktion von medizinischen und juristischen Büchern, aber auch von geografischen, historischen und theologischen Abhandlungen in hohen Auflagen wirtschaftlich rentabel. Um nur ein Beispiel herauszugreifen: Gegen Ende des 16. Jahrhunderts waren Hunderte Titel zur medizinischen Selbsthilfe auf dem Markt, und viele einmal gekaufte Exemplare wurden immer wieder verliehen. Professor Slack schätzt die Gesamtleserschaft solcher Werke zu dieser Zeit auf über 100 000 Menschen.[27] Viele von ihnen verfügten nun über mehr Informationen als diejenigen, die tatsächlich in der Pflege arbeiteten. Insgesamt wuchs die Zahl der Bücher beträchtlich. In den ersten drei Jahrzehnten des 16. Jahrhunderts erschienen in England 1828 Titel; in den letzten drei Jahrzehnten stieg diese Zahl auf 9788. Es ist einfach eine Frage der intellektuellen Ökonomie: Wenn die Nachfrage nach neuen Texten hoch bleibt, werden sie in immer größerer Zahl produziert – das hat sich bis heute nicht geändert.

Standardisierung der englischen Sprache

Das Englisch des 15. Jahrhunderts ist nicht schwer zu verstehen, wenn man sich einmal eingelesen hat. Aber es ist nicht harmonisch: Jeder Satz ist ein unförmiger Pflock, der nicht reibungslos in das runde Loch unseres Verständnisses passt. Und es gibt eine Menge Variationen und Unregelmäßigkeiten. Abgesehen von der einen oder anderen Zeile von Chaucer hat sich nur wenig von dem Englisch aus der Zeit vor 1500 in unserer Alltagssprache erhalten. Die Sprache aus der Regierungszeit von Elizabeth I. hingegen ist uns recht vertraut. Die meisten gebildeten Menschen können heute Dutzende Zeilen aus der Literatur des späten 16. Jahrhunderts zitieren, sei es aus Shakespeares Stücken und Sonetten, Marlowes Dramen und Gedichten oder den Werken der vielen Dichter, deren einzelne Bilder und Metaphern berühmter sind als ihre Autoren. Der Hauptgrund für unsere Vertrautheit mit der englischen Literatur des späten 16. Jahrhundert liegt darin begründet, dass die Sprache gleich zu Beginn des populären Buchdrucks stark von der englischen Bibel beeinflusst wurde. Der Rhythmus von Tyndales Prosa gab der englischen Sprache den Takt vor. Es ist keine Übertreibung, wenn man festhält, dass es ohne Tyndale keinen Shakespeare gegeben hätte.[28] Im Jahr 2011 ergab eine Untersuchung, dass 257 Redewendungen der *King James Bible* noch immer täglich in Gebrauch sind. Nur 18 davon gehen auf das Team von mehr als 60 Übersetzern und Redakteuren zurück, die von König James bestimmt wurden. Fast alle anderen stammen von Tyndale.[29]

Es war nicht sosehr Tyndales Wortschatz, der das Englische zu dem machte, was es ist, sondern seine Art zu sprechen, die Anordnung seiner Worte. Vor allem aber – und darauf hatte er keinen Einfluss – wurde seine und Coverdales Fassung zu *der* Bibel schlechthin. Wären ihre Formulierungen in späteren Versionen verworfen worden, wäre die Vereinheitlichung der englischen Sprache einer anderen Gruppe von Übersetzern mit ihren Rhythmen und Kadenzen zugefallen. Indem alle späteren Bibeln die einfachen Sätze Tyndales und die lyrischen Wendungen Coverdales aufgriffen, wurden deren Worte ständig wiederholt und allen Generationen vertraut. Gleichzeitig gerieten alle Varianten des Englischen, die es zuvor landauf, landab gegeben hatte, in Vergessenheit.

Der Vorrang der Volkssprache

Für den modernen Menschen ist es einfach eine Frage des gesunden Menschenverstandes, ein Buch möglichst auf Englisch zu veröffentlichen, wenn die meisten Menschen Englisch und nur wenige Latein sprechen. Das setzt allerdings voraus, dass dieses Buch wirklich gelesen werden soll und dass es besser ist, wenn mehr Menschen es lesen können und wollen, unabhängig von ihrem Hintergrund. Wie wir bereits gesehen haben, war das um 1500 noch nicht der Fall. Wissen wurde ehrfürchtig gehütet und auf Latein unter Verschluss gehalten. Es ist daher sehr aussagekräftig, wie umfassend und wie schnell das Lateinische nach dem Erscheinen der englischen Bibel dem Englischen wich. Nur knapp die Hälfte der oben erwähnten 1828 Bücher, die zwischen 1501 und 1530 in England veröffentlicht wurden, war auf Englisch geschrieben. Dieser Anteil stieg auf 85 Prozent bei den zwischen 1571 und 1600 erschienenen Büchern. Den Wendepunkt brachten die 1530er-Jahre, in denen die Zahl der Titel in der Volkssprache von 47 Prozent auf 76 Prozent anstieg.[30] Als Englisch zu einer geeigneten Sprache wurde, um das Wort Gottes zu verkündigen, wurde es auch zu einem geeigneten Träger für jeden anderen Text, der im Druck erscheinen konnte.

Diese Verlagerung vom Lateinischen hin zur Volkssprache ist an sich schon bedeutsam. Stellen Sie sich vor, Sie gehen heute in eine Buchhandlung und die Hälfte der angebotenen Bücher ist auf Latein geschrieben. Damals jedoch ging es noch um weit mehr als um die Bequemlichkeit des Lesens. Latein war die Sprache der sozialen Kontrolle. Edward III. hatte den Menschen zwar 1362 erlaubt, vor Gericht in ihrer jeweiligen Muttersprache zu plädieren – und dazu gehörte auch das Englische, das in jenem Jahr als »Sprache der Nation« anerkannt wurde –, doch die Gerichtsakten wurden wie viele andere offizielle Dokumente immer noch auf Latein niedergeschrieben. Daher ist es wichtig, dass Tyndale nicht vorschlug, die Menschen, die die Bibel lesen wollten, sollten Latein lernen – was man von einem brillanten Sprachwissenschaftler hätte erwarten können. Vielmehr sollte die Bibel in der Sprache des Volkes verfügbar sein. Dieser kleinste gemeinsame Nenner war bestimmend. Eine Veröffentlichung in lateinischer Sprache nach den 1530er-Jahren konnte nur als Versuch gerechtfertigt werden, ein bestimmtes internationales Publikum zu erreichen, für das Latein die Lingua franca blieb. Nicht zufällig schafften die Puritaner, als sie schließlich Mitte des 17. Jahrhunderts die Kontrolle über die Regierung erlangten, als eine ihrer ersten Maßnahmen den offiziellen Gebrauch des Lateinischen ab.

Dem Niedergang des Lateinischen als Sprache der Macht steht der Aufstieg des Englischen als Stimme des Volkes gegenüber.

Wenn wir die Geschichte Englands in den letzten tausend Jahren erzählen wollten, wäre die Demokratisierung der Gesellschaft ein Hauptthema, das sich durch die gesamte Erzählung ziehen würde. Wir würden vielleicht mit der *Magna Carta* und Simon de Montforts erstem Parlament und ähnlichen frühen Versuchen beginnen, den König rechenschaftspflichtig zu machen. Wir könnten darin aber auch immer neue Bemühungen sehen, Königen und anderen Autoritätspersonen die Stimme des Volkes nahezubringen. Die Könige hörten immer häufiger auf das Volk, vor allem Edward III. und Henry IV., die beide eng mit dem Parlament zusammenarbeiteten. Sie verstanden, dass eine gemeinsame Sprache für einen sinnvollen Dialog und eine Zusammenarbeit zwischen Herrscher und Beherrschten unerlässlich war. Als Henry IV. 1399 im Parlament den Thron beanspruchte, tat er dies auf Englisch, nicht auf Französisch oder Latein. Bis zur Mitte des 15. Jahrhunderts war Englisch zur Alltagssprache des Adels geworden. Und um 1540, als fast alle englischen Bürger Englisch sprachen, bestätigte die volkssprachliche Bibel nicht nur endgültig das Englische als Landessprache, sondern definierte auch die Form, die diese Sprache annehmen sollte. Sie wurde so zu einem sprachlichen und kulturellen Eckpfeiler der englischen nationalen Identität.

Infragestellung der Autorität

Sobald die englische Bibel auf dem Markt war, konnten sich Prälaten und Kleriker nicht mehr als unanfechtbare Autoritäten in religiösen Angelegenheiten behaupten. Ihre Entscheidungen mussten ein Fundament in der Heiligen Schrift haben. Tyndale drückte es so aus:

> Gottes Wort sollte allein herrschen und nicht die Dekrete der Bischöfe oder das Wohlgefallen des Papstes … [Sie sollten] die Heilige Schrift nicht fleischlich und weltlich auslegen und sagen: »Gott hat dies zu Petrus gesagt, und ich bin sein Nachfolger, daher ist diese Autorität nur meine.«[31]

Die englische Bibel war also insofern revolutionär, als sie versuchte, die kirchliche Hierarchie durch die eigene Auslegung von »Gottes Wort« zu ersetzen. Sie ermutigte das einfache Volk, die religiösen Pfeiler zu überprüfen, auf die die Geistlichen ihre Positionen und ihre Macht gründeten – und in vielen Fällen konnten sie diese nicht in der Bibel finden.

Tyndale selbst war nicht an den weltlichen Implikationen dieses Prozesses interessiert, sondern nur am spirituellen Nutzen. Allerdings forderte er mit seiner Haltung führende Geistliche heraus und ließ unweigerlich auch Zweifel an anderen Formen von Autorität aufkommen. Die meisten Prälaten waren nicht nur geistliche, sondern auch weltliche Herren – und sie genossen ihre weltliche Macht nur aufgrund ihrer kirchlichen Stellung. War der Gutsherr ein Bischof und zahlte man Pacht an ihn und übte er seine Autorität in einer Weise aus, die gegen die Lehre Christi verstieß – zum Beispiel durch den Verkauf von Ablassbriefen –, dann unterstützte man mit der Pacht einen Sünder. Wer das geistliche Ansehen eines Prälaten anzweifelte, stellte auch dessen weltliche Stellung infrage. Dies verlieh der englischen Bibel einen revolutionären Anstrich.

Ein weiterer revolutionärer Aspekt der Heiligen Schrift in der Volkssprache bestand darin, dass sie den Menschen die Diskrepanz zwischen der Botschaft Christi von der Gleichheit aller Menschen und ihrer eigenen Erfahrung der Ungleichheit vor Augen führte. Im Matthäusevangelium konnten sie von dem reichen jungen Mann lesen, der zwar nie gesündigt hatte, aber nicht bereit war, seinen Reichtum gemäß den Anweisungen Christi aufzugeben, und der deshalb nicht ins Himmelreich kam. In der Ausgabe von Tyndale aus dem Jahr 1534 lautet der Text: »Es ist leichter, dass ein Kamel durch ein Nadelöhr geht, als dass ein reicher Mann in das Reich Gottes kommt.« Daraus folgte, dass das Anhäufen großer Reichtümer gottlos war – und das galt in den Augen der Menschen natürlich auch für weltliche Herren, Juristen und Kaufleute sowie für Bischöfe und Äbte. Warum also sollte man einem von ihnen gehorchen?

Trotz des revolutionären Charakters seines Werks war Tyndale wie Luther ein entschiedener Gegner der sozialen Revolution. Er schrieb *The Obedience of a Christian Man*, um seinen Lesern zu erklären, dass es einen Unterschied zwischen der Aufdeckung religiöser Korruption und der Infragestellung der weltlichen Herrschaft gebe.[32] Seiner Ansicht nach hatte Christus die Menschen gelehrt, ihre Feinde zu lieben. Wenn man vom König oder einem Fürsten unterdrückt werde, solle man seine Verehrung für Gott zeigen, indem man die Unterdrückung akzeptiere, auch wenn der König mit dem Tod und der Beschlagnahmung des gesamten Besitzes drohe.[33] Es überrascht nicht, dass nicht alle damit einverstanden waren. »Wenn Fürsten oder Herrscher [die Heilige Schrift] verleugnen, während sie doch für gläubig gehalten werden, kann das besagte Volk ihnen ihre Reiche und Herrschaften entziehen«, argumentierte ein französischer Schriftsteller, dessen Werk 1536 ins Englische übersetzt wurde.[34] Nach welchem Recht waren die Herren des Reiches eingesetzt worden? Laut Clement Armstrong, einem bibeltreuen Londoner Krämer, der in den 1530er-Jahren schrieb, hatten sich die Herren zu Unrecht die Bäume und Felder angeeignet, die Gott dem Volk gegeben hatte. Ebenso hatten sie sich und ihre Standesgenossen zu Unrecht in den Genuss des von den Bauern erhobenen Zehnten gebracht, einer Abgabe, die eigentlich der Kirche zustand. Das Parlament, so Armstrong, werde in der Bibel nicht erwähnt; daher dürfe es keine Macht über die Kirche ausüben. Indem er die religiöse Grundlage der Gesellschaftsordnung infrage stellte, griff er auch diese Ordnung selbst an. Man konnte beides nicht voneinander trennen. Tyndales wie auch Luthers Abneigung gegen revolutionäre Ideen spielte keine Rolle mehr. Indem sie den einfachen Menschen Zugang zu Christi Lehre von der Gleichheit verschafften, förderten beide Männer diese Ideen unweigerlich.

Zuvor hatten die Anführer der Arbeiterrevolten in Europa nur selten versucht, die in der Gesellschaft herrschenden Hierarchien zu beseitigen: Sie hatten lediglich den Auswüchsen einer schlechten Politik ein Ende setzen wollen. Die einzige bemerkenswerte Ausnahme in England war der abtrünnige Priester John Ball, der während des Bauernaufstands von 1381 predigte, »dass alle Menschen von Natur aus gleich geschaffen sind und die Knechtschaft durch die ungerechte und böse Unterdrückung der Menschen gegen den Willen Gottes eingeführt wurde«.[35] Er verdeutlichte seinen Standpunkt mit einem alten Sprichwort: »Als Adam grub und Eva spann,/wo war denn da der Edelmann?« Als Priester hatte Ball Zugang zur Bibel und war seiner Zeit voraus. Doch sobald sie die Bibel in Übersetzung lesen konnten, begannen immer mehr Menschen, die alte Gesellschaftsordnung infrage zu stellen. Mancherorts griffen sie zu den Waffen. Dies war vor allem in Deutschland der Fall, wo die Bibel schon lange in der Volkssprache verfügbar war und noch weithin Leibeigenschaft herrschte. Ab den 1490er-Jahren drohte den Bauern, die sich an den sogenannten Bundschuhaufständen beteiligten, die Hinrichtung durch Erhängen, Ausweiden und Vierteilen. Wer ihnen Unterschlupf gewährte, wurde geächtet. In der Begründung dieser sehr harten Strafen wird deutlich, dass die Bauern

> sich … zu einer Versammlung, Verschwörung und Verständigung gegen alle Obrigkeit, auch gegen die oberste, zusammengeschlossen hatten, mit der Absicht, sich aus ihrer untergeordneten Stellung zu befreien, was zur Vernichtung alles göttlichen, menschlichen, geistlichen und weltlichen Rechts, aller Obrigkeit [oder] Regierung der Fürsten, Edelleute und Stadträte geführt hätte.[36]

Solche lokalen Aufstände waren erst der Anfang. Nach Luthers Übersetzung des Neuen Testaments stachelten einige Anführer die unzufriedenen deutschen Bauern zur Revolution an, und im Jahr 1524 brach schließlich der Bauernkrieg aus. Die in Schwaben als Manifest verbreiteten *Zwölf Artikel* forderten unter anderem, die Geistlichen sollten von ihren Gemeinden gewählt werden und allein die Bibel ohne Zusätze predigen; nur der in der Bibel erwähnte große Getreidezehnt solle erhoben werden, und nur ein Drittel davon solle an den Pfarrer gehen, der Rest an die Armen;

die Leibeigenschaft solle abgeschafft werden, entsprechend der Lehre des Paulus: »Ihr sollt nicht des Menschen Knechte sein«; ein jeder solle das Recht haben, zu jagen und zu fischen, wo er wolle, und sich aus Wald und Flur zu nehmen, was er brauche; und so weiter. Was für uns heute wie eine moderate Forderung klingen mag, war damals eine revolutionäre Umwälzung der Gesellschaftsordnung.

Je weiter der Bauernkrieg voranschritt, desto gefährlicher wurden die freigesetzten Kräfte. Unter Thomas Müntzers Führung nahmen Arbeiter die Stadt Mühlhausen ein. Er forderte die Vergemeinschaftung allen Eigentums und rief seine Anhänger mit alttestamentarischem Eifer dazu auf, die Reichen und Mächtigen zu ermorden. »Ich sage mit Christus, dass gottlose Herrscher getötet werden sollen«, schrieb er.[37] Der Krieg kostete Tausende Menschen, vor allem viele Bauern, das Leben. Doch für viele Sympathisanten war die Infragestellung der Autorität einfach die logische Fortsetzung dessen, was sie selbst in der Bibel gelesen hatten. Das Wort Gottes hatte den Bauern etwas gegeben, an das sie nie zuvor gedacht hatten und das sie nie vergessen würden: die Idee der sozialen Revolution.

In England kam es nicht zu ähnlichen Aufständen, doch fühlten sich auch hier Männer und Frauen gedrängt, die Autoritäten infrage zu stellen. Der prominenteste unter ihnen war paradoxerweise der König selbst. Im Jahr 1533 löste Henry VIII. seinen Treueschwur gegenüber dem Papst und trennte England von der römisch-katholischen Kirche. Wie wir alle wissen, entschied er sich zu diesem Schritt, um sich von Katharina von Aragon scheiden lassen und Anne Boleyn heiraten zu können. Weniger bekannt ist, dass Annes Anziehungskraft nicht nur sexueller Natur war (obwohl auch das sicher eine Rolle spielte): Die junge protestantische Dame besaß ein eigenes Exemplar von Tyndales *Obedience of a Christian Man.* Am Rand markierte sie die Abschnitte, die den König womöglich besonders interessierten, und erklärte ihm, es sei »ein Buch, das alle Könige lesen sollten«. Tyndales Ablehnung der päpstlichen Autorität und seine Ermahnung, die Lehre Christi über alles andere zu stellen, müssen Henry inspiriert haben. Als es an der Zeit war, seiner Kirche neue Statuten zu geben, basierte der offizielle Text, den er unter dem Titel *The Institution of a Christian Man* (1537) herausgab, in vielen Aspekten auf Tyndales *Obedience of a Christian Man.*[38] Wenn wir also von Tyndales Vermächtnis sprechen, zu dem auch das Infragestellen der Autoritäten gehört, berühren wir einige der bedeutendsten und nachhaltigsten Veränderungen in der englischen Geschichte, nämlich die englische Reformation und die Auflösung der Klöster. Tyndale führte sie nicht direkt herbei, doch sein Werk beeinflusste diejenigen, die es taten.

Wenn der König seinen Gehorsam gegenüber dem Papst aufkündigen konnte, warum konnten dann die einfachen Leute nicht in ähnlicher Weise mit denen brechen, die über ihnen standen? Wie wir bereits im Fall von Clement Armstrong gesehen haben, sprachen sich einige durchaus dafür aus. Andere meinten, die Bibel könne für eine Rechtsreform genutzt werden. In den 1540er-Jahren forderte William Turner die Abschaffung aller Gesetze, die nicht in der Bibel zu finden waren. Er weigerte sich zu akzeptieren, dass das Parlament irgendein nicht biblisches Gesetz legitimieren könnte, und sprach dem König sogar jegliche Befugnis ab, in kirchlichen Angelegenheiten Gesetze zu erlassen.[39] Der gemäßigtere Henry Brinkelow erklärte 1542:

> Studiert die Schriften, und ihr werdet sehen, dass Richter und Herrscher, ja sogar die Könige in den offenen Toren zu Gericht saßen, wie es im Zweiten Buch der Könige im 19. Kapitel, im Deuteronomium im 16. und im Zweiten Buch Esra im 3. Kapitel steht. Und warum saßen sie in den Toren, wenn nicht, damit das Volk, ja sogar die Ärmsten, kommen und dem König ihre Sache eröffnen konnten?[40]

Brinkelow war politisch ein Niemand, und doch wagte er es, dem König zu erklären, wie er seinen niedrigsten Untertanen die Chance geben konnte, sich ihm zu nähern. Mit der englischen

Bibel im Gepäck glaubten einige Menschen, Gott auf ihrer Seite und damit das Recht zu haben, auch gesellschaftlich Höherstehenden, selbst Königen und Königinnen, zu sagen, wie sie sich zu verhalten hatten. Die englische Bibel führte also in allen Lebensbereichen dazu, dass Autoritäten mit einer noch nie da gewesenen Überzeugtheit infrage gestellt wurden.

Keine andere Publikation in der Geschichte hatte einen so großen Einfluss auf England. Was die religiöse Kultur anbelangt, so veranlasste die englische Bibel viele Menschen dazu, ihre alte performative Art des Gottesdienstes gegen die Lehren Christi zu tauschen. Das wiederum führte zu einem tieferen und umfassenderen Sinn für staatsbürgerliche Verantwortung und zu der Bereitschaft, Autorität in all ihren Formen anzuzweifeln, von den Rechten der Bischöfe und der Autorität des Papstes bis hin zur Regierung des Reiches. Tyndale selbst trug durch die poetische Prosa seiner Bibelübersetzung mehr als jeder andere zur Entstehung der englischen Standardsprache bei. Seine Bevorzugung der Volkssprache läutete den Niedergang der internationalen, elitären Verwendung des Lateinischen ein und bestätigte das Englische als Stimme des Volkes. Indem er den Horizont der Alphabetisierung erweiterte, förderte er das Bildungswesen und die Gleichberechtigung der Geschlechter. Der Rundfunksprecher John Humphrys behauptete 2003, BBC Radio 4 sei »*der* zivilisierende Einfluss in diesem Land«; es ist schwer, in den letzten fünfhundert Jahren einen besseren Anwärter als Tyndale für diesen Titel zu finden. Er ist bis heute der einzige Schriftsteller englischer Sprache, der einflussreicher ist als William Shakespeare.

Das wirklich Tragische an Tyndales Leistung ist, dass er dafür am Freitag, dem 6. Oktober 1536, aufgrund eines Gerichtsurteils ermordet wurde. Er wurde zwar offiziell wegen Ketzerei erdrosselt und auf dem Scheiterhaufen verbrannt, doch es waren seine Bibelübersetzung und seine Forderungen nach religiösen Reformen, die die Behörden so gegen ihn aufbrachten. Sein Tod weist über den bloßen Schmerz und sogar über das Märtyrertum hinaus, denn ein

Märtyrer stirbt für seinen eigenen Glauben – Tyndale litt und starb als Teil eines kollektiven Strebens nach mehr Bildung und geistigem Verständnis unter Männern und Frauen. Es hat viele Märtyrer in der englischen Geschichte gegeben, aber keinen, der sich auf so vielen Ebenen für die Verbesserung des Lebens seiner Landsleute in dieser und in der nächsten Welt einsetzte.

7 Individualismus

Der Horizont des Selbst[1]

Die bisherigen Kapitel haben viele dramatische Veränderungen in den Einstellungen und Verhaltensweisen der Menschen aufgezeigt. Aber wie dachten diese Menschen selbst über sich? Inwieweit war ihnen bewusst, dass sie Individuen waren und nicht nur Teil einer Gruppe oder einer Menge? Und welche Auswirkungen hatte das? Neben den *äußeren* kulturellen Horizonten, die wir bereits untersucht haben, gab es auch einen inneren – den Horizont des Selbst –, der sich zweifellos im Laufe der Jahrhunderte entwickelte, als die Menschen sich immer stärker auf sich selbst konzentrierten und immer unabhängiger wurden.

Man muss wohl kaum betonen, dass dieser Aspekt der mittelalterlichen Vergangenheit schwer zu erforschen ist. Anders als moderne Psychologen können wir die Menschen, über die wir sprechen, nicht mehr befragen. Stattdessen müssen wir ihr Denken und Fühlen aus Handschriften und Artefakten ableiten – etwa so, wie wir das Verhalten eines ausgestorbenen Tieres aus den Fossilien rekonstruieren. Aber diese Schwierigkeit sollte uns nicht von der Aufgabe abhalten, denn der innere Horizont ist nicht weniger wichtig als die anderen, denen wir begegnet sind. Er ist womöglich sogar noch wichtiger – nicht nur, weil er den Schlüssel zur Beantwortung der faszinierenden Frage liefert, ob sich der menschliche Charakter im Laufe der Jahrhunderte verändert hat, sondern auch, weil er uns hilft, viele andere in diesem Buch beschriebene kulturelle Entwicklungen zu verstehen.

Im Jahr 1939 veröffentlichte der Soziologe Norbert Elias die deutsche Originalausgabe seiner klassischen Studie *Über den Prozess der Zivilisation.* Darin vertrat er die These, dass all jene Verhaltensweisen, die wir vielleicht als unentwickelt und grob bezeichnen – Gewalt, beleidigende Sprache, schlechte Essgewohnheiten, Schmutz, öffentlicher Vollzug von Ausscheidungsfunktionen, sexuelles Fehlverhalten und so weiter – allmählich durch die Übernahme höherer Verhaltensnormen verdrängt wurden. Entscheidend für seine Argumentation war die Vorstellung, Stolz und Scham zwängen die Menschen zu größerer Selbstbeherrschung, um den gesellschaftlichen Erwartungen gerecht zu werden. Wenn man sich schämt, in der Öffentlichkeit zu furzen oder zu urinieren, geht man diskreter damit um. Wenn man dagegen stolz auf seine hochwertige Kleidung ist, stellt man seinen Reichtum und Geschmack zur Schau.

Elias' Studie erschien erst 1969 auf Englisch. Drei Jahre später lieferten Thomas Shelley Duval und Robert Wicklund mit der Veröffentlichung von *A Theory of Objective Self-Awareness* die psychoanalytische Begründung für den von Elias postulierten Selbstkontrollmechanismus. Hier eine Zusammenfassung:

> Die Theorie der »Self-Awareness« [hier als »Selbstwahrnehmung« übersetzt] besagt, dass Menschen, die auf sich selbst fokussiert oder sich ihrer selbst bewusst sind, ihr Selbst mit Normen der Korrektheit vergleichen, die festlegen, wie das Selbst denken, fühlen und sich verhalten sollte. Der Prozess des Vergleichs des Selbst mit Normen ermöglicht es Menschen, ihr Verhalten zu ändern und Stolz oder Unzufriedenheit gegenüber sich selbst zu empfinden. Die Selbstwahrnehmung ist somit ein wichtiger Mechanismus der Selbstkontrolle.[2]

Dieses Konzept ist heute in der Psychologie allgemein anerkannt. Je stärker sich ein Mensch seiner selbst bewusst ist, desto genauer bewertet er sein eigenes Verhalten und desto größer ist die Wahrscheinlichkeit, dass er sich an soziale Verhaltensnormen hält.

Wenn wir also Veränderungen in der Selbstwahrnehmung im Laufe der Jahrhunderte feststellen, können wir verstehen, warum die Menschen im Allgemeinen aufgehört haben, gewalttätig und vulgär zu sein. Es erklärt aber auch, warum sich viele zuvor beschriebene Horizonte so verschoben haben. Baumeister, die sich des Lobes bewusst waren, das den Erbauern eines 40 Meter hohen Domturms zuteilwurde, verspürten zweifellos den Druck, die Erwartungen zu übertreffen, wenn sie den Auftrag erhielten, einen noch höheren Turm zu bauen. Sklavenhalter, die die wachsende moralische Ablehnung von Sklavenmärkten bemerkten, wollten nicht mehr beim Kauf und Verkauf von Menschen gesehen werden. Männer und Frauen, die sich schämten, weil sie Analphabeten waren, brachten sich selbst das Lesen bei. Deshalb ist der »Mechanismus« der Selbstwahrnehmung, Selbsteinschätzung und Selbstkontrolle so wichtig. Er ist an allen menschlichen Entscheidungen, die über die Grundbedürfnisse des täglichen Lebens hinausgehen, beteiligt. Die Selbstwahrnehmung ist daher ein Faktor bei wohl allen Aspekten des kulturellen Wandels – sofern sie nicht direkt auf äußere Einflüsse wie Seuchen oder das Wetter zurückzuführen sind.

Der Titel dieses Kapitels lautet jedoch »Individualismus« und geht damit über die Selbstwahrnehmung hinaus. Sich selbst wahrzunehmen heißt, sich seines Charakters, seines Aussehens, seiner Gefühle und seines Rufes bewusst zu sein. Individualismus umfasst die Unabhängigkeit des Denkens und des Handelns. Beides hängt insofern zusammen, als eine gesteigerte Selbstwahrnehmung nicht nur dazu anregt, sich den gesellschaftlichen Verhaltensnormen *anzupassen* – um Scham zu vermeiden, wie Elias sagt –, sondern auch dazu, die gesellschaftlichen Erwartungen *zu übertreffen*, um sich selbst gut zu fühlen und Stolz zu empfinden. Dies führt zu mehr Eigeninitiative, Risikobereitschaft und Hinterfragen der Orthodoxie, wie andere psychologische Studien gezeigt haben.[3] Die wachsende Selbstwahrnehmung veränderte die mittelalterliche Persönlichkeit also in zweierlei Hinsicht: Da war einmal der von Norbert Elias beschriebene »Prozess der Zivilisation«, bei dem die Individuen durch Stolz und Scham dazu angehalten wurden, sich immer höheren Verhaltensnormen anzupassen, und zum anderen der hier skizzierte »Prozess der Individualisierung«, bei dem das zu erwartende Gefühl des Stolzes die Individuen dazu veranlasste, häufiger die Initiative zu ergreifen und sich unabhängiger zu verhalten.

Das frühe 11. Jahrhundert

Zu Beginn unserer hier untersuchten Epoche wurden die Menschen – wie in den ersten Kapiteln dieses Buches beschrieben – weitgehend über ihre Funktion definiert. Sie waren in drei Stände aufgeteilt, die kämpften, beteten und arbeiteten. Was sie *waren*, zählte in den Augen der Zeitgenossen weniger als das, was sie *taten*. Doch obwohl sich die drei Stände nach den Worten des Bischofs von Laon gegenseitig unterstützen sollten, arbeiteten in Wirklichkeit die Priester und die Arbeiter den Entscheidungsträgern, den Kriegern, zu. Diese Gruppe musste den anderen nicht gehorchen – höchstens vielleicht den führenden Mitgliedern des Klerus, die die religiösen Regeln für die gesamte Gesellschaft festlegten. Infolgedessen gab es erhebliche Unterschiede in den Entscheidungsmöglichkeiten der einzelnen Stände und damit auch in ihrem individuellen Verhaltensspielraum.

Beginnen wir mit den Arbeitern. Für uns in der modernen Welt ist es schwer zu begreifen, wie wenig individuelle Entscheidungsspielräume die einfachen Menschen im Jahr 1000 hatten. Die Bauern, die die überwiegende Mehrheit der Bevölkerung stellten, lebten und arbeiteten gemeinschaftlich. Diese Zusammenarbeit entschied oft über Leben und Tod. Niemand im frühen 11. Jahrhundert hätte Erasmus' Meinung geteilt, wonach »der nachteiligste Frieden besser ist als der gerechteste Krieg«. Wer einen Eindringling nicht bekämpfte, musste damit rechnen, dass er und seine Familie getötet wurden. Alle mussten ihrem Herrn bedingungslos gehorchen, um die Überlebenschancen zu maximieren – indem sie als geschlossene Einheit kämpften. Das Gleiche galt für die Nahrungsmittelproduktion. In einer Zeit, in der immer wieder ganze Ernten ausfielen, steigerte man seine Überlebenschancen, wenn man im Team arbeitete und Anweisungen befolgte. Der Einzelne spielte keine Rolle, wichtig war das Wohl der Gemeinschaft.

In Mittel- und Nordeuropa war diese gemeinschaftliche Lebensweise nicht zuletzt auf die Verbreitung des schweren Pflugs im 9. und 10. Jahrhundert zurückzuführen. In Gebieten mit fruchtbaren Böden war dies zwar die effizienteste Art der Landbearbeitung, doch brauchte man für einen schweren Pflug ein Gespann von acht Ochsen. Infolgedessen mussten die Bauern die Verantwortung für die Bewirtschaftung des Bodens gemeinsam übernehmen. Sie lebten nahe beieinander und teilten sich die Wirtschaftsgüter des Hofes. Alle pflügten, säten und ernteten gemeinsam auf den Feldern. Sogar die Eheschließungen waren mit der Produktion von Nahrungsmitteln verbunden. Jeder Bauer musste heiraten, um die nächste Generation von Arbeitskräften hervorzubringen. Alleinstehende oder verwitwete Männer oder Frauen, die keinen Ehepartner wollten oder selbst keinen fanden, bekamen vom Landvogt eine Braut oder einen Bräutigam zugewiesen. Von den Mädchen wurde erwartet, dass sie jung heirateten, um möglichst viele Kinder zu gebären, die auf dem Gut arbeiten konnten. Unter diesen Landarbeitern konnte niemand lesen und schreiben. Die Erziehung war gemeinschaftlich und praktisch ausgerichtet. Die Kinder begannen zu arbeiten, sobald sie alt genug waren, um sich nützlich zu machen.

Auch außerhalb der Arbeit führten die Bauern ein Leben im gleichen Takt. An Sonn- und Feiertagen feierten sie gemeinsam Gottesdienst. An Festtagen aßen sie gemeinsam. Wenn jemand ein Mitglied der Gemeinschaft verletzte oder etwas aus einem Haus stahl, wurde Alarm geschlagen, und alle Männer mussten den Täter verfolgen. Wenn sich jemand eine Krankheit einfing, war die Wahrscheinlichkeit groß, dass alle anderen auch erkrankten. Äußeres Erscheinungsbild und Hygiene waren eine Gemeinschaftsangelegenheit. Mütter wischten ihren Kindern das Gesicht ab, kämmten ihnen die Haare und entfernten Läuse; verheiratete Frauen kümmerten sich in ähnlicher Weise um ihre Ehemänner und Freundinnen. Man machte sich nicht *selbst* schön. Die Menschen hatten keine Spiegel, und wie sie aussahen, hing von ihren Nachbarn und Verwandten ab. Alle Kleidungsstücke waren selbst gemacht, und jeder, den man kannte, trug nur einen einzigen Namen. Die Bauern mussten sich außerhalb ihrer Gemeinschaft, in der jeder jeden kannte, nicht ausweisen und brauchten daher keine Nachnamen. Es bestand auch keine Notwendigkeit, sich an Menschen aus der Vergangenheit zu erinnern. Wenn diejenigen, die sich an sie erinnerten, starben, war jede Spur ihrer Existenz ausgelöscht. Die Abstammung eines Bauern war einfach das Gut, zu dem er gehörte. Wie lange es seine Familie schon gab, war nicht wichtig.

Was den Status anbelangt, so besaß kein Bauer sein Land selbst, Besitzer war immer der Grundherr. Eine solche Gemeinschaft ähnelte in gewisser Weise der Gesellschaft A, von der wir in Kapitel 3 ausgingen und in der alle außer dem Grundherrn gleich waren. Natürlich gab es verschiedene Stufen des bäuerlichen Status, denn einige durften mehr Land nutzen als andere. In einem kurz nach dem Jahr 1000 in Somerset verfassten Handbuch zur Gutsverwaltung werden die verschiedenen Arten von Leibeigenen auf einem Gut als *geneat* (Landarbeiter mit dem höchsten Status), *cottager* (Landarbeiter mit niedrigerem Status), *gebur* (Arbeiter), *beekeeper* (Imker), *swineherd* (Schweinehirt), *oxherd* (Ochsenhirt), *cow-herd* (Kuhhirte), *shepherd* (Schäfer), *goatherd* (Ziegenhirte), *cheesemaker* (Käser), *barley-keeper* (Gerstenhalter), *wood-ward* (Holzhalter) und *heayward* (Heuhalter) bezeichnet.[4] Sie alle hatten unterschiedliche Pflichten zu erfüllen, ansonsten aber wurde ihr Leben gleichermaßen von den Entscheidungen des herrschaftlichen Vogts bestimmt. Ihre Häuser sahen alle mehr oder weniger gleich aus und waren aus lokalen Materialien errichtet. Wenn einer von ihnen Hilfe beim Bau seines Hauses oder einer Scheune für seine Ernte benötigte, wandte er sich an seine Verwandten und Nachbarn. Er brauchte niemanden für solche Arbeiten zu bezahlen, sondern half ihnen im Gegenzug. Die meisten Gegenstände des täglichen Lebens wurden auf dem Gut hergestellt, sodass alle Gegenstände aus den gleichen, vor Ort verfügbaren Materialien gefertigt waren. Vielleicht konnten diese Bauern mal einen Steinguttopf ertauschen oder kaufen, aber sie besaßen zu dieser Zeit nur sehr wenige Dinge. Viele von ihnen nannten nur einen einzigen Kittel und einen Mantel oder ein anderes Kleidungsstück ihr Eigen. Schmuck war für sie unerreichbar: Die meisten Frauen befestigten ihre Kleidung mit einer Nadel aus Tierknochen, nicht aus Metall. Ihr Individualismus beschränkte sich auf die Ausübung bestimmter Fertigkeiten und auf ihr Verhalten gegenüber der Familie und anderen Mitgliedern der Gemeinschaft. Die Persönlichkeit war vor allem eine Frage der körperlichen Erscheinung und Stärke und natürlicher Eigenschaften wie Stimme, Schlagfertigkeit und Sinn für Humor.

All dies bedeutet, dass sich die meisten Bauern nicht so sehr eines persönlichen, sondern vielmehr eines gemeinschaftlichen »Selbst« bewusst waren. Damit ging weniger individuelle Selbsteinschätzung einher, was wohl zu weniger Prahlerei und weniger Selbstkontrolle führte. Natürlich waren die Bauern anfällig für alltägliche Verlockungen – und neigten eher zu Gewalttätigkeit, Vulgarität und sexuellem Fehlverhalten –, peinlicher aber war ihnen, wenn man ihnen Vergehen vorwarf, die die Produktivität des Hofes gefährdeten, wie z.B. Faulheit oder Nachlässigkeit.[5] Solange ein Mann nicht seine Fesseln zerbrach und weglief, war er kaum mehr als ein weiterer Arbeiter auf einem Bauernhof, der über die Jahrhunderte hinweg Nahrung für die Gemeinschaft und den Haushalt des Herrn produzierte. Von Zeit zu Zeit liefen Menschen davon, um als freie Arbeiter in einer Stadt zu leben oder sich einer Verbrecherbande anzuschließen. Aber auch wenn wir von Pachtbauern lesen, die sich über die harte Arbeit beklagen, so erheben sie sich in dieser Zeit noch nicht gegen ihre Herren. Robin-Hood-ähnliche Geschichten von Rebellion gehören ins 14. und spätere Jahrhunderte. Die Bauern akzeptierten ihr Los, weil sie es einfach nicht anders kannten.

Nur wenige Landbewohner fielen aus diesem Rahmen. Es gab einige wenige Freibauern, denen ihre Felder wirklich selbst gehörten – unabhängig von der Kontrolle eines Grundherrn –, doch auch ihre Freiheit war durch die Zyklen des landwirtschaftlichen Jahres und die Wechselfälle des Wetters stark eingeschränkt. Sie hatten die Freiheit, auf einen Markt zu gehen und Gegenstände zu kaufen, um ihren Status zu zeigen, aber darüber hinaus boten sich wenig Möglichkeiten, ihre Individualität auszuprobieren oder zu demonstrieren. Ihr Entscheidungsspielraum war begrenzt. Sie konnten ihre Höfe nie für längere Zeit verlassen.

Anders verhielt es sich mit den Familien der »Kämpfer«. Sie mussten regelmäßig reisen und wichtige Entscheidungen treffen. Sie waren für die Verwaltung, eine gute Regierung und die Verteidigung ihrer Haushalte und Ländereien verantwortlich. Oft hatten sie Macht über Leben und Tod von Personen, die auf ihrem Land Verbrechen begingen, sowie die Kontrolle über die von ihnen errichteten Kirchen und die von ihnen ernannten Priester, die dort Dienst taten. Alle Entscheidungen, die diese Rollen mit sich brachten, führten zu Prozessen der Selbsteinschätzung. Außerdem verfügten sie über Reichtum und Macht. Sie kauften feine Tuniken, Messer, Umhänge, Pelze, Ringe und Gewandfibeln für ihre Familien und ihre Anhängerschaft. Sie zeigten stolz die Symbole ihres Standes – von Waffen, Rüstungen und Reitpferden bis hin zu Wandteppichen, Tischdecken und kostbaren Ornamenten. Und sie hatten die Mittel und die Freiheit, sich auf lange Pilgerreisen zu begeben – teilweise bis nach Rom oder Jerusalem.

Allerdings genossen auch die Wohlhabenden keine unbegrenzte individuelle Freiheit. Man erwartete, dass sie dem König und jedem zwischengeschalteten Oberherrn gehorchten. Sie waren verpflichtet, Männer in die Schlacht zu führen. Selbst wenn sie sich mehr Lebensmittel leisten konnten, gab es auf den Märkten nur wenige exotische oder luxuriöse Produkte, sodass sie notgedrungen das Gleiche aßen wie alle anderen ihres Standes. Da sie ständig von Dienern, Pächtern, Boten, Gefolgsleuten, Priestern und Besuchern umgeben waren, genossen sie kaum Privatsphäre. Und was ihre Kinder betrifft, so konnten ihre Söhne zwischen dem Schwert und dem Kreuz wählen. Ihre Töchter konnten heiraten oder in ein Kloster eintreten – wenn ihre Eltern ihnen die Wahl ließen.

Männer und Frauen, die sich für die Kirche entschieden, bewegten sich irgendwo zwischen den Gruppen der Arbeiter und der Kämpfer. Äbte, Bischöfe und andere hohe Geistliche hatten einen großen Entscheidungsspielraum, der sich aus ihrem breiten Aufgabenspektrum ergab, zu dem die Beaufsichtigung von Mönchen und Nonnen und die Verwaltung ihrer Güter ebenso gehörten wie die geistliche Beratung des Königs und seiner Adligen. Priester am unteren Ende der kirchlichen Karriereleiter hatten weniger Möglichkeiten. Junge Menschen, die in ein Kloster eintraten, gaben jeden Besitz auf. Auch sie kannten wenig Privatsphäre – sie schliefen, beteten, aßen und arbeiteten in einer Gemeinschaft. Es erfüllte sie sicher mit Stolz, ihre Pflicht gegenüber Gott zu erfüllen, der Abtei Ehre zu machen, ihren Vorgesetzten zu gefallen, hart auf den Ländereien zu arbeiten, in der Messe gut zu singen und eine Seite eines Textes schön abzuschreiben und zu bebildern, doch auch ihr Selbstverständnis war eher gemeinschaftlich als persönlich geprägt.

Was die freien Bürger anbelangt, so besaßen die Anführer der Bürgerschaft eine größere Unabhängigkeit und damit mehr Spielraum für Individualismus. Sie beaufsichtigten die Märkte und verwalteten die lokale Justiz. In Kriegszeiten sorgten sie für die Verteidigung der Stadtmauern. Die Wohlhabenden konnten sich und ihre Familien mit Statussymbolen schmücken. London war eine Handelsstadt mit Kaufleuten aus Norwegen, Dänemark, Deutschland und Nordfrankreich; auch York war voll von dänischen Händlern. Doch nur ein kleiner Teil der Stadtbevölkerung reiste über weite Strecken. Und es gab viel weniger Handwerker als in späteren Jahrhunderten. Die meisten Stadtbewohner waren an die Aufträge ihres Arbeitgebers gebunden. Sie begegneten zwar mehr Fremden und waren sich daher der Unterschiede in Kleidung,

Sprache und Sitten stärker bewusst, doch hatte dies wenig Einfluss auf ihre Individualität und ihre persönliche Freiheit, die durch die notwendigen Funktionen, die sie zum Überleben erfüllen mussten, eingeschränkt waren.

1050–1200: Religiöse Selbstwahrnehmung und Individualismus

Wenn wir die Entwicklung des Individualismus nach etwa 1050 betrachten, sollten wir die religiösen und die weltlichen Elemente voneinander trennen, denn Stolz und Scham waren nicht die einzigen Motivationsfaktoren für religiöse Aktivitäten. Spirituelle Aspekte, etwa die Hoffnung auf himmlische Belohnung oder irdische Wunder, spielten eine große Rolle. Die Menschen pilgerten vor allem um ihrer Seele willen oder zur Heilung eines bestimmten Leidens. Natürlich war der Stolz ein weiterer Anreiz, ferne Orte zu besuchen, aber wir sollten nicht annehmen, dass bei religiösen und weltlichen Unternehmungen derselbe Mechanismus am Werk war.

Wie wir im ersten Kapitel gesehen haben, nahm der Gehorsam gegenüber der Kirche im späten 11. Jahrhundert deutlich zu. Mehrere Päpste nacheinander steigerten ihre Kontrolle über das sittliche Verhalten der gesamten Christenheit. Dazu gehörte die Unantastbarkeit der Ehe. Da der Papst Könige und Fürsten nicht mit Gewalt zur Annahme solcher Normen zwingen konnte, sollten wir deren weitgehende Zustimmung als Zeichen einer größeren religiösen Selbstwahrnehmung und Selbstkontrolle deuten. Die Könige sahen einen Wert darin, ihre Untertanen zur Einhaltung dieser Normen aufzufordern, und waren stolz darauf, sie selbst zu befolgen. Und natürlich hatte es einen direkten spirituellen Nutzen, wenn man den Richtlinien des Papstes treu war. Das Gesamtergebnis war eine größere religiöse Konformität.

Nicht nur durch die päpstliche Autorität verbesserten sich die geistlichen Standards im späten 11. Jahrhundert. Offenbar war die Gesellschaft generell von einer größeren Religiosität durchdrungen. Nehmen wir zum Beispiel diese Liste von Bußgeldern, die Ermenfrid, Bischof von Sitten in der Schweiz, den Normannen, die bei Hastings gekämpft hatten, auferlegte, als er 1070 nach England kam:

> Jeder, der weiß, dass er in der großen Schlacht einen Mann getötet hat, muss für jeden Mann, den er getötet hat, ein Jahr lang Buße tun. Wer einen Mann verwundet hat und nicht weiß, ob er ihn getötet hat oder nicht, muss für jeden Mann, den er getroffen hat (wenn er sich an die Zahl erinnern kann), vierzig Tage lang Buße tun, entweder durchgehend oder in Abständen. Wer die Zahl derer, die er verwundet oder getötet hat, nicht kennt, muss nach dem Ermessen seines Bischofs für den Rest seines Lebens jede Woche einen Tag lang Buße tun oder, wenn er es kann, seine Sünde durch ein ewiges Almosen – entweder durch den Bau oder die Stiftung einer Kirche – wiedergutmachen. Die Geistlichen, die gekämpft haben oder zum Kampf bewaffnet waren, müssen Buße tun, als hätten sie diese Sünden in ihrem eigenen Land begangen, denn es ist ihnen nach kanonischem Recht verboten, in den Kampf zu ziehen.[6]

Diese Bußen mögen Sie vielleicht verwundern. Man würde von normannischen Kriegern nicht erwarten, dass sie sich für das Töten von Menschen in einer Schlacht verantworten müssen. Buße dafür, dass sie *nicht* getötet haben, vielleicht, aber nicht dafür, dass sie ihre Arbeit getan haben. Dennoch werden sie hier angewiesen, das moralische Urteil eines hohen Geistlichen über ihr Verhalten zu akzeptieren, obwohl das Kämpfen doch ihre Daseinsberechtigung war.

Mit dieser weitverbreiteten Steigerung der spirituellen Selbstwahrnehmung ging ein verstärkter Wunsch nach Selbsterkenntnis einher. Er drückte sich in dem altgriechischen Befehl »Erkenne dich selbst« aus, der im Mittelalter durch seine Erwähnung in Platons Dialogen in Erinnerung blieb. Ein ähnlicher Satz findet sich über der Tür der Kirche Sant'Angelo im süditalienischen Formis, der dort um 1070 in Stein gemeißelt wurde: »Du wirst in den Himmel aufsteigen, wenn du dich selbst erkennst.«[7] Der Theologe und frühe Memoirenschreiber Guibert von Nogent schrieb 1108: »Keine Predigt scheint mir gewinnbringender zu sein als die, die den Menschen zu sich selbst führt.« Pierre Abaelard gab seiner in den 1130er-Jahren geschriebenen *Ethik* den alternativen Titel *Erkenne dich selbst*, weil das Verstehen der eigenen Absichten der Schlüssel zu einem moralischen Leben sei. Aelred von Rievaulx hätte dem zugestimmt. »Wie viel kann ein Mensch wissen, wenn er sich selbst nicht kennt?«, fragte er in seiner um 1142 verfassten Schrift *Spiegel der Liebe*. Die Betonung der Selbsterkenntnis taucht in den Werken der Theologen des 12. Jahrhunderts immer wieder auf: Der Mensch soll sich Gott innerlich nähern, durch Selbsterkenntnis und damit auch durch Selbsteinschätzung.[8]

Einige Männer nahmen diese Aufforderung zur Erforschung ihrer individuellen Persönlichkeit bereitwillig an. Ein frühes Beispiel sind die Memoiren des Otloh von St. Emmeram, eines produktiven Verfassers von Heiligenviten und theologischen Werken, der um 1070 starb. In dieser ersten längeren europäischen Autobiografie seit den *Bekenntnissen* des Augustinus von Hippo am Ende des 4. Jahrhunderts zeigte sich Otloh als ein bemerkenswerter Selbstanalytiker und ging sogar so weit zu erklären, dass er persönliche Zweifel an der Existenz Gottes habe:

> Lange Zeit quälte mich der Zwang, an der Zuverlässigkeit der Heiligen Schrift und sogar an der Existenz Gottes selbst zu zweifeln … Ich war ganz und gar von Zweifeln und Dunkelheit des Geistes umhüllt, und ich zweifelte gründlich daran, ob die Bibel irgendeine Wahrheit oder einen Nutzen enthalte oder ob der allmächtige Gott existiere.[9]

Otloh machte dieses Eingeständnis, um zu zeigen, dass selbst jemand, der so unvollkommen war wie er, erlöst werden konnte. Mit anderen Worten: Er bewertete sein eigenes Leben und nutzte es als Beispiel für die göttliche Vorsehung.

Der berühmteste Autobiograf dieser Zeit, der Theologe und Philosoph Pierre Abaelard, folgte diesem Beispiel. In seiner *Historia Calamitatum* (»Leidensgeschichte«), die er in den 1130er-Jahren verfasste, geht er außerordentlich offen ins Detail. Er hält nichts zurück, wenn er von seiner leidenschaftlichen Liebe zu Heloise – einer jungen Frau, die er unterrichtete – und der anschließenden Geburt ihres Kindes, ihrer heimlichen Heirat und dem brutalen nächtlichen Überfall angeheuerter Schläger berichtet, die ihn seiner Geschlechtsteile beraubten. Ebenso ehrlich und ausführlich schildert er die Verfolgung durch die orthodoxen Kirchenführer, vor allem durch Bernhard von Clairvaux, und die öffentliche Verurteilung und Vernichtung seiner Werke:

> … ich war damals so schwer erkrankt – Hoffart und Sinnlichkeit hießen die Krankheiten –, dass Gottes Gnadenhand eingreifen musste; Gottes Gnade heilte mich von beiden, sehr gegen meinen Willen; Gott nahm mir zuerst das Mittel, meine Sinnlichkeit zu befriedigen, und dann heilte er meine Hoffart … Und darum ließ Gott das Werk, mit dem ich besonders prunkte, schimpflich verbrennen zu meiner Demütigung. Du sollst beide Krankheits- und Heilungsgeschichten wahrheitsgetreu erfahren, und zwar nicht bloß das Gerede der Leute, sondern die Tatsachen in ihrem genauen zeitlichen Ablauf.[10]

Abaelard wollte zwar in erster Linie zeigen, wie man im Vertrauen auf Gott allen Widrigkeiten trotzen kann, doch sein Stolz auf die eigene intellektuelle Brillanz und seine Scham, kastriert worden zu sein – sowie seine Bereitschaft, darüber zu schreiben –, zeugen von seiner ausgeprägten Selbstwahrnehmung und Individualität. Der Hauptunterschied zwischen seiner damaligen und unserer modernen Sichtweise besteht darin, dass die religiösen Ansichten eines Autors heute eher als untergeordnet oder irrelevant für die menschliche Geschichte gelten, während bei Abaelard seine Beziehung zu Gott der Hauptzweck seines Schreibens war. Am Schluss seines Buches heißt es:

> … [wir wollen] die frische Kraft schöpfen, in ruhigem Vertrauen alles Unrecht zu tragen, so schwer es uns auch trifft. Wir wollen es für sicher halten, zu unserer Läuterung dient das Unrecht gewiss, auch wenn es uns nicht zum Verdienst angerechnet wird. Und weil ja doch Gott im Regimente sitzt, so mag sich jeder Gläubige in aller Not [damit] trösten: Gottes Güte reicht so weit, dass sie nichts Unrechtes geschehen lässt und herrlich hinausführen wird alles, was Dein Herze kränkt. … Sie irren alle vom rechten Weg ab, die um ihrer Beschwernis willen murren gegen das, was ohne Zweifel Gottes Fügung ihnen zu tragen auferlegt.[11]

Die Selbstwahrnehmung der Menschen steigerte sich in den 1140er-Jahren noch einmal durch das neu aufkommende Konzept des Fegefeuers. Zuvor hatte allgemein die Vorstellung geherrscht, dass nach dem Tod direkt der Himmel oder die Hölle auf den Verstorbenen wartete. Allmählich jedoch verbreitete sich der Gedanke, dass zwar einige wenige Heilige direkt in den Himmel kämen und einige schreckliche Sünder sofort in die Hölle geschickt würden, die meisten Menschen sich jedoch im Fegefeuer wiederfänden. Durch Gebete der Lebenden konnte sich, wie man glaubte, die Verweildauer der Seele des Verstorbenen dort erheblich verkürzen, und so gründeten wohlhabende Herren und Damen in größerer Zahl als je zuvor Ordenshäuser, in denen Messen für ihre Seelen gesungen werden konnten. In England verfünffachte sich die Zahl der Klöster zwischen 1100 und 1216 fast, sie stieg von 151 auf 728. Alle Pfarrgemeinden bekamen jetzt eigene Kirchen, in denen Gläubige aller Stände für die Seelen ihrer Verwandten und Freunde beteten, aber auch für die Seelen der Familie des Herrn, der die Kirche gebaut hatte.

Das Fegefeuer verstärkte die Selbstwahrnehmung der Menschen offenbar deutlich – und das nicht nur in religiöser Hinsicht. Hatten sie sich bisher nur *zu Lebzeiten* mit den anderen Angehörigen ihrer Pfarrgemeinde auseinandersetzen müssen, so mussten sie sich jetzt auch Gedanken darüber machen, wie diese Beziehungen *nach dem Tod* wohl aussahen. »Wie werden die Leute über mich denken, wenn ich nicht mehr da bin?«, werden sie sich gefragt haben. »Werden die anderen Menschen in dieser Kirche für mich beten, wenn ich gestorben bin?« Die Bauern begannen zwangsläufig, sich Gedanken über ihren posthumen Ruf unter den anderen Arbeitern des Gutes zu machen. Sie versuchten sich vorzustellen, wie die anderen sie sahen und welches Bild sie in deren Köpfen wohl hinterließen, wenn sie starben. Während die Attribute, die zuvor ihre Identität ausgemacht hatten, weitgehend außerhalb ihrer Kontrolle lagen – Aussehen, Fähigkeiten und so weiter –, mussten sie nun auf ihr allgemeines Verhalten achten, um dem Tadel anderer zu entgehen. Dies ermutigte sie zweifellos dazu, im täglichen Leben höhere Standards anzustreben, die den Erwartungen ihrer Gemeinschaften entsprachen. Elias' Prozess der Zivilisation war schon in vollem Gange.

Eine weitere Folge dieser gestiegenen religiösen Selbstwahrnehmung war vielleicht auch der Anstieg der Pilgerzahlen aus dem In- und Ausland. Immer mehr Reliquien tauchten in Europa auf und zogen Gläubige wie auch verzweifelte Kranke an. Freie Bürger begannen regelmäßig zu reisen, um an fernen Heiligtümern zu beten. Mit den Einnahmen ließ sich der Bau ganzer Kirchen finanzieren. Nach der Ermordung von Thomas Becket in Canterbury im Jahr 1170 beispielsweise brachten die Menschen, die zu seinem Grab pilgerten, der Kirche im Durchschnitt mehr als 400 Pfund pro Jahr ein – mehr, als die meisten Lords einnahmen.[12] Die Menschen waren stolz darauf, ihren religiösen Verpflichtungen nachzukommen, und wussten, dass diese Frömmigkeit ihr gesellschaftliches Ansehen erhöhte. Aber nicht jeder unternahm eine Pilgerfahrt, und nur wenige konnten es sich leisten – und wagten es –, nach Rom, Santiago oder Jerusalem zu reisen. Obwohl die große Zahl der Pilger auf ein Massenverhalten schließen lässt, handelte es sich also in Wirklichkeit um eine Auslese von Gläubigen aus der Masse. Der Pilger tat etwas Individuelles, indem er sich mit den Reliquien eines Heiligen identifizierte. Allein durch die Reise zu einem Heiligtum wurde er zu einem der wenigen, nicht der vielen.

Auch eine bessere Bildung ermöglichte es den Menschen, sich neu zu definieren. Seit dem späten 11. Jahrhundert unterhielten einige Kathedralen und führende Klöster Schulen, um wohlgeborene Schüler auf kirchliche Ämter vorzubereiten. Einige wenige studierten weiter und wurden zu Gelehrten, die an der Spitze der Wissenserweiterung standen und in den Bibliotheken Spaniens und Italiens antike griechische und römische Texte in arabischen Übersetzungen wiederentdeckten. Dort stießen sie auch auf die mathematischen, medizinischen und astronomischen Werke arabischer Autoren, die sie ins Lateinische übersetzten. Diese Männer und ihr Ruf inspirierten wiederum weitere Studenten. Es entstand eine kleine, aber bedeutende Gruppe von Gelehrten, die eine besondere Stellung in der europäischen Gesellschaft einnahmen: Ihre Werke bilden den Kern dessen, was die Historiker heute als Renaissance des 12. Jahrhunderts bezeichnen. Gleichzeitig präsentierten bahnbrechende Theologen und Philosophen neue Wege, die Welt zu sehen – Männer wie Anselm von Laon, Johannes von Salisbury und Pierre Abaelard. Aus der Verbindung der neuen Philosophie und Theologie mit den wiederentdeckten Werken der klassischen Weisheit entstanden allmählich die ersten Universitäten. Paris wurde zu einer besonders wichtigen Stätte der Gelehrsamkeit. In Bologna entwickelten die Gelehrten die Wissenschaft der Rechtsprechung weiter. In Salerno legte man besonderen Wert auf die Medizin. Fähige Männer wurden jetzt nicht nur wegen ihrer hohen Geburt oder ihrer Führungsqualitäten geschätzt, sondern auch wegen ihres Verstandes.

1050–1200: Säkulare Selbstwahrnehmung und Individualismus

Im säkularen Bereich des Lebens identifizierten sich die Menschen zunehmend mit immer kleineren Gruppen und grenzten sich von der Masse der anderen Menschen ab, indem sie einzigartige und persönliche Zeichen und Signale einsetzten. Nirgendwo wird dies deutlicher als bei der Entwicklung der Familie als Institution. Wir gehen heute selbstverständlich davon aus, dass mittelalterliche Familien ihre Titel, Güter und Burgen nach den Regeln der Primogenitur weitergaben. Dies war jedoch nicht immer der Fall. Erst im 11. Jahrhundert verfestigten sich die Vererbungsmuster, sodass die ältesten Söhne sicher damit rechnen konnten, die Güter ihrer Väter zu erben. Erst danach konnten sie beginnen, ihren Stammsitz zu würdigen, indem sie dessen Namen als ihren eigenen annahmen. Vor 1050 besaßen nur sehr wenige Familien von ritterlichem und höherem Rang einen erblichen Familiennamen; um 1200 hatten fast alle einen, und meist war es der Name ihres Hauptgutes.

Die sichere Vererbung ihres Eigentums und die Würde des Familiennamens bildeten das Fundament, auf dem Familien mit Landbesitz eine stärkere und dauerhaftere Identität aufbauen konnten. Ein wesentliches Element dieser Identität war das Familienwappen. Um 1150 begannen die Ritter, individuelle Muster auf ihre Schilde zu malen, damit ihre Anhänger sie im Kampf erkennen konnten, wenn ihre Gesichtszüge durch die Kriegshelme verdeckt waren. Bis zum Ende des Jahrhunderts war es allgemein üblich, dass die Söhne eines Ritters das Wappen erbten. Darüber hinaus übertrugen die Herren ihr Wappen auf ihre Siegelstempel und verbanden das Motiv so mit ihrer persönlichen Autorität. Die meisten hochrangigen Familien gründeten nun auch ein Kloster als besonderen Ort der Gottesverehrung ihrer Familie, oft nur ein paar Kilometer von ihrem Hauptsitz entfernt. Die Mönche des Klosters erstellten Familienchroniken, hielten Messen für die Seelen ihrer Schutzherren und sprachen Gebete für die noch lebenden Mitglieder der Familie. Sehr oft diente das Kloster auch als Grablege der Herrschaft. Mit einem individuellen Stammsitz, Wappen und Siegel und einer ebenso individuellen geistlichen Heimat hatte die Familie eines Grundherrn des 12. Jahrhunderts viele Möglichkeiten, ihre Identität und ihren unabhängigen Status zu behaupten. Wer auf Kreuzzug ging, brachte der Familie Ehre ein. Gleiches galt für die Herren, die in der Politik oder im Krieg eine führende Rolle übernahmen. Solche Familien waren zwar immer noch als »Kämpfer« einzuordnen, bildeten jetzt aber eine klar abgrenzbare Untergruppe.

Parallel zur steigenden Bedeutung der Familie kümmerten sich die gesellschaftlich höher gestellten Menschen jetzt mehr um ihren weltlichen Ruf. Der deutlichste Beweis dafür sind die verschiedenen Leitfäden für höfisches Verhalten, die Ende des 12. Jahrhunderts erschienen.[13] Im populärsten Beispiel in England, *The Book of the Civilised Man* (»Das Buch des kultivierten Mannes«) von Daniel Beccles, geht es um den Hof des »alten Königs Henry«, also Henry II. von England, der von 1154 bis 1189 regierte. Darin wird jungen Höflingen beigebracht, wie man in der Kapelle singt, die Dienerschaft anleitet und einen Herrn begrüßt. Das Werk enthält auch praktische Ratschläge wie »Steig nicht in der Halle auf dein Pferd« und »Nachts sollten die Türen, Fenster und Zugänge zum Haus geschlossen sein. Drinnen sollten Feuer, Kerzen und Lampenöl, Waffen und fähige junge Männer sein, und die Halle wird sicher genug sein«. Auch verschiedene sexuelle Themen werden angesprochen, wie etwa, dass man nicht mit seiner Patentante oder seinen Patentöchtern schlafen soll, und wenn man das Bedürfnis hat, eine Prostituierte zu besuchen, soll man sich »eine suchen, die nicht von wirklich jedem besucht wird, seine Hoden entleeren und schnell gehen«. In den meisten Anleitungen geht es um die Tischmanieren: »Wenn du das Essen mit dem Löffel aufnimmst, schaufle es nicht mit dem Daumen darauf. Zwei Gäste sollen sich nicht einen Löffel teilen. Nimm den Löffel, den du zum Essen bekommen hast, nicht mit nach Hause.« Der Abschnitt, der sich mit diversen Ausscheidungen befasst, bezieht sich direkt auf die damit einhergehenden Schamgefühle:

> Übe keine Rache an einem Feind, der gerade den Darm entleert, und störe ihn nicht ... es entehrt dich, jemandem in dieser Situation etwas anzutun. In der Öffentlichkeit sollte dein Hintern keine geheimen Winde über die Oberschenkel hinaus entweichen lassen. Es entehrt dich, wenn andere Leute etwas von deinem stinkenden Dreck bemerken.[14]

Natürlich waren solche Ratgeber nur für die Wohlhabenden und Gebildeten gedacht, doch was die gesellschaftliche Elite tat, versuchten alle anderen nachzuahmen. Und offensichtlich gaben sich die Menschen wirklich Mühe, diesen Richtlinien zu folgen, denn dieser und ähnliche Texte wurden bis ins 16. Jahrhundert immer wieder abgeschrieben und überarbeitet.

Solche Verhaltensregeln setzten sich durch, obwohl die Einhaltung der Etikette im Gegensatz zur Einhaltung des Gesetzes nicht durch Gewaltandrohung abgesichert wurde. Die Popularität dieser Werke deutet daher auf eine zunehmende Sensibilität gegenüber persönlicher Verhaltenskritik und eine allgemeine Steigerung der Gefühle von Stolz und Scham hin. Dies entspricht dem zu Beginn dieses Kapitels beschriebenen Mechanismus der Selbstwahrnehmung, Selbsteinschätzung und Selbstkontrolle. Jetzt stellt sich allerdings die Frage, ob diese neue gesellschaftliche Selbstwahrnehmung nicht nur zum Prozess der Zivilisation, sondern auch zum Prozess der Individualisierung beitrug.

The Book of the Civilised Man enthält viele Hinweise auf sexuelle Beziehungen, moralische Probleme und das Verhalten bei Hofe. Es ist eng verbunden mit den ritterlichen Verhaltensregeln, die sich ebenfalls im 12. Jahrhundert entwickelten. Von Rittern wurde erwartet, dass sie fromm, ehrlich, treu und respektvoll gegenüber Schwächeren, insbesondere Frauen und Kindern, auftraten. Zugleich sollten sie sich durch Waffenkunst, Tapferkeit und christliche Standhaftigkeit auszeichnen. Heldengeschichten von Kreuzrittern, die es mit einer Vielzahl muslimischer Krieger aufnehmen konnten, waren Geschichten des Individualismus im Rahmen dieses vermeintlich konformen Verhaltenskodexes. Und während man von den Rittern absolute Loyalität gegenüber ihrem Herrn verlangte, gab es hier auch ein romantisches Element: Jeder diente zusätzlich der Dame, die ihn als ihren Recken in ihren Dienst aufgenommen hatte. Um konform zu sein, mussten sich die Ritter also ironischerweise von der Masse abheben. In den späteren Jahrhunderten brachten die ritterlichen Ideale eine umfangreiche und vielfältige Literatur hervor, die oft individuelle Tugenden zelebriert, darunter die berühmten Geschichten von Artus und den Rittern seiner Tafelrunde. Im 14. Jahrhundert setzte Edward III. die Artusmythen bewusst ein, um seine ehrgeizigsten Krieger im Kampf gegen die Franzosen zu außergewöhnlichen Mutproben anzuspornen. Es besteht kein Zweifel daran, dass Stolz und Scham die wichtigsten Hebel jenes Mechanismus waren, der die Männer dazu ermutigte, solche Risiken einzugehen und tatsächlich all den vielen Erwartungen an einen »ritterlichen« Ritter gerecht zu werden.

Parallel zum Rittertum tauchten in Frankreich die höfischen Dichter auf, die sogenannten Troubadours oder Trouvères – die Okzitanisch sprechenden Troubadours im Südwesten, die Französisch sprechenden Trouvères im Norden. Bald inspirierten sie auch die Minnesänger in Deutschland und Österreich. Einige von ihnen waren von höchstem gesellschaftlichen Rang: Wilhelm IX., Herzog von Aquitanien, war einer der ersten Troubadours, und in den Reihen der Minnesänger fanden sich auch Heinrich VI., Kaiser des Heiligen Römischen Reiches, sowie mehrere Markgrafen und Herzöge. Ihr hoher Status erklärt den bemerkenswerten Individualismus, der die Troubadours von Anfang an auszeichnete. Wilhelm IX. wurde zweimal exkommuniziert und ließ ein Bild seiner Geliebten auf seinen Schild malen, mit der Begründung, er wolle »sie so in die Schlacht tragen, wie sie ihn zu seinem Lager geleitet hatte« – nur ein hochrangiger Herrscher konnte sich so etwas erlauben.[15] (Seine Frau war davon alles andere als begeistert und zog sich in die Abtei von Fontevraud zurück.) Nicht alle waren adlig – der Troubadour Marcabru zum Beispiel war als Baby auf einer Türschwelle ausgesetzt worden –, doch die meisten genossen wie auch ihr Publikum ein relativ hohes gesellschaftliches Ansehen. Aus den erhaltenen Werken geht hervor, dass viele offenbar als Vorspiel zu ihren Auftritten ihre Lebensgeschichte vorsangen oder rezitierten. Zum Leidwesen der Historiker war diese allerdings oft übertrieben oder frei erfunden. Dennoch zeigt die Selbstdarstellung der Troubadours als Persönlichkeiten mit einzigartigen Lebenserfahrungen einen ausgeprägten Sinn für Individualismus in der Gesellschaft des 12. Jahrhunderts.

Die Gedichte der Troubadours handelten meist von höfischer Liebe, sexuellem Begehren und ritterlichen Idealen (wobei insbesondere die Deutschen gern ein paar gute Trinklieder einstreuten). Mit der Wahl solcher Themen setzten sie sich bewusst über die religiösen Erwartungen ihrer Zeit hinweg. Dazu gesellte sich eine andere Gruppe höchst individualistischer Dichter, die Goliarden, meist junge Studenten, die auf Latein schrieben. Viele von ihnen waren jüngere Söhne von Adeligen, die man gegen ihren Willen zum Studium nach Paris und an ähnliche Domschulen geschickt hatte. Deshalb waren die Werke dieser intellektuellen Rebellen oft voll von beißendem Spott gegenüber der Kirche, sie brachten eine wahrhaft originelle und individualistische Literatur hervor. Die in den 1160er-Jahren verfasste *Vagantenbeichte* eines besonders populären Schriftstellers, der sich selbst Archipoeta (Erzdichter) nannte, wurde vielfach kopiert. Sie ist so geistreich, respektlos und zeitlos, dass es sich lohnt, einige Verse daraus zu zitieren:

Kluge Leute werden ja
darauf sorgsam schauen,
dass sie auf den Felsen fest
ihre Wohnung bauen;
doch ich Narr bin wie ein Fluss,
dessen Wasser gleitet,
still an keiner Stelle steht,
immer weiter schreitet.

Wie ein Schiff ohn Steuermann
werde ich verschlagen,
wie ein Vogel durch die Luft
hin und her getragen.
Keine Schlösser halten mich,
keine Fesseln binden,
meinesgleichen suche ich,
will zu Schelmen finden.

Es will Ernst im Herzen mir
viel zu schwer erscheinen.
Scherz lieb ich, der honigsüß
immer, will ich meinen.
Was die Venus auch befiehlt,
ist mir liebes Fronen,
das in einem trägen Herz
niemals könnte wohnen.

Ich geh auf dem breiten Weg
nach der Art der Jugend,
gebe mich den Lastern hin,
denk nicht an die Tugend.
Ich lieb Erdenlüste mehr
als des Himmels Segen,
an der Seele tot, streb ich,
nur den Leib zu pflegen. …

Ja mein Wille ist, den Tod
dort (in der Schenke) am Tisch erleben,
dass am Mund des Sterbenden
ist der Saft der Reben.
Engelschöre werden dann
um so froher singen:
»Diesem Zecher möge Gott
seine Gnade bringen!«

Der soll vor des Erzbischofs
Angesicht nun kommen,
soll, wie wir's in Heilger Schrift
von dem Herrn vernommen,
auf den Dichter seinen Stein
werfen, nicht mich schonen,
wer da glaubt, dass in ihm gar
keine Sünden wohnen.[16]

All dies entwickelte sich vor dem Hintergrund einer intensiveren und expandierenden Wirtschaft im Gefolge der Mittelalterlichen Warmzeit. Durch das mildere Klima steigerte sich der Handel wie nie zuvor. In der Mitte des 12. Jahrhunderts fanden im Nordosten Frankreichs jährlich sechs sogenannte Champagne-Messen statt, zu denen italienische Kaufleute mit Farbstoffen, Pelzen, Seidenstoffen, Arzneimitteln, Gewürzen und anderen exotischen Waren über die Alpen nach Norden reisten. Andere Händler aus England, Nordfrankreich, Deutschland und den Niederlanden hatten Leder, Schafwolle, Wollstoffe und Leinen im Angebot. Der Reichtum floss von Stadt zu Stadt, und mit ihm kamen neue Stile, Stoffe, Lebensmittel und Gebrauchsgegenstände.

All diese neuen Luxusgüter erlaubten es den Reichen, sich von den Armen abzugrenzen. Dies galt vor allem in großen Städten wie London, wo es alles zu kaufen gab, wie William Fitzstephen 1173 erklärte:

> In London, am Flussufer inmitten der Schiffe, [gibt es] Wein aus den Weinkellern zu kaufen sowie eine öffentliche Garküche. Täglich werden dort, je nach Jahreszeit, gebratene oder gekochte Speisen und Gerichte angeboten; große und kleine Fische; Fleisch – mindere Qualität für die Armen, feinere Stücke für die Reichen –, Wild und Geflügel (groß und klein). Wenn Freunde unerwartet bei einem Bürger eintreffen und müde und hungrig von der Reise es vorziehen, nicht zu warten, bis das Essen herbeigeschafft und gekocht ist oder bis die Diener Wasser für die Hände und Brot bringen, können sie in der Zwischenzeit einen schnellen Besuch am Flussufer machen, wo alles, was sie wünschen, sofort verfügbar ist … Wer eine Vorliebe für Delikatessen hat, kann sich das Fleisch von Gans, Perlhuhn oder Waldschnepfe besorgen – das zu finden, ist nicht schwer, denn alle Köstlichkeiten liegen vor ihm. Zwischenhändler aus allen Ländern unter dem Himmel bringen gerne Schiffe voller Waren in die Stadt … karmesinrote Seiden aus China, französische Weine sowie Zobel und Feh aus den fernen Ländern, in denen die Rus und die Normannen leben.[17]

Die Städte boten eine Vielfalt an Möglichkeiten, das eigene Aussehen zu verbessern und die Persönlichkeit zu zeigen. Als Eleonore von Aquitanien, die Enkelin des Troubadours Wilhelm IX., 1137 nach Paris kam, um Louis VII. von Frankreich zu heiraten, brachte sie all die neuen Moden des Südens mit, und wahrscheinlich fühlten sich die Menschen, die jetzt stärker auf sich achteten, aufgerufen, ihr nachzueifern. Die Kleidung der adeligen Frau hob ihre Figur stärker hervor, dazu trugen vor allem die Form des langen Kleides, das Bliaut genannt wurde, und die eng anliegende Korsage bei. Das waren keine bequemen Kleider – man musste jedes Mal, wenn man sie anzog, praktisch eingenäht werden –, doch Frauen wie Eleonore waren bereit, für die Mode zu leiden. Ihr Haar, das früher vollständig von einer Haube bedeckt war, durfte nun offen oder in Zöpfen herabfallen. Die Selbststilisierung hatte Einzug gehalten. Einst waren Heldinnen in der Literatur als kräftige, tüchtige Ehefrauen und Mütter dargestellt worden, die ein Gut führen konnten, während ihre Männer in den Krieg zogen. Jetzt, in der Zeit der Troubadours und Trouvères, kam es vor allem darauf an, dass sie jung und schön waren – und bereit, sich zu verlieben.[18]

So etwas konnten die Kirchenmänner der Zeit natürlich nicht gutheißen. Aus historischer Sicht ist das hilfreich, denn ihre Beschwerden sind ein seltenes Zeugnis für ein ansonsten schwer fassbares Phänomen. So schrieb beispielsweise Bernhard von Clairvaux an eine junge Adlige namens Sophia, die ein Keuschheitsgelübde abgelegt hatte:

> Seide, Purpur und farbige Schminke sind schön, aber sie machen nicht schön. Das, womit man den Leib bekleidet, besitzt seine Schönheit, aber es verleiht sie nicht dem Leibe … So wird die Schönheit, die mit der Kleidung angelegt wird, mit ihr auch wieder abgelegt, sie gehört der Kleidung an, nicht dem von ihr Bekleideten … Deiner ist es völlig unwürdig, Dir Deine Schönheit vom Hermelin und den Seidenwürmern zu entlehnen. Dir sei Deine eigene Schönheit genug. … O, mit welch zarter Röte

leuchtet das Kleinod verhaltener Scham auf jungfräulichen Wangen! Welcher Schmuck der Königinnen ist mit ihm zu vergleichen?[19]

Die Verweise auf »Seide« und »Purpur« sind auffällig genug – Purpur war ein äußerst kostspielig zu beschaffender Farbstoff und traditionell den römischen Kaisern vorbehalten. Das wirklich bemerkenswerte Wort ist jedoch die »farbige Schminke«. Bernhard starb 1153, und so verweist dieser Abschnitt darauf, dass schon in der ersten Hälfte des 12. Jahrhunderts Schminke zum Einsatz kam. Ein Troubadour namens Pierre de Vic, der am Ende des Jahrhunderts schrieb, hat uns ein ganzes Lied über »Damen, die sich selbst anmalen … die ihren Teint verschönern und ihre Haut mit Farbe glänzen lassen, die eigentlich für Statuen bestimmt ist«, in Form eines Gesprächs zwischen einem Mönch und Gott hinterlassen.[20] Dies sind die ersten europäischen Hinweise auf die Verwendung von Schminke seit den Tagen des alten Rom. Darüber hinaus deutet de Vics Lied darauf hin, dass diese Frauen Spiegel benutzten – sie »malten *sich selbst* an«.

Spiegel gibt es schon seit prähistorischen Zeiten. Einige verzierte Exemplare aus keltischer Bronze sind erhalten geblieben, außerdem viele römische – manche aus Silber, andere aber auch aus Glas. Im Neuen Testament (im Jakobusbrief) wie auch in den *Bekenntnissen* des Augustinus finden sich Hinweise auf Spiegel. Nach dem Untergang des Römischen Reiches verschwinden sie jedoch aus der Literatur, und auch in der Archäologie Europas sind sie nicht mehr zu fassen. Offenbar war das Wissen um ihre Herstellung verloren gegangen. Vielleicht hat die Geschichtsschreibung die Wiederentdeckung des Spiegels deshalb nicht richtig gewürdigt – weil er schon in der Antike erfunden wurde, kann man leicht davon ausgehen, dass es immer Spiegel gab, doch zu Beginn des Mittelalters war das nicht der Fall.

In Europa tauchten Spiegel erst im frühen 12. Jahrhundert wieder auf. Auf das einzige in Europa hergestellte Exemplar aus dieser Zeit, das ich kenne, verweist ein Bronzegehäuse, das einst einen kleinen Silberspiegel von elf Zentimetern Durchmesser enthielt und sich heute im Metropolitan Museum of Art in New York befindet.[21] Darüber hinaus könnten einige ähnlich große Bronzespiegel um diese Zeit aus Asien und dem Nahen Osten nach Europa gelangt sein.[22] Doch obwohl sich so wenige Exemplare bis heute erhalten haben, können wir wegen der vielen literarischen Werke mit dem Titel »Ein Spiegel der/des …« sicher sein, dass sie im frühen 12. Jahrhundert in adligen Kreisen weit verbreitet waren. Die Autoren hätten diesen metaphorischen Titel nicht gewählt, wenn die Menschen, für die sie schrieben, keine Ahnung gehabt hätten, was ein Spiegel ist. Eines der frühesten Beispiele ist ein Buch von Honorius von Autun mit dem Titel *Imago Mundi* – wörtlich »Bild der Welt« –, in dem der Autor erklärt, er habe versucht, das Universum zu beschreiben, »als ob man es in einem Spiegel sähe«.[23] Honorius, der die meiste Zeit seines Lebens in der heutigen Schweiz lebte und um 1156 starb, verfasste auch ein Buch mit Predigten, das er *Speculum Ecclesiae* (»Spiegel der Kirche«) nannte. Ähnliche Titel finden sich zu dieser Zeit an verschiedenen Orten. Ein anonymes Werk mit dem Namen *Jungfrauenspiegel* entstand um 1140 in Deutschland. Aelred von Rievaulx verfasste seinen *Spiegel der Liebe* um 1142 in Yorkshire. Guillaume de Saint Thierry, der in Reims lebte und 1148 starb, schrieb einen *Spiegel des Glaubens*. Zweifellos waren Spiegel um 1150 in ganz Europa bekannt – zumindest bei den gebildeten und wohlhabenden Mitgliedern der Gesellschaft.

Die Bedeutung des Spiegels für die Selbstwahrnehmung des Menschen kann man gar nicht hoch genug einschätzen. Als Männer und Frauen zum ersten Mal ihr Gesicht in einem Spiegel betrachteten, sahen sie sich mehr oder weniger so, wie andere Menschen sie sahen. Es ist nicht überraschend, dass die Wiederentdeckung des Spiegels mit der neuen Idee des Fegefeuers und der Entstehung der Höflichkeitsregeln zusammenfiel. Alle drei führten zu einer intensiveren Selbstwahrnehmung und Selbsteinschätzung. Doch während die beiden anderen Neuerungen die Menschen dazu anregten, über ihr *Tun* nachzudenken, forderte der Spiegel sie auf, ihr *Wesen* zu betrachten. Die Männer und Frauen, die sich zu dieser Zeit einen Spiegel leisten konnten, zählten zwar bereits zu den unabhängigsten Mitgliedern der Gesellschaft – sie hatten größere Entscheidungsspielräume als alle anderen –, doch der Spiegel bestätigte ihre Individualität noch einmal, er stärkte ihr Selbstbewusstsein und forderte sie ganz allgemein auf, dem alten Imperativ »Erkenne dich selbst« zu folgen.

Am Ende des 12. Jahrhunderts konnte man die Menschen noch nach ihrer Funktion beschreiben. Die drei ursprünglichen Stände – »die Kämpfer«, »die Beter« und »die Arbeiter« – waren immer noch leicht zu erkennen. Allerdings gab es viele Menschen, die sich diesen Kategorien entzogen. Einige konnten etwa als »Händler« bezeichnet werden, andere als »Richter«, »Studenten« oder »Unterhalter«. Und auch die Arbeiter waren nicht mehr die Arbeiter von früher. Zum Beispiel gab es jetzt eine beträchtliche Anzahl von qualifizierten Baumeistern und Zimmerleuten, die die Schlösser, Kathedralen und Kirchen errichteten, für die das Mittelalter berühmt ist. Immer mehr Bereiche wurden aus dem kollektiven Verbund der »Arbeiter« ausgegliedert. Während die Kleinbauern noch immer die Mehrheit der Bevölkerung ausmachten und in ihren traditionellen Gemeinschaften verhaftet blieben, begannen die Wohlhabenden, stolz auf ihre Unabhängigkeit zu blicken und sich anhand von Familie, Ritterlichkeit, Pflichten, Bildung, Statussymbolen, Mode und so weiter ganz neu zu definieren. Der größte Unterschied zwischen ihrer Individualität und der der modernen Welt bestand darin, dass ihre Identität nach wie vor ihrem Glauben untergeordnet war. Jeder Aspekt ihres Lebens war mit der Religion verbunden. Wie wir gesehen haben, hatte eine adlige Familie nicht nur ihren Stammsitz, sondern auch eine religiöse Heimat in Form »ihres« Klosters. Für diejenigen, die uns Autobiografien hinterlassen haben, stand wie schon für Augustinus im 4. Jahrhundert Gott im Mittelpunkt ihres Lebens. Selbst Menschen wie die Goliarden, die die Selbstgerechtigkeit und prüde Moral der vermeintlich heiligen Geistlichkeit kritisierten, zweifelten nicht an Gott und der göttlichen Ordnung der

Dinge. Die gesamte Gesellschaft hing noch an der religiösen Nabelschnur.

Zwischen 1200 und 1345

Diese individuellen Verhaltensmuster setzten sich in den wohlhabenden Kreisen im 13. und frühen 14. Jahrhundert weitgehend fort, fanden aber auch in den anderen Schichten Nachahmer. Kleinere Grundbesitzer, die einen Spiegel sahen, wussten, dass auch sie einen haben wollten. Bürger, die bemerkten, dass die gebildeten jüngeren Söhne adliger Familien hohe kirchliche oder juristische Ämter bekleiden konnten, wünschten sich für ihre eigenen Söhne eine vergleichbare Ausbildung. Die Menschen haben schon immer versucht, denen nachzueifern, die gesellschaftlich höher stehen als sie: Im Mittelalter stellte sich nur die Frage, ob man das Geld dazu hatte – und ob die Obrigkeit es zuließ.

Während die Wohlhabenden lernten, sich auf die oben beschriebenen Weisen auszudrücken, entdeckten die Bauern ihre Individualität mithilfe verschiedener neuer wirtschaftlicher Chancen, die ihnen Wahlmöglichkeiten boten – in vielen Fällen zum ersten Mal. Der Handel war der Schlüssel dazu. Zwischen 1100 und 1300 wurden mehr als 1600 englische Märkte zugelassen. Darüber hinaus gab es im frühen 14. Jahrhundert etwa tausend Jahrmärkte und Messen. Plötzlich eröffnete sich auch den einfachen Leuten die Chance, Dinge zu kaufen, die sie nicht selbst herstellen konnten. In den 1150er-Jahren, als nur relativ wenige Menschen in England täglich Münzen benutzten, belief sich die Geldmenge des Königreichs auf etwa 6 Pence pro Kopf der Bevölkerung; bis 1320 war sie auf 10 Shilling angewachsen, und dabei sind die umlaufenden Kredite noch nicht berücksichtigt.[24] Die Geldmenge vervierzigfachte sich fast, während sich die Bevölkerung verdoppelte. Für diejenigen, die ihre Produkte nun auf einem Markt verkaufen konnten, bedeutete dies die Chance, sich von ihren Nachbarn in einer Weise zu unterscheiden, die zuvor nicht möglich gewesen war.

Wie wir bereits gesehen haben, lag diesem Wandel letztendlich die Mittelalterliche Warmzeit zugrunde. Es war aber nicht einfach so, dass das bessere Wetter den Bauern erlaubte, mehr zu ernten und mit den Überschüssen Handel zu treiben. Im 11. und 12. Jahrhundert durften die Bauern das Gut ihres Herrn nicht ohne Weiteres verlassen, um auf den Markt zu gehen. Sie durften auch nicht einfach ohne königliche Erlaubnis Handelszentren errichten. Vielmehr richteten die Grundherren die Märkte ein, die das Wachstum der Wirtschaft und die Entwicklung des Individualismus auch der unteren Schichten ermöglichten. Oft hatten sie gar keine andere Wahl. Als das verfügbare Land im frühen 13. Jahrhundert zur Neige ging, konnten sie entweder ihre Pachthöfe weiter in immer kleinere Einheiten aufteilen, wie wir in Kapitel 3 gesehen haben, oder sie konnten ihre Bauern in eine Marktstadt abwandern lassen. Die erste Strategie führte zu Höfen, die zu klein waren, um eine Familie zu ernähren. Bei der zweiten verlor der Herr die Dienste seiner Bauern. Eine dritte Möglichkeit versprach bessere Erträge: Die Gründung eines neuen Marktes auf dem eigenen Anwesen lag potenziell im Interesse aller Beteiligten. Der Grundherr konnte so seine Arbeitskräfte halten und gleichzeitig neue Geschäfte machen. Wenn einer seiner Pächter zum Beispiel lernte, wie man Schuhe macht, und wenn er diese Schuhe auf dem neuen Markt verkaufte, brauchte er nicht mehr so viel Land, um seine Familie zu ernähren: Er konnte alles kaufen, was er brauchte. Der Grundherr profitierte weiterhin von seinen Diensten und gleichzeitig von den Pachtzinsen, die der Mann für sein Haus und seinen Marktstand zahlte. Wurde der Markt dann zu einer Gemeinde, kamen vielleicht allerlei Händler, kauften die kleinen Grundstücke rund um den Marktplatz und richteten Geschäfte ein, die dem Herrn noch mehr Geld in Form von Pacht und Marktzoll einbrachten.

Ein weiterer wichtiger Aspekt stärkte zudem den wirtschaftlichen Wohlstand und den Individualismus der Landbevölkerung in dieser Zeit. Vor 1150 war es in England schwierig, freien Landbesitz von den feudalen Abhängigkeitsverhältnissen zu trennen.

Doch nach der Thronbesteigung Henrys II. im Jahr 1154 wurde das *Common Law* dahingehend überarbeitet, dass ein Mann oder eine Frau Grund und Boden innerhalb des Landgutes eines anderen Menschen besitzen konnte.[25] Einige Lords boten ihren Waffenträgern als Gegenleistung für treue Dienste kleine freie Höfe an. Für jemanden, der vielleicht zehn oder zwanzig Güter mit einer Gesamtfläche von 12 000 oder 24 000 Hektar besaß, war es eine gute Investition, Bauernhöfe von jeweils 20 bis 40 Hektar an ein Dutzend würdige Gefolgsleute zu verschenken: Die Begünstigten waren auf ewig dankbar und loyal. Andere Grundherren verkauften Teile ihres Landes als Eigentum oder gaben sie an freie Pächter aus. Damit legten sie den Grundstein für eine ländliche Mittelschicht.

Zu Beginn des 14. Jahrhundert zeigten sich die meisten Höfe als ein Sammelsurium von Besitzverhältnissen und Rechtstiteln. Zur unfreien Bauernschaft alten Stils gesellten sich Freibauern mit eigenem Landbesitz und freie Pächter, Markthändler und andere Freie, die in der Gemeinde ansässig waren. Manche Freibauern besaßen 40 Hektar oder mehr, manche Arbeiter hatten nichts als ihren Bauerngarten. Außerdem gab es nun im Herzen des Gutes fünfzig oder sechzig Häuser, die sich um einen Marktplatz gruppierten, auf dem sich die Menschen einmal in der Woche versammelten, um zu kaufen, zu verkaufen und sich zu unterhalten. Die Landbevölkerung hatte sich in verschiedene Schichten aufgefächert. Sie taten zwar immer noch vieles als Gemeinschaft – von der Teilnahme am Gutsgericht bis hin zur Verfolgung eines Missetäters, wenn jemand Alarm schlug –, doch sie führten jetzt ein vielfältigeres, individuelles Leben mit unterschiedlichen Perspektiven und Zukunftsaussichten. Sie kauften auf Märkten und Jahrmärkten Dinge, die sie von ihren Nachbarn unterschieden: eiserne Töpfe, feinere Stoffe, Elfenbeinkämme, Kissen, silberne Ringe und Gürtelschnallen – im Fall eines wohlhabenden Freibauern vielleicht sogar einen Satz Silberlöffel. Und einige Jungen und junge Männer erhielten eine Ausbildung. Die soziale Mobilität war größer als je zuvor. In kleinen und großen

Städten konnten sich arbeitende Männer als Mitglieder einer Zunft, als freie Bürger der Stadt, als Angehörige einer religiösen Bruderschaft oder als Mitglieder der jeweiligen Pfarrei definieren – oder als all das. Wie die gesellschaftlich Höherstehenden nahmen auch sie Nachnamen an. Einige wählten den Namen ihres Geburtsortes, andere nannten sich nach ihrem Beruf oder machten sich ihren Spitznamen zu eigen. Und ihre Nachnamen wurden, wie die der Adligen, bald erblich. Mit Ausnahme der ärmsten Familien war der mehrdimensionale Prozess der Selbstdefinition zur Zeit des Schwarzen Todes bereits weit in der Gesellschaft fortgeschritten.

Zwischen 1345 und 1500

Aus dieser zeitlichen Distanz ist es unmöglich, die psychischen Auswirkungen des Schwarzen Todes vollständig zu erfassen. Klar ist jedoch, dass er für viele Aspekte des Lebens wie ein Katalysator wirkte. Menschen, die in ihrem Glauben an Gott vereint waren, bevor die Krankheit zuschlug, mussten sich plötzlich fragen: »Warum ich?« oder: »Warum mein Ehepartner, mein Kind?«, und wie die Frage waren auch die Antworten in der Religion verwurzelt. Einige Menschen begannen ketzerische Gedanken zu hegen. Hatten sie so viele Sünden begangen, dass Gott sie bestrafen wollte? Oder hatte die Tragödie womöglich nichts mit Gottes Willen zu tun? Lag es am fauligen Fleisch, das auf unregulierten Märkten verkauft wurde, wie einige Ärzte glaubten? War es die Folge einer Konjunktion der Planeten, wie Gelehrte der Universität Paris behaupteten? Hatte Gott die Seuche vielleicht nicht verhindern können? Bisher hatte der Glaube die Menschen in der Regel zusammengeführt, nun begann er sie zu entzweien.

Wie wir in Kapitel 3 gesehen haben, wirkte die Pest auch als Beschleuniger des ökonomischen Individualismus. Durch den Tod von etwa 40 Prozent der Bevölkerung verfügten die Überlebenden über erhebliche zusätzliche Ressourcen. Das Vieh wurde vererbt, die Möbel und Geräte in den Häusern der Verstorbenen aufgeteilt, und Ackerland wurde an neue Pächter vergeben. Leibeigene sahen die Möglichkeit, ihre Höfe zu verlassen und ihre Arbeitskraft an andere Herren zu verkaufen – sie ersetzten ihre feudalen Bindungen durch finanzielle Verpflichtungen. Andere zogen in die Städte, um Handwerker zu werden. All diese Entwicklungen steigerten das Ansehen, den Wohlstand und die Unabhängigkeit der einfachen Menschen. Wer zu Geld gekommen war, aß regelmäßig Fleisch und trug Pelze und gefärbte Kleidung, um sich von seinem Nachbarn zu unterscheiden. Edward III. störte sich so sehr an der Zurschaustellung solcher Statussymbole in den niederen Ständen, dass er Luxusgesetze erließ, die beschränkten, was die Menschen anziehen und essen durften. Außerdem gab er 1351 ein Gesetz heraus, das die Bauern davon abhalten sollte, ihre Höfe zu verlassen, um mehr Geld zu verdienen. Doch die Flut ließ sich nicht aufhalten. Wer blieb und *kein* Geld verdiente, musste feststellen, dass dieser Mangel an Selbstverbesserung – die Armut – ihn ebenso zu definieren begann, wie die Freiheit und der Wohlstand seine unternehmungslustigeren Ex-Nachbarn bestimmten.

Während der Lebensstandard der Bauern rapide stieg, entdeckten die einfachen Engländer, dass sie feindliche Heere durch den massiven Einsatz des Langbogens vernichten konnten, wie in Kapitel 2 beschrieben. Wenn ein Bauer, der vielleicht 3 Pfund im Jahr verdiente, einen Ritter zu Fall bringen und töten konnte, dessen Pferd und Rüstung allein 50 Pfund oder mehr kosteten, war es nur natürlich, dass er und seinesgleichen die Gesellschaftsordnung infrage stellten: Sie konnten mit Stolz behaupten, selbst zu »Kämpfern« geworden zu sein. Diese militärischen Fähigkeiten, verbunden mit einer stark gewachsenen wirtschaftlichen Unabhängigkeit, ermutigten die »Arbeiter«, anders über die zu denken, die gesellschaftlich über ihnen standen. Es ist kein Zufall, dass von diesem Zeitpunkt an die Geschichten über den rebellischen Robin Hood, der die Reichen beraubt, um den Armen zu geben, immer beliebter wurden. Die Bauern hatten ein neues Gefühl für ihren individuellen Wert bekommen.

Die Folgen werden leicht als Massenverhalten abgetan, tatsächlich aber waren sie von großer Bedeutung für die Entwicklung des Individualismus. Seine Individualität durch das Tragen von exotischen Pelzen oder strahlend bunten Stoffen zu demonstrieren ist eine Sache, die gesamte Gesellschaftsordnung infrage zu stellen eine ganz andere. Und genau das geschah. In ganz Europa brachen Revolten aus. In der französischen »Jacquerie« von 1358 kam es zu einer noch nie da gewesenen Explosion der Gewalt gegen den Adel. Die Revolte begann mit der gut vorbereiteten Ermordung von neun Adligen in einem Dorf namens Saint-Leu-d'Esserent, das etwa 14 Kilometer südöstlich von Beauvais liegt. Innerhalb weniger Wochen erfasste sie ganz Nordfrankreich. Viele Adlige wurden getötet, mehrere Städte kurzzeitig eingenommen. Auch wenn die Berichte der zeitgenössischen Chronisten über die Gräueltaten übertrieben waren – Jean le Bel beschreibt, wie ein Ritter am Spieß gebraten und seine Frau vergewaltigt und dann gezwungen wurde, sein Fleisch zu essen, bevor man ihr den Kopf einschlug –, so vermittelt ihr Ton doch das Entsetzen der Chronisten darüber, dass die Bauern es überhaupt wagten, aufzubegehren. Diese Absätze stammen zum Beispiel aus der Chronik des Jean Froissart:

> Einige Bewohner der Landstädte versammelten sich in der Gegend von Beauvais, ohne Anführer; es waren zunächst nicht mehr als hundert Mann. Sie sagten, die Adligen des Königreichs Frankreich, Ritter und Knappen, seien eine Schande für dieses und es wäre eine sehr verdienstvolle Tat, sie alle zu vernichten; diesem Vorschlag stimmten alle zu und sagten außerdem: »Schande über den, der die Herren vor der Vernichtung bewahrt.« Daraufhin versammelten sie sich ohne weiteren Rat zu einem Trupp und bewaffneten sich nur mit eisernen Stöcken, die einige hatten, und andere mit Messern, zogen zum Haus eines Ritters, der in der Nähe wohnte, brachen es auf, ermordeten den Ritter, seine Frau und alle Kinder, groß und klein, und brannten das Haus nieder.

> Danach ging ihr zweiter Zug zu der starken Burg eines anderen Ritters, die sie einnahmen. Sie fesselten ihn an einen Pfahl und schändeten vor seinen Augen seine Frau und seine Tochter; dann ermordeten sie die Dame, ihre Tochter und die anderen Kinder und zuletzt den Ritter selbst mit großer Grausamkeit. Sie zerstörten und verbrannten seine Burg. Sie taten dasselbe mit vielen Burgen und stattlichen Häusern; und ihre Zahl wuchs so sehr, dass sie in kurzer Zeit über sechstausend waren … Diese üblen Leute, ohne Anführer und ohne Waffen, plünderten und verbrannten alle Häuser, zu denen sie kamen, ermordeten alle Herren und vergewaltigten alle Damen und Mädchen, die sie finden konnten. Wer die grausamsten Taten beging, die sich kein Mensch hätte vorstellen können, wurde am meisten beklatscht und galt als der größte Mann unter ihnen.[26]

Solche Geschichten zu hören – oder womöglich sogar solche Gewalttaten mitanzusehen – muss zutiefst verstörend gewesen sein. Niemand hatte zuvor einen Bauernaufstand dieses Ausmaßes erlebt. Doch die Jacquerie sollte nicht der letzte derartige Ausbruch sozial bedingter Zerstörung bleiben. Im Jahr 1378 begann in Florenz der Ciompi-Aufstand, als die Arbeiter eine bessere Vertretung in den politischen Zünften forderten, die die Stadt beherrschten. Drei Jahre später kam es in England zur »Peasant's Revolt«. Alle diese Aufstände zeugen von einer neuen Zielstrebigkeit und verweisen deutlich auf die wachsende Wahrnehmung des individuellen Selbstwerts in den niederen Schichten. Alle wurden schnell abgewehrt, die Protagonisten erschlagen oder gehängt. Und doch erkannte die arbeitende Bevölkerung in ganz Europa, dass sie durch den Schwarzen Tod nicht nur reicher geworden war, sondern auch an Macht gewonnen hatte – mit weitreichenden Folgen für ihr Selbstwertgefühl und ihre Identität.

Die beschleunigende Wirkung des Schwarzen Todes verstärkte viele andere individualistische Trends, die sich bereits im späten 13. und frühen 14. Jahrhundert abgezeichnet hatten. Die Menschen mussten sich nicht mehr dem herrschaftlichen Heiratszwang unterwerfen. Ebenso gaben die Grundherren den Versuch auf, die noch verbliebenen unfreien Bauern von Heiraten mit Fremden außerhalb ihrer Herrschaft abzuhalten. Der Verkauf oder die Verpachtung von Grund und Boden an diejenigen, die dort wirtschafteten, oder an Mittelsmänner wurde zur Regel und beendete die direkte Verwaltung der Güter durch die Grundherren. Alle Familien, die noch keinen erblichen Familiennamen hatten, erhielten um 1400 einen. Adelige Familien entwickelten ihre eigenen Wahlsprüche und ließen für ihre Gefolgsleute eine Art Uniform anfertigen, um die Identität der Familie weiter zu betonen, und wie wir in Kapitel 4 gesehen haben, strebten alle – Adlige wie Bauern – nach einer größeren Privatsphäre. Herrschaftliche Schlösser wurden mit Schlafgemächern in den Türmen ausgestattet. Ab dem späten 14. Jahrhundert gaben die Herren das gemeinsame Essen mit ihren Dienern in der großen Halle auf und nahmen die Mahlzeiten mit ihren Familien getrennt in ihrem Gemach ein. Die Freisassen vergrößerten ihre alten Hallenhäuser durch den Einbau von Obergeschossen, Schlafkammern und Stuben, die den einzelnen Familienmitgliedern mehr Abgeschiedenheit ermöglichten. All dies vermittelte den Menschen das Gefühl von Individualität – sie sahen sich immer weniger als Teil einer Masse oder einer anonymen Arbeiterschaft.

Kaum etwas bestätigte diesen Individualismus so sehr wie die allmähliche Verbreitung von Glasspiegeln in der ganzen Gesellschaft. Erfunden – oder besser gesagt, wiederentdeckt – am Ende des 13. Jahrhunderts, wahrscheinlich in Venedig, ersetzten Glasspiegel im 14. Jahrhundert die Spiegel aus poliertem Silber oder Bronze in den Haushalten der Aristokratie. Noch heute findet man in den Museen viele geschnitzte Elfenbeinkästchen, die einst kleine Glasspiegel enthielten. Im 15. Jahrhundert wurde der Spiegel zu einer Ikone der Renaissance, wie Brunelleschis berühmtes Experiment mit der Perspektive in den 1420er-Jahren zeigt. Er zeichnete das Baptisterium in Florenz und verglich es mithilfe eines eigens entwickelten Apparates mit dem gespiegelten Bild des Originals, um die perspektivische Darstellung zu verfeinern.

Im Jahr 1433 malte Jan van Eyck das früheste erhaltene Selbstporträt, *Mann mit rotem Turban*, bei dem sicher ein Spiegel zum Einsatz kam. Und tatsächlich nimmt ein runder Spiegel einen wichtigen Platz im Hintergrund der *Arnolfini-Hochzeit* ein, die er im folgenden Jahr malte. Leonardo da Vinci schrieb in Spiegelschrift, sodass die Menschen seine Worte mithilfe eines Spiegels entziffern mussten. Und tatsächlich hielten all diese Künstler der Menschheit einen Spiegel vor. Wurde der Mensch früher als Teil der Schöpfung Gottes betrachtet, so war er jetzt allmählich einer eigenständigen Betrachtung und Darstellung würdig.

Die größten Veränderungen jedoch bewirkte der Spiegel bei den einfachen Menschen. Um 1500 konnte sich fast jeder einen solchen leisten, man musste vielleicht gerade einmal 6 Pence dafür bezahlen. Kleine gläserne Rasierspiegel wurden etwa im Wrack der *Mary Rose* gefunden. Zwischen dem 12. und dem 16. Jahrhundert verbreiteten sich die Spiegel von den Privatgemächern der Aristokraten bis in die Schlafzimmer der Bauern, und mit ihnen verbreitete sich das gängige visuelle Bild des »Ichs«. Wenn man Sie heute bittet, ein Bild von sich selbst zu zeichnen, werden Sie wahrscheinlich versuchen, Ihr Gesicht darzustellen. Ein solches Selbstbild setzt das Vorhandensein eines Spiegels voraus. Wenn ein Bauer vor 1350 ein Selbstbild hatte, dann in Form eines Bildes oder Symbols, das seinen Beruf oder seine soziale Stellung anzeigte. Ein Schmied hatte seinen Amboss, ein Priester sein Kreuz, ein Müller seinen Mühlstein. Diese Selbstbilder bezogen sich also auf das, was die Menschen taten. Wenn ein mittelalterlicher Bauer sich schließlich im Spiegel sah, erlangte er eine neue Wahrnehmung seiner selbst *ohne* die Accessoires, die er zuvor mit seinem »Ich« verbunden hatte, etwa seinen Pflug oder das Stück Land, das seine Familie seit Generationen bewirtschaftete. Einem Müller konnte sein neues Gesichts-Selbstbild offenbaren, dass er nicht unbedingt als Müller geboren worden war: Er »sah sich« womöglich als Entdecker oder Baumeister – als jemanden, der zu Höherem bestimmt war.

Sich als das zu sehen, was sie *waren*, und nicht als das, was sie *taten* – das unterschied die Menschen von ihren frühmittelalterlichen Vorfahren. Jetzt entwickelte sich ihr Selbstbild meist aus einer objektiven Betrachtung ihres Gesichts. Außerdem wussten sie, dass alle anderen, die Zugang zu einem Spiegel hatten, sich selbst genauso sahen. Während unser Müller sich im Jahr 1100 als einen von Gott geschaffenen Mann sah, der Korn mahlte – und wusste, dass alle anderen ihn als Kornmahler in der göttlichen Ordnung der Dinge sahen –, verstand er sich jetzt als einen Mann mit zurückweichendem Haaransatz und einer Narbe im Gesicht, und er wusste, dass alle anderen ihn auch so wahrnahmen. Außerdem war unserem Müller klar, dass die Menschen, denen er begegnete, wussten, dass er sich so sah, weil sie sich selbst auch sahen. Sie konnten nicht mehr davon ausgehen, dass es seine gottgegebene Rolle war, Müller zu sein. Tatsächlich konnten sie noch nicht einmal davon ausgehen, dass er Müller *war*. Er konnte alles sein, was er wollte. Wenn er in eine neue Stadt ging, wusste dort womöglich niemand, dass er jemals als Müller gearbeitet hatte. Es stand ihm frei, einen neuen Berufsweg einzuschlagen. Man könnte sagen, dass der Spiegel half, die Menschen freier zu machen.

Im Jahr 1500 trug niemand mehr die Kittel und Kapuzen aus der Mitte des 14. Jahrhunderts. Knöpfe hatten die Kleidung revolutioniert und ermöglichten es allen, körpernah geschnittene Oberteile zu tragen. Schuhe mit lächerlich langer Spitze – die sogenannten Schnabelschuhe – waren gekommen und gegangen. Gleiches gilt für die kurzen Kittel der Männer, die mit Strumpfhosen getragen wurden und das Gesäß entblößten. Bald kam die Schamkapsel in Mode. In ganz Europa suchten die Menschen nach neuen Farbstoffen, um ihre Kleidung auffällig zu gestalten. In Südfrankreich wurden Händler in Städten wie Toulouse und Albi reich durch den Fernhandel mit blauen Pastellfarben, die aus Waid hergestellt wurden. Rote Färbemittel aus Brasilholz und Kermes eröffneten den Menschen die Chance, rote Kleidung zu tragen, die strahlender wirkte als die ihrer Nachbarn. Die Selbststilisierung war nun für fast jede und jeden eine Frage der persönlichen Entscheidung. Männer waren nicht mehr darauf angewiesen, dass ihre Frauen sie rasierten oder frisierten; ein Spiegel ermöglichte es ihnen, dies selbst zu tun. Für die Wohlhabenden wurde das Bild ihres eigenen Gesichts zu etwas, das sie bewahren wollten. Aus dem späten 14. Jahrhundert haben wir lebensechte Porträts von Königen – wie die von Jean II. von Frankreich und Richard II. von England –, und aus dem 15. Jahrhundert kennen wir die Gesichter vieler Adliger, Prälaten und Kaufleute und ihrer Frauen. Statuen sollten das tatsächliche Aussehen Verstorbener festhalten. Mehr und mehr Aspekte der Selbstdefinition hielten Einzug in das Leben der Menschen. Zwar gehörten sie immer noch ihrer Familie, ihrem Gut, ihrer Pfarrei, ihrer Bruderschaft oder ihrer städtischen Gilde an, doch besaßen sie nun eine persönliche Identität, die über all diese Gruppierungen hinausging.

Das 16. Jahrhundert

In diese zunehmend ihrer selbst bewusste und individualistische Welt traten Luther, Tyndale und die anderen Bibelübersetzer. Wie wir im vorangegangenen Kapitel gesehen haben, brachten sie viele Menschen dazu, ihre Beziehung zu Gott zu überdenken. Wenn man lesen konnte und eine Bibel besaß, konnte man die Heilige Schrift selbst studieren und auslegen. Man konnte seinen eigenen Weg zur Erlösung finden und war nicht auf die Vermittlung eines Geistlichen angewiesen. Und man konnte als Individuum denken, nicht als Mitglied eines Kollektivs. Ja, man *musste* sogar anfangen, individuell zu denken, denn man war selbst für sein Seelenheil verantwortlich. Immer mehr Menschen lernten lesen. Immer mehr Menschen äußerten ihre Ansichten in religiösen Dingen. Gegen Ende des Jahrhunderts kam es vor, dass Schriftsteller die organisierte Religion so heftig kritisierten wie die Goliarden im 12. Jahrhundert, allerdings mit dem wichtigen Unterschied, dass sie und ihr Publikum den Glauben nun als eine persönliche Angelegenheit betrachteten, die von der individuellen Lektüre der Bibel abhing.

Im späten 16. Jahrhundert stoßen wir erstmals auf den Vorwurf, jemand glaube nicht. Ärzte galten oft als Atheisten, weil sie offenbar versuchten, Gott davon abzuhalten, jemanden mit einer Krankheit zu bestrafen, was logischerweise bedeutete, dass sie absichtlich gegen Gottes Willen handelten. Es geht hier nicht darum, ob es tatsächlich viele nicht glaubende Ärzte gab, sondern um das Konzept des Atheismus, das jetzt in der Welt war. Der *Dialogue against the Fever Pestilence* (»Dialog gegen die Fieberpest«) von William Bullein, der 1564 veröffentlicht wurde, veranschaulicht dies durch die Einführung der Figur des *nulla fidian*, des »Nichts-Gläubigen«. Einem Kaufmann, der an der Pest erkrankt ist, rezitiert ein Arzt einen Vers aus der Heiligen Schrift nicht ganz genau. Als der Kaufmann ihn auf den Fehler hinweist, antwortet der Arzt: »Das ist mir egal, denn ich kümmere mich nicht um Bibelsachen.« Der Kaufmann gibt zu, dass auch er der Bibel wenig Beachtung schenkt. Das Gespräch geht dann wie folgt weiter:

> Der Arzt: Hört gut zu, Sir, ich versichere Euch, ich bin weder Katholik, Papist, Protestant noch Wiedertäufer.
> Kaufmann: Was dann: Ihr habt eine große Auswahl von Religionen ausprobiert. Was ehrt Ihr? Die Sonne, den Mond oder die Sterne, das Tier, den Stein oder Vögel, Fische und Bäume?
> Arzt: Nichts davon. Ich tue nichts von alledem. Um es klar zu sagen, ich bin ein *nulla fidian*, und es gibt viele von unserer Sekte.[27]

Ähnlich schrieb der Chirurg John Read im Jahr 1588:

> Einige sind überdies Papisten,
> Einige mögen auch *nulli fidians* sein,
> Einige atheistische Zeitschinder und
> Einige Machiavells, traurig anzusehen …[28]

Den Vorwurf, ein Atheist zu sein, erhob man jetzt auch gegen Männer, die nichts mit Medizin zu tun hatten. Christopher Marlowe ist das wohl berühmteste Beispiel. Er verhöhnte in seinem

Stück *Die tragische Historie vom Doktor Faustus* nicht nur den christlichen Glauben, sondern ging – dem Zeugnis seines Dramatikerkollegen Thomas Kyd zufolge – sogar so weit, Christus eine sexuelle Beziehung zum Evangelisten Johannes zu unterstellen. Ein Spion der Regierung, dessen Bericht über ihn überliefert ist, beschuldigte ihn direkt, Atheist zu sein.[29] Die Puritaner stellten in England um 1600 Gott in den Mittelpunkt, doch zweifellos spielte die Religion im Leben vieler anderer Menschen nur eine sehr untergeordnete Rolle und im Leben einiger weniger überhaupt keine. Die Vorstellung, dass wir als Individuen geistig und moralisch auf uns allein gestellt sein könnten, ohne dass Gott uns seinen Willen aufzwängt, aber auch ohne dass er uns führt, ist ein Produkt des Mittelalters.

Wie die vorangegangenen Ausführungen zeigen, gab es um 1600 ein breites Spektrum des Glaubens. Einige wenige Menschen glaubten, es gebe keinen Gott, einige schenkten ihm wenig Beachtung, viele waren normal religiös, einige tiefgläubig und einige eifrig bis hin zum Fanatismus. Dieses Spektrum war so breit und vielfältig wie die Schichtung des Wohlstands. Jeder in der Gesellschaft konnte an irgendeinem Punkt dieses Spektrums eingeordnet werden. Wie das Geld definierte es also die Menschen. Je weiter man sich am fanatischen Ende befand, desto wahrscheinlicher war es, dass man gegen den Firlefanz und Luxus wetterte, mit dem sich die Menschen zu schmücken begannen. Zu dieser Zeit waren importierte Spitzen aus Italien, Flandern und Frankreich im Angebot. Man trug modische gestärkte Halskrausen und zuweilen sogar mit Cochenille leuchtend rot gefärbte Kleidung. Unter denjenigen, die ein solches Gepränge strikt ablehnten, beschränkten sich viele bewusst auf Schwarz und Weiß, um ihre Ansichten zu verdeutlichen. So oder so, die Menschen konnten sich nun mit ihrer Kleidung, der Ausstattung ihrer Häuser und ihren Vergnügungen selbst definieren und ihren Individualismus ausdrücken – ob sie nun ins Theater gingen, Konzerte hörten oder sich eine Bärenhetze ansahen. Ebenso konnten sie ihre politischen Überzeugungen zum Ausdruck bringen. Waren sie Anhänger der bestehenden Gesellschaftsordnung oder Verfechter einer größeren Gleichheit? Waren sie für oder gegen einen Staat, der nach religiösen Grundsätzen geführt wurde? Die Menschen konnten fast alles infrage stellen – sogar die Art und Weise, wie der Monarch regierte, wie wir im vorherigen Kapitel gesehen haben. All dies zusammen bildet das genaue Gegenteil zur Situation im Jahr 1000, als die große Mehrheit gemeinsam lebte, arbeitete und betete und nicht frei war, zu tun, was sie wollte.

Damit sind wir beim letzten Element dieses gewaltigen Wandels hin zum Individualismus angelangt, nämlich dem *Bewusstsein* der Menschen für ihre sich entwickelnde Individualität. Am deutlichsten zeigt sich dies in der wachsenden Bedeutung des autobiografischen Schreibens im 16. Jahrhundert. Natürlich war das Schreiben über sich selbst kein gänzlich neues Phänomen. Wir haben bereits auf autobiografische Werke von Otloh von St. Emmeram im 11. Jahrhundert und von Guibert von Nogent und Pierre Abaelard im 12. Jahrhundert hingewiesen. Auch die Geschichten der Troubadours über ihr Leben haben wir wahrgenommen, von denen einige zumindest teilweise wahr waren. Anfügen könnten wir noch eine Handvoll späterer Bekenntnisschriften, wie Petrarcas *Secretum meum* (»Mein Geheimnis«) und Henry of Grosmonts *Livre de Seyntz Medicines* (»Das Buch der heiligen Arzneien«), die beide Mitte des 14. Jahrhunderts geschrieben wurden, sowie *The Book of Margery Kempe* (»Das Buch der Margery Kempe«) aus dem frühen 15. Jahrhundert. Dies sind allerdings im Wesentlichen geistliche Texte. Im 16. Jahrhundert sehen wir etwas Neues: den Versuch, eine innere Stimme zu finden, bei der es nicht in erster Linie um Gott oder das Seelenheil geht, sondern um die menschliche Erfahrung – so viel oder so wenig sie wert sein mochte.

Das autobiografische Schreiben mit weltlichem Charakter im 16. Jahrhundert lässt sich grob in drei Kategorien einteilen: lyrische Dichtung, Tagebuch und formelle Autobiografie. Wahrscheinlich kennen Sie bereits einige autobiografische englische Gedichte dieser Zeit, etwa von Thomas Wyatt dem Älteren (posthum veröffentlicht 1557) und von Isabella Whitney (veröffentlicht zwischen 1567 und 1573) sowie Shakespeares Sonette (die erst 1609 veröffentlicht wurden, aber schon vor 1598 als Handschrift im Umlauf waren).[30] Sie alle enthalten eindeutig autobiografische Reflexionen, auch wenn einige der Momente, die sie beschreiben, ganz bewusst Tatsachen und Fantasie vermischen. Zu dieser Liste könnten wir auch einige Reden und Selbstgespräche aus den großen Dramen hinzufügen, die ab 1587 in England aufgeführt und veröffentlicht wurden und in denen sich äußere Handlungen mit Schichten innerer Reflexion und Selbstdarstellung verbinden. Sie machen deutlich, dass die Selbstwahrnehmung am Ende des 16. Jahrhunderts nicht nur eine neue Intensität erreicht hatte, sondern auch von vielen im Publikum verstanden wurde, die weit weniger fähig waren, sich auszudrücken, als Christopher Marlowe, Thomas Kyd und William Shakespeare.

Die wachsende Bedeutung des persönlichen Tagebuchs ist ein weiteres Indiz für den sich entwickelnden Hang zur Selbstreflexion. Als literarische Gattung existierte es nicht vor 1550. Eine Handvoll Männer des 15. Jahrhunderts hatten Tag für Tag über öffentliche Ereignisse und diplomatische Missionen Buch geführt; ein paar mehr hatten im frühen 16. Jahrhundert täglich ihre Pilgerroute nachvollzogen, die Geschehnisse bestimmter Feldzüge festgehalten und persönliche Chroniken öffentlicher Ereignisse geschrieben. Die Herzogin von Savoyen führte zwischen 1501 und 1522 ein monatliches Tagebuch über wichtige Termine. Allerdings sind alle Beispiele vor der Mitte des 16. Jahrhunderts nach außen gewandte Berichte, die Informationen von praktischem Nutzen für andere Menschen liefern sollten. Erst im späten 16. Jahrhundert finden wir erste Tagebücher als persönliche Aufzeichnungen, die von einer Person zu ihrem eigenen Nutzen geschrieben werden. Ein Beispiel ist das Werk des Londoner Astrologen und Arztes Simon Forman, bei dem es sich zum Teil um eine Autobiografie handelt, die er für die Nachwelt verfasste, und zum Teil um ein Tagebuch, das er für sich selbst führte. Um einen Eindruck von den persönlichen Abschnitten zu vermitteln, hier ein Auszug aus dem Eintrag von 1595:

> Am Montag kamen die Sammler zu mir um 6 Uhr abends. Den 4. Februar, Dienstag, morgens kamen Mrs Floware und Elisher Cosin zu mir. Ich und ein Herr hätten es uns beinahe verscherzt, weil wir mit einer Dame im Garten standen. Den 5. Tag, Mittwoch, da kam nachmittags ein alter vornehmer Kaufmann zu mir, der war der Verbündete von Mrs Floware, die am Montag kam. Den 6. Tag gegen 8 Uhr morgens kam Heugh Fort aus A. Y. zu mir, und verschiedene Damen kamen an diesem Tag zu mir. An jenem Nachmittag um 4 kam Mrs Jhonson zu mir, ich möge zum Red Cross an der Watling Strete kommen, um ihr Kind zu sehen, und ich ging zu ihr, *et osculavi illam in domu sua* [und ich küsste die Frau in ihrem Haus]. Diesen 6. Tag abends lud Mrs Al. mich zum Abendessen ein, und ich ging nicht, woraufhin sie großen Kummer hatte und erkrankte.

Das Dokument ist eindeutig nicht zum Nutzen anderer verfasst – es gibt zum Beispiel keine Erklärung, wer nun wer ist, und der Text ist nicht durchkomponiert. Wie Samuel Pepys, sein berühmter Kollege als Tagebuchschreiber, verwendet Forman Latein, um unmoralische Handlungen zu verbergen, falls ein Diener das Buch in die Hände bekommen sollte. Insgesamt zeigt es den Geist eines Mannes bei der Arbeit, der über seine Taten nachdenkt – auch wenn er nicht niederschreibt, was er bei der Erinnerung an diese Ereignisse denkt oder fühlt. Dies ist typisch für die frühesten Tagebücher. In einem anderen Werk dieser Gattung, das von dem Bauern William Honnywell aus Devon in den 1590er-Jahren stammt, werden so alltägliche Dinge wie der Kauf von »Bindegarn zum Hochbinden meiner Erbsen« und der Verkauf von Lämmern festgehalten. Er beschreibt aber auch eine Reise nach London im Jahr 1596, um verschiedene Luxusgüter zu erwerben:

> 19. Januar – Ich machte mich auf den Weg nach London. Am 24. kam ich nach London, und auf meiner Reise dorthin gab ich 15 Shilling aus. Ich bezahlte meinem Bruder Christopher 40 Shilling, welche 40 Shilling er an Mr Nicholas Smith für eine Uhr

auslegte. Am 30. erhielt ich meine Uhr von dem Uhrmacher und bezahlte ihm für das Ausbessern der Uhr 5 Shilling, und ich kaufte eine Tasche, um sie darin aufzubewahren, die mich wie folgt kostete: für den Samt 4 Pence; für die zwei Meter Band 4 Pence; die Herstellung 2 Pence.
Feb. 7. – Ich kaufte 3 Paar Schuhe, zwei davon sind mit Samt eingefasst, die kosteten mich 2 Shilling 8 Pence; das andere kostete mich 2 Shilling 2 Pence; so kosteten mich die 3 Paar 7 Shilling 6 Pence …
Feb. 12. – Ich kaufte 30 goldene Knöpfe für ein Hutband, welche 30 Knöpfe 3 Quarter, zwei Pennyweights, 3 Grains wogen, zu 50 Shilling die Unze. Ich bezahlte für die Herstellung und Verarbeitung derselben 5 Pence das Stück … so kostete mich das Ganze 59 Shilling und 6 Pence.

Der Besitz einer Uhr war für einen Bauern des 16. Jahrhunderts etwas ganz Außergewöhnliches. Doch weder diese Einträge noch der Rest seines Tagebuchs enthalten irgendetwas über seine Gefühlsregungen – wie etwa den Stolz und die Freude, die er beim Kauf solcher Gegenstände empfunden haben mag. Dieses Element des Tagebuchschreibens findet sich im Allgemeinen nicht vor dem 17. Jahrhundert. Dennoch kann man sich des Verdachts nicht erwehren, dass Honnywell im Stillen stolz auf seine Erwerbungen war und all dies auch aufschrieb, weil er eine gewisse Genugtuung dabei empfand, sie für die Nachwelt festzuhalten.

Die Autobiografie ist zweifellos der umfassendste literarische Ausdruck des Individualismus des 16. Jahrhunderts. Ein frühes Beispiel sind die *Mémoires* des französischen Diplomaten Philippe de Commines, die in den 1520er-Jahren in mehreren Bänden erschienen. Dabei handelt es sich allerdings weniger um eine Lebensgeschichte als vielmehr um ein Werk der Nationalgeschichte, in dem de Commines öffentliche Ereignisse beschrieb, die er selbst miterlebt oder die ihm Informanten aus erster Hand geschildert hatten. Ein weiteres frühes Beispiel ist Giorgio Vasaris Eintrag über sich selbst im dritten und letzten Band seiner 1550 erschienenen *Leben der hervorragendsten Maler, Bildhauer und Architekten*. Auch hier handelt es sich jedoch nicht um eine Autobiografie, sondern um eine Darstellung seines künstlerischen Schaffens aus erster Hand. In England war diese Form nicht bekannt, bis der Dichter Thomas Whythorne 1576 seine Autobiografie in Versen verfasste. Die Lorbeeren für die frühesten Autobiografien des 16. Jahrhunderts gebühren daher zwei Italienern – dem Florentiner Künstler Benvenuto Cellini und dem Mailänder Arzt und Mathematiker Girolamo Cardano.

Benvenuto Cellini schrieb sein Werk zwischen 1558 und 1563. Es zeigt all die Individualität, die Leidenschaft und die inneren Offenbarungen, die sich ein moderner Leser nur wünschen kann. Der ganze Text ist von einer brutalen Ehrlichkeit durchdrungen, die ebenso spannend wie leicht befremdlich wirkt. So beschreibt er zum Beispiel, wie er den Soldaten, der seinen jüngeren Bruder im Kampf getötet hatte, aufspürte und ermordete:

> Der Mann wohnte in Torre Sanguigna neben dem Hause einer der beliebtesten Kurtisanen von Rom, Signora Antea. An jenem Abend hatte es eben vierundzwanzig geschlagen, als der Soldat nach dem Nachtessen mit dem Degen in der Hand auf seiner Schwelle stand. Sehr geschickt schlich ich mich mit einem großen pistoischen Dolch an ihn heran und führte von hinten einen Stoß, mit dem ich ihm den Hals rein abzuschneiden gedachte. Da er sich aber sehr schnell umwandte, so traf der Schlag die linke Schulter und spaltete den ganzen Knochen. Von dem furchtbaren Schmerz betäubt, warf er seinen Degen hin und lief davon. Ich eilte ihm nach, holte ihn in vier Schritten ein und schwang den Dolch über seinen Kopf. Da er sich duckte, traf das Messer ihn genau zwischen Hals und Nacken und drang so tief hinein, dass ich es nicht wieder herauszuziehen vermochte. Aus dem Hause der Antea sprangen vier Soldaten mit bloßen Degen in der Hand heraus, sodass auch ich blankziehen musste, um mich gegen sie zu verteidigen. Ich ließ den Dolch stecken und sprang davon. Weil ich fürchtete, erkannt worden zu sein, ging

ich in das Haus des Herzogs Lessandro, das zwischen der Piazza Navona und der Rotonda liegt. Ich trug dem Herzog durch einen seiner Leute mein Anliegen vor, und er ließ mir sagen: Wenn ich allein sei, solle ich nur ruhig sein und keine Sorge haben; ich möge nur nach Hause gehen und an dem Werke arbeiten, das der Papst so sehnlich wünsche, doch solle ich mich acht Tage zu Hause halten.[31]

Dieser Mann reagiert offensichtlich sehr brutal, wenn er provoziert wird. Aber es gibt auch keinen Zweifel an seiner Aufrichtigkeit. In vielen anderen Abschnitten offenbaren sich Aspekte seiner Persönlichkeit, die ihm nicht unbedingt zur Ehre gereichen, wie etwa die Verführung von Mädchen im Teenageralter, von denen er mindestens eine schwängerte und dann verließ. Insgesamt handelt es sich um eine umfassende und faszinierende Darstellung des Denkens und Handelns eines ebenso unabhängigen wie selbstbewussten Menschen. Am wichtigsten für unser Thema ist, dass in seiner Geschichte niemand wichtiger ist als er selbst, nicht einmal Gott. In der Tat war seine Egozentrik so gewaltig, dass man beim Lesen seines Lebensberichts den Eindruck hat, er glaube, dass die Erde sich nicht um die Sonne drehe, sondern dass sich beide um *ihn* drehten.

Die andere große Autobiografie, die zu dieser Zeit in Italien erschien, ist eher selbstbeobachtend. Girolamo Cardano war schon in seinen Siebzigern, als er zu schreiben begann. Er zeigt ein enormes Talent zur Selbstreflexion, und tatsächlich war sein Leben ja auch voller Leistungen und Erfolge, aber auch von Tragödien überschattet. In seinen Worten:

Mein Sohn hatte schon früher, als seine Mutter noch lebte, viel Trübes zu erdulden gehabt ... Nun aber ward er angeklagt, seine Frau vergiftet zu haben, da sie im Wochenbett lag; am 17. Februar wurde er gefangen gesetzt und 53 Tage darauf, am 7. April, im Kerker durch das Schwert enthauptet. Das war das ärgste und größte Unglück, das mich traf. Die Folge war, dass ich mich nun mit Ehren nicht mehr als Professor an der Universität zu Pavia halten konnte und doch ohne Grund meine Stellung nicht verlassen durfte, dass ich ferner weder in meiner Vaterstadt in Sicherheit leben noch auch gefahrlos sie verlassen konnte. Missachtet ging ich von da an durch die Straßen der Stadt; wo ich mit anderen zusammentraf, sah man mich verächtlich über die Schultern an; da ich ihnen doch stets unwillkommen war, ging ich meinen Freunden aus dem Wege …

Ich weiß sehr wohl, dass alle diese Dinge später einmal, namentlich fremden Leuten, unwichtig erscheinen mögen. Ist ja doch, wie ich schon oft gesagt habe, in dieser Sterblichkeit alles nur lächerlich, ärmlich und nichtig wie ein Schatten.[32]

Wie Cellini war auch Cardano der Gewalt nicht abgeneigt. Im Italien des 16. Jahrhunderts gab es zugegebenermaßen immer mehr junge Männer, die sich gegenseitig umbrachten, und so ist es vielleicht nicht verwunderlich, dass er in ein paar Scharmützel geriet. Aber er überlebte. Daher ist es vielleicht angebracht, mit einer Passage aus seinem Leben zu schließen, die ein glückliches Ende hat, auch wenn sie eher unheilvoll beginnt:

Während meines Aufenthaltes in Venedig verlor ich am Feste Mariä Geburt im Glücksspiel einen großen Teil meines Geldes, am nächsten Tage den Rest. Es war in der Wohnung meines Spielgenossen. Und da ich entdeckte, dass er mit falschen Karten spielte, verwundete ich ihn mit dem Messer im Gesicht, nur ganz leicht. Zwei seiner Diener waren anwesend, junge Leute, und an der Wand hingen zwei Speere. Die Haustüre war mit dem Schlüssel abgesperrt. Ich raffte sofort alles daliegende Geld zusammen, seines wie das meinige, griff nach meinen Kleidern – die Ringe, die ich am Tage zuvor verspielt, zu Beginn des zweiten Tages aber zurückgewonnen hatte, hatte ich schon vorher durch meinen Diener nach Hause bringen lassen –, dann warf ich dem Partner freiwillig einen Teil des Geldes wieder hin, weil ich sah, dass er verwundet war, und stürzte mich sofort auf die Diener,

sodass sie nicht mehr nach den Waffen greifen konnten und mich um Gnade anflehten.
Ich schenkte ihnen das Leben unter der Bedingung, dass sie mir sofort die Haustüre aufschlössen. Der Herr des Hauses sah die allgemeine Verwirrung und das Durcheinander, und da er jedes Aufsehen vermeiden musste, weil er ja im eigenen Hause mit falschen Karten mich betrogen, wie ich überzeugt bin, und da er wohl auch abschätzen konnte, dass Gewinn und Verlust sich ungefähr gleich waren, ließ er mir die Tür öffnen, und ich lief davon. Noch am nämlichen Tage streifte ich mit verborgenen Waffen unter den Kleidern durch die Gassen, um gegebenenfalls der Stadtwache zu entkommen, die mich vielleicht der Verwundung jenes Herrn wegen – es war dies nämlich ein Senator – aufsuchen mochte. Es war in der zweiten Stunde der Nacht. Da glitt ich plötzlich mit beiden Füßen aus und fiel in das Meer. Doch verlor ich beim Sturze die Geistesgegenwart nicht, sondern streckte rasch die rechte Hand aus und fasste nach einem Balken. Eine eben daherfahrende Gesellschaft rettete mich, und wie ich in ihr Schiff einsteige, finde ich – ein sonderbarer Zufall – den Menschen, mit dem ich gespielt hatte und der jetzt sein Gesicht der Wunde wegen in einem Verband trug. Freiwillig bot er mir trockene Matrosenkleider an, ich zog mich um und fuhr, seiner Einladung folgend, mit ihm auf seinem Schiffe bis nach Padua.

Der Prozess der Zivilisation war natürlich noch nicht abgeschlossen, der Prozess der Individualisierung jedoch stand kurz vor der Vollendung.

»Dies über alles: Sei dir selber treu«, sagt Polonius im ersten Akt, dritte Szene, von Shakespeares *Hamlet*, den dieser um 1600 schrieb. Das »Selbst« hatte sich im Laufe des hier behandelten Zeitabschnitts unglaublich gewandelt. Die Natur der Menschen hatte sich natürlich nicht verändert: Ein Baby aus dem Jahr 1000, das im Jahr 1600 aufgewachsen wäre, hätte zweifellos alles gelernt, was es brauchte, um zurechtzukommen, und ebenso wäre ein im späten 16. Jahrhundert Geborener wahrscheinlich zurechtgekommen, wenn er im frühen 11. Jahrhundert aufgewachsen wäre. Vielmehr hatte sich die menschliche Umwelt weiterentwickelt – und im Zuge dessen veränderte sich der europäische Charakter tiefgreifend.

Um 1600 war es den Menschen aller Stände bewusst, wer oder was sie waren, und nicht nur, was sie taten. Fast alle sahen sich als freie Individuen, nicht als bloße Funktionsträger. Sie waren bereit, beinahe alles zu hinterfragen. Ihre Selbstwahrnehmung machte sie im Allgemeinen reflektierter und moralischer, und in vielen Fällen verhielten sie sich auch tatsächlich besser. Gleichzeitig ermutigte die genauere Selbstwahrnehmung viele von ihnen, Initiative zu zeigen und Risiken einzugehen. Die Menschen präsentierten sich anderen so gut sie konnten und zeigten ihre Tugenden und ihren Wohlstand, wo immer es möglich war. Sie wussten, dass sie sich durch Bildung und persönliche Anstrengung verbessern konnten. Vor allem aber war die Nabelschnur zu Gott endlich durchtrennt. Zu Shakespeares Zeiten war der Individualismus eines Mannes oder einer Frau mit einer großen mittelalterlichen Kathedrale vergleichbar. Er war seit Jahrhunderten im Bau. Er wurde von vielen Menschen gemeinsam über viele Jahre hinweg errichtet. Und wie die großen Kathedralen war er definitiv ein Produkt des Mittelalters – und mit dieser Epoche weitgehend vollendet. Wenn wir sagen, dass »Shakespeare für uns spricht«, hören wir im Grunde unsere mittelalterlichen Vorfahren sprechen.

Schluss

Ein Freund meinte kürzlich im Gespräch: »Das durchschnittliche Schulkind von heute weiß doch mehr über die Welt als der größte Wissenschaftler des 16. Jahrhunderts.« Mit diesem einen Satz machte er deutlich, warum so viele Menschen die ferne Vergangenheit missverstehen. Die ganz normalen Menschen des 16. Jahrhunderts wussten viele Dinge, von denen wir keine Ahnung haben – von der Kenntnis der gesamten Flora und Fauna ihres Ortes bis hin zu dem Wissen, wie man einen Brotbackofen benutzt und eine Muskete abfeuert oder die Zeit an einem Schatten abliest, wie man reitet, wann man Winterweizen sät und erntet, wie man Obst so lagert, dass es zwölf Monate hält … Was für diese Menschen Allgemeinwissen war, ist in der modernen Welt zu einer Reihe von Spezialgebieten geworden. Und was ihre größten Wissenschaftler – oder Naturphilosophen, wie man sie damals nannte – angeht, so wussten Astronomen wie Kopernikus, Galilei, Thomas Digges und Tycho Brahe viel mehr über die Sterne als das durchschnittliche Schulkind heute. Selbst wenn wir einen Großteil des wissenschaftlichen Denkens ihrer Zeit als ungenau oder unvollständig abtun, verfügten sie doch über einen beachtlichen Wissensschatz. Er *unterscheidet* sich einfach von unserem Wissen – so wie sich auch unser Wissen von der Art und Weise unterscheidet, wie die Menschen im 26. oder 36. Jahrhundert über Wissenschaft denken werden.

Dies verdeutlicht das grundlegende Problem, das uns bei der Einschätzung der Vergangenheit begegnet. Wir sind uns des Ausmaßes unserer Unwissenheit nicht bewusst: Wir wissen einfach nicht, was wir alles nicht wissen. Wir urteilen instinktiv auf der Grundlage unserer eigenen Erfahrungen, die unweigerlich in der modernen Welt verwurzelt sind. Dies zu erkennen und den Versuch zu wagen, es zu überwinden, kann zu den größten Offenbarungen führen. Die Annäherung an die Vergangenheit mit dieser einen Konstante im Hinterkopf – dem ständigen Infragestellen des überlieferten Wissens – ist in der Tat die wichtigste Fähigkeit eines Historikers. Jedes bedeutende historische Werk erhält seine Kraft und Resonanz durch die Infragestellung dessen, was wir zu wissen glauben. Sein Wert liegt nicht darin, wiederzugeben, was geschehen ist, oder zu erörtern, warum die Dinge genau so geschehen sind, sondern darin, die Vergangenheit mit neuen Augen zu sehen, ihre Bedeutung für die heute lebenden Menschen zu erkennen und sie so zu erklären, dass die Leser von heute sie selbst verstehen können.

Dies wurde mir während eines Urlaubs in Frankreich sehr eindringlich bewusst. Ich hatte das Buch gerade fertiggestellt. Beim Rundgang in der Kathedrale von Le Mans betrachtete ich die Gewölbe, die Bögen und die Glasmalereien. Und obwohl ich im Laufe der Jahre wahrscheinlich mehr als hundert Kathedralen gesehen hatte, war ich wieder ziemlich überwältigt von dem, was ich da sah. Die steinernen Gewölbe der Querschiffe, die zwischen 1380 und 1440 erbaut wurden, sind 35 Meter hoch. Ein großer Teil der Kirchenfenster aus dem 12. Jahrhundert ist noch original erhalten. Was mich aber am meisten faszinierte, war der Chorumgang aus dem frühen 13. Jahrhundert. Seine Komplexität ist schwer zu beschreiben. Ich stand vor einem Bogen unter einem Gewölbe und blickte hinauf zu einem höheren Bogen – Teil eines Halbkreises von Bögen, der durch eine weitere Reihe von Gewölben mit einem noch höheren Halbkreis von Bögen verbunden ist, die den Hochaltar umgeben. Außen werden diese Bögen und Gewölbe durch drei Ebenen Strebewerk gestützt, das seinerseits auf jeder der drei Ebenen durch ein weiteres Paar Strebebögen verstärkt wird. Wie konnte man sich diese Konstruktion überhaupt ausdenken, geschweige denn bauen? Wie kann man heute auch nur einen Moment lang glauben, dass ein modernes Schulkind einem Maurermeister aus dem 13. Jahrhundert ebenbürtig wäre – das wäre vielleicht das mittelalterliche Äquivalent des »größten Wissenschaftlers«, auf den mein Freund anspielte. Und vor allem: Wie kann jemand heute noch »mittelalterlich« mit »rückständig« oder »unwissend« in Verbindung bringen?

Dieses Gefühl verstärkte sich noch, als ich alle Elemente dieser Architektur betrachtete. Jemand hatte die verschiedenen Steinsorten ausgewählt und dafür gesorgt, dass sie in der richtigen Menge mit Karren oder Booten aus den jeweiligen, kilometerweit entfernten Steinbrüchen gebracht wurden, um sie dann präzise zu formen und zusammenzufügen. Dazu musste man wissen, wo der geeignete Stein zu finden war, wie man ihn bearbeitete und wie viel es kosten würde, ihn zu kaufen und an diesen Ort zu transportieren. Dann war da noch die Frage der dekorativen Steinmetzarbeiten, die ganze Teams von Bildhauern erforderten. Die Glasherstellung war eine gewaltige Aufgabe, das Entwerfen der Bilder und die Auswahl der Farben für die Glassegmente eine andere. Noch komplexer war es, sicherzustellen, dass die Fensteröffnungen und Gewölbe mit dem Glas harmonierten und dennoch stabil genug waren, um es zu halten. Wie wussten die Baumeister, welche Lasten auf den einzelnen Strebebögen ruhten? Sie hatten keine Möglichkeit, die Kräfte zu berechnen. Und so weiter. Ich konnte mich des Eindrucks nicht erwehren, dass jeder, der »mittelalterlich« mit »unwissend« assoziiert, selbst der Inbegriff von Unwissenheit ist.

Natürlich waren die Arbeiter mit allen notwendigen Abläufen vertraut. Aber nur bis zu einem gewissen Punkt. Im frühen 11. Jahrhundert war nichts dergleichen möglich gewesen. Eine Bischofskirche im Jahr 1250 war nicht mit einer aus dem Jahr 1000 vergleichbar. Jedes neue Bauwerk war in gewisser Weise einzigartig und unerprobt – ein Experiment in Bezug auf das, was möglich, aber auch wünschenswert und nützlich war.

In der Kathedrale von Beauvais kann man ein dramatisches

Nebeneinander der Unterschiede erleben, denn hier grenzt ein Teil des alten Gebäudes aus dem 10. Jahrhundert an den massiven Chor einer unvollendeten Kirche aus dem 13. Jahrhundert, die es später hatte ersetzen sollen. Die Gewölbe in Beauvais sind fast 50 Meter hoch. Der Kontrast ist nicht nur eine Frage der Größe: Die frühere Kirche ist auch viel einfacher gebaut. Nach und nach, im Laufe von 250 Jahren, lernten die Baumeister der Kathedralen, größere, höhere und wesentlich anspruchsvollere Gebäude zu errichten. Sie entwickelten Konstruktionssysteme, die noch heute wohl jeden beeindrucken. Ein modernes Architektenteam könnte, wenn es ausreichend Zeit hätte und über genügend qualifizierte Maurer, Bildhauer, Künstler und Glaser verfügte, vielleicht eine Kathedrale so prächtig wie Le Mans oder Beauvais errichten. Doch sie wären dabei auf Maschinen und Elektrowerkzeuge angewiesen. Außerdem bräuchten sie Computer, Berechnungen, Zeichnungen und standardisierte Maßeinheiten. Und genau das beeindruckte mich in Le Mans besonders: Die Menschen, die all diese unglaublichen Kathedralen und Kirchen in ganz Europa bauten, die von Ort zu Ort zogen, um neue Bauwerke anzuschauen und auszuführen, hatten nicht einmal eine standardisierte Sprache, geschweige denn feste Maßeinheiten. Sie hatten keine Zeichnungen. Die meisten waren Analphabeten. Und doch hat ihre Arbeit seit Hunderten von Jahren Bestand. Ohne moderne Technik könnte unser hypothetisches Expertenteam keine 35 Meter hohe Kathedrale bauen: Dafür sind sie nicht ausgebildet. Und wenn sie es ohne die Werkzeuge ihres modernen Berufsstandes versuchten, können Sie wohl darauf wetten, dass das Ergebnis achthundert Jahre später nicht mehr stehen würde.

Dies ist nur ein Beispiel für die Leistungen, derentwegen wir das Mittelalter respektieren sollten. Wir sollten anerkennen, dass seine Errungenschaften genauso großartig sind wie unsere eigenen. Aber während ich die Kathedrale von Le Mans weiter bestaunte, wurde mir auch die Relevanz ihrer Arbeit für unsere Zeit bewusst. Es fällt uns leicht, die Errungenschaften der Vergangenheit in einem säkularen Zeitalter als überflüssig zu betrachten.

Manche behaupten, eine mittelalterliche Kathedrale habe heute nicht mehr Bedeutung als eine Burg oder ein Rezept zur Linderung der Pestsymptome aus dieser Zeit. Aber das ist falsch. Abgesehen von der Tatsache, dass diese Gebäude noch immer Gemeinschaften praktizierender Christen dienen, erfüllen sie auch viele Funktionen für uns alle, ob wir nun an Gott glauben oder nicht. Sie sind inspirierend. Sie sind visuell beeindruckend. Sie sind Gemeinschaft stiftend. Städte sind stolz auf sie, weil sie ihre historische Bedeutung und Identität symbolisieren. Sie bieten einen Raum, in dem sich viele Menschen versammeln können, um ein Ereignis von großer Bedeutung zu feiern. In vielen Fällen bieten sie einen Rückzugsort vom Lärm und Druck der modernen Welt wie auch eine Zuflucht vor dem Gefühl, dass alles vergänglich ist. Vor allem aber sprechen sie, wie Shakespeare, immer noch zu uns. Sie erzählen uns leise, aber stolz davon, wonach wir Menschen streben können, was wir erreichen können, wenn wir zusammenarbeiten, und was von uns bleiben kann.

Was für die Kathedralen gilt, gilt auch für viele andere Aspekte der mittelalterlichen Kultur. Kurz bevor ich mit dem Tippen dieses Absatzes begann, hörte ich jemanden im Radio eine Zeile aus George Orwells *1984* über die »Proles« zitieren: »Solange sie sich nicht ihrer selbst bewusst werden, werden sie niemals rebellieren, und solange sie nicht rebelliert haben, werden sie sich nicht ihrer selbst bewusst.«[1] Wäre ein solcher Gedanke möglich gewesen, bevor die Bauern nach dem Schwarzen Tod überall die Autorität infrage stellten? Er hätte jedenfalls wenig Gewicht gehabt. In ähnlicher Weise habe ich beim Schreiben dieses Buches an einen Satz von Pierre Abaelard gedacht: »Der Anfang der Weisheit liegt im Zweifel; indem wir nämlich zweifeln, gelangen wir zur Untersuchung, und durch diese erfassen wir die Wahrheit.«[2] Wenn man sich die abendländische Philosophie als eine große Kathedrale vorstellt, deren Bau mehr als zweitausend Jahre gedauert hat – und an der immer noch gebaut wird –, dann ist offensichtlich, dass, wenn Abaelard die Dinge, die er sagte, nicht gesagt hätte, jemand anderes sie jetzt sagen müsste. Hätte Dante nicht seine *Göttliche*

Komödie geschrieben oder wäre Shakespeare ein Handschuhmacher wie sein Vater geworden, wäre die moderne Gesellschaft um so vieles ärmer. Nicht nur, dass wir diese Werke heute nicht hätten – unsere Welt hätte sich auch nicht so entwickelt, wie sie es tat. Die Kathedralen mögen eine der offensichtlichsten dauerhaften Manifestationen der mittelalterlichen Kultur sein, aber auch die »Kathedrale« der englischen Literatur ruht auf mittelalterlichen Fundamenten. Ebenso wie die »Kathedrale« der englischen Sprache, die »Kathedrale« des Parlaments, die »Kathedralen« der Malerei, der Musik und so weiter. Selbst die metaphorischen Kathedralen, die viel ältere Fundamente haben, wie Philosophie und Theologie, wurden im Mittelalter ganz neu errichtet.

Natürlich bleibt nicht alles, was im Mittelalter geschaffen wurde, dauerhaft relevant: Die Notwendigkeit mittelalterlicher Burgen kam und ging. Viele andere Dinge sind ebenfalls kulturell überflüssig geworden – interessant nur noch für Historiker und ihre Leser als Beispiele für das Leben in anderen Zeiten. Viele Aspekte des Mittelalters sind jedoch auch heute noch von Bedeutung. Die in diesem Buch behandelten Horizonte zeigen nicht nur, wie tiefgreifend sich das Leben zwischen dem 11. und dem 16. Jahrhundert veränderte, sondern auch, dass diese Zeit die Parameter dafür setzte, wie sich die Gesellschaft in der Folgezeit entwickelte und wie sie sich in Zukunft voraussichtlich verändern wird. Warum glauben wir, dass Frieden erstrebenswerter ist als ein ständiger Konfliktzustand? Warum glauben wir an die Freiheit des Einzelnen? Warum bestehen wir nicht mehr darauf, dass jeder auf dieselbe Weise an Gott glaubt – oder nicht glaubt – wie wir?

Ich spreche oft davon, dass es in der Geschichte nicht um die Vergangenheit geht, sondern um die Menschen. Aber ich möchte hinzufügen, dass es auch darum geht, nach den Grenzen unseres Wissens zu suchen, um zu entdecken, was wir nicht wissen. Ich hoffe, dieses Buch hat gezeigt, dass wir eine Metapher wie den Horizont nehmen und sie als Werkzeug nutzen können, um zu vielen neuen Erkenntnissen zu gelangen. Es ist nur eine Frage der Perspektive. Jeder kann sehen, dass die Jahrhunderte des Mittelalters uns Kathedralen, Burgen und Klöster hinterlassen haben. Man muss nur ein bisschen recherchieren, um herauszufinden, dass sie uns auch Uhren, Gewehre, Märkte und Banken und neue Arten, sich zu kleiden und zu kochen, bescherten. Wenn man sich ernsthaft bemüht, kann man auch erkennen, dass die mittelalterlichen Menschen zwar im Alltag deutlich gewalttätiger waren als wir, aber auch dieses Problem angingen. Dass sie zwar hungriger waren, aber auch diese Herausforderung meisterten. Und dass sie zwar als unfreie Leibeigene begannen, aber ein neues Selbstverständnis entwickelten. In jeder erdenklichen Weise haben mittelalterliche Menschen zu unserer Lebensweise beigetragen. Sie haben ihren Horizont erweitert, bis er die ganze Welt umfasste – und damit auch unseren.

Das ist letztlich der springende Punkt. Im Mittelalter ging es nicht um Stillstand, sondern um Hoffnung, Vision, Bemühen und Veränderung. Was unsere Vorgänger erreichten, indem sie höher und schöner bauten – metaphorisch wie auch physisch –, erzählt uns von unserem eigenen Geist und Streben. So wie es ohne Tyndale keinen Shakespeare gegeben hätte, würden wir heute ohne mittelalterliche Kathedralen keine Astronauten ins Weltall schicken. Die Kombination aus Vision, Zusammenarbeit und fachlicher Kompetenz war unerlässlich: Wir hätten uns nicht von einer Gesellschaft von Kriegsherren und Bauern zu einer Gesellschaft entwickeln können, in der das Fernsehpublikum einem Mann beim Betreten des Mondes zusieht, wenn wir nicht zuvor so hohe Türme und so anmutige Bögen gebaut hätten, wie man sie sich nur vorstellen kann. Wir stehen auf einem kulturellen Sockel, der so breit ist wie die Welt und Tausende Jahre hoch. Die Dinge anders zu sehen – die Vergangenheit zu ignorieren und sich damit zu begnügen, dass alles so ist, wie es vordergründig erscheint, als wäre alles auf magische Weise genau so entstanden – bedeutet, einen Film nur nach seinem letzten Bild zu beurteilen und die Tatsache zu ignorieren, dass es eine Fortsetzung geben wird.

Dank

Dieses Buch ist aus meiner Arbeit als Historiker erwachsen, insbesondere aus vier Vorträgen in den Jahren 2015 und 2016. Ich möchte daher den Menschen danken, die mich zu diesen Veranstaltungen eingeladen haben: Dr. David Grummitt (Mittelalterliche Horizonte), Professor Anne Curry (Krieg), Pat Whitten und Jill Maslen (Tyndale) und Dr. Aiden Gregg (Individualismus). Einzelheiten zu den ursprünglichen Vorträgen finden Sie in der ersten Anmerkung des jeweiligen Kapitels.

Dank schulde ich wie immer meiner Agentin Georgina Capel und ihrem hart arbeitenden Team, besonders Rachel Conway und Irene Baldoni, sowie auch meinem Verleger Stuart Williams und seinem Team bei The Bodley Head, besonders meinem Lektor Jörg Hensgen, dem dieses Buch gewidmet ist. Wieder einmal haben sich Jörgs scharfsinnige Fragen und seine Kritik als unschätzbar wertvoll erwiesen. Ein besonderer Dank geht an Dr. Seb Falk an der Geschichtsfakultät der Universität Cambridge, der freundlicherweise eine frühere Fassung des Buches gelesen und viele hilfreiche Vorschläge gemacht hat. Alle verbliebenen Fehler sind natürlich meine, doch es wären viel mehr ohne Dr. Falks aufmerksamen Blick für die Einzelheiten und seine freundlichen Hinweise.

Und schließlich gilt mein letzter und größter Dank meiner Frau Sophie für all ihre Unterstützung. Sie inspiriert mich mit ihrer Hingabe an ihre eigene Arbeit und gibt meinen Leistungen einen Sinn, indem sie sie mit mir teilt. Sie vermittelt mir die Sicherheit, die ich brauche, um die unermesslich große Kathedrale der dokumentierten Zeit zu betreten und sie zu bestaunen, ohne von ihr überwältigt zu werden.

Ian Mortimer
Moretonhampstead, 4. Oktober 2022

Anhang

Anmerkungen

1. Horizonte

1 Dieses Kapitel beruht in Teilen auf einem Festvortrag mit demselben Titel, der am 1. April 2016 an der Christ Church University in Canterbury gehalten wurde. Ich danke Dr. David Grummitt von der University of Kent in Canterbury für die Einladung.
2 Die vielleicht einzigen Ausnahmen sind Jules Michelet und Jacob Burckhardt, die im 19. Jahrhundert die Welt auf die kulturellen Errungenschaften der italienischen Renaissance aufmerksam machten.
3 Yuval Noah Harari, *Eine kurze Geschichte der Menschheit*, München 2013, S. 301.
4 *BBC World Histories* 8 (2018), S. 23.
5 Hier wurde ein anderes Beispiel gewählt, um die Aussage des Autors auch im Deutschen zu verdeutlichen. Da im Deutschen keine vollständige Bibel aus der Zeit um 1000 vorliegt, wurde Psalm 23 zum Vergleich herangezogen. Im Original wird der sprachliche Wandel anhand einer Stelle des Markusevangeliums verdeutlicht – einmal von William Tyndale 1526 übersetzt und einmal von Aelfric of Eynsham um das Jahr 1000. (Anm. d. Übers.)
6 Edward H. Sehrt/Taylor Starck (Hg.), *Die Werke Notkers des Deutschen*, Halle 1934 ff. Siehe unter https://www.hs-augsburg.de/~harsch/germanica/Chronologie/10Jh/Notker/not_psal.html
7 David Crystal, »The Language of Shakespeare«, in: Stanley Wells und Gary Taylor (Hg.), *The Complete Works*, Oxford 2005, S. xlv–lxiv, hier S. lxi.
8 Die frühere St. Paul's Cathedral ging 1086 in Flammen auf, aber sie war wohl kaum höher als 25 Meter. Old St. Paul's war vom späten 13. Jahrhundert bis 1561 knapp 150 Meter hoch; »verfünffacht« ist fast sicher untertrieben. Das höchste Gebäude in London ist zurzeit mit fast 310 Meter das Shard. Den Höhenzuwachs von 1300 bis heute kann man also mit dem 2,1-Fachen beziffern.

9 Etwa 45 % Englands waren 1500 eingehegt. Siehe J. R. Wordie, »The Chronology of English Enclosure«, *Economic History Review* 36/4 (1983), S. 483–505, hier S. 494, 502.

10 Peter Clark, *The English Alehouse,* London 1983, S. 42; John Hare, »Inns, innkeepers and the society of later medieval England, 1350–1600«, *Journal of Medieval History* 39/4 (2013), S. 477–497, hier S. 496.

11 Claire Breay und Joanna Storey (Hg.), *Anglo-Saxon Kingdoms: Art, Word, War,* London 2018, S. 261.

12 Thomas Platter d.J., *Beschreibung der Reisen durch Frankreich, Spanien, England und die Niederlande: 1595–1600,* 2 Bde., Basel 1968, Bd. 2, S. 796 ff.

13 Samantha Letters, *Gazetteer of Markets and Fairs to 1516,* (http://www.history.ac.uk/cmh/gaz/gazweb2.html, zuletzt abgerufen am 19. April 2024).

14 In den südwestlichen Grafschaften Devon und Cornwall wohnten laut *Domesday Book* 7,4 % der Bevölkerung Englands, von ihnen stammen aber nur 9 (0,4 %) der bisher gefundenen 2451 Münzen oder Münzhorte aus der Zeit zwischen 924 und 1135. Siehe Henry Fairbairn, »The Nature and Limits of the Money Economy in Late Anglo-Saxon and Early Norman England«, (unveröffentlichte Diss., King's College London, 2013), S. 251 ff., 291.

15 Asa Briggs und Peter Burke, *A Social History of the Media,* London [2]2005, S. 13.

16 Die Zahl von 0,25 % ist eine Schätzung, basierend auf der Annahme, dass die männliche Bevölkerung bei etwa 0,8 Millionen lag und nicht einmal 2000 Männer lesen und schreiben konnten. Zu den Zahlen der Jahre 1500 und 1600 siehe W. B. Stephens, »Literacy in England, Scotland and Wales, 1500–1900«, *History of Education Quarterly* 30/4 (1990), S. 545–571.

17 Wenn alle 4040 in den 1590er-Jahren gedruckten Bücher in Auflagen von 500 Exemplaren herauskamen und eine durchschnittliche Textlänge von 45 000 Wörtern hatten, wurden jährlich allein im Druck mehr als 90 Milliarden Wörter produziert. Wenn 400 000 Menschen, die lesen und schreiben konnten, im Schnitt nur 1000 Wörter pro Monat schrieben, wären dies weitere 4,8 Milliarden – und so kann man die gesamte Wortproduktion vielleicht konservativ auf fast 100 Milliarden pro Jahr schätzen.

18 Francis Bacon, *Novum Organum* (1620), Buch 1, Aphorismus 129. Dt.: Francis Bacon, *Neues Organon,* lat.-dt., 2 Teilbände, Hamburg 1990, Bd. 1, S. 271.

19 Thomas Harriot, *A Briefe and True Report of the New Found Land of Virginia,* 1590, S. 27. Dt.: *Wunderbarliche, doch warhafftige Erklärung von der Gelegenheit und den Sitten der Wilden in Virginia,* Frankfurt a. M. 1600, Nachdruck Grünwald 1979, S. 26. Harriots Rechtschreibung und Ausdrucksweise wurden modernisiert.

20 Lucien Febvre und Henri-Jean Martin, *The Coming of the Book,* London 1997, S. 30. Französische Originalausgabe: *L'apparition du livre*, Paris 1958.

21 Ich bin Jesse Lynch zu Dank verpflichtet für seine Informationen über die frühe Verwendung von Papier in England, die demnächst in seiner Dissertation an der University of Exeter erscheinen werden: »The Spread of Paper Acceptance in Medieval England in the Long Fourteenth Century« [Arbeitstitel]. Das Detail über Edwards I. Verwaltungsänderungen des Jahres 1275

stammt aus William Stubbs (Hg.), *Chronicles of the Reigns of Edward I and Edward II*, 2 Bde., London 1882, Bd. 1, S. 85 f.

22 F.L. Attenborough, *The Laws of the Earliest English Kings*, Cambridge 1922, S. 62–93.

23 Manuel Eisner, »Long-term trends in violent crime«, *Crime and Justice* 30 (2003), S. 83–142, hier S. 99. Die amerikanische Zahl stammt aus dem Jahr 2019, übernommen aus https://wonder.cdc.gov/controller/saved/D76/D99F056 (zuletzt abgerufen am 19. März 2024).

24 F.G. Emmison, *Elizabethan Life: Morals and the Church Courts*, Chelmsford 1973, S. 1.

25 Zitiert in: Roy Porter, *Die Kunst des Heilens. Eine medizinische Geschichte der Menschheit von der Antike bis heute*, Heidelberg 2000, S. 111.

26 Darrell W. Amundsen, »Medieval Canon Law on Medical and Surgical Practice by the Clergy«, *Bulletin of the History of Medicine* 52/1 (1978), S. 22–44.

27 Sanjib Kumar Ghosh, »Human cadaveric dissection: a historical account from ancient Greece to the modern era«, *Anatomy & Cell Biology* 48/3 (2015), S. 153–169.

28 Patrick Wallis, »Exotic Drugs and English Medicine: England's Drug Trade, *c.* 1550–*c.* 1800«, *Social History of Medicine* 25/1 (2012), S. 20–46.

29 Zitiert in Ralph Houlbrooke, *Death, Religion and the Family in England 1480–1750*, Oxford 1998, S. 18 f.

30 Ian Mortimer, *The Dying and the Doctors* (2009), bes. S. 63.

2. Und das gilt genauso auch für uns. Krieg

1 Dieses Kapitel beruht in groben Zügen auf einem Festvortrag mit dem Titel »The Meaning of War«, gehalten am 2. August 2015 auf der Konferenz zum 600. Jahrestag der Schlacht von Azincourt an der University of Southampton. Ich bin Professorin Anne Curry sehr dankbar für ihre Einladung, diesen Vortrag bei einer so schönen Gelegenheit zu halten. Danken möchte ich auch David Stone und James Kidner für ihre Hinweise zu diesem Vortrag.

2 Thomas Morus, *Utopia*, München 1987, S. 140.

3 Zitiert in: Thomas Asbridge, *The First Crusade*, London 2004, S. 316.

4 Zitiert in: Asbridge, *First Crusade*, S. 317.

5 Zitiert in: Peter Speed (Hg.), *Those Who Fought: An Anthology of Medieval Sources*, New York 1996, S. 1.

6 Zitiert in: Speed (Hg.), *Those Who Fought*, S. 1 f.

7 Maurice Keen, *Das Rittertum*, München 1987, S. 136.

8 Keen, *Das Rittertum*, S. 135.

9 Juliet Barker, *Conquest*, London 2009, S. 43; *Complete Peerage*, Bd. 5, [2]1926, S. 254.

10 Zitiert in: Asbridge, *First Crusade*, S. 300.

11 Geoffrey Chaucer, *Canterbury-Erzählungen*, Frankfurt a.M./Leipzig 1987, S. 42.

12 H.T. Riley (Hg.), *Chronica Monasterii S. Albani, Part 1 Thomae Walsingham Historia Anglicana,* London 1865, Bd.1, S.206f.
13 E.B. Fryde, »Parliament and the French War, 1336–40«, in: E.B. Fryde und E. Miller (Hg.), *Historical Studies of the English Parliament,* Cambridge 1970, S.242–261, hier S.246.
14 Ian Mortimer, *1415: Henry V's Year of Glory,* London 2009, S.330f.
15 Mortimer, *1415*, S.421f.
16 Geoffrey Parker, »The ›Military Revolution‹, 1560–1660 – a Myth?«, *Journal of Modern History* 48/2 (1976), S.195–214, hier S.206.
17 Steven Pinker, *Gewalt. Eine neue Geschichte der Menschheit,* Frankfurt a.M. 2011, S.137.
18 Es gab einige wenige Ausnahmen, etwa George II. bei der Schlacht von Dettingen (1743) und die Feldherrenkünste von Friedrich II. von Preußen und Napoleon, doch normalerweise hielten sich Staatsoberhäupter nach 1600 von den Gefahren der Schlacht fern.
19 Michael Howard, *War and the Liberal Conscience,* London 1978, überarbeitete Taschenbuchausgabe 2011, S.5.
20 Zitiert in: Howard, *War and the Liberal Conscience*, S.6.

3. Ungleichheit

1 Eine ausführlichere Darstellung der Schwierigkeiten in Bezug auf die historische Authentizität findet sich in: »The problems of visiting the past in fact and fiction (Or why historical authenticity is every bit as difficult as historical accuracy.), A speech to the Historical Novel Society Conference, London, 2012«, in: Ian Mortimer, *What Isn't History?,* e-book: Rosetta Books, 2017.
2 Ich danke meinem Lektor Jörg Hensgen, der diesen Begriff vorgeschlagen hat.
3 Attenborough, *Laws of the Earliest English Kings*, S.26f.
4 Attenborough, *Laws of the Earliest English Kings, S.* 148–151.
5 Marc Morris, *The Norman Conquest,* London 2012, S.26.
6 Geoffrey Parker, *Global Crisis*, London 2013, S.17f.
7 David A.E. Pelteret, *Slavery in Early Medieval England,* Woodbridge 1995, S.253.
8 Pelteret, *Slavery*, S.256.
9 J.B. Black, *The Reign of Elizabeth,* Oxford [2]1959, S.251.
10 So berechneten etwa Milanovic, Lindert und Williamson im Jahr 2008 einen Gini-Koeffizienten für England im Jahr 1290 von 0,37 (Branko Milanovic, Peter H. Lindert, Jeffrey G. Williamson, »Pre-Industrial Inequality«, *Economic Journal* 121 [2011], S.255–272). 2013 kamen Bekar und Reed für England im Jahr 1279 auf einen Gini-Koeffizienten von 0,73 (Cliff T. Bekar und Clyde G. Reed, »Land markets and inequality: evidence from medieval England«, *European Review of Economic History* 17/3 (2013), S.294–317, hier S.306.
11 John Bateman, *The Great Landowners of Great Britain and Ireland* ([4]1883), S.515.

12 https://www.ons.gov.uk/peoplepopulationandcommunity/housing/articles/researchoutputssubnationaldwellingstockbytenureestimatesengland-2012to2015/2020 (zuletzt abgerufen am 19. März 2024).

13 Die Zahlen für 1086 stammen von der Website der National Archives, wobei die Zahl für Freisassen aus den verbliebenen Anteilen abgeleitet ist. Die Zahlen für 1695 stammen von Joan Thirsk und J.S. Cooper, *Seventeenth-Century Economic Documents*, Oxford 1972, S.766. Die nicht klar definierte Zahl für die Krone, die King angibt, wird hier mit 1,8 Millionen Acres (730 000 ha) angegeben, nicht mit 3 Millionen (1,2 Mio ha, siehe Anm.8 auf S.766). Die Zahlen für 1873 stammen aus Bateman, *Great Landowners*, S.515. Der Unterschied von 4% im Jahr 1873 ist auf gewerblichen Landbesitz und Ödland, das keinem Besitzer zugeordnet war, zurückzuführen.

14 Man sollte festhalten, dass die Zahlen für 1086 sich auf Güter, nicht auf Acres beziehen, und dass königliche Güter meist beachtlich größer waren als die von normalen Freisassen. Daher ist es wohl korrekt zu sagen, dass Wilhelm der Eroberer weitaus mehr als 17% des Landes als persönlichen Besitz einbehielt.

15 Die Frage, ob das viktorianische Muster des Landbesitzes sich bis heute weitgehend erhalten hat, ist schwer zu beantworten. Laut Gary Shrubsole, *Who Owns England?*, London 2019, gehörten 1,4% des Landes der Krone; 0,5% der Kirche; zwischen 30% und 47% dem Hoch- und Landadel und 5% privaten Hauseigentümern. Das sind insgesamt maximal 54% – die Diskrepanz ist wohl darauf zurückzuführen, dass 17% des Landes nie beim (1862 gegründeten) Grundbuchamt registriert waren – sie sind wahrscheinlich großteils im Besitz des Adels. Der Rest besteht aus »neuem Geld« (17%), Firmen und Kommanditgesellschaften (18%), dem öffentlichen Sektor (8,5%) und Stiftungen für Natur- und Denkmalschutz wie dem National Trust (2%).

16 E.H. Phelps Brown und Sheila V. Hopkins, »Seven Centuries of the Prices of Consumables, Compared with Builders' Wage-Rates«, *Economica*, Neue Reihe Bd.23, Nr.92 (1956), S.296–314.

17 Stephen Broadberry, Bruce M.S. Campbell, Alexander Klein, Mark Overton und Bas van Leeuwen, *British Economic Growth, 1270–1870* (2015), S.20.

18 Christopher Dyer, *Standards of Living in the Later Middle Ages: Social Change in England, 1200–1520*, überarb. Aufl., Cambridge 1998, S.119.

19 Broadberry u.a., *British Economic Growth*, S.20.

20 Dyer, *Standards of Living*, S.125. Diese Angabe gilt für das Jahr 1292.

21 Dyer, *Standards of Living*, S.36.

22 Ian Mortimer, »Equality: what is it good for?«, *Engelsberg Ideas* (12. Mai 2021). Online verfügbar unter https://engelsbergideas.com/essays/equality-what-is-it-good-for/ (zuletzt abgerufen am 19. März 2024).

23 Ole Benedictow, *The Black Death 1346–1353: The Complete History*, Woodbridge 2004, S.383.

24 Ian Mortimer, *Zeiten der Erkenntnis*, München 2015, S.110.

25 Dyer, *Standards of Living*, S.36.

26 D.C. Coleman, *The Economy of England 1450–1750*, Oxford 1977, S.23 (Fleisch-

und Getreidepreise); Broadberry u.a., *British Economic Growth*, S.232–236 (Löhne).

27 Henrietta Leyser, *Medieval Women*, London 1995, Taschenbuchausgabe 1996, S.89.

28 G.N. Garmonsway (Hg.), *The Anglo-Saxon Chronicle*, London [2]1954, S.176.

29 *Calendar of Patent Rolls 1408–13* (1909), S.389 f.

30 Emanuel van Meteren, *Nederlandtsche Historie* (1575), Zitiert in: W.B. Rye, *England as Seen by Foreigners in the Days of Elizabeth and James I,* London 1865, S.73.

31 Platter, *Reisen*, Bd.2, S.814 f. Dies scheint ein Zitat aus dem Bericht über die Reise des Herzogs von Württemberg zu sein. (Die Zitate aus Platter sind zur besseren Lesbarkeit orthografisch angepasst.)

32 Undatierter Brief, zitiert in: Seb Falk, *The Light Ages,* London 2020, S.180. Ich bin Dr. Falk für diesen Hinweis sehr dankbar.

33 Zitiert in: Alden T. Vaughan und Virginia Mason Vaughan, »Before Othello: Elizabethan Representations of Sub-Saharan Africans«, in: *William and Mary Quarterly*, Dritte Reihe, Bd.53/1 (Jan. 1997), S.19–44, hier S.25.

34 Zitiert in: Scott Oldenburg, »The Riddle of Blackness in England's National Family Romance«, *Journal for Early Modern Cultural Studies* 1,1 (2001), S.46–62, hier S.49.

35 Damit griff Scot auf einen alten Tropus von Mysterienspielen aus dem 15. Jahrhundert zurück, und es ist möglich, dass dieses Vorurteil immer im Hintergrund gelauert hatte.

36 Vaughan und Vaughan, »Before Othello«, S.30.

37 Miranda Kaufman, »Caspar van Senden, Sir Thomas Sherley and the ›Blackamoor‹ Project«, *Historical Research* 81, Nr.212 (Mai 2008), S.366–371.

4. Komfort

1 Anthony Emery, *Dartington Hall*, Oxford 1970, S.268.

2 Nat Alcock und Dan Miles, *The Medieval Peasant House in Midland England*, Oxford 2013, S.190–199.

3 Guy Beresford, »Three Deserted Medieval Settlements on Dartmoor: A Report on the Late E. Marie Minter's Excavations«, *Medieval Archaeology* 23/1 (1979), S.98–158, hier S.135 f.

4 M.A. Havinden, *Household and Farm Inventories in Oxfordshire, 1550–1590*, London 1965, S.277 ff.

5 Anthony Quiney, *Town Houses of Medieval Britain*, London 2003, S.96, 113.

6 Quiney, *Town Houses*, S.150.

7 Quiney, *Town Houses*, S.259.

8 D.M. Herridge (Hg.), *Surrey Probate Inventories*, Surrey Record Society, Bd.39 (2005), S.379 ff. Man beachte: Die Kochutensilien sind laut Original in der »buttery« untergebracht, der Speisekammer für feuchte Lebensmittel; das Wort »Küche« ist zur Vereinfachung im Text verwendet worden.

9 Margaret Case (Hg.), *Devon Inventories*, Devon and Cornwall Record Society, Neue Reihe 11 (1966), S.10.
10 Cornelius Walford, *The Famines of the World, Past and Present,* London 1879, S.6. Auch 1050 gab es eine Hungersnot.
11 Walford, *Famines*, S.7.
12 Das waren die Jahre 1106, 1111, 1117, 1121–22, 1124–26, 1135–37 und 1141. Walford, *Famines*, S.8.
13 Walford, *Famines*, S.8.
14 Walford, *Famines*, S.8.
15 Das waren die Jahre 1224–25, 1226–27, 1246–47 und 1247–48. Siehe Dyer, *Standards of Living*, S.262.
16 Christopher Dyer, *Everyday Life in Medieval England*, London 1994, überarbeitete Ausg. 2000, S.82.
17 Vern Bullough und Cameron Campbell, »Female Longevity and Diet in the Middle Ages«, *Speculum* 55/2 (1980), S.317–325; Don Brothwell, »Palaeodemography and Earlier British Populations«, *World Archaeology* 4/1 (1972), S.75–87.
18 Ann Hagen, »Anglo-Saxon Food: Processing and Consumption« (unveröffentlichte Masterabeit, University College London 2017), S.114.
19 Hagen, »Anglo-Saxon Food«, S.235.

5. Geschwindigkeit

1 Michael Prestwich, »The Royal Itinerary and Roads in England under Edward I«, in: Valerie Allen und Ruth Evans (Hg.), *Roadworks: Medieval Britain, Medieval Roads*, Manchester 2016, S.177–197, hier S.187f. Zitiert wird TNA: E 101/353/2.
2 Prestwich, »Royal Itinerary«, S.185f.
3 Paul Hindle, *Medieval Roads and Tracks,* Princes Risborough 1982, S.17.
4 Hindle, *Medieval Roads*, S.17.
5 Im Schnitt zog er während seiner ganzen Regierungszeit neunmal im Monat um. Eine Reise von 24 Kilometern pro Tag war üblich, eine von 32 Kilometern nicht unüblich, längere Reisen allerdings waren selten. Siehe Prestwich, »Royal Itinerary«, S.178, 188.
6 Siehe das Itinerar im Reading Room der National Archives, ref 942.037. Wenigstens 117-mal kam er 1331 in ein neues Dorf oder eine neue Stadt, 109-mal 1332 und 106-mal 1333. Tatsächlich zog er wahrscheinlich öfter um, doch seine Garderobe und seine Sekretäre wurden oft vorausgeschickt oder hatten Schwierigkeiten, mit ihm Schritt zu halten, und deshalb verraten die Aufzeichnung nicht immer seinen Aufenthaltsort.
7 Aus dem Itinerar im Reading Room der National Archives, ref 942.037.
8 Adam Clarke, J. Caley, J. Bayley, F. Holbrooke und J.W. Clarke (Hg.), *Foedera, Conventiones, Litterae, etc., or Rymer's Foedera 1066–1383,* 6 Bde. in 4, London 1816–1830, Bd.2/2, S.1024f. Am 16.März war er im Tower, am 23. in Newcastle, am 28. in Berwick und am 6. wieder zurück in Langley. Laut einem *inspeximus* auf einer Urkunde war er schon am 5. wieder in Langley.

9 Norbert Ohler, *Reisen im Mittelalter,* München 1986, S.138.

10 R.L. Poole, *The Early Correspondence of John of Salisbury,* London 1924, S.6.

11 Walter Bronescombe, Bischof von Exeter, brach am 22.Juni 1258 von London aus zu einer Reise nach Paris auf. Er kam dort am oder vor dem 4.Juli an. In zwölf Tagen – oder maximal zwölf Tagen und ein paar Stunden – hatte er die 116 km nach Dover zurückgelegt, war 22 bis 27 Seemeilen bis Calais mit dem Schiff über den Ärmelkanal gefahren und dann die letzten 266 km nach Paris geritten. Auf der ganzen Reise war er im Schnitt etwas über 32 km am Tag geritten (F.C. Hingeston-Randolph, *The Registers of Walter Bronescombe and Peter Quivil,* London 1889, S.294). Thomas de Brantyngham, Bischof von Exeter zwischen 1370 und 1396, legte die 260 km der Strecke von London nach Bishop's Clyst über seine bischöflichen Güter in East Horsley (Surrey) und Faringdon (Hampshire) normalerweise in acht Tagen zurück, was ebenfalls 32 km pro Tag entspricht. Sein Nachfolger Edmund Stafford brauchte im Allgemeinen die gleiche Zeit, um die Strecke im 15. Jahrhundert zurückzulegen – etwa vom 20. bis 28.Mai 1403 und vom 15. bis 23.Juni 1406 (F.C. Hingeston-Randolph, *The Register of Thomas de Brantyngham,* London 1906, S.890–896; *The Register of Edmund Stafford,* London 1886, S.477).

12 Louise Ropes Loomis, *The Council of Constance,* London 1961, S.343.

13 C.M. Woolgar, *The Great Household in Late Medieval England,* London 1999, S.188.

14 Woolgar, *Great Household,* S.187.

15 Broadberry u.a., *British Economic Growth,* S.111.

16 Jean Verdon, *Travel in the Middle Ages,* Notre Dame, Indiana, 2003, S.204. Original: *Voyager au moyen âge,* Paris 1998. Die Entfernung auf der Straße heute liegt bei weniger als 1400 km, doch Verdon ging von 1700 bis 1800 km aus.

17 Frank Barlow; »Becket, Thomas«, *Oxford Dictionary of National Biography* (im Folgenden *ODNB*). Bur-le-Roi liegt in der Nähe von Noron-la-Poterie.

18 Cherbourg war zwar viel näher – nur 93 km, verglichen mit Calais' 344 km –, doch es lag etwa 167 km von den nächsten englischen Hafenstädten (Portsmouth und Chichester) entfernt, was eine Überfahrt im Dunkeln für einen großen Teil der Reise mit sich gebracht hätte. Nun konnten die Seeleute zwar durchaus nach den Sternen navigieren, wenn es nötig war, doch es gab keine Garantie, dass der Himmel in der nächsten Nacht klar genug sein würde, als die Verschwörer sich aufmachten.

19 John Gillingham, »King John«, *ODNB.*

20 Ohler, *Reisen im Mittelalter,* S.138.

21 W.H. Bliss (Hg.), *Calendar of Entries in the Papal Registers Relating to Great Britain and Ireland, volume ii, 1305–1342,* London 1895, S.498.

22 Verdon, *Travel,* S.205.

23 Ian Mortimer, *The Perfect King,* London 2006, S.91f.

24 Mortimer, *Perfect King,* S.132, 460.

25 Ian Mortimer, *Medieval Intrigue,* London 2010, S.212. Vielleicht eilte er über Portsmouth nach Gloucester, wobei er, wie es scheint, die 164 km dazwischen

an nur einem Tag zurücklegte, da Königsbriefe an beiden Orten auf den 10. August datiert sind. Es ist allerdings möglich, dass bei einem Brief die Datierung falsch war. Es gibt keine weiteren Belege dafür, dass Edward 160 km an einem einzigen Tag zurücklegte.

26 C.A.J. Armstrong, »Some examples of the distribution and speed of news in England at the time of the Wars of the Roses«, in: R.W. Hunt (Hg.), *Studies in Medieval History Presented to Frederick Maurice Powicke*, London 1948, S.429–454, hier S.446.

27 Hingeston-Randolph, *Register of Edmund Stafford*, S.477ff.

28 Ohler, *Reisen im Mittelalter*, S.138.

29 Prokop, *Geheimgeschichte* 30,1–11. Eigene Übersetzung. Vgl. in Teilen abweichend Otto Veh (Hg.), *Prokop, Anekdota. Geheimgeschichte des Kaiserhofes von Byzanz*, gr.-dt., überarbeitet von Mischa Meier und Hartmut Leppin, Düsseldorf 2005.

30 Die Entfernung zwischen den Stationen ist Gegenstand vieler Diskussionen gewesen. Ludwig Friedlaender ging 1910 davon aus, dass die normale Arbeitsgeschwindigkeit des Systems bei 5 römischen Meilen pro Stunde lag, Zwischenhalte eingerechnet (Ludwig Friedlaender, *Darstellungen aus der Sittengeschichte Roms*, 4 Bde., Leipzig 1910, Bd.2, S.22). Daraus ergibt sich, dass normalerweise 120 römische Meilen (177 km) in 24 Stunden zurückgelegt wurden, was bedeuten würde, dass die Stationen jeweils ein Achtel bis ein Fünftel dieser Strecke voneinander entfernt lagen (15–24 römische Meilen). Uns interessiert hier allerdings nicht, wie schnell das System *normalerweise* Informationen übermittelte, sondern wie hoch die maximale Geschwindigkeit war. Manche Autoren haben argumentiert, das übliche Tempo von 50 bis 60 römischen Meilen pro Tag bedeute, dass die Stationen etwa 8 Meilen voneinander entfernt lagen (z.B. A.M. Ramsay, »The Speed of the Roman Imperial Post«, *Journal of Roman Studies* 15 [1925], S.60–74; C.W.J. Eliot, »New Evidence for the Speed of the Roman Imperial Post«, *Phoenix* 9/2 [1955], S.76–80). Unter besonderen Umständen konnten laut Friedlaender Reiter Informationen mit einem Tempo von bis zu 160 römischen Meilen (237 km) pro Tag übermitteln. Ramsay und Eliot erwähnen vergleichbare Geschwindigkeiten. Prokop dagegen geht in der im Text zitierten Passage weiter. Sein Hinweis, dass Pferde an jeder Station bereitgehalten wurden, legt nahe, dass sie jeweils 25 römische Meilen auseinanderlagen, was bedeuten würde, dass man von einem Mann erwartete, dass er bis zu 200 römische Meilen am Tag zurücklegte und »kaum je weniger als« 125. Sein Text bestätigt das stillschweigend. Wenn das Tempo von fünf bis acht Stationen pro Tag sich nur auf 50 bis 60 römische Meilen summierte, wären seine Leser nicht überzeugt gewesen von seiner Behauptung, dass »die Kuriere gegebenenfalls den Weg von zehn Tagen in einem einzigen zurücklegen« konnten. Seine Leser wären sicher in der Lage gewesen, mehr als 5 bis 6 Meilen pro Tag zu reiten. Und wichtiger noch, sie wussten bestimmt, wie lang die Strecke zwischen zwei Stationen war. Logischerweise muss das ein Achtel des Zehnfachen gewesen sein, was ein normaler Reisender pro Tag zurücklegte. Da ein

normaler Reisetag etwa 20 Meilen umfasste, wäre dies ein Achtel von 200 Meilen, also 25 Meilen. Das entspricht Prokops Entfernung zwischen zwei Pferdestationen. Daraus ergibt sich, dass der zitierte Prokop-Abschnitt so verstanden werden muss, dass man von Kurieren verlangen konnte, bis zu 200 römische Meilen (309 km) in 24 Stunden zurückzulegen.

31 Die Nachricht von dem Ereignis brachte der Standartenträger der Vierten Legion zum regionalen Befehlshaber, der damals in Köln stationiert war, 110 römische Meilen entfernt. Er kam am selben Abend an, während der Befehlshaber noch beim Abendessen saß. Wenn wir annehmen, dass der Ritt grob zwischen 7 Uhr morgens und 6 Uhr abends stattfand, betrug die Durchschnittsgeschwindigkeit auf diesem Abschnitt der Reise etwa 10 römische Meilen pro Stunde. Dann wurde die Nachricht über 213 römische Meilen nach Reims gebracht und von dort nach Rom. Dieser letzte Abschnitt war wenigstens 879 römische Meilen lang, mit dem Pass am Großen St. Bernhard, doch der Bote nahm wahrscheinlich die Winterstraße, die Augustus über den Col de Montgenèvre hatte bauen lassen – mindestens 930 römische Meilen. Am oder vor dem 10. Januar erreichten die Neuigkeiten Rom. Damit hatte die ganze 1253 römische Meilen lange Reise von Mainz über Köln und Reims nach Rom nur 210 bis 230 Stunden gedauert. Die Jahreszeit war die ungünstigste, um bei Nacht zu reisen, und doch wurde eine Durchschnittszeit von wenigstens 5½ römischen Meilen einschließlich aller Unterbrechungen erreicht. Zu Einzelheiten siehe Ramsay, »Speed«, S. 65. Wohlgemerkt: Ramsays und Friedlaenders Entfernungen für diese Reise sind größer, als die bei Google Maps angegebenen – 1400 römische Meilen gegenüber 1440 römischen Meilen –, weshalb sie annehmen konnten, dass die Kuriere schneller reisten als hier geschätzt.

32 Wenn wir davon ausgehen, dass er nach seiner Abreise aus Reims frühmorgens am 2. jede Nacht durchschnittlich fünf Stunden lang Pause machte (vom 2. bis 9.) und bei Sonnenuntergang des 10. in Rom ankam, wurde die Reise von Köln aus in etwa 81 Stunden bei Tageslicht (9 Tage à 9 Stunden) und in 85 Stunden bei Dunkelheit oder schlechten Lichtverhältnissen (5 Stunden am frühen Morgen des 2. und acht Nächte à 10 Stunden danach) bewältigt. Sein Tempo im Dunklen lag wahrscheinlich etwa bei 4 römischen Meilen pro Stunde. Diese Annahme beruht auf vier Beispielen durchschnittlicher Nachtgeschwindigkeiten von späteren englischen Kurieren, die bei Nacht unterwegs waren – 3,4 mph, 2,3 mph, 6 mph und 3 mph –, ein Durchschnitt von 3,675 mph oder 4 römischen Meilen pro Stunde. (Siehe Ian Cooper, »The Speed and Efficiency of the Tudor South-West's Royal Post-Stage Service«, *History* 99/5 [2014], S. 754–774.) Der Bote hätte also 340 römische Meilen in Dunkelheit oder bei schlechtem Licht und 803 römische Meilen bei Tageslicht zurückgelegt, was etwa 10 römischen Meilen pro Stunde oder 130 pro Tag entspricht. Wäre ein solcher Mann im Sommer in Norditalien bei fast 17 Stunden Tageslicht mit einem Tempo von 10 römischen Meilen pro Stunde unterwegs gewesen, hätte er wenigstens 198 römische Meilen in 24 Stunden zurücklegen können (170 bei Tage, 28 nach Sonnenuntergang).

33 Sir Henry Yule (Hg.), *The Travels of Ser Marco Polo, Venetian,* 2 Bde, London 1903, Bd.1, S.435. Eigene Übersetzung. Vgl. Hans Eckart Rübesamen (Hg.), *Die Reisen des Venezianers Marco Polo,* München 1983, S.142.

34 Yule (Hg.), *Marco Polo,* Bd.1, S.436. Bei Rübesamen (Hg.), *Marco Polo,* S.143 f., gekürzt.

35 Dabei geht man davon aus, dass die nur leicht beladenen Läufer der Stafette ihre 5-Kilometer-Abschnitte in jeweils ganz entspannten 30 Minuten zurücklegten. Nachts hätten also die Reiter, die Läufern mit Fackeln folgten, die Botschaft 60 Kilometer weit tragen können. Bei Tageslicht hätten die Reiter nur im Durchschnitt knapp 17 Kilometer pro Stunde zurücklegen müssen, um auf eine Gesamtstrecke von 360 Kilometern zu kommen. Es sollte auch noch angemerkt werden, dass Odorich von Pordonone behauptet, mongolische Reiter mit dringenden Botschaften würden Dromedare verwenden, die schneller sind als Pferde. »Wenn im Reich irgendetwas Nachrichtenwertes geschieht, brechen die Boten in großem Tempo zu Pferd zum Hof auf; wenn es aber sehr ernst und dringend ist, reiten sie auf Dromedaren los. Und wenn sie in die Nähe jener Jambs, Herbergen oder Stationen kommen, blasen sie in ein Horn, worauf der Herbergsvater oder die Station sogleich einen anderen Boten bereitstellt; und diesem übergibt der Reiter, der angekommen ist, den Brief, während er selbst zur Erfrischung verweilt. Der andere nimmt den Brief an sich und eilt zum nächsten Jamb und tut dort, was der erste getan hat.« Henry Yule, *Cathay and the Way Thither, being a Collection of Medieval Notices of China,* 2 Bde., London 1866, Bd.1, S.137 f.

36 E.D. Cuming (Hg.), *Squire Osbaldeston: His Autobiography,* London 1926, S.154 ff.; David Randall, *Great Sporting Eccentrics*, London 1985, S.138.

37 Mary C. Hill, »Jack Faukes, King's Messenger, and his journey to Avignon in 1343«, *English Historical Review* 57 (1942), S.19–30, hier S.26; Mary C. Hill, »King's Messengers and Administrative Developments in the Thirteenth and Fourteenth Centuries«, *English Historical Review* 61 (1946), S.315–328, hier S.318.

38 R.W. Eyton, *Court, Household and Itinerary of Henry II,* London 1878, S.150, 153.

39 Michael Ray, »Administrative efficiency in fourteenth-century England: the delivery of writs based on evidence from the register of Bishop Martival: a further contribution«, bes. S.8 und 15, verfügbar unter https://www.academia.edu/3444025/Administrative_efficiency_and_the_speed_of_government_and_church_bureaucracy_in_the_early_fourteenth-century_England_the_delivery_of_writs_based_on_evidence_from_the_register_of_Bishop_Martival._A_further_contribution (zuletzt aufgerufen am 19.März 2024). Anmerkung: Die Entfernungsangaben in diesem Artikel scheinen nicht genau zu sein. So gibt der Autor als Entfernung zwischen Dunstable und Thatcham 92 Meilen an (statt der 53, die Google Maps als kürzesten Weg angibt) und zwischen Westminster und Ramsbury in Wiltshire 86 Meilen (statt 69).

40 Pierre Chaplais, *Piers Gaveston,* Oxford 1994, S.23.

41 Die kürzeste Strecke, die der Bote hatte nehmen können, war 486 km lang, doch es ist wahrscheinlicher, dass er über Newcastle reiste und dann die Hauptstraße nach Süden durch York nahm, eine 563 km lange Reise mit wenigstens 125 km pro Tag. Selbst wenn er sich von Burgh by Sands direkt nach York aufmachte, war dies eine 520-Kilometer-Reise, das macht wenigstens 116 km pro Tag.

42 The National Archives: DL 10/253.

43 A.M. Ogilvie, »The Rise of the English Post Office«, *Economic Journal* 3/11 (1893), S.443–457, hier S.443.

44 Hill, »Jack Faukes«, S.19–30.

45 Zum Beispiel Armstrong, »Distribution and speed of news«.

46 Chris Given-Wilson (Hg.), *Chronicles of the Revolution*, Manchester 1993, S.39.

47 Anne Curry, *Agincourt: A New History,* London 2005, Taschenbuchausgabe 2006, S.10.

48 Armstrong, »Distribution and speed of news«, S.439.

49 Diese 200-Meilen-Strecke basierte auf einer alten Meile (die britische Landmeile wurde erst 1593 überall anerkannt). Man ging traditionell davon aus, dass Durham 200 Meilen von London entfernt lag (tatsächlich sind es 263 britische Meilen bzw. 423 Kilometer) und Berwick on Tweed traditionell 248 Meilen (tatsächlich 339 Meilen bzw. 546 Kilometer).

50 Siehe Armstrong, »Distribution and speed of news«, *passim.* Die Nachricht vom Mord an James I. von Schottland wurde im Februar 1437 mit fast 110 Kilometern pro Tag nach London übermittelt. Ein Bericht von der Schlacht bei Wakefield gelangte Anfang Januar 1460 mit mehr als 116 Kilometern pro Tag nach London, und das Ergebnis der Schacht bei Stoke-on-Trent erreichte York im Juni 1487 mit einer Geschwindigkeit von annähernd 122 Kilometern pro Tag. Das einzige Beispiel für eine vielleicht noch größere Geschwindigkeit ist die Nachricht von der Schlacht bei Barnet, die mit mehr als 105 Kilometern pro Tag nach Cerne Abbas in Dorset gelangte. Wenn sie am Morgen des 15. April 1471 ankam, hatte sie wohl eher 145 Kilometer pro Tag zurückgelegt, doch da wir nicht genau wissen, wann sie losgeschickt wurde und wann sie ankam, können wir nicht sicher sein.

51 Sie landete in Plymouth etwa um drei Uhr nachmittags am 2. Oktober. Die Nachricht hatte den König am 4. erreicht, als er wiederum den Bürgermeister von London informierte (Armstrong, »Distribution and speed of news«, S.453). Gesichert ist, dass Henry VII. im Jahre 1506 für Poststrecken in den Südwesten bezahlte, also könnte dies Teil eines dauerhafteren Dienstes gewesen sein. Siehe Cooper, »Speed and Efficiency«, S.762.

52 T.B. Lang, *An Historical Summary of the Post Office in Scotland,* London 1856, S.3.

53 Herbert Joyce, *The History of the Post Office*, London 1893, S.1f.

54 Edward Watson, *The Royal Mail to Ireland,* London 1917, S.5f.

55 Cooper, »Speed and Efficiency«, S.762

56 Watson, *Royal Mail to Ireland*, S.13–20, bes. S.15.

57 Joyce, *Post Office*, S. 175 f.
58 Cooper, »Speed and Efficiency«, S. 767.
59 Thomas Birch (Hg.), *The Works of the Honourable Robert Boyle*, Neuausgabe, 6 Bde., (1772), Bd. 1, S. viii.
60 Die Belagerung von Kinsale endete nach dem damals in England gebräuchlichen Julianischen Kalender am 24. Dezember 1601, nach dem Gregorianischen Kalender am 3. Januar 1602. Boyle hatte damit ein 60-prozentiges Mondlicht. Siehe https://www.moonpage.com/.
61 Watson, *Royal Mail to Ireland*, S. 24.
62 *Shakespeare's England* 2 Bde., Oxford 1917, Bd. 1, S. 201 f.
63 Platter, *Reisen*, Bd. 2, S. 869. Man beachte, dass Platter selbst von »44 englischen Meilen« spricht, da das Postsystem zu seiner Zeit noch immer die alte Meilenlänge verwendete, die aus Tradition Bestand hatte. Siehe Joyce, *Post Office*, S. 175 f.
64 Black, *Reign of Elizabeth*, S. 209 Anm.
65 So war zum Beispiel Sir Nicholas Arnold (1507–1580), Parlamentsabgeordneter für Gloucestershire und Lord Deputy of Ireland, der berühmteste Pferdezüchter im Lande.

6. Bildung

1 Dieses Kapitel beruht locker auf einem Festvortrag bei einer Konferenz zum zwanzigsten Jubiläum der International Tyndale Society, Hertford College, Oxford, 2. Oktober 2015. Der ursprüngliche Vortrag wurde unter dem Titel »Tyndale's Legacy in English History« im *Tyndale Society Journal* 46 (Winter 2015/16), S. 11–31, veröffentlicht. Ich bin Pat Whitten und Jill Maslen sehr dankbar für ihre freundliche Einladung, bei einer solchen Gelegenheit zu sprechen.
2 David Daniell, *William Tyndale, a Biography*, London 1994, S. 191, nennt den 28. Oktober. In seinem *ODNB*-Artikel zu Tyndale gibt Professor Daniell den 27. Oktober als Datum an.
3 Henry R.T. Summerson, »An English Bible and other books belonging to Henry IV«, *Bulletin of the John Rylands Library*, 79/1 (1997); Anne Hudson, *The Premature Reformation: Wycliffite Texts and Lollard History*, Oxford 1988, S. 110 f., 115.
4 Daniell, *Tyndale*, S. 92.
5 Daniell, *Tyndale*, S. 93.
6 Daniell, *Tyndale*, S. 79.
7 Daniell, *Tyndale*, S. 183 f.
8 David Daniell, »Coverdale, Miles«, *ODNB*.
9 Zu den Tyndale zuschreibbaren Anteilen siehe Jon Nielsen und Royal Skousen, »How Much of the King James Bible Is William Tyndale's?«, *Reformation* 3/1 (1998), S. 49–74. Die Wortzahl der einzelnen Bibelbücher stammt von https://holyword.church/miscellaneous-resources/how-many-words-in-each-book-of-the-bible/ (zuletzt abgerufen am 19. März 2024). Wenn 76%

von Tyndales Arbeit am Alten Testament vom Komitee der *King James Bible* beibehalten wurde, entspricht das 257 307 Wörtern (einschließlich des Buches Jona). 84 % des Neuen Testaments sind 150 369 Wörter. Damit sind es insgesamt 407 676 (52 %) der 788 280 Wörter in der ganzen Bibel.

10 Ein Großteil dieser Darstellung von Tyndales Leben stammt aus David Daniells Artikel über ihn in *ODNB*. Die Statistik dazu, dass ein Drittel der Amerikaner die *King James Bible* verwendet, ist eine Kombination zweier anderer unabhängig voneinander ermittelter Zahlen. Laut Gallup antworteten 72 % der US-Bürger 2018 bei einer Umfrage mit der Aussage, Religion spiele eine »sehr wichtige« (51 %) oder »ziemlich wichtige« (21 %) Rolle in ihrem Leben. Unter Christen, die 65 % der Bevölkerung stellen, lag der Anteil bei 87 %, siehe https://news.gallup.com/poll/245651/religion-considered-important-americans.aspx (zuletzt abgerufen am 19. März 2024). Zudem stellte eine Umfrage im Jahr 2014 fest, dass 55 % der amerikanischen Christen die *King James Bible* verwendeten, siehe http://www.raac.iupui.edu/files/2713/9413/8354/Bible_in_American_Life_Report_March_6_2014.pdf (zuletzt abgerufen am 19. März 2024). Wenn die *King James Bible* von 55 % der 87 % amerikanischen Christen verwendet wird, die ihre Religion als »wichtig« betrachten, liegt der Anteil an der amerikanischen Gesamtbevölkerung bei wenigstens 31 %, wobei die gelegentliche Verwendung von Christen, denen ihre Religion nicht so wichtig ist, noch nicht enthalten ist. Als Rivale für die am häufigsten wiederholten Worte ist der Koran der wahrscheinlichste Kandidat – doch für Muslime ist der Koran Gottes Wort, wie es dem Propheten Mohammed offenbart wurde, der diese Worte dann aus dem Gedächtnis rezitierte.

11 Christopher Hill, *The English Bible and the Seventeenth-Century Revolution*, London 1993, S. 7.

12 Thomas Russell (Hg.), *The Works of the English Reformers, William Tyndale and John Frith*, 3 Bde., London 1831, Bd. 1, S. 6.

13 Diarmid MacCulloch, *Reformation: Europe's House Divided 1490–1700*, London 2003, S. 203.

14 Ich bin Seb Falk sehr dankbar, der mich an diesen wichtigen Punkt erinnerte.

15 https://www.bl.uk/learning/timeline/item101943.html (zuletzt abgerufen am 17. August 2022).

16 Hill, *English Bible*, S. 30 f.

17 Henry Brinkelow, *The Lamentacyon of a Christen agaynst the Citye of London for some certayn greate vyces used therin*, Nürnberg 1545, S. 91, Zitiert in: E. M. Leonard, *The Early History of English Poor Relief*, Cambridge 1900, S. 29.

18 Paul Slack, *The English Poor Law 1531–1782*, London 1995, S. 14 f.

19 Zitiert in: Thomas Deloney, *Jack of Newbury*, London 2015, S. 17.

20 Henry Arthington, *Prouision for the Poore, now in penurie, Out of the storehouse of Gods plenty*, London 1597.

21 Slack, *Poor Law*, S. 24.

22 UNESCO, *Progress of Literacy in Various Countries: a preliminary statistical study of available census data since 1900*, 1953, S. 210.

23 34 & 35 Henry VIII, Kap 1.

24 Hill, *English Bible*, S.18.

25 Stephens, »Literacy in England, Scotland and Wales, 1500–1900«, S.555.

26 John Standish, *Discourse where it is debated whether it be expedient that the Scriptures should be in English for al men to read at wyll*, London 1554, zitiert in: Hill, *English Bible*, S.16.

27 Paul Slack, »Mirrors of health and treasures of poor men: the use of the vernacular medical literature of Tudor England«, in: Charles Webster (Hg.), *Health, Medicine and Mortality in the Sixteenth Century*, Cambridge 1979, S.9–60.

28 David Daniell, »No Tyndale, no Shakespeare: A paper given at the Tyndale Society Kirtling Meeting, Suffolk, 16 April 2005«, verfügbar unter http://www.tyndale.org/tsj29/daniell.htm (zuletzt abgerufen am 11. August 2022). Dasselbe merkte Professor Daniell auch in seinem *ODNB*-Artikel zu Tyndale (2004) an.

29 David Crystal, »King James Bible: How are the Mighty Fallen?«, *History Today* 61/1 (Januar 2011).

30 Diese Zahlen sind das Ergebnis von Suchen im Katalog der British Library. Ausführlichere Statistiken findet man in: Ian Mortimer, *Shakespeares Welt*, München 2020, S.136.

31 Russell (Hg.), *Works of the English Reformers*, Bd.1, S.244.

32 »Insofern, als unsere heiligen Prälaten und unsere geistlich Religiösen, die Gottes Wort verteidigen sollten, schlecht davon sprechen … dass es Aufruhr verursache und die Menschen lehre, ihren Anführern und Regierenden den Gehorsam zu verweigern, und sie dazu bringe, sich gegen ihre Fürsten zu erheben und alles zu Gemeinschaftseigentum zu machen und den Besitz anderer Menschen zu zerstören – dafür habe ich diese kleine Abhandlung gemacht, die jetzt folgt und allen Gehorsam gegenüber Gott enthält.« Russell (Hg.), *Works of the English Reformers*, Bd.1, S.197.

33 Russell (Hg.), *Works of the English Reformers*, Bd.1, S.201.

34 Karl Gunther und Ethan H. Shagan, »Protestant Radicalism and Political Thought in the Reign of Henry VIII«, *Past & Present* 194 (2007), S.35–74, hier S.60. Interessanterweise hat das Buch, um das es geht, eine Widmung an Anne Boleyn.

35 Andrew Prescott, »Ball, John (d. 1381)«, *ODNB*. Dort wird Walsingham, *Chronicon Angliae*, S.321 zitiert.

36 Zitiert in: Peter Blickle, »The Criminalization of Peasant Resistance in the Holy Roman Empire: Toward a History of the Emergence of High Treason in Germany«, *Journal of Modern History* 58, Supplement: Politics and Society in the Holy Roman Empire, 1500–1806 (1986), S. S88–S97, hier S.91.

37 Zitiert in: C.W.C. Oman, »The German Peasants War of 1525«, *English Historical Review* 5/17 (1890), S.65–94, hier S.86.

38 Christopher Hill, »Tyndale and his successors«, *Reformation* 1 (1996), S.98–112. http://www.tyndale.org/reformj01/hill.html (zuletzt abgerufen am 18. August 2022).

39 Gunther und Shagan, »Protestant Radicalism«, S. 54–57.

40 Henry Brinkelow, *The Complaynt of Roderyck Mors*, Straßburg 1542, zitiert in: Gunther und Shagan, »Protestant Radicalism«, S. 57.

7. *Individualismus*

1 Die Anregung für dieses Kapitel lieferte eine Einladung, den Festvortrag zum 8. »Southampton Symposium of the Self and Identity« am 14. Juli 2016 zu halten. Ich danke Dr. Aiden Gregg von der Fakultät für Psychologie an der University of Southampton für die Einladung und dafür, dass er mich durch einige Werke der einschlägigen Literatur lotste.

2 Paul J. Sylvia, »Self-Awareness Theory«, *International Encyclopaedia of the Social Sciences*, London 2008.

3 Siehe Roy F. Baumeister, Jennifer D. Campbell, Joachim I. Krueger und Kathleen D. Vohs, »Does High Self-Esteem Cause Better Performance, Interpersonal Success, Happiness, or Healthier Lifestyles?«, *Psychological Science in the Public Interest* 4/1 (Mai 2003), S. 1–44. Dieser breit angelegte Literaturüberblick kam zu dem Schluss, dass es wenig Belege dafür gibt, dass eine hohe Selbstwertschätzung zu »besserer Leistung« oder einem »gesünderen Lebensstil« führt, zeigte aber, dass eine hohe Selbstwertschätzung – die notwendigerweise von einer Selbstbewertung und davor von Selbstwahrnehmung abhängt – zu einer »gesteigerten Entschlusskraft und angenehmen Gefühlen« führt und »Menschen dadurch eher bereit sind, in Gruppen ihre Meinung zu sagen und die Haltung der Gruppe zu kritisieren«.

4 Dieses Handbuch ist unter dem Titel *Rectitudines Singularum Personum* bekannt. Siehe https://earlyenglishlaws.ac.uk/laws/texts/rect/, um Handschriften und gedruckte Ausgaben aufzufinden.

5 Fälle von unüberlegtem Verhalten finden wir im Mittelalter immer wieder. Selbst im Jahr 1278 waren zwei Fälle von den 145, die in einer Reihe von Prozessen in London abgehandelt wurden, Morde, die nach Schachpartien begangen worden waren. Doch Akte mutwilliger Gewalt gingen stetig zurück. Siehe Eisner, »Long-term trends in violent crime« (die Schachmorde werden auf S. 84 erwähnt).

6 David C. Douglas und George Greenaway (Hg.), *English Historical Documents*, Bd. 2, London 1953, S. 606 f.

7 Colin Morris, *The Discovery of the Individual 1050–1200*, London 1972, S. 32.

8 Morris, *Discovery of the Individual*, S. 64–67.

9 Morris, *Discovery of the Individual*, S. 82.

10 Pierre Abaelard, *Die Leidensgeschichte und der Briefwechsel mit Heloisa*, Heidelberg 1979, S. 18.

11 Abaelard, *Die Leidensgeschichte und der Briefwechsel mit Heloisa*, S. 71.

12 Charles Eveleigh Woodruff, »The Financial Aspect of the Cult of St Thomas at Canterbury«, *Archaeologia Cantiana* 44 (1932), S. 13–32, hier S. 16.

13 John Gillingham, »From Civilitas to Civility: Codes of Manners in Medieval

and Early Modern England«, *Transactions of the Royal Historical Society*, 6. Reihe, Bd. 12 (2002), S. 267–289.

14 Fiona Whelan, Olivia Spenser und Francesca Petrizzo, *The Book of the Civilised Man*, London 2019, S. 70.

15 Keen, *Das Rittertum*, S. 51.

16 Karl Langosch (Hg.), *Vagantendichtung*, Lateinisch/Deutsch, Bremen 1968, S. 132–145.

17 H.T. Riley (Hg.), *Liber Custumarum*, 2 Bde., London 1860, Bd. 2, S. 2–15.

18 Morris, *Discovery of the Individual*, S. 44.

19 Bernhard von Clairvaux, *Briefe des heiligen Bernhard von Clairvaux*, aus dem Lat. übers. von Hedwig Michel, Mainz 1928.

20 Samuel N. Rosenberg, Margaret Switten und Gérard Le Vot (Hg.), *Songs of the Troubadours and Trouvères*, London 1998, S. 140. Pierre de Vic ist auch als »Lo Monge de Montaudon« bekannt.

21 Metropolitan Museum of Art, New York: Inventarnummer 47.101.47. Es stammt aus der Zeit zwischen 1180 und 1200 und wurde in Britannien hergestellt.

22 Die für diese Spiegel verwendete »Bronze« war eigentlich eine Kupferlegierung mit fast 80 % mehr Zinn als in normaler Bronze. Poliert boten sie ein Spiegelbild, das so gut war, dass man sich damit schminken konnte. Siehe Susan La Niece, Rachel Ward, Duncan Hook und S.T. Craddock, »Medieval Islamic Copper Alloys«, *Scientific Research on Ancient Asian Metallurgy*, London 1990, S. 248–254.

23 Eva Matthews Sanford, »Honorius, Presbyter and Scholasticus«, *Speculum* 23/3 (1948), S. 397–425, hier S. 421.

24 Der Gesamtwert des im Umlauf befindlichen Münzgeldes in den 1150er-Jahren lag zwischen 30 000 und 80 000 Pfund. 1320 näherte es sich 2 Millionen Pfund an. Siehe Martin Allen, »The Volume of the English Currency, 1158–1470«, *Economic History Review* 54/4 (2001), S. 595–611, hier S. 606 f. Während es in den 1150er-Jahren praktisch keine Kredite gab, wurden zweihundert Jahre später große Geldmengen verliehen, besonders in Städten, in denen wohlhabende Kaufleute bis zu drei Viertel ihrer Einkäufe durch Kredite finanzierten. Siehe Pamela Nightingale, »Monetary Contraction and Mercantile Credit, *Economic History Review*, 43, 4 (1990), S. 560–675.

25 Robert C. Palmer, »The Origins of Property in England«, *Law and History Review* 3/1 (1985), S. 1–50.

26 Thomas Johnes (Hg.), *Chronicles of England, France, Spain and the adjoining Countries by Sir John Froissart*, 2 Bde., London 1848, Bd. 1, S. 240. Ich habe die Formulierungen an einigen Stellen geglättet, um den Text verständlicher zu machen.

27 Zitiert in: Paul H. Kocher, »The Physician as Atheist«, *Huntington Library Quarterly* 10/3 (1947), S. 229–249, hier S. 231.

28 Kocher, »Physician as Atheist«, S. 230.

29 British Library: Harley MS 6848.

30 Wie in Francis Meeres' *Palladis Tamia* (1598) zu lesen ist.

31 *Leben des Benvenuto Cellini, von ihm selbst geschrieben,* übers. v. Heinrich Conrad, München 1993, Kapitel 10, S.123.

32 *Des Girolamo Cardano von Mailand eigene Lebensbeschreibung,* übers. v. Hermann Hefele, Jena 1914, S.67f., (Kap.27), im Folgenden S.76 (Kap.30).

Schluss

1 George Orwell, 1984, Stuttgart 2021, S.98.

2 Petrus Abaelardus, *Sic et non*, Prolog.

Bildnachweis

[1] »Das letzte Abendmahl« aus byzantinisch-kampanischen Schulfresken, 1072–1078, Basilika Sant' Angelo in Formis, Kampanien, Italien (A. Dagli Orti/NPL – DeA Picture Library/Bridgeman Images).

[2] »Das letzte Abendmahl« von Pieter Coecke van Aelst (1502–1505) (Bridgeman Images).

[3] Rechteckige Weltkarte, Pergament, ca. 1030 (British Library archive/Bridgeman Images).

[4] Weltkarte aus dem »Atlas sive cosmographicae meditationes de fabrica mundi et fabricati figura« von Gerard Mercator (1512–1594), Duisburg, Farblithografie, 1585 (Royal Geographical Society/Bridgeman Images).

[5] »Normannische Kavallerie greift den englischen Schildwall an«, Wandteppich aus Bayeux, Wollstickerei auf Leinen, ca. 1070 (mit besonderer Genehmigung der Stadt Bayeux/Bridgeman Images).

[6] Belagerung von Maastricht (1579) durch spanische Truppen unter Alessandro Farnese, Öl auf Leinwand, San Lorenzo de El Escorial, Madrid, Spanien, 1579 (Royal Monastery of San Lorenzo de El Escorial/Bridgeman Images).

[7] Rekonstruktion eines Hauses aus der Wikingerzeit in der Trelleborg, Dänemark (Bridgeman Images).

[8] Hardwick Hall, Derbyshire, England (Ian Mortimer).

[9] Interieur der Replik eines Wikinger-Langhauses in Haroldswick, Unst, Shetland, Schottland, Großbritannien (Arterra Picturce Library/Alamy).

[10] Das große Gemach in Hardwick Hall (Bridgeman Images).

[11] »Pflügen« aus einem Kalender, Pergament, ca. 1030 (Bridgeman Images).

[12] Uhr mit Wecker, hergestellt von Nicholas Vaillin in London, ca. 1600 (Metropolitan Museum of Art, New York; Geschenk von J. Perpont Morgan, 1917. Accession Number 17.190.1476. Open Access).

[13] Kokusnussbecher von Hans van Amsterdam in Holland, ca. 1533/1534 (Metropolitan Museum of Art, New York; Geschenk von J. Peront Morgan, 1917. Accession Number 17.190.622a, b).

[14] Weibliche Eitelkeiten aus »Der Fall der Fürsten« von Giovanni Boccaccio (1313–1375), Pergament, 1472 (Bridgeman Images).
[15] »Porträt eines Mannes« von Jan van Eyck (ca. 1390–1441), Öl auf Eichenplatte, 1433 (Bridgeman Images).
[16] »Studien zur Mondbeleuchtung« von Leonardo da Vinci (1452–1519) aus dem Leicester Codex, ca. 1506–1508, Tinte auf Papier (Bridgeman Images).
[17] Kathedrale von Beauvais (Cathédrale Saint-Pierre de Beauvais), Beauvais, Hauts-de-France, Oise, Frankreich (Bridgeman Images).
[18] Interieur der Kathedrale von Le Mans (Cathédrale Saint-Julien du Mans), Frankreich (Bridgeman Images).

Register

Entdeckungen, Erfindungen, Eroberungen

Coverabbildungen vorbehalten

Ian Mortimer

Zeiten der Erkenntnis

Wie uns die großen historischen Veränderungen bis heute prägen

Aus dem Englischen von Karin Schuler

Piper Taschenbuch, 432 Seiten

ISBN 978-3-492-31007-9

Was ist das Besondere an jedem Jahrhundert? Auf einem Streifzug durch die vergangenen 1000 Jahre führt uns Ian Mortimer zu den großen Zeiten der Erkenntnis und des Wandels. Wir begegnen gottesfürchtigen Forschern, gewitzten Bauern, kühl kalkulierenden Unternehmern und willensstarken Frauen. Vor allem aber gelangen wir am Ende zu einer Perspektive, die unseren Blick auf die Geschichte der Menschheit für immer verändern wird.

Leseproben, E-Books und mehr unter www.piper.de